Ethiek in de psychologie

Ook verschenen bij Pearson Benelux:

Elliot Aronson, Timothy D. Wilson en Robin M. Akert, *Sociale psychologie*
Smadar Celestin-Westreich en Leon-Patrice Celestin, *Observeren en rapporteren*
Robert Feldman, *Ontwikkelingspsychologie*
Robert Feldman, *Ontwikkelingspsychologie II: Levensloop vanaf de jongvolwassenheid*
Marcel Heerink, Suzanne Pinkster en Marleen Bratti-van der Werf, *Onderzoek in zorg en welzijn*
Dennis Howitt en Duncan Cramer, *Statistiek in de sociale wetenschappen*
David W. Johnson en Frank P. Johnson, *Groepsdynamica, theorie en vaardigheden.*
Jeffrey S. Nevid, Spencer A. Rathus en Beverly Greene, *Psychiatrie, een inleiding*
Jacquelien Rothfusz, *Ethiek in sociaalagogische beroepen*
Pierre Winkler, *Organisatie-ethiek*
Philip G. Zimbardo, Vivian McCann en Robert L. Johnson, *Psychologie, een inleiding*

Ethiek in de psychologie

2e editie

Jacquelien Rothfusz

PEARSON

ISBN: 978-90-430-3269-8
NUR: 133
Trefw.: psychologie, ethiek

Dit is een uitgave van Pearson Benelux BV,
Postbus 75598, 1070 AN Amsterdam
Website: www.pearson.nl – e-mail: amsterdam@pearson.com

Binnenwerk: De Grafische Keuken, Hilversum
Illustraties: Zoë-ianthe Smeets, Groningen
Omslag: Inkahootz, Amsterdam

Vakinhoudelijke beoordeling:
Kirsten Barkmeijer, INterACTIE Trainingen
Marcel Becker, Radboud Universiteit Nijmegen
Dick Faber, Saxion
Pascale Rogie, Hogeschool West-Vlaanderen

Dit boek is gedrukt op een papiersoort die niet met chloorhoudende chemicaliën is gebleekt. Hierdoor is de productie van dit boek minder belastend voor het milieu.

© Copyright 2015 Pearson Benelux

Alle rechten voorbehouden. Niets uit deze uitgave mag worden verveelvoudigd, opgeslagen in een geautomatiseerd gegevensbestand, of openbaar gemaakt, in enige vorm of op enige wijze, hetzij elektronisch, mechanisch, door fotokopieën, opnamen, of enige andere manier, zonder voorafgaande toestemming van de uitgever.
Voor zover het maken van kopieën uit deze uitgave is toegestaan op grond van artikel 16B Auteurswet 1912 j° het Besluit van 20 juni 1974, St.b. 351, zoals gewijzigd bij Besluit van 23 augustus 1985, St.b. 471 en artikel 17 Auteurswet 1912, dient men de daarvoor wettelijk verschuldigde vergoedingen te voldoen aan de Stichting Reprorecht. Voor het overnemen van gedeelte(n) uit deze uitgave in bloemlezingen, readers en andere compilatie- of andere werken (artikel 16 Auteurswet 1912), in welke vorm dan ook, dient men zich tot de uitgever te wenden.
Ondanks alle aan de samenstelling van dit boek bestede zorg kan noch de redactie, noch de auteur, noch de uitgever aansprakelijkheid aanvaarden voor schade die het gevolg is van enige fout in deze uitgave.

Inhoud

Inleiding		**IX**
Deel I Ethiek: de basis		**1**
1	**Moraal en ethiek**	**3**
1.1	Moraal	4
	1.1.1 Morele waarden en normen	8
	1.1.2 Deugden	11
1.2	Ethiek	12
	1.2.1 Moreel relativisme of universele waarden	15
	1.2.2 Vrijheid en verantwoordelijkheid	21
	1.2.3 Gelijkheid	32
	1.2.4 Rechtvaardigheid	35
1.3	Morele ontwikkeling	40
	1.3.1 De psychoanalyse van Freud	42
	1.3.2 De leertheorie	43
	1.3.3 De cognitieve theorie van Kohlberg	44
	1.3.4 Gilligan	47
1.4	Samenvatting	49
1.5	Opdrachten	50
	Individuele opdrachten	50
	Groepsopdrachten	50
2	**Normatieve theorieën**	**53**
2.1	Gevolgenethiek	55
2.2	Deontologische ethiek of beginselethiek	59
2.3	Deugdenethiek	66
	2.3.1 Zorgzaamheid en zorgethiek	68
	2.3.2 Tolerantie	73
2.4	Samenvatting	76
2.5	Opdrachten	76
	Individuele opdrachten	76
	Groepsopdrachten	77
3	**In gesprek over ethische dilemma's**	**81**
3.1	Dilemma's en morele verantwoordelijkheid	82
3.2	Open-mindedness	84
3.3	Drogredenen	88
3.4	Drie vormen van argumentatie	93

	3.4.1	Argumenten vanuit het perspectief van de teleologische of gevolgenethiek	94
	3.4.2	Argumenten vanuit de deontologische of beginselethiek	95
	3.4.3	Argumenten vanuit de deugdenethiek	96
3.5	Samenvatting		96
3.6	Opdrachten		97
	Individuele opdrachten		97
	Groepsopdrachten		97

Deel II Beroepsethiek voor (toegepast) psychologen   99

4 Van normen en waarden naar beroepsethiek   101

4.1	Principes: waarden en deugden van de psycholoog		103
	4.1.1	Verantwoordelijkheid	104
	4.1.2	Integriteit	105
	4.1.3	Respect/eerbiediging van de waardigheid en de rechten van de persoon	106
	4.1.4	Deskundigheid/competentie	107
4.2	Richtlijnen: de normen van de psycholoog		107
	4.2.1	Verantwoordelijkheid	108
	4.2.2	Integriteit, eerlijkheid	113
	4.2.3	Respect en eerbiediging van de waardigheid en de rechten van de persoon	116
	4.2.4	Deskundigheid en de competentie van de psycholoog	122
	4.2.5	De praktijk van de beroepsethische kwesties	125
4.3	Concrete morele oordelen		127
4.4	Stappenplan		128
	4.4.1	Stap 1: de situatie in kaart brengen	129
	4.4.2	Stap 2: het morele probleem vaststellen	129
	4.4.3	Stap 3: de handelingsalternatieven verkennen	130
	4.4.4	Stap 4: de betrokkenen benoemen en hun belangen afwegen	131
	4.4.5	Stap 5: de relevante waarden en normen omschrijven	134
	4.4.6	Stap 6: een handelingsalternatief kiezen	136
	4.4.7	Overzicht stappenplan	138
4.5	Samenvatting		139
4.6	Opdrachten		140
	Individuele opdrachten		140
	Groepsopdrachten		141

5 Voorlichting, reclame en marketing   143

5.1	Vrijwilligheid	145
5.2	Autonomie en manipulatie	146
5.3	Doelstellingen	149

5.4	Samenvatting	153
5.5	Opdrachten	153
	Individuele opdrachten	153
	Groepsopdracht	154

6 Coaching en training — 155

6.1	Coaching en andere begeleidingsvormen	158
	6.1.1 De coach en de coachee	159
	6.1.2 De driehoeksverhouding coach-coachee-opdrachtgever	165
6.2	Training	170
6.3	Samenvatting	174
6.4	Opdrachten	174
	Individuele opdrachten	174
	Groepsopdrachten	175

7 Assessment en advies — 177

7.1	Assessment	178
	7.1.1 Uitgangspunten bij een assessment	179
	7.1.2 De assessmentprocedure	180
7.2	Zorgvuldig testgebruik	194
7.3	Advies	196
7.4	Samenvatting	197
7.4	Opdrachten	197
	Individuele opdrachten	197
	Groepsopdrachten	198

8 Diagnostiek en therapie — 201

8.1	Algemene uitgangspunten	204
8.2	Signaleren en doorverwijzen	208
8.3	Diagnostiek	208
8.4	Therapie	210
	8.4.1 Start van het therapeutisch contact	210
	8.4.2 Informatievoorziening	211
	8.4.3 De relatie therapeut-cliënt	212
	8.4.4 Beëindigen professionele relatie	220
8.5	Samenwerking	222
	8.5.1 Werken binnen een organisatie	222
	8.5.2 Samenwerking in een team	223
	8.5.3 Samenwerking in supervisie, intervisie en onderwijs	225
	8.5.4 Samenwerking met andere instanties	225
8.6	Samenvatting	228
8.7	Opdrachten	228

		Individuele opdrachten	228
		Groepsopdrachten	229

9 Onderzoek 231

9.1	Basisprincipes bij psychologisch onderzoek	234
9.2	Opzet van het onderzoek: omgaan met opdrachtgevers en subsidieverstrekkers	237
9.3	Uitvoering van het onderzoek: onderzoek met proefpersonen	239
	9.3.1 Niet schaden	241
	9.3.2 Proportionaliteit en subsidiariteit	241
	9.3.3 Informed consent	242
	9.3.4 Informed consent en misleiding	243
	9.3.5 Informed consent en autonomie	246
	9.3.6 Privacy	248
	9.3.7 Vermenging van rollen	250
9.4	Uitvoering van het onderzoek: onderzoek met proefdieren	250
	9.4.1 Niet schaden	251
9.5	Uitvoering van het onderzoek: sociaal gevoelig onderzoek	252
9.6	Uitvoering van het onderzoek: samenwerking	254
	9.6.1 Auteurs	254
	9.6.2 Peer reviews	255
	9.6.3 Samenwerking tussen studenten en begeleiders	255
	9.6.4 Samenwerking tussen onderzoekers en andere psychologen	256
9.7	Publiceren over onderzoek en optreden in de media	256
	9.7.1 Waarheidsgetrouw weergeven van onderzoeksresultaten	258
	9.7.2 Grenzen van de deskundigheid	259
	9.7.3 Bronvermelding	260
9.8	Samenvatting	260
9.9	Opdrachten	261
	Individuele opdrachten	261
	Groepsopdrachten	262

Bijlagen 263

Bijlage 1	Beroepscode voor psychologen van het Nederlands Instituut van Psychologen (NIP) 2015	265
Bijlage 2	Deontologische code voor Belgische psychologen (2014)	287
Bijlage 3	Beroepscode Nederlandse Beroepsvereniging voor Toegepaste Psychologie – NBTP (2013)	297

Literatuur 301

Begrippenlijst 309

Register 317

Inleiding

Elke psycholoog krijgt vroeg of laat met ethische kwesties te maken. Het kan dan om grote morele problemen gaan. Wat moet een psychotherapeut doen als zijn mannelijke cliënt vertelt dat hij zijn ex in elkaar gaat slaan? Moet hij dan naar de politie gaan of moet hij de informatie geheimhouden? Maar het kan ook om kleine morele vragen gaan. Als een tevreden cliënt zijn coach een bos bloemen aanbiedt na het laatste gesprek, mag de coach die dan aannemen? En hoe zit het dan als de cliënt een cd geeft, of een ring?

Je hoeft geen ervaren psycholoog te zijn om met morele vragen in aanraking te komen. Zelfs psychologiestudenten krijgen ermee te maken. Zoals in het volgende, waargebeurde, geval: studente X loopt stage in een psychiatrisch centrum op een afdeling voor behandeling van depressie. Tegelijk werkt zij in de avonduren aan haar scriptie. Nu wil het toeval dat de echtgenoot van haar scriptiebegeleider wordt opgenomen op de afdeling waar zij stage loopt. Wat moet zij doen? Stoppen met haar stage? Stoppen met haar scriptie? Of valt er een compromis te vinden?

Een psycholoog die zich bewust is van de morele vragen in zijn beroep, herkent die vragen als hij ze tegenkomt. Hij kan vervolgens deskundigheid op dit vlak ontwikkelen, zodat hij de morele problemen ook aan kan pakken. Dit boek is bedoeld als een gereedschapskist voor psychologen en psychologiestudenten, waarin zij verschillende instrumenten krijgen aangereikt om zorgvuldig na te denken over morele vragen in hun beroepspraktijk en om daar goed beargumenteerde oplossingen voor te vinden. Op die manier kunnen ze hun beroep verantwoord uitoefenen.

Waaruit bestaat die gereedschapskist?
- Ten eerste uit ethische begrippen. Deze kunnen helpen om nauwkeurig te formuleren waar het precies over gaat in het debat. Net als het begrip 'schizofrenie' een handige verzamelnaam is voor een verzameling symptomen, zo is het begrip 'cultuurrelativisme' een term waarmee je een bepaalde opvatting over ethiek kunt aanduiden.
- Ten tweede uit enkele belangrijke normatieve theorieën. Deze geven verschillende perspectieven op morele problemen. Moet je de ethische waarde van een handeling bijvoorbeeld beoordelen vanuit de consequenties van de handeling? Of juist vanuit de intentie waarmee iemand de handeling uitvoert?
- Ten derde uit argumentatieleer. Dit zijn spelregels voor een argumentatieve discussie, waarin verschillende gespreksdeelnemers naar elkaar luisteren en argumenten zorgvuldig tegen elkaar afwegen. De argumentatieleer biedt een hulpmiddel in ethische discussies.

- Ten slotte uit de beroepscodes. De Nederlandse beroepscodes voor psychologen van het NIP en de NBTP en de Belgische, bij Koninklijk besluit vastgestelde, plichtenleer van de psycholoog geven een leidraad voor het beroepsmatig handelen en een maatstaf waaraan dat handelen getoetst kan worden.

De psycholoog kan deze hulpmiddelen in concrete situaties inzetten. Als hij te maken krijgt met een moreel probleem moet hij zelf uiteindelijk een keuze maken, waarbij zijn persoonlijke moraal een belangrijke rol speelt. De code en de normatieve theorieën zijn geen kookboeken met kant-en-klare oplossingen. Ze moeten geïnterpreteerd worden. Elke situatie is uniek en daarom moet er steeds een nieuwe afweging worden gemaakt. Door de casuïstiek in dit boek word je uitgedaagd om zelf antwoorden te vinden en argumenten te formuleren. Daarbij kun je gebruikmaken van de theorie uit deel I en van de beroepscodes. Hopelijk inspireert de tekst ook tot het zoeken naar en doordenken van morele vragen vanuit de eigen professionele ervaring.

Dit boek bestaat uit twee delen: een deel over basisethiek en een deel over beroepsethiek. In deel I wordt een algemene basis gelegd. Om te beginnen wordt in hoofdstuk 1 een aantal basisbegrippen uit de ethiek besproken, zodat het helder is waar we het over hebben. In dat hoofdstuk komen ook de waarden vrijheid, gelijkheid en rechtvaardigheid aan de orde. Dit zijn elementaire waarden in het individuele en het sociale functioneren van mensen. Ten slotte wordt in dit hoofdstuk besproken hoe de mens zich moreel ontwikkelt. Hoofdstuk 2 belicht verschillende invalshoeken, die gebruikt kunnen worden om morele keuzes te maken en om te herkennen hoe anderen dat doen. Op basis van deze invalshoeken zijn verschillende normatieve theorieën ontwikkeld.

Beroepsethiek is geen onderwerp om alleen over na te denken. Integendeel, het is van wezenlijk belang dat psychologen er met elkaar over praten en dat ze ook de dialoog met hun patiënten of klanten en met het publiek aangaan. In een dergelijk gesprek kunnen zij argumenten tegen elkaar afwegen en tot een weloverwogen standpunt komen. Daarmee kunnen ze hun professioneel handelen verantwoorden. In hoofdstuk 3 wordt besproken hoe een goed moreel gesprek gevoerd kan worden.

Deel II gaat specifiek over de beroepsethiek van psychologen. In hoofdstuk 4 wordt de stap gemaakt van algemene waarden en normen naar de concrete morele vragen waar een psycholoog in de praktijk mee te maken krijgt. Er wordt een overzicht gegeven van de basisprincipes van de beroepsethiek en er wordt een stappenplan aangereikt dat een handig hulpmiddel kan zijn bij het analyseren van ethische dilemma's. In hoofdstuk 5 tot en met 9 worden ethische kwesties op verschillende werkterreinen van de psycholoog besproken. Die werkterreinen zijn achtereenvolgens voorlichting, reclame en marketing, coaching en training, assessment en advies, diagnostiek en therapie, en onderzoek. In elk van deze hoofdstukken vind je naast een bespreking van de morele vragen bij elk thema ook de relevante artikelen uit de beroepscode en casuïstiek.

Bij de tweede editie

In deze tweede editie zijn de nieuwe beroepscodes van het NIP, de NBTP en de Belgische, bij Koninklijk besluit vastgestelde, plichtenleer van de psycholoog opgenomen en wordt uiteraard ook steeds naar deze beroepscodes verwezen. Daarnaast zijn cases en debatten in het beroepenveld geactualiseerd en aangepast aan de ontwikkeling van het beroep toegepast psycholoog. Op basis van feedback van collega's en studenten is de tekst op een aantal punten verbeterd. De digitale leeromgeving MyLab | Nederlandstalig biedt aanvullend studiemateriaal, zoals casussen, vragen en links.

Beroepsethiek is gerelateerd aan personen, aan de sociale situatie en aan de rol die het beroep daarin speelt. Dat betekent dat dit onderwerp dynamisch is. Het gaat er niet om dat je regels leert, maar dat je zelf morele problemen leert herkennen, dat je leert om daar zelf over na te denken en dat je ze op een constructieve manier kunt bespreken met anderen. Op die manier blijf je jezelf in je beroep ontwikkelen.

Terminologie

Psychologen werken met mensen. Die noemen ze soms patiënt, coachee, trainee, klant of cliënt. In verband met de leesbaarheid is in dit boek gekozen voor de meest overkoepelende term, 'cliënt', met uitzondering van een aantal specifieke situaties.

Waar 'hij' staat, mag ook 'zij' gelezen worden.

Dit boek is bedoeld voor psychologen en toegepast psychologen in opleiding. Als er geschreven wordt over 'de psycholoog' mag dit in de meeste gevallen ook gelezen worden als 'de toegepast psycholoog'.

Dankwoord

Een belangrijke boodschap van dit boek is dat je vooral leert door met anderen in gesprek te gaan. Dat geldt ook voor mijzelf.

Zoë-iante Smeets heeft met haar humoristische en mooie illustraties een belangrijke bijdrage geleverd aan de aantrekkelijke vormgeving van dit boek.

Aan het schrijven van dit boek hebben de volgende mensen bijgedragen door feedback te geven op verschillende versies van de tekst: Nina Blussé, Maarten Derksen, Koen Korevaar, Dick Faber, Leon Derckx, Kirsten Barkmeijer, Marcel Becker, Pascale Rogie en Dick Faber.

Met de volgende mensen heb ik gesproken over de morele vragen in hun beroepspraktijk: Hans van den Elshout, Fetzen de Groot, Eelco Hidskes, Halbe van der Veld en Dennis van der Honing. Voor de tweede editie hebben de volgende studenten van de opleiding Toegepaste Psychologie interviews afgenomen in hun toekomstige werkveld: Jaqueline Overhorst, Elina Coerts, Imie Ritsma, Marloes Schadenberg en Wies van der Ven. Deze interviews en de presentaties van studenten in het programma beroepsethiek, vormden een goede basis voor nieuwe casuïstiek. Marjolein van den Boom heeft meegedacht over de verschillen en overeenkomsten tussen de verschillende beroepscodes.

Het bestuur van de NBTP, het secretariaat van de Psychologencommissie en Rosalinde Visser, stafmedewerker beroepsethiek van het NIP, hebben allen op een plezierige en flexibele manier meegewerkt aan het opnemen van hun beroepscodes.

Wendelien van Voorst van Beest, Aafke Moons en Linde Schils hebben mij vanuit Pearson steeds enthousiast ondersteund en meegedacht over het structureren van de tekst. De slotfase heeft Laura Smit op een prettige manier begeleid.

Ten slotte wil ik mijn echtgenoot Jaap Vis bedanken voor de inspirerende verhalen over morele kwesties in zijn werk. Mijn kinderen, Richard en Helena, wil ik bedanken voor hun enthousiasme en hun verhalen over het dagelijks leven van de student, die soms goed bruikbaar waren voor het boek.

April 2015, Groningen

Jacquelien Rothfusz

MyLab | Nederlandstalig
Ethiek in de psychologie, 2e editie

Wat is MyLab?

MyLab is de digitale leeromgeving van Pearson. Hierin kunnen studenten oefenen met het studiemateriaal. Docenten kunnen hun lessen vooraf klaarzetten en hun studenten monitoren op hun voortgang.

MyLab voor studenten

Met MyLab krijg je de stof sneller en beter onder de knie door te spelen met de inhoud. MyLab helpt daarbij door je studiemateriaal en toetsen te bieden waarmee je kunt oefenen. Zo ben je goed voorbereid en wen je alvast aan het afleggen van tentamens. Kijk op de volgende pagina welk studiemateriaal er beschikbaar is bij dit boek.

Hoe registreer je je?

Om je te registeren heb je nodig:
- een geldig e-mailadres;
- de studententoegangscode;
- eventueel een Klas-ID (deze wordt aangemaakt door je docent).

Volg deze stappen:
1. Ga naar www.pearsonmylab.nl (Nederland) of www.pearsonmylab.be (Vlaanderen).
2. Klik onder het kopje 'Registreren' op de knop 'Student'.
3. Vul de studententoegangscode in.

Als je al een Pearsonaccount hebt, hoef je slechts je inloggegevens in te vullen. Heb je nog geen account, maak deze aan dan door de aangegeven stappen te volgen.

Je unieke studententoegangscode staat op de binnenzijde van het omslag.

Hulp nodig?

Als er vragen of problemen ontstaan bij het gebruik van MyLab, neem dan contact op met onze klantenservice via het contactformulier op www.pearsonmylab.nl/help.

MyLab voor docenten

Doordat studenten oefenen met de theorie, begrijpen ze de stof beter. Daarnaast is er veel exclusief docentenmateriaal te vinden. Op deze manier bespaart u tijd bij het voorbereiden van uw les. Bovendien kunt u uw studenten monitoren en zo bekijken welke onderwerpen extra aandacht verdienen. Vraag een docententoegangscode aan via docent@pearson.com om toegang te krijgen tot het exclusieve docentenmateriaal.

MyLab | Nederlandstalig
Ethiek in de psychologie, 2e editie

eText

MyLab bevat een interactieve eText. Dit is het volledige boek, dat online te bekijken is of via een app te downloaden op je tablet.

Met de eText kun je interactief leren. Zo kun je noties maken, zoals je zou doen in de kantlijn, belangrijke zinnen markeren en theorie verbergen als je die niet hoeft te bestuderen. Met de handige navigatie- en zoekfunctie vind je precies het onderwerp dat je zoekt.

Toetsen

Bij elk hoofdstuk kun je een toets maken. Hiermee test je of je de stof begrijpt en welke theorie je eventueel beter kunt bestuderen.

Wat bevat MyLab verder aan studiemateriaal?

Begrippentrainer

De begrippentrainer is een handige tool waarmee je de belangrijkste kernbegrippen uit het boek kunt leren. Je kunt zowel de begrippen als de betekenissen trainen. Je kunt alles tegelijk oefenen, maar je kunt ook zelf een selectie maken van de begrippen die jij lastig of belangrijk vindt.

Cases & Opdrachten

Met cases verdiep je jezelf in de stof en leer je de kennis toe te passen. De cases brengen de theorie uit het boek zo meer tot leven.

Deel I

Ethiek: de basis

Hoofdstuk 1
Moraal en ethiek

Casus: Een gezellig etentje

Anneke en Lianne zitten samen in een restaurant. Ze bestuderen de menukaart. Anneke vraagt zich af wat ze nu eens zal nemen. De scampi's zijn hier heerlijk, maar de vegetarische preitaart met brie lijkt haar ook niet te versmaden, of zal ze toch een lamskoteletje met tijm en honing proberen? Lianne kijkt alleen naar de vegetarische hoofdgerechten. Ze vindt dat je dieren niet hoort te doden en ze is fel tegen de bio-industrie. Het is toch schandalig dat dieren in kleine hokjes worden gefokt! Een jaar geleden at ze nog wel eens een visje, omdat dat visje een redelijk leven had geleid voordat het op het bord terechtkwam, maar de Noorse zalm wordt tegenwoordig ook in krappe containers grootgebracht en ziet nooit meer open water. Nee, vlees en vis zal ze nooit meer eten!

Anneke en Lianne kiezen een gerecht dat ze lekker vinden. Daarnaast heeft hun keuze iets te maken met hun antwoord op de vraag hoe mensen met dieren om zouden moeten gaan. Dat laatste is een morele vraag.
In dit hoofdstuk wordt besproken wat een morele vraag is en wat de relevantie van morele vragen voor het dagelijks leven is en voor de professionele rol als psycholoog.

Psychologen en toegepast psychologen kunnen het leven van mensen diepgaand beïnvloeden:
- Een psychologisch rapport kan mensen helpen om nieuwe kansen te benutten, maar het kan er ook toe leiden dat ze afgewezen worden. Het kan ertoe leiden dat een kind passend onderwijs met de juiste ondersteuning krijgt, of niet. In een forensische setting kan een psychologisch rapport grote gevolgen hebben voor de vrijheid van de verdachte of de veiligheid van de samenleving.

- Mensen geven vaak vertrouwelijke informatie aan een psycholoog. Informatie waarvan ze niet willen dat anderen die horen en waarvan ze hopen dat die niet tegen hen gebruikt gaat worden.
- Door zijn interventies kan een psycholoog mensen beïnvloeden. Daar kunnen mensen van profiteren, maar ze kunnen ook schade oplopen. Ook als de psycholoog zich richt op de vragen van de cliënt en zich naast de cliënt opstelt, is er een asymmetrische zorgrelatie. Door zijn kennis en positie heeft de psycholoog daarin meer macht dan de cliënt. Dat impliceert dat hij een grote verantwoordelijkheid draagt.
- Als proefpersoon voeren mensen allerlei opdrachten uit. Daarmee helpen ze de wetenschap een stapje verder. Soms is dat prettig, maar soms zijn onderzoeken ook vervelend of confronterend voor de proefpersoon.
- De psychologie als wetenschap kan ertoe bijdragen dat mensen beter met elkaar kunnen communiceren en samenwerken. De wetenschap kan zich echter ook tegen mensen keren. Als bijvoorbeeld uit onderzoek blijkt dat bepaalde bevolkingsgroepen intelligenter zijn dan andere, dan kan dat de kansen van sommige mensen verkleinen.
- Politieke beslissingen worden steeds meer gebaseerd op wetenschappelijke adviezen.

Omdat psychologen zoveel invloed kunnen hebben, is het belangrijk dat ze niet alleen technisch competent zijn in hun beroep, maar dat ze er ook over nadenken hoe waarden en normen een rol spelen in de beroepspraktijk en hoe morele casuïstiek kan worden beoordeeld.

Als iemand nadenkt over morele vragen in zijn persoonlijk leven en in zijn beroep, is het om te beginnen handig als hij de basisbegrippen van de ethiek kent, zodat hij helder kan uitleggen wat hij bedoelt. In het eerste hoofdstuk van dit boek wordt daarom besproken wat het verschil is tussen moraal en ethiek en wat waarden, normen en deugden zijn. Om een overzicht te krijgen, brengen we vervolgens verschillende soorten ethiek in kaart. Daarna stellen we een paar fundamentele ethische vragen: gelden dezelfde waarden en normen voor iedereen of zijn waarden en normen cultureel bepaald? Wat bedoelen we precies met vrijheid, gelijkheid en rechtvaardigheid, en wat betekenen deze begrippen voor ons handelen? Ten slotte wordt beschreven hoe mensen een moreel bewustzijn ontwikkelen. Deze basis kan helpen om morele vragen beter te herkennen, te analyseren en te beslechten.

1.1 Moraal

Morele vragen gaan over goed en kwaad, over de manier waarop mensen zouden moeten leven. In het bovenstaande voorbeeld is de menukeuze voor Anneke een kwestie van smaak, maar voor Lianne een morele kwestie. Voor Lianne heeft haar keuze alles te maken met haar opvattingen over verantwoordelijk leven, niet alleen in relatie tot haar medemens, maar ook in relatie tot dieren. Anneke beleeft de kwestie niet als een

moreel probleem, maar door haar menukeuze heeft ze natuurlijk ook al een antwoord gegeven op de vraag of een mens dieren mag eten. Zij vindt dit geoorloofd.
Morele opvattingen zijn een antwoord op de vraag hoe men zich goed en verantwoordelijk kan gedragen.

Het woord 'moraal' is afgeleid van het Latijnse woord 'mos' (mv. mores), dat zede of gewoonte betekent. Moraal is een stelsel van waarden en normen. Dat zijn opvattingen over wat waardevol is in het leven. Waarden en normen zijn nooit af te leiden uit de werkelijkheid. De filosoof Hume (1739) wees erop dat er een fundamenteel onderscheid is tussen descriptieve beweringen, die beschrijven wat het geval is (*what is*), en prescriptieve of normatieve beweringen, die erover gaan hoe de wereld eruit zou moeten zien (*what ought to be*). Zelfs als we precies weten hoe mensen zich feitelijk gedragen, kunnen we daar niet uit afleiden hoe we ons zouden moeten gedragen. Dit noemt Hume het is-oughtprobleem.

Waarden en normen zijn verbonden aan een levensvisie, aan idealen over hoe het leven zou moeten zijn. Ze geven mensen een richtsnoer, waarmee ze richting kunnen geven aan hun leven. Moraal kan zichtbaar zijn in intuïtie, emoties of rationele overwegingen. Moreel gedrag kan deels ook verklaard worden vanuit biologische processen en vanuit de evolutie. Verplaetse (2008) onderscheidt vijf verschillende moralen:

- De hechtingsmoraal, die regelt hoe we omgaan met de mensen met wie we verbonden zijn. In deze moraal gaat het over hechting en empathie. Mensen kunnen zich inleven in mensen waar ze een band mee hebben en ze hebben veel voor hen over. Dit is onder meer belangrijk in de relatie tussen ouders en kinderen en in vriendschappen. Als iemand een vriend helpt zonder dat hij daar zelf beter van wordt, of als hij meeleeft met het lijden van een ander, komt dit voort uit de hechtingsmoraal.
- De geweldmoraal is een moreel systeem dat regelt hoe we met bedreigende situaties omgaan. Geweld wordt, zeker in West-Europa, gezien als immoreel. De heersende opvatting is dat mensen een conflict met woorden moeten uitvechten en niet met fysiek geweld. Als er sprake is van schaarste gebruiken mensen echter wel geweld om te overleven. Deze moraal speelt een grote rol in oorlogssituaties. Als iemand de moord op een familielid wreekt door de moordenaar om te brengen, is er sprake van een geweldmoraal.
- De reinigingsmoraal regelt dat mensen reinheid koppelen aan het goede en besmetting aan het kwaad. Mensen verweren zich tegen vreemde stoffen. Ze willen hun omgeving ontdoen van 'vreemde smetten', zowel letterlijk als symbolisch. Als mensen de straat op gaan voor een 'witte mars' tegen zinloos geweld, verwijzen ze naar wit, de kleur van de onschuld, om hiermee de samenleving symbolisch te reinigen. Dit komt dus voort uit een reinigingsmoraal.
- De samenwerkingsmoraal speelt een rol in de manier waarop mensen met elkaar samenwerken en waarop ze omgaan met mensen die de samenwerking bedreigen. Mensen werken met elkaar samen om daar beiden beter van te worden. Daarbij is het belangrijk dat ze op elkaar kunnen vertrouwen. Als je bijvoorbeeld online een T-shirt

koopt, moet je erop kunnen vertrouwen dat de verkoper dit ook werkelijk opstuurt nadat jij betaald hebt. Als dat niet het geval is, verandert vertrouwen in wantrouwen. Deze moraal speelt ook een rol bij collectieve samenwerking. Door samen te werken, krijgen mensen iets voor elkaar wat ze individueel nooit zouden bereiken, zoals het organiseren van een feest of het uitvoeren van wetenschappelijk onderzoek.
- Alle bovengenoemde moralen zijn instinctief. Ze bepalen ons gedrag en onze opvattingen over goed en kwaad, maar ze geven ons geen argumenten. De beginselenmoraal doet dat wel. Vanuit de beginselenmoraal zoeken mensen naar redelijke argumenten om te onderbouwen waarom een handeling goed of fout is. Als dit systematisch gebeurt, komen we op het terrein van de ethiek. In paragraaf 1.2 wordt dit verder uitgewerkt.

Moraal is niet statisch. Moraal heeft cultuurgebonden aspecten. Dit wordt in paragraaf 1.2.1 besproken. Morele opvattingen kunnen ook veranderen in de tijd. Het is bijvoorbeeld lange tijd niet gebruikelijk geweest om je druk te maken over dierenrechten, terwijl er tegenwoordig steeds meer mensen zijn die, onder andere vanwege de bio-industrie, vegetariër worden en op een partij stemmen die de belangen van dieren behartigt. Ook vanuit de filosofie wordt er nagedacht over de vraag of dieren tot op zekere hoogte vergelijkbare rechten als mensen zouden moeten krijgen (Singer, 1975 en Nussbaum, 2006). Ook buiten de filosofie verschuiven opvattingen over dierenrechten. Een Argentijnse rechter besloot in 2014 bijvoorbeeld dat Sandra niet meer in gevangenschap mocht blijven. Sandra is een orang-oetan, die jarenlang in de Buenos Aires Zoo verbleef. Omdat de rechter van mening was dat ze een intelligent en sensitief levend wezen was, vond hij dat ze ook het recht op vrijheid had. Er begint ook discussie te komen over de vraag of robots in de toekomst rechten moeten krijgen. Als robots steeds intelligenter worden en steeds meer op mensen gaan lijken, zullen ze wellicht ook bewustzijn krijgen. Zelflerende robots voeren niet alleen uit wat hun makers bedacht hebben. Dan ligt het volgens Singer en Sagan (2009) voor de hand dat ze ook rechten krijgen, zodat ze hun taken goed kunnen uitvoeren. Bijvoorbeeld het recht op zelfverdediging en het recht op vrijheid van meningsuiting.
Een aantal eeuwen geleden speelde zich een verhitte discussie af over de rechtspositie van slaven, die soms nog lager was dan die van bepaalde dieren. Verbondenheid met de natuur is overigens geen nieuw verschijnsel. De indianen gingen lang geleden al zeer bewust met de dieren en planten in hun omgeving om, veel bewuster dan sommige andere volkeren in hun tijd. Je ziet dus dat moraal niet alleen met de tijd, maar ook met de plaats varieert. Wetenschappelijke en technische ontwikkelingen kunnen ook leiden tot nieuwe mogelijkheden, waarbij opnieuw nagedacht moet worden over de moraal. Als de ontwikkeling van internet het steeds gemakkelijker maakt om gegevens van mensen te verzamelen, moeten we erover nadenken wat dat betekent voor onze privacy. Een ander voorbeeld is de ontwikkeling van vruchtbaarheidsbehandelingen. Deze maakt diverse nieuwe vormen van zwangerschap mogelijk. Die roepen ook allerlei morele vragen op: is het acceptabel dat een arme vrouw in Thailand – tegen betaling –

draagmoeder wordt voor rijke westerse ouders met een vruchtbaarheidsprobleem, of vinden we dat het gebruik van een baarmoeder niet te koop zou moeten zijn? (zie Sandel, 2012). Mag de draagmoeder het kind houden als ze er inmiddels zelf aan gehecht is, of moet ze zich houden aan het contract met het echtpaar dat de zaad- en de eicel geleverd heeft? En als bij de geboorte blijkt dat het kind het syndroom van Down heeft, mag de draagmoeder dan besluiten dat ze het kind niet aan de wensouders geeft omdat ze verwacht dat zij het naar een tehuis brengen?

Micro-, meso- en macroniveau

Morele kwesties spelen op verschillende niveaus. Op **microniveau** gaan morele vragen over de manier waarop je van mens tot mens met elkaar zou moeten omgaan. Ze spelen een rol in alle menselijke relaties: tussen vrienden en familieleden, tussen mensen die elkaar toevallig tegenkomen en tussen hulpverleners en cliënten. Ze kunnen bijvoorbeeld gaan over de vraag wanneer je een ander helpt. Mensen ontwikkelen in de loop van hun leven opvattingen over dergelijke vragen. Een voorbeeld van zo'n opvatting is de norm 'een mens in nood laat je niet in de steek'.

Op **mesoniveau** maken organisaties morele keuzes, die onder meer hun neerslag vinden in de visie van de instelling. Hierbij gaat het over opvattingen over de missie van een instelling en de manier waarop ze daaraan wil werken. Een instelling kan er bijvoorbeeld principieel voor kiezen om met vrijwilligers te werken, omdat ze veel waarde hecht aan de zorg van mensen voor elkaar.

Morele opvattingen kunnen ook iets zeggen over het **macroniveau**, over de manier waarop de samenleving moet worden ingericht. Het gaat dan over vraagstukken zoals de verdeling van de welvaart of de opvang van vluchtelingen. Dit zijn politieke keuzes met een morele dimensie. Waarden die hierbij een rol kunnen spelen zijn vrijheid, gelijkheid en rechtvaardigheid. Hierover vormen mensen in de loop van hun leven een eigen opvatting. Als burger kunnen ze bijdragen aan de discussie en de besluitvorming over deze vraagstukken. Vervolgens vormt de wet- en regelgeving die hieruit voortkomt het kader van hun handelen. Ook de psycholoog heeft te maken met wet- en regelgeving die de morele opvattingen van de maatschappij weerspiegelen. De keuzes die politici bijvoorbeeld maken over de verdeling van geld over de verschillende bevolkingsgroepen die hulp nodig hebben, bepalen de grenzen van hulpverleners. Een ander voorbeeld zijn de opvattingen over het beschermen van privacy. Deze opvattingen worden wettelijk vastgelegd en dat heeft consequenties voor psychologen die bij hun onderzoek persoonsgegevens betrekken of die dossiers bijhouden over hun cliënten.

Door globalisering vervagen nationale grenzen. Dat heeft gevolgen voor de regelgeving, die steeds meer internationaal wordt. Het heeft ook gevolgen voor beroepsethiek. Zo stemmen Europese beroepsverenigingen van psychologen hun beroepsethiek op elkaar af, door afspraken te maken over een overkoepelende Europese code.

We zullen nu eerst een aantal basisbegrippen uit de ethiek onder de loep nemen.

1.1.1 Morele waarden en normen

Binnen de moraal maken we onderscheid tussen waarden en normen.

Morele **waarden** zijn opvattingen of voorstellingen van het goede. Ze omschrijven wat mensen waardevol vinden en waarnaar zij streven. Het zijn idealen die wezenlijk zijn voor de kwaliteit van het leven. Voorbeelden van waarden zijn: rechtvaardigheid, vrijheid, autonomie, gezondheid, solidariteit en betrouwbaarheid.
Normen zijn op waarden gebaseerde handelingsvoorschriften. Het zijn spelregels die duidelijk maken hoe je je moet gedragen. Terwijl waarden abstract zijn, geven normen een concrete inhoud aan waarden. Dit zien we bijvoorbeeld in de Bijbel, waar de christelijke waarden concreet worden in de tien geboden. Het woord 'norm' is afgeleid van het Latijnse woord 'norma'. Dat betekent richtsnoer of leidraad.

Een waarde kan op verschillende manieren worden vertaald in een norm. De waarde 'naastenliefde' kan voor de ene persoon concreet worden uitgewerkt in de norm dat hij zijn zieke vader dagelijks moet bezoeken, terwijl het voor de ander betekent dat hij zorg draagt voor deskundige hulp. De waarde 'trouw' kan in relaties ook op verschillende manieren tot uiting komen in een norm. Voor de een kan trouw betekenen dat je bij elkaar blijft, wat er ook gebeurt, terwijl de ander dit vertaalt in de exclusiviteit van de relatie, waar geen andere intieme contacten naast kunnen bestaan.
Als er meningsverschillen ontstaan over normen, kan het nuttig zijn om uit te zoeken wat de achterliggende waarde is. Soms blijkt deze dezelfde te zijn en wordt het conflict minder scherp als beide partijen dit van elkaar weten. Er ontstaat dan ruimte voor wederzijds begrip.
Als mensen zich sterk op normen richten, ontstaat er verstarring. Mensen richten zich dan op regels en vergeten waarom die regels er zijn. Dit zien we soms bij rechtlijnige politici of bij orthodoxe gelovigen, die strak vasthouden aan gedragsregels zonder zich te realiseren welke waarden hieraan ten grondslag lagen.

Casus: Jordy

Jordy is een jongen van 14 jaar. Hij is autistisch. Hij woont met zijn vader en moeder in een huis aan een rustige laan in een buitenwijk. Jordy heeft geen broers en zussen. Hij wordt erg angstig in onbekende situaties en hij heeft nauwelijks contacten met leeftijdgenoten.
De moeder van Jordy vindt dat hij moet leren om te gaan met de wereld, die niet altijd even voorspelbaar is. Ze nodigt soms kinderen uit, in de hoop dat Jordy daardoor meer sociale vaardigheden ontwikkelt. Zijn vader wil hem juist beschermen tegen dit soort situaties en hij probeert Jordy om te laten gaan met vertrouwde mensen, die goed weten hoe ze Jordy kunnen benaderen zonder dat hij angstig wordt.
De vader van Jordy richt zich dus vooral op zijn veiligheid. De norm van de vader is: 'We moeten goed voor Jordy zorgen, om te voorkomen dat hij angstig wordt.' Zijn

moeder richt zich meer op het verleggen van zijn grenzen. Haar norm is: 'We moeten goed voor Jordy zorgen door hem nieuwe vaardigheden aan te leren.' Dit verschil in opvoedingsstijl kan leiden tot een conflict tussen vader en moeder. Als ze zich allebei realiseren dat ze dezelfde waarde nastreven, namelijk: het bevorderen van het welzijn van Jordy, geeft dat meer ruimte voor wederzijds begrip.

Normen kunnen zich ontwikkelen en worden vaak aangepast aan veranderende contexten. In onze multiculturele samenleving staan daarom veel normen opnieuw ter discussie. Het is bijvoorbeeld in niet-westerse culturen een minder vanzelfsprekende norm dat mensen op tijd komen. 'Vriendschap' is dan soms belangrijker. Stel dat iemand een afspraak heeft met de psycholoog. Hij staat op het punt om de deur uit te gaan, maar dan komt net zijn neef langs. Hij heeft dan de keus uit twee mogelijkheden: hij kan zijn neef vertellen dat hij nu weg moet en dat hij geen tijd voor hem heeft, of hij kan een praatje maken met zijn neef en te laat op de afspraak verschijnen. De keuze die deze persoon maakt, wordt mede bepaald door zijn culturele achtergrond en de normen die hij van daaruit heeft meegekregen.

Casus: Projectverslag

In jouw projectgroep zit Willem. Het is een aardige jongen en je kunt goed met hem opschieten. Er is alleen één probleem: Willem is tevreden met een 5,5 en jij wilt graag betere resultaten halen. Jij werkt er hard voor, want je wilt straks goed worden in je beroep en je vindt het belangrijk dat je goede producten aflevert. Wat doe je met de verschillende normen van Willem en jou? Denk je dat er een gemeenschappelijke waarde te vinden is?

Fatsoensnormen

Niet alle omgangsnormen zijn morele normen. Er zijn ook **fatsoensnormen**. Het is bijvoorbeeld een ongeschreven regel dat studenten tijdens een hoorcollege niet horen te sms'en. Tussen twee groepen kunnen verschillen in gedragsregels voorkomen. Voor veel Nederlanders is het bijvoorbeeld niet gepast om vlak voor het eten onaangekondigd bij iemand op bezoek te gaan. Veel immigranten delen deze regel niet en vinden het juist onbeleefd als je geen extra voedsel in huis hebt voor spontane bezoekers. Veel autochtone Nederlanders houden zich aan de regel dat je om zes uur hoort te eten. De klok bepaalt wanneer ze aan tafel gaan, terwijl men in andere landen vaak eet op het moment dat men honger heeft. Ook psychologen gaan uit van bepaalde fatsoensnormen. Er zijn bijvoorbeeld opvattingen over het op tijd komen voor afspraken en over de kleding die je tijdens het werk draagt. Een psycholoog zal het meestal niet gepast vinden om in een naveltruitje met cliënten te spreken. Dit zijn omgangsregels die belangrijk kunnen zijn voor mensen. Het zijn conventies, 'goede manieren', die vastleggen wat hoort en wat niet hoort. Dit noemt men ook wel 'kleine ethiek' of etiquette. De grens tussen fatsoensnormen en morele normen is niet scherp. Toch blijkt uit onderzoek (Turiel, 1983) dat jonge kinderen al een onderscheid maken tussen verschillende soorten regels en normovertredingen. Als kinderen vertellen wat het verschil is tussen het overtreden van een conventie, zoals A: 'Jan steekt zijn vinger niet op in de klas als hij iets wil vragen' en het overtreden van een morele norm, zoals B: 'Jan steekt zijn vinger in het oog van Klaas als hij het antwoord niet weet' (Verplaetse, 2008), zijn er vier criteria te onderscheiden:

1. Ernst: een morele normovertreding (B) is ernstiger.
2. Straf: de straf voor een morele normovertreding (B) is zwaarder.
3. Regelcontingentie: morele normen zijn niet/minder afhankelijk van 'toevallige', opgeschreven, regels. Stel dat het schoolreglement het gedrag in situatie B toestaat, dan blijft het volgens de kinderen toch een onjuiste handeling.
4. Autoriteit: morele normen zijn niet/minder afhankelijk van de goedkeuring door een autoriteit. Stel dat de juf het gedrag van Jan in situatie B goedkeurt, dan blijven de kinderen van mening dat het niet mag.

Juridische normen

Naast morele normen en omgangsnormen zijn er **juridische normen**. Juridische regels sluiten meestal aan op opvattingen over wat een goede samenleving is en op morele regels die veel mensen delen. De morele regel 'Gij zult niet doden' is bijvoorbeeld vastgelegd in het Wetboek van Strafrecht. Juridische normen zijn bindend en het overschrijden daarvan kan dan ook tot sancties leiden. Ook psychologen hebben te maken met juridische normen. Het is bijvoorbeeld wettelijk vastgelegd dat cliënten hun dossier mogen inzien. Deze wetgeving bepaalt de kaders waarbinnen een psycholoog kan werken. De wetgeving sluit in dit geval aan bij de morele regels zoals de beroepsverenigingen van psychologen die in de Nederlandse NIP-beroepscode[1] of de NBTP-code voor toegepast psychologen[2] vastgelegd hebben. Ook daar staat dat inzage in dossiers moet worden gegeven. In België heeft de beroepscode[3] in zijn geheel de kracht van wet gekregen en vallen de beroepscode en de wet dus samen.

Het is mogelijk dat een handeling tegen de wet in gaat, maar wel door veel mensen als moreel juist wordt gezien. Zo verblijven uitgeprocedeerde asielzoekers volgens de overheid illegaal in het land, maar hebben sommige individuen en gemeenten vanuit de waarden 'naastenliefde' en 'rechtvaardigheid' toch voor opvang gezorgd. En er zijn mensen die in oorlogstijd vervolgden onderdak gaven of voedselbonnen stalen. Mensen die aan dezelfde kant staan, vinden dat heldhaftig gedrag, terwijl het op dat moment tegen de heersende wet in gaat. Een ander voorbeeld komt van bisschop Muskens, die ooit stelde

---

1 *Beroepscode voor psychologen 2015 van het Nederlands Instituut van Psychologen.* Amsterdam: NIP. Zie: http://www.psynip.nl/beroepsethiek/de-beroepscode.html; geraadpleegd op 8 april 2015.
2 *NBTP Beroepscode.* Zie https://www.nbtp.nl/wp-content/uploads/2013/07/Beroepscode_webversion10.pdf; geraadpleegd op 8 april 2015.
3 *Koninklijk besluit tot vaststelling van de voorschriften inzake de plichtenleer van de psycholoog.* Brussel. Gepubliceerd in het Belgisch Staatsblad op 16 mei 2014. Van kracht vanaf 26 mei 2014.

dat mensen die in Nederland op een sociaal minimum leven een brood mogen stelen als dat nodig is om hun gezin eten te kunnen geven. Aan de andere kant is er ook gedrag dat binnen de wettelijke regels valt, maar toch door veel mensen als immoreel wordt gezien. Zo worden hoge bonussen door de een gezien als een welverdiende beloning voor hard werken, terwijl de ander het incasseren van bonussen als 'graaien' benoemt. Het kan ook voorkomen dat bepaalde handelingen in het ene land wettelijk verboden zijn, terwijl ze in een ander land wel toegestaan zijn, of oogluikend worden toegestaan. Het Nederlandse gedoogbeleid bij de verkoop van softdrugs leidt in de grensstreek tot meningsverschillen met de buurlanden, die strenger optreden tegen de verkoop van cannabis. Er ontstaan soms ook lastige situaties als iemand in een derdewereldland gaat werken, bijvoorbeeld aan een ontwikkelingsproject, waar vaak alleen iets kan worden bereikt als diverse tussenpersonen geld krijgen. Als de betrokkene zich houdt aan de Nederlandse wet, bereikt hij zijn doelen niet. Als hij betaalt, krijgt hij een probleem met de verantwoording van zijn uitgaven.

1.1.2 Deugden

We kunnen de juistheid van het handelen afmeten aan de waarden en normen die daarbij zijn gevolgd. We kunnen ook kijken naar de persoonlijke eigenschappen van waaruit de persoon heeft gehandeld. Een min of meer vaste goede eigenschap van een persoon, die ertoe leidt dat hij moreel juist handelt, noemen we een **deugd**.

Begrip	Definitie	Voorbeeld
Waarden	Opvattingen of voorstellingen van het goede. Ze omschrijven wat mensen waardevol vinden en waarnaar zij streven. Het zijn idealen die wezenlijk zijn voor de kwaliteit van het leven.	Rechtvaardigheid
Normen	Op waarden gebaseerde handelingsvoorschriften.	Geef mensen gelijke kansen
Deugden	Goede eigenschappen die de handelwijze van de mens bepalen.	Integriteit

Deugden zijn bijvoorbeeld: moed, zorgzaamheid, naastenliefde, hoop, respect, integriteit en zuinigheid. Ook competentie, als iemand bijvoorbeeld zijn werk als psycholoog goed doet, kan als een deugd gezien worden. Veel deugden komen overeen met waarden of zijn aan waarden te koppelen. Het verschil is dat waarden abstracte cognitieve begrippen zijn, terwijl deugden aan een concrete persoon zijn gekoppeld. De waarden zijn dan verinnerlijkt. Ze zijn een onderdeel geworden van het karakter van de persoon. Het kan per cultuur verschillen wat men als deugd beschouwt en wat niet. In de Trojaanse oorlog beschouwden de Grieken Achilles als een held, omdat hij strijdlustig was. Tegenwoordig wordt deze eigenschap in onze cultuur door de meeste mensen niet als een deugd gezien en zou een man met de eigenschappen van Achilles de diagnose borderline krijgen. In onze tijd is zorgzaamheid een voorbeeld van een deugd die hoog staat aangeschreven. Er is zelfs een ethische theorie op gebaseerd, de zorgethiek. In hoofdstuk 2 wordt hier verder op ingegaan.

1.2 Ethiek

Ethiek komt van het Griekse woord 'ethos' en dat betekent zede of gewoonte. Oorspronkelijk betekent ethiek dus hetzelfde als moraal. Tegenwoordig verstaan we onder ethiek een systematische reflectie op morele vragen, op basis van rationele argumenten. Moraal kan, zoals we in paragraaf 1.1 gezien hebben, gebaseerd zijn op intuïtie. Mensen kunnen intuïtief anderen helpen, samenwerken of vijanden uit de weg ruimen. Ze kunnen allerlei opvattingen hebben over de vraag of dit goed of slecht is. Deze verzameling waarden en normen noemen we moraal. Als mensen afstand nemen van hun instinctieve gedrag en systematisch en redelijk gaan beargumenteren wat goed en kwaad is, komen we op het terrein van de ethiek. Er zijn verschillende manieren om systematisch na te denken over morele vragen.

Begrip	Definitie	Voorbeeld
Descriptieve ethiek	Beschrijvende ethiek	Beschrijving van de opvattingen van psychologen over het beroepsgeheim
Prescriptieve of normatieve ethiek	Voorschrijvende ethiek	Beroepscode
Meta-ethiek	Ethiek die fundamentele morele vraagstukken bestudeert	Zijn waarden universeel of cultuurgebonden?

Descriptieve ethiek

Descriptieve (beschrijvende) ethiek beschrijft de feitelijke moraal in een gemeenschap. Het gaat hier over feiten: hoe gedragen mensen zich in morele kwesties en welke argumenten gebruiken ze hierbij? Iemand kan bijvoorbeeld beschrijven hoe verschillende bevolkingsgroepen over eerwraak denken, wat hun argumenten hiervoor zijn, wanneer ze vinden dat eerwraak gerechtvaardigd is en wat ze dan doen.

Prescriptieve of normatieve ethiek

Iemand kan er ook over nadenken wat de argumenten pro en contra een bepaalde handeling zijn, en daar vervolgens een standpunt over innemen. Dan reflecteert hij op de moraal en probeert de principes van de moraal kritisch te onderzoeken. Hij kan ook proberen om nieuwe uitgangspunten te vinden voor morele keuzes. Op dat moment gaat het niet meer over feiten, maar over waarden. Het gaat er niet om hoe mensen zich feitelijk gedragen of hoe ze feitelijk denken, maar hoe mensen zich zouden moeten gedragen. Dit noemen we **normatieve ethiek**. Vanuit de normatieve ethiek kan worden geprobeerd om algemene principes te vinden waarmee kan worden bepaald wat moreel juist gedrag is. Er zijn verschillende ethische theorieën ontwikkeld, waarvan er een aantal behandeld worden in het volgende hoofdstuk. Deze theorieën pretenderen voor alle mensen te definiëren welke principes ze zouden moeten hanteren als ze moreel willen handelen. Het gaat hierbij niet om een beschrijving van het feitelijke gedrag van mensen, maar om een voorschrift. Daarom noemen we dit ook **prescriptieve** (voorschrijvende) **ethiek**.

Beroepsethiek

Het is ook mogelijk om een bepaalde groep specifieke morele regels voor te schrijven. Als die groep een beroepsgroep is, spreken we van **beroepsethiek**. Een voorbeeld hiervan zijn de **beroepscodes** voor psychologen: voor psychologen in Nederland de 'Beroepscode voor psychologen 2014 van het Nederlands Instituut van Psychologen' (NIP, 2014), voor Belgische psychologen het 'Koninklijk besluit tot vaststelling van de voorschriften inzake de plichtenleer van de psycholoog' (Psychologencommissie, 2014) en voor toegepast psychologen de Beroepscode van de Nederlandse Beroepsvereniging voor Toegepaste Psychologie (NBTP, 2013) (Zie bijlagen I, II en III). Daarnaast zijn er nog verschillende specifiekere beroepscodes voor onder meer coaches en psychotherapeuten: voor coaching onder meer de beroepscodes van ICF,[4] NOBCO,[5] LVSC,[6] NVO2[7] en voor assessment de NVP Sollicitatiecode,[8] de VOCAP en de Federgon.[9]

> **Casus: Coach**
>
> Je coacht de ouders van een jongere die drugs gebruikt en zijn ouders veel overlast bezorgt. Hij gaat niet meer naar school, hij steelt, maakt een rotzooi in huis en neemt vervelende vrienden mee. De ouders vragen zich af of ze hun zoon uit huis zullen zetten. Ze denken dat hij dan verder zal afglijden. Aan de andere kant is de situatie thuis voor de ouders nauwelijks vol te houden.

---

4 Zie: http://www.coachfederation.org/about/ethics.aspx?ItemNumber=850&navItemNumber=621; geraadpleegd op 8 april 2015.
5 Zie: http://www.nobco.nl/keurmerk/gedragscode; geraadpleegd op 8 april 2015.
6 Zie: https://www.lvsc.eu; geraadpleegd op 8 april 2015.
7 Zie: http://www.nvo2.nl/nvo2-beroepscode; geraadpleegd op 8 april 2015.
8 Zie: http://www.nvp-plaza.nl/documents/doc/sollicitatiecode/nvp-sollicitatiecode.pdf; geraadpleegd op 8 april 2015.
9 Zie: http://www.federgon.be/fileadmin/MEDIA/pdf/06-rss/DEFINITIEVE_WIJZ_deont_code_WG_KWAL_RSS_29042011_NL__2_.pdf; geraadpleegd op 8 april 2015.

De ouders hebben een moreel probleem: blijven ze voor hun zoon zorgen of zorgen ze voor zichzelf? Als coach heb je hier in eerste instantie zelf geen moreel probleem. Je kunt de ouders ondersteunen in hun keuze en misschien kun je ze helpen een oplossing te vinden waarbij de zorg voor de zoon en de zorg voor de ouders zelf optimaal kan worden gecombineerd. Het wordt echter een beroepsethisch probleem als er morele vragen op jou afkomen. Als de ouders door alle stress zo verward raken dat zij zelf niet meer kunnen beslissen en als die verwarde toestand tot een gevaarlijke situatie kan leiden, kun je je afvragen of het nodig is dat je de regie tijdelijk overneemt. Je maakt dan een afweging tussen het respecteren van de autonomie van je cliënten en het bevorderen van hun welzijn.

Soms wordt er onderzoek gedaan naar de morele opvattingen van een beroepsgroep. Als dat onderzoek alleen beschrijvend is, noemen we het descriptieve beroepsethiek. Een voorbeeld hiervan is een onderzoek (Tymchuck et al., 1982) naar de opvattingen van psychologen over ethische vragen. Psychologen kregen een casus met een ethisch probleem en een moreel oordeel. Vervolgens gaven zij aan of ze het met dit oordeel eens waren. Een van de casussen ging over een psycholoog die op een cocktailparty allerlei grappige verhalen vertelt over een cliënt. Zijn gesprekspartner vraagt: 'Heb je het soms over...?' De psycholoog antwoordt: 'Ja, ken je hem ook?' Op de vraag of er bij deze psycholoog sprake is van een gebrek aan respect voor de privacy van de cliënt, antwoordt 98 procent van de ondervraagden dat dit inderdaad het geval is. De onderzoekers geven hier een objectieve beschrijving van de morele opvattingen van psychologen, maar geven zelf geen oordeel over de stelling.
Naar aanleiding van deze casus kan men zich ook afvragen wat de juiste manier is om met persoonlijke informatie van cliënten om te gaan. De samenstellers van de beroepscodes hebben zich bijvoorbeeld over deze vraag gebogen en zij hebben vervolgens richtlijnen geformuleerd. Dit noemen we prescriptieve, voorschrijvende, beroepsethiek. Daarbij worden aanwijzingen gegeven hoe mensen met elkaar om zouden moeten gaan. Deze kunnen als ideaal blijven bestaan, ook als de werkelijkheid er anders uitziet. Als de richtlijn voor psychologen is dat zij vertrouwelijk om moeten gaan met de informatie van hun cliënten, hoeft deze richtlijn niet bijgesteld te worden als sommige psychologen zich er niet aan houden. Het belang van geheimhouding blijft immers bestaan. Omdat normen en waarden veranderen, is het natuurlijk wel aan te bevelen om kritisch over de richtlijnen te blijven nadenken en ze zo nodig bij te stellen. Daarom worden beroepscodes regelmatig herzien.

Meta-ethiek

Een derde type ethiek is de meta-ethiek. Het voorvoegsel 'meta' is Grieks en betekent 'boven', 'naast' of 'achter'. Het gaat hierbij namelijk over morele vraagstukken van een hoger abstractieniveau, om achtergrondvragen. Meta-ethiek reflecteert op betekenis, herkomst en geldigheid van visies op goed en kwaad. Het is bijvoorbeeld de vraag of een universele ethiek voor iedereen mogelijk is, of dat moraal altijd cultuurgebonden is. Het is ook de vraag hoe vrij mensen in hun handelen zijn en in hoeverre ze dus moreel verantwoordelijk voor hun daden zijn. Dit zijn vragen waar de meta-ethiek zich mee bezighoudt.

We zullen nu eerst ingaan op een aantal van deze fundamentele meta-ethische vragen:
- Zijn waarden universeel of cultuurgebonden?
- Zijn mensen vrij en dus verantwoordelijk voor hun daden?
- Hoe vrij moet een staat zijn burgers laten?
- Zijn mensen gelijk?
- Hoe ziet een rechtvaardige samenleving eruit?

1.2.1 Moreel relativisme of universele waarden

Gelden voor iedereen dezelfde waarden of staan waarden altijd in een culturele context en moeten ze vanuit die context beoordeeld worden? In 1948 is de Universele Verklaring van de Rechten van de Mens opgesteld en ondertekend door alle leden van de Verenigde Naties. De verklaring is gebaseerd op de idee dat bepaalde rechten voor alle wereldburgers gelden. Overigens betekent dat niet dat alle mensen ook krijgen waar ze recht op hebben. Het betekent wel dat de overheid erop kan worden aangesproken als de condities niet overeenstemmen met deze rechten. De overheid moet zorgen voor voorzieningen zoals de toegankelijkheid van onderwijs en de veiligheid van de burgers. Hieraan is te zien dat rechten eigenlijk pas nuttig zijn als er ook plichten tegenover staan: het moet duidelijk zijn wiens plicht het is om ervoor te zorgen dat iemand krijgt waar hij recht op heeft. Als ieder kind recht heeft op onderwijs, moet er ook voor ieder kind een instantie zijn die de plicht heeft om onderwijs te verzorgen.

Nu is het niet zonder meer vanzelfsprekend dat rechten voor iedereen op dezelfde manier gelden. Een kwestie waar meningsverschillen over bestaan, is bijvoorbeeld vrouwenbesnijdenis.

> **Casus: Vrouwenbesnijdenis**
>
> In sommige (vooral Afrikaanse) landen is het een traditie om meisjes te besnijden. Soms gaat het om een klein sneetje, maar soms ook om een ingrijpende gebeurtenis waarbij de vagina wordt dichtgenaaid of de clitoris wordt verwijderd. Dat betekent een ernstige beperking van de seksuele beleving van de vrouw. In de Universele Verklaring van de Rechten van de Mens staat dat iedereen recht heeft op onschendbaarheid van de persoon. Vrouwenbesnijdenis is hiermee niet te verenigen. Westerse vrouwen hebben daarom in het verleden actiegevoerd tegen deze praktijk, mede omdat de meisjes nog minderjarig zijn als ze worden besneden en daarom nog niet goed in staat zijn om voor hun eigen rechten op te komen. Deze westerse vrouwen beschouwden dit als een emancipatoire actie. Tot hun verbazing waren veel Afrikaanse vrouwen tegen deze vorm van inmenging. Ze vonden het een betuttelende, neokolo-

nialistische actie van vrouwen die hun wilden vertellen wat goed voor hen was. De Afrikaanse vrouwen vonden dat ze zelf moesten beslissen of ze al dan niet besneden zouden worden. De westerse vrouwen gingen hier dus uit van universele waarden, terwijl de Afrikaanse vrouwen vonden dat deze praktijken in de culturele context moeten worden beoordeeld.

Het debat over besnijdenis wordt niet alleen tussen westerse en Afrikaanse vrouwen gevoerd. Deze praktijk staat ook ter discussie binnen de islamitische gemeenschap. Daarbij gaat het over besnijdenis van zowel vrouwen als mannen. Onder meer de Marokkaanse sociologe Fatima Mernissi en Ayaan Hirsi Ali, die uit Somalië afkomstig is, verzetten zich tegen besnijdenis.

Je kunt ten minste twee verschillende standpunten innemen ten opzichte van kwesties als vrouwenbesnijdenis, eerwraak, de vraag of mensen zelf voor hun hulpbehoevende ouders moeten zorgen en andere omstreden vraagstukken. Het eerste standpunt is dat we moeten uitgaan van een absolute standaard, van **universele waarden** die altijd voor iedereen gelden. Het tweede standpunt is dat wat moreel juist of onjuist is, afhangt van de normen en waarden van de sociale context. Deze laatste opvatting noemen we **moreel relativisme**. Dat gaat uit van het standpunt dat er geen algemene universele principes zijn in de moraal. Dus: een bepaalde handeling die in de ene culturele context moreel juist is, is in een andere culturele context onjuist.

Cultureel relativisme

Het cultureel relativisme is ontstaan binnen de culturele antropologie als kritiek op het evolutionisme. Het evolutionisme gaat er namelijk van uit dat er een ontwikkeling te zien is in culturen en dat niet-westerse culturen niet alleen anders, maar ook inferieur zijn. Deze opvatting is terug te vinden in veel films, (strip)boeken en reclame waarin vreemde volkeren worden afgeschilderd als exotisch, achtergebleven en vaak ook slecht. Zo zijn er in (strip)boeken en films veel beelden te vinden van slechte Arabieren met kromzwaarden, agressieve, schaars geklede indianen en primitieve Afrikanen. Cultureel relativisme gaat er daarentegen van uit dat normen en waarden van de ene cultuur niet beter zijn dan die van een andere.

> **Verdieping: Benaderingen van het moreel relativisme**
> Moreel relativisme kan beschrijvend of normatief zijn.
>
> **Beschrijvend**
> Je kunt feitelijk vaststellen dat er veel variatie is in de normen en waarden van verschillende groepen of individuen. Dat noemen we **descriptief relativisme**. Daarbij beschrijft men een situatie zonder daar een oordeel over te geven (Evers, 2014). In een multiculturele samenleving als Nederland worden we ook regelmatig geconfron-

teerd met verschillende waarden en normen, bijvoorbeeld wat betreft de verhouding tussen mannen en vrouwen, gezondheid, zorg en keuzevrijheid. De meeste mensen zijn het eens met de constatering dat er verschillende waarden en normen zijn. Er zijn echter ook mensen die vinden dat we pal moeten staan voor de Nederlandse waarden en normen zoals die van oudsher gelden, waarbij het nogal onduidelijk is wat die gedeelde moraal dan inhoudt. Toch zullen ook zij juist erkennen dat er culturele verschillen bestaan. Ook binnen een cultuur kunnen er verschillende morele standpunten bestaan, bijvoorbeeld over de vraag of abortus moreel acceptabel is. Daarbij is het niet altijd duidelijk of meningsverschillen gaan over verschillende normen. Bij de vraag of abortus acceptabel is, kunnen voor- en tegenstanders het met elkaar eens zijn over de norm dat je geen (onschuldige) personen mag doden. Daarbij kunnen ze echter wel van mening verschillen over de vraag of een foetus een persoon is, wat op zichzelf geen morele vraag is. Verschillen kunnen ook te maken hebben met de omstandigheden. In tijden van oorlog of hongersnood kan men soms alleen overleven door minder zorg te bieden aan zwakke medemensen. Zo lieten de Inuit soms ouderen achter op het ijs, maar alleen als er hongersnood heerste en men dus niet in staat was om voor die ouderen te blijven zorgen (Evers, 2014).

Een psycholoog zal in zijn werk te maken krijgen met collega's, cliënten en doelgroepen met verschillende sociale en culturele achtergronden. Om het gedrag van mensen te kunnen begrijpen en te beïnvloeden, zal hij rekening moeten houden met verschillende opvattingen over waarden en normen.

Normatief

Een andere benadering is dat normen en waarden altijd contextueel bepaald (moeten) zijn. Dat noemen we **normatief ethisch relativisme**. Hierin wordt niet alleen feitelijk vastgesteld dat er verschillen zijn, maar men zegt bovendien dat moraal altijd geformuleerd moet worden in relatie tot de omgeving. Volgens een moreel relativist bestaat er geen uniek-correcte moraal. Bij vrouwenbesnijdenis kun je dan zeggen dat het in de westerse, liberale context onjuist is, maar als het een van de tradities binnen een cultuur is, dan is het moreel juist als iemand van die cultuur zich daarbij aansluit. Een ander voorbeeld is eerwraak. Het is in Nederland een aantal keren voorgekomen dat een jongen zijn zus of haar vriend probeerde te doden, omdat het meisje tegen de wens van de familie in een vriend had gekozen. Er ontstond discussie over de vraag of het een verzachtende omstandigheid is als die jongen uit een cultuur komt waarin dit een geaccepteerde manier is om de familie-eer te redden. Een probleem bij dit standpunt is dat het geen aanknopingspunten geeft om meningsverschillen op te lossen. Voor psychologen is het relevant om hierover na te denken. Zij moeten er in hun beroep niet vanzelfsprekend van uitgaan dat hun eigen normen en waarden de enige juiste zijn.

> **Casus: 'Lekker strak'**
>
> In sommige culturen is het een traditie om vrouwen te besnijden. In de westerse cultuur ontstaat een nieuwe trend om het lichaam 'om te laten bouwen', zodat het steeds meer gaat lijken op het schoonheidsideaal uit tv-programma's als *America's Next Top Model*.[10] Vrouwen en meisjes laten hun borsten vergroten, hun taille insnoeren en hun billen liften. Ze laten soms ook hun schaamlippen weghalen, omdat ze vinden dat ze er dan 'lekker strak' uitzien.
> Wat vind je hiervan? Is er volgens jou een principieel verschil met vrouwenbesnijdenis?

Een nog verdergaande vorm van moreel relativisme is het **subjectivisme**. Dit is de opvatting dat morele principes individueel zijn en dat een morele handeling juist is als de persoon deze zelf goedkeurt.

> **Casus: De normen en waarden van de familie De Wit**
>
> Ans werkt als psycholoog bij de schoolbegeleidingsdienst. Ze begeleidt Peter de Wit. Peter is 10 jaar en zit in groep 6. Hij kan zich niet zo goed concentreren op school en hij wordt gepest. Peter ziet er slecht verzorgd uit. Zijn kleding is niet altijd frisgewassen. Ans nodigt de ouders van Peter uit voor een gesprek. Zij vinden dat het wel goed gaat met Peter. Als hij gepest wordt, moet hij maar van zich afslaan, volgens vader De Wit. Daar wordt hij hard van. Vader vertelt dat hij ook wel eens problemen heeft met anderen en dan laat hij ze gewoon even voelen wie de baas is. Wat vind jij van de situatie? Waarschijnlijk komen jouw normen en waarden niet helemaal overeen met die van de familie De Wit. Hebben zij het recht op hun eigen moraal? Of zijn er grenzen? Mag jij je bemoeien met hun manier van leven? En hoe kun je dat verdedigen als de familie daar bezwaar tegen maakt?

Er is een aantal fundamentele kritiekpunten op het moreel relativisme:
- Het leidt tot morele verlamming of apathie, omdat het geen basis geeft van waaruit morele praktijken bekritiseerd kunnen worden. Kritiek is zelfs onmogelijk in extreme situaties, zoals de poging om de Joden uit te roeien in de Tweede Wereldoorlog of het stenigen van vrouwen als straf voor het plegen van overspel, omdat deze daden passen binnen de in die tijd en die samenleving heersende opvattingen.
- Het maakt hervorming in principe verwerpelijk, omdat die in gaat tegen de culturele opvattingen die op dat moment heersen.
- Relativisten roemen vaak hun eigen tolerantie voor andere culturele gebruiken. Zij spreken hiermee zichzelf tegen, want als alles relatief is kan ook tolerantie geen universele waarde zijn.

---

10 Zie: www.beperkthoudbaar.info; geraadpleegd op 8 april 2015.

Universele waarden

Tegenover het cultureel relativisme staat het **universalisme**. In deze benadering gaat men ervan uit dat er fundamentele morele principes zijn, universeel geldig en toepasbaar op vergelijkbare mensen in vergelijkbare situaties, ongeacht de plaats en de tijd waarin ze leven. Hierbij kunnen we het empirisch en het normatief universalisme onderscheiden. Het **empirisch universalisme** is descriptief. Het stelt dat overal dezelfde waarden gelden. Dat is een feitelijke bewering. Het **normatief universalisme** streeft ernaar dat bepaalde centrale waarden, zoals die in in de Universele Verklaring van de Rechten van de Mens opgenomen, mondiaal worden aanvaard. Hier gaat het dus om een ideaal. Universalisme kan ook betekenen dat er een algemeen principe wordt gezocht dat toepasbaar zou moeten zijn op alle morele kwesties, zodat we al die regels niet nodig hebben. Een voorbeeld van zo'n algemeen principe is de regel: 'Wat gij niet wilt dat u geschiedt, doe dat ook een ander niet.' Deze regel kan worden toegepast in allerlei verschillende situaties.

Moreel relativisme en universalisme

Begrip	Aspecten	Uitgangspunt
Moreel relativisme	Descriptief moreel relativisme	Er is veel variatie in de normen en waarden van verschillende groepen of individuen (feit).
	Normatief moreel relativisme	Morele kwesties behoren beoordeeld te worden op basis van de waarden en normen die in een bepaalde groep of cultuur gelden (norm).
Universalisme	Empirisch universalisme	Overal gelden dezelfde waarden (feit).
	Normatief universalisme	Bepaalde centrale waarden moeten overal worden aanvaard (norm).

Verdieping: Discussies over mensenrechten

Er is veel discussie over de vraag of waarden universeel moeten zijn. In de westerse opvattingen over mensenrechten staat het individu centraal. In de Aziatische samenleving gaan sociale harmonie en het algemeen belang echter voor de rechten van het individu. Voor Afrikanen zijn rechten en plichten aan elkaar verbonden. Daarom wordt er vanuit Afrika voor gepleit om de plichten ten opzichte van het gezin en de samenleving ook op te nemen in de verklaring. De meeste landen in de wereld blijven ondanks de kritiek de Universele Verklaring van de Rechten van de Mens onderschrijven. Daarbij is er in de loop van de tijd meer aandacht besteed aan collectieve rechten. Zo is het recht op zelfbeschikking van volkeren toegevoegd.

Ook binnen Amnesty International, een organisatie die haar bestaansrecht ontleent aan universele mensenrechten, kunnen fundamentele meningsverschillen ontstaan. Zo is er een discussie geweest over of Amnesty zich moet inzetten voor de vrijlating van mensen die op grond van hun homoseksuele geaardheid gevangenzitten. Veel afdelingen in Azië, Afrika en Latijns-Amerika vonden dat men dit niet moest doen, omdat zij van mening waren dat homoseksualiteit een ziekte is en daarom geen deel uitmaakt van de mensenrechten.

Debatten over de universaliteit van waarden worden niet alleen internationaal gevoerd, maar ook binnen de multiculturele, nationale samenleving.

Verdieping: Verlichting

In Nederland is Frits Bolkestein (2000) een uitgesproken voorstander van het ethisch universalisme. Hij verbindt de liberale opvattingen aan de **verlichting**. De verlichting is ontstaan in de 18^e eeuw. Het is een manier van denken waarbij men ervan uitgaat dat men niet op gezag van religie, traditie, vooroordelen of onder druk van anderen iets als waar aanvaardt, maar dat men zelfstandig nadenkt. Het redelijk denken staat hier centraal. Het westerse denken is sterk beïnvloed door deze opvattingen. Bolkestein stelt dat de verlichting ons waarden heeft opgeleverd die tot de beste en waardevolste van onze cultuur behoren en dat deze waarden daarom niet onderhandelbaar mogen zijn. Hij noemt als centrale waarden de scheiding van kerk en staat, de vrijheid van meningsuiting, verdraagzaamheid, non-discriminatie en gelijkwaardigheid. Deze waarden botsen soms met de religieuze waarden van een deel van de bevolking. Zo heeft de SGP in haar beginselprogramma staan dat het zitting nemen in politieke organen in strijd is met de roeping van de vrouw. Toch werd deze partij in 2012, op grond van het discriminatieverbod, min of meer gedwongen om vrouwen toe te laten op de kieslijst door een uitspraak van het Europees Hof voor de Rechten van de Mens. Daarnaast zijn er ook islamitische groeperingen die soms op gewelddadige manier het recht in eigen hand nemen, zoals bij de moord op Theo van Gogh in Amsterdam en op de cartoonisten van *Charlie Hebdo* in Parijs. Zij hebben ernstige bezwaren tegen uitlatingen en afbeeldingen die zij opvatten als belediging van de profeet. In protesten tegen deze aanslagen wordt juist de vrijheid van meningsuiting verdedigd. Het gebruik van geweld bij deze aanslagen wordt massaal afgewezen. Over de vraag of er grenzen aan de vrijheid van meningsuiting gesteld moeten worden, zijn de meningen daarentegen wel meer verdeeld. Tegenstanders van Bolkestein stellen dat ook verdraagzaamheid een van de centrale waarden is binnen een democratie en dat we daaruit kunnen afleiden dat tolerantie ten opzichte van andersdenkenden juist essentieel is. Een van de grote uitdagingen in onze tijd is om uit te zoeken hoe we, ondanks fundamentele meningsverschillen, vreedzaam samen kunnen leven.

1.2.2 Vrijheid en verantwoordelijkheid

Behalve de vraag of voor iedereen dezelfde waarden gelden, is er nog een andere belangrijke kwestie: in hoeverre zijn mensen vrij? Alleen als mensen vrij zijn, kunnen ze verantwoordelijk worden gehouden voor hun daden. Als iemand met een pistool op zijn hoofd wordt gedwongen om zijn vrienden te verraden, stellen we hem hier niet moreel verantwoordelijk voor. Hij heeft (vrijwel) geen keus. Beïnvloeding kan echter ook subtieler plaatsvinden. De sociale omgeving kan bepaalde keuzes onmogelijk maken. Als een jongen balletdanser wil worden, terwijl zijn familie het belachelijk vindt als jongens aan ballet doen, wordt het erg moeilijk voor die jongen om zijn droom te realiseren. Er kunnen ook krachten binnen de persoon zelf zijn die zijn vrijheid beperken.

Casus: De markiezin van Dampierre

'In de 19ᵉ eeuw vloekte de Parijse markiezin van Dampierre regelmatig en ze uitte veel obsceniteiten. Tot op hoge leeftijd maakte ze haar gasten uit voor "neukvarken" (Draaisma, 2006). Omdat ze leed aan de ziekte van Gilles de la Tourette, was dit beledigende gedrag haar niet moreel aan te rekenen, omdat ze door haar ziekte niet anders kón handelen.

Je bent alleen moreel verantwoordelijk voor je daden als je ook anders had kunnen handelen en niet als je door externe of interne krachten werd gedwongen.

Als psycholoog werk je op basis van wetenschappelijke theorieën over de mens. Deze theorieën gaan uit van bepaalde mensvisies. Als we de mensvisie van de behavioristische, de psychodynamische en de humanistische psychologie vergelijken, vinden we duidelijke verschillen.
Het **behaviorisme** gaat ervan uit dat gedrag in sterke mate gestuurd kan worden door externe invloeden. Dat betekent dat er vrijwel geen vrijheid is. Als bepaald gedrag beloond wordt, zal het individu dat gedrag vaker vertonen. De omgeving bepaalt dan in hoge mate het gedrag. Watson is duidelijk over de ambities van het behaviorisme: 'Geef mij een dozijn gezonde, goed gevormde zuigelingen en een door mij ontworpen omgeving om hen in groot te brengen en ik geef de verzekering dat ik een geheel willekeurig gekozen kind zal opleiden tot welk specialisme ik ook maar zou kiezen: arts, advocaat, kunstenaar, handelaar, politicus en zelfs bedelaar of dief, alles onafhankelijk van zijn talenten, neigingen, tendenties, vermogens, capaciteiten, roeping en ras' (Watson, 1957, blz. 104).
'Als je begint met een gezond lichaam, met het juiste aantal vingers en tenen, ogen en met de paar elementaire bewegingen die bij de geboorte bestaan, dan heb je aan ruw materiaal niets méér nodig om een mens te maken, of het nu gaat om een genie, een keurige heer, een bandiet of een moordenaar' (Watson, 1928, blz. 25).
Skinner stelt dat in onze denkbeelden over de mens het begrip 'vrijheid' achterhaald is. In zijn roman *Walden Twee* beschrijft hij een ideale samenleving, die georganiseerd is

door Frazier, een psycholoog. Frazier gebruikt wetenschappelijke inzichten om de mensen zo te conditioneren dat hun kans op overleven zo groot mogelijk is. Volgens Skinner moet gewenst gedrag positief bekrachtigd worden en de psycholoog is de deskundige die dit proces moet aansturen.

De **psychodynamische theorieën** stellen dat een groot deel van het gedrag bepaald wordt door onbewuste motieven. Het is volgens Freud een grote misvatting om te denken dat de mens rationele keuzes maakt in zijn leven. Primitieve driften en verdrongen conflicten uit de vroege jeugd sturen de mens, buiten zijn bewustzijn om. Slechts van een klein deel van zijn drijfveren is hij zich bewust. Dat betekent dat zijn vrijheid beperkt is. In de psychoanalyse kunnen mensen zich meer bewust worden van de manier waarop oude conflicten hun gedrag beïnvloeden. Daarmee kunnen ze hier meer controle over krijgen. In hedendaags psychologisch onderzoek is de psychoanalyse buiten beeld geraakt. Dat geldt niet voor de idee dat de mens wordt gestuurd door zijn onbewuste. Dat idee heeft de laatste jaren weer meer aandacht gekregen in de sociale psychologie en in de neurowetenschappen. Dijksterhuis (2011) zet verschillende onderzoeken op een rijtje en concludeert daaruit dat ons bewustzijn slechts een kleine rol speelt bij gedrag, denken en emoties. Bij moeilijke beslissingen kun je – volgens Dijksterhuis – beter niet meteen beslissen, maar er een nachtje over slapen. Dan kan het onbewuste alles tegen elkaar afwegen. De vrije wil speelt dus een kleine rol en volgens Dijksterhuis leidt dat vaak tot betere resultaten. Ook neurowetenschappers zetten hun vraagtekens bij de idee dat mensen een vrije wil hebben. In een veel geciteerd onderzoek vergelijken Soon en anderen (2008) wat er gebeurt in de hersenen van proefpersonen en in hun bewustzijn als ze moeten kiezen of ze met hun linker- of hun rechterhand een knop indrukken. Zij concluderen dat de hersenen gedrag aansturen, voordat proefpersonen bewust een keuze maken.
De **humanistische psychologie** gaat ervan uit dat mensen een grote mate van vrijheid en verantwoordelijkheid hebben. Zij gaat uit van de vrije wil en het bewustzijn van de mens. Volgens Maslow maken mensen hun eigen keuzes en streven ze ernaar om zich steeds verder te ontplooien als unieke wezens.

Naast deze theoretische verschillen, zijn er ook individuele verschillen wat betreft de vrijheid van mensen, waar de psycholoog rekening mee moet houden als hij gedrag wil begrijpen en beïnvloeden. Zoals we in het citaat van Draaisma al zagen, kan de vrijheid bijvoorbeeld beperkt worden door psychopathologie.

Om het begrip 'vrijheid' beter te begrijpen, wordt er een onderscheid gemaakt tussen wilsvrijheid en maatschappelijke vrijheid (Van Eijck, 1982).

Wilsvrijheid

Wilsvrijheid betekent dat de menselijke wil niet uitsluitend wordt bepaald door invloeden zoals erfelijkheid, onbewuste hersenprocessen, opvoeding en omgeving. De mens die wilsvrijheid heeft, bepaalt zijn eigen wil. Iemand die zelf bepaalt op basis van welke principes, regels of wetten hij handelt, noemen we autonoom. Er zijn verschillende invullingen van het begrip **autonomie**. Het kan betekenen dat iemand in staat is om morele afwegingen te maken. Dat wordt **morele autonomie** genoemd. Een andere invulling van dit begrip gaat erover dat de persoon zich identificeert met de uitgangspunten van zijn handelen. Dit noemt men **persoonlijke autonomie** (Van Hees, 2014).

Deterministen geloven niet in wilsvrijheid en stellen dat het gedrag van de mens wordt gestuurd door externe invloeden. Het geloof in **determinisme** kent vele vormen. Sommige christenen denken dat God van tevoren heeft bepaald wat de mens doet en dat we daar zelf geen invloed op kunnen uitoefenen. Zoals we gezien hebben, zijn er ook wetenschappers die denken dat het gedrag wordt gestuurd door ervaringen in de vroege jeugd of door conditioneringen. De psychologen Watson en Skinner geloofden dat het gedrag van mensen in hoge mate was te kneden. Met de juiste beloning en straf kun je volgens hen de mens vormen tot wat je maar wilt. Op die manier is het gedrag van mensen te voorspellen, als je weet hoe ze geconditioneerd zijn. Als iemand moreel verwerpelijk handelt, kan hij proberen zich vrij te pleiten met een beroep op een van deze deterministische opvattingen. Als een rechter oordeelt dat een verdachte een misdaad heeft gepleegd omdat hij door jeugdtrauma's of door een psychiatrische stoornis niet toerekeningsvatbaar was, stelt hij dat dit gedrag gedetermineerd was. Enerzijds kijkt de rechter vanuit een moreel-juridisch perspectief van waaruit hij bepaalt dat iemand gestraft wordt voor zijn daden. Anderzijds gebruikt hij een psychologisch perspectief om te beoordelen of deze persoon ten tijde van het misdrijf in staat was om zijn gedrag te bepalen. Dit kan leiden tot een tbs, die (gedeeltelijk) ter vervanging van een straf wordt toegekend. Dat betekent dat de verdachte niet of verminderd verantwoordelijk te houden is voor de gepleegde misdaad. In de tbs-kliniek krijgt hij daarom een behandeling, naast of in plaats van een straf. De vraag of iemand verminderd verantwoordelijk gehouden kan worden voor zijn misdaden, leidt soms tot grote morele verontwaardiging; vooral als het om zeer ernstige vergrijpen gaat. Dit was het geval bij de Noor Anders Breivik, die in 2011 aanslagen pleegde op mensen in de regeringswijk in Oslo en op sociaaldemocratische jongeren. Hierbij kwamen 77 mensen om het leven. In het gerechtelijk onderzoek was er sprake van dat hij, door een persoonlijkheidsstoornis, ontoerekeningsvatbaar zou zijn. Vanwege het grote leed dat hij veroorzaakt had, vonden veel mensen het ontoelaatbaar als hij hierdoor strafvermindering zou krijgen. De rechtbank oordeelde uiteindelijk dat Breivik toerekeningsvatbaar was.
Een determinist vindt dat je mensen nooit moreel verantwoordelijk kunt houden. Als je iemand veroordeelt, is dat niet op morele gronden, maar omdat je hiermee de conditionering van die persoon probeert te veranderen.

Indeterministen zeggen dat in ieder geval een deel van het menselijk gedrag niet voorspelbaar is. Ook al hebben mensen misschien aanleg voor bepaald gedrag of is het binnen hun sociale omgeving een gewoonte om bepaalde dingen te doen, dan kunnen ze toch nog ervoor kiezen om iets al dan niet te doen. In dat geval zijn mensen ook verantwoordelijk. Moraal is alleen mogelijk als er een zekere mate van wilsvrijheid wordt verondersteld.

Casus: Onderweg

Stel dat je in je auto over een weg rijdt. Het is rustig op de weg en je kunt lekker doorrijden. Je komt bij een splitsing en gaat naar rechts. Een eindje verderop ga je bij een afslag naar links. Niemand dwingt jou om zo te rijden. Er is geen wegafzetting, geen politie en er zijn geen obstakels op de weg. Je bent vrij. Stel nu dat je niet zomaar deze route koos, maar dat het de snelste weg is naar de sigarettenverkoper. Je bent verslaafd aan nicotine en je hebt zojuist je laatste sigaret opgerookt. Het is bijna sluitingstijd en je moet op tijd bij de winkel zijn om vanavond weer te kunnen roken. Eigenlijk moet je de trein halen voor een belangrijke afspraak, maar het treinstation is de andere kant op. Als je rechtdoor was gereden, had je de trein zeker gehaald, maar nu is het de vraag of dat nog lukt. In hoeverre is er volgens jou dan nog sprake van vrijheid?

(Vrij naar: http://plato.stanford.edu/entries/liberty-positive-negative)

In het bovenstaande voorbeeld is er niemand die jou stuurt. Je stuurt zelf. Maar als je keuzes worden bepaald door een verslaving, is die verslaving jou de baas. Je kunt dan zeggen dat er binnen jezelf twee verschillende stemmen zijn. De ene stem zegt dat je sigaretten moet halen en de andere stem zegt dat je op tijd moet komen voor je belangrijke afspraak. De vraag is wat je dan echt wilt. Als je eigenlijk niet wilt roken, maar toch telkens weer zwicht voor de verleiding van een sigaret, is er geen sprake van persoonlijke autonomie. Je maakt dan namelijk niet de keuzes die je zou willen maken.

Maatschappelijke vrijheid

Een andere invulling van het begrip vrijheid is **maatschappelijke vrijheid**. Wilsvrijheid zegt iets over de vrijheid van het individu, terwijl het bij maatschappelijke vrijheid om de omstandigheden gaat waaronder het individu zijn keuzes maakt. We stappen nu dus van het microniveau over naar het macroniveau. Hiermee komen we op het terrein van de politieke filosofie. De filosoof Berlin (1969) onderscheidt in deze context twee vrijheidsbegrippen: negatieve vrijheid en positieve vrijheid.

Negatieve vrijheid is een situatie waarin iemand niet door anderen wordt gehinderd in wat hij wil doen. Het is 'vrij zijn van…'. Het woord 'negatief' heeft hier geen morele lading, maar het betekent dat de vrijheid wordt gedefinieerd door afwezigheid van dwang. De persoon is vrij van de bemoeienis van anderen. In het voorbeeld van de automobilist is er sprake van negatieve vrijheid, omdat niemand hem dwingt een bepaalde kant op te rijden. Het gaat hier alleen over belemmeringen die door anderen worden opgeworpen. Als je een avondje lekker wilt uitgaan en je krijgt net een heftige griep, word je weliswaar belemmerd in wat je wilt doen, maar dit is niet met opzet veroorzaakt door anderen. Er is dus nog steeds sprake van negatieve vrijheid.
Er zijn altijd grenzen aan de negatieve vrijheid. Mensen kunnen elkaar immers overlast bezorgen. De vrijheid van de een gaat dan ten koste van de vrijheid van de ander.

Casus: Bemoeizorg

Een persoon met de diagnose 'paranoïde schizofrenie' leeft op straat. Hij is wantrouwig ten opzichte van de maatschappij en vooral ten opzichte van hulpverleners. Negatieve vrijheid betekent in dit geval dat we hem gewoon laten omkomen van de honger en kou. Het is namelijk zijn eigen, vrije beslissing om op straat te leven. Is dat de moreel juiste keuze?

Negatieve vrijheid betekent nog niet dat iedereen ook werkelijk zijn doelen kan bereiken. Stel dat iemand een zeer laag inkomen heeft. Dan is het natuurlijk prettig dat niemand hem tegenhoudt om uit te gaan, maar dan blijkt uitgaan voor deze persoon toch onmogelijk te zijn, omdat hij de drankjes niet kan betalen. Van de andere kant kan het ook een gevoel van vrijheid geven om weinig te bezitten. Janis Joplin zong: 'Freedom is just another word for nothing left to lose.' Als je geen relatie, geen kinderen en geen vaste baan hebt, ben je vrij om je eigen gang te gaan.

Verdieping: Locke: vrij van bemoeienis van anderen

Vanuit het liberalisme wordt negatieve vrijheid hooggewaardeerd. De filosoof Locke (1632-1704) ziet als ideaal een staat waarin de overheid de burgers zo veel mogelijk hun gang laat gaan. Hun vrijheid wordt slechts ingeperkt doordat andere burgers ook vrij zijn. Een burger mag geen inbreuk maken op de vrijheid van een ander. Met andere woorden: hij mag de ander niet tot last zijn. Als iemand de vrijheid wil hebben om tot diep in de nacht zijn favoriete muziek hard aan te zetten, mag hij dat alleen doen als daarmee de vrijheid van zijn buurman die 's nachts wil slapen niet wordt beperkt. Vanuit een liberale opvatting moeten niet alleen burgers, maar ook bedrijven zo min mogelijk beperkt worden door overheidsingrijpen. Op die manier kan de markt optimaal zijn werk doen, zodat de klant de beste en goedkoopste producten kan kiezen. Bedrijven zullen dan de producten aanbieden waar de klanten om vragen, want op die manier kunnen ze goed concurreren. Als de overheid zich daarmee bemoeit, verstoort zij de vrije marktwerking. Een bezwaar tegen een minimale staat, dat wil zeggen een staat met een terughoudende overheid die zo min mogelijk bemoeienis heeft met de burgers, is dat daarin grote verschillen ontstaan tussen arm en rijk.

In Nederland zien we de laatste jaren dat de overheid zich minder gaat bemoeien met onder meer zorgverzekeringen en openbaar vervoer. Overal worden privatiseringen doorgevoerd.

In de hulpverlening betekent negatieve vrijheid dat de hulpverlener afziet van paternalisme. Hij neemt geen verantwoordelijkheid van de cliënt over, maar respecteert diens eigen keuzes. Dat kan natuurlijk tegen zijn eigen gevoel indruisen en het kan zijn dat de cliënt niet eenduidig is in wat hij wil. Een hulpverlener kan situaties tegenkomen waarin degene die hij wil helpen bepaalde belangrijke doelen in zijn leven stelt, maar tegelijkertijd dingen doet die daarmee in strijd zijn, omdat het op de korte termijn zeer aantrekkelijk kan zijn om daaraan toe te geven. Denk aan de casus 'Onderweg'. Vanuit het begrip 'negatieve vrijheid' kan hier verder niets van gezegd worden door de ander. Deze strijd speelt zich af binnen de persoon en heeft niets te maken met externe belemmeringen die veroorzaakt zijn door anderen. Mensen kunnen vrij zijn om dingen te doen die ze eigenlijk niet willen. Als een hulpverlener handelt vanuit het idee van negatieve vrijheid, geeft hij daar de ruimte voor. Hij gaat er dan van uit dat persoonlijke groei niet kan worden opgelegd door anderen, maar alleen kan ontstaan vanuit de persoon zelf.

Positieve vrijheid is gericht op het bereiken van bepaalde doelen. Het is 'vrij zijn tot…'. Positieve vrijheid is de vrijheid om je leven in te richten zoals je dat wilt en je eigen doelen na te streven. Het gaat hier om de vraag of je zeggenschap hebt over de manier waarop je je eigen leven wilt invullen. In de casus 'Onderweg' is er geen sprake van positieve vrijheid als de automobilist zijn gedrag laat sturen door zijn verslaving. Vanuit het begrip 'positieve vrijheid' wordt er wel verder nagedacht over wat nu eigenlijk de inhoud van vrijheid is. Dit roept een nieuw scala van vragen op. We kunnen dan bijvoorbeeld zeggen dat het rationele zelf een hogere status heeft dan het impulsieve zelf.

Een volgende stap is dan om te kijken of sommige mensen beter kunnen bepalen wat goed is voor iemand dan andere. De humanistisch psycholoog Maslow heeft bijvoorbeeld verdedigd dat mensen die op het hoogste niveau van de behoeftepiramide functioneerden, de zogenaamde zelfactualiseerders, betere kiezers waren en daarom ook voor anderen zouden moeten kiezen. Als psycholoog weet je veel over de capaciteiten, motivaties en doelen van mensen. Op basis van dat inzicht zou je mensen wellicht kunnen behoeden voor verkeerde keuzes in hun leven. Het is de vraag of dat wenselijk is. Is het goed om mensen te beschermen tegen onverstandige stappen in hun leven of is het juist goed als ze zelf tegen de gevolgen van die keuzes aanlopen?

Afgezien van de vraag of het effectief is om mensen te vertellen hoe ze moeten leven, zitten er ook principiële bezwaren aan. Je ondergraaft daarmee namelijk de autonomie van de persoon, het vermogen om zelf na te denken en zelf te bepalen wat je wilt met je leven. In de (autochtone) Nederlandse cultuur wordt veel waarde gehecht aan autonomie (Hofstede, 1991). Er zijn echter ook mensen die juist vinden dat er meer aandacht moet komen voor de verbondenheid tussen mensen. Zij vinden dat een mens niet alleen voor zichzelf kiest, maar ook voor zijn familie, zijn vrienden en de gemeenschap waar hij bij hoort.

Gedeeltelijk gaat het bij autonomie over wilsvrijheid, maar daarnaast zijn er externe factoren, zoals financiële middelen en goed onderwijs. Veel levensdoelen zijn beter bereikbaar voor mensen met geld dan voor mensen met beperkte middelen. Een omstreden vraag binnen de politieke filosofie is de kwestie of politieke factoren de positieve vrijheid kunnen bevorderen. Rousseau en Marx zijn filosofen die vinden dat de maatschappij een belangrijke rol speelt in het bevorderen c.q. realiseren van positieve vrijheid.

Verdieping: Rousseau: iemand is pas echt vrij als hij kiest voor het belang van zijn groep

Casus: Schoonmaakrooster 1

De bewoners van een studentenhuis komen bij elkaar om afspraken te maken over het gebruik van de gemeenschappelijke ruimtes, zoals de keuken en de douches. Een van de studenten wil de vrijheid om te koken en schoon te maken als hij daar zelf zin in heeft. Dan voelt hij zich echt vrij. Een ander wil een rooster opstellen. Als het dan goed uitkomt voor de groep bewoners, wil hij ook wel eens koken of schoonmaken op een tijdstip dat niet zijn eerste keus was.

Wordt de vrijheid van de studenten ingeperkt als ze ervoor kiezen om afspraken te maken en schoonmaakroosters op te stellen? Als je ervan uitgaat dat vrijheid betekent dat het individu zijn eigen keuzes maakt, is dat het geval. Je kunt vrijheid ook op een andere manier beschrijven. Volgens Rousseau (1712-1778) zijn mensen pas echt vrij als ze samen kiezen wat goed is voor de gemeenschap.

Rousseau vindt dat mensen van nature vrij en gelijk zijn. Hij beschrijft een hypothetische 'natuurtoestand' waarin mensen wel afhankelijk zijn van natuurlijke omstandigheden, maar niet van andere mensen. In deze toestand leven mensen vrij en vreedzaam in de natuur. Er is geen schaarste, dus ze kunnen alles wat ze nodig hebben om te overleven uit de hen omringende natuur halen. De natuur is van iedereen. Er zijn wel verschillen tussen mensen, maar dat zijn alleen de natuurlijke verschillen. De een is sterker, de ander kan beter schieten en weer een ander is intelligenter. In de natuurtoestand is er nog geen sprake van maatschappelijke ongelijkheid. Die is gekoppeld aan verschillen in maatschappelijke posities, waardoor de ene mens meer macht krijgt dan de andere en waardoor verschillen tussen arm en rijk ontstaan. Helaas komt er een einde aan deze idyllische toestand als het persoonlijk eigendom ontstaat. Mensen gaan stukken grond omheinen en zeggen vervolgens dat het hun grond is. Grond wordt schaars. Het duurt niet lang of alle grond is verdeeld en er ontstaat een heftige strijd. Gelukkig wordt er een oplossing bedacht. De mensen maken afspraken met elkaar, zodat ze weer veilig kunnen samenleven. Rousseau noemt deze afspraken een 'sociaal contract'. In dit contract verenigen de mensen zich en spreken ze af om gezamenlijk het welzijn van de gehele gemeenschap te verdedigen.

Rousseau vindt dat mensen vrij zijn als ze hun eigenbelang opgeven en kiezen voor het belang van de gemeenschap waar ze bij horen. Deze keuze noemt hij de 'algemene wil'. De algemene wil van een samenleving is niet hetzelfde als de optelsom van alle individuele willen, zoals je die bijvoorbeeld in een referendum kunt bepalen. Dit laatste noemt Rousseau de 'wil van allen'. Rousseau pleit voor een staatsvorm waarin burgers met elkaar overleggen tot er consensus is bereikt. Het individu is in zijn ogen 'echt vrij' als het zich aanpast aan deze afspraken en zich realiseert dat daarmee eigenlijk wordt uitgedrukt wat het zelf wil. Pas dan heeft hij een rijk en volwaardig leven (Achterhuis, 1988). Het individu wordt vrij door te participeren in het democratisch proces. Zo komt Rousseau tot de conclusie dat de mens kan worden gedwongen vrij te zijn.

Casus: Schoonmaakrooster 2

In de bijeenkomst in het studentenhuis zouden de studenten hun meningsverschillen kunnen oplossen door te stemmen over de vraag of er roosters moeten komen waarmee ze regelen wanneer iedere bewoner in de keuken mag koken en wanneer hij moet schoonmaken. Ze kunnen dan afspreken dat de meerderheid beslist. Vanuit de opvattingen van Rousseau zou het beter zijn om net zo lang met elkaar te praten tot iedere student overtuigd is van het belang van roosters of van het afzien van roosters.

Kritiek op Rousseau

Er is veel kritiek op Rousseaus opvatting over vrijheid. Ten eerste omdat het lang niet altijd duidelijk is of iemand ergens zelf voor kiest, of dat hij op de een of andere manier wordt gedwongen om zich aan te passen. Een tweede punt van kritiek op Rousseau is dat hij de deur openzet naar totalitarisme. Hij laat weinig ruimte voor andersdenkenden. Rousseau gelooft dat de gemeenschap vanuit een redelijke overtuiging tot een verstandige keuze zal komen. Daarom zijn de wetten die op basis van de algemene wil worden gemaakt ook redelijk en behoort het individu zich daar niet tegen te verzetten. Het is echter de vraag of er altijd een eenduidige redelijke keuze is. Het lijkt realistischer om er rekening mee te houden dat strijdige belangen van verschillende betrokkenen een rol spelen en het bepalen van de algemene wil belemmeren.

Casus: Hoofddoekje

Veel autochtonen denken als ze een vrouw met een hoofddoekje zien dat die vrouw daartoe wordt gedwongen. Veel islamitische vrouwen met hoofddoekjes zeggen echter dat het hun eigen keuze is om zich zo te kleden. Toch blijven niet-moslims er vaak aan twijfelen of die vrouw het echt zelf wil of dat ze weliswaar denkt dat het een persoonlijke keuze is, maar dat ze daarbij beïnvloed is door anderen.

Bij positieve vrijheid bestaat altijd het gevaar van manipulatie. Je kunt op zo'n manier met iemand praten dat hij ook gaat denken dat wat jij beweert goed voor hem is. Reclamemakers zijn hier bijzonder geraffineerd in. Ze proberen mensen ervan te overtuigen dat ze pas echt gelukkig zijn met een bepaalde auto of met een bepaald soort kleding. Veel psychologen werken in deze sector en doen onderzoek naar de effectiefste methoden om mensen ertoe te brengen dat ze een bepaald product kopen. Toch hebben veel mensen in de winkel het gevoel dat ze vrij kiezen voor een bepaald product, terwijl ze eigenlijk gemanipuleerd zijn. Het gedrag van consumenten wordt niet alleen gemanipuleerd door bedrijven die aan hen willen verdienen. Ook de overheid probeert hun keuzes te beïnvloeden. Zo worden ideële reclame en nudging, subtiele interventies om gedrag te beïnvloeden, ingezet om een gezonde levensstijl te bevorderen (zie ook hoofdstuk 5). De overheid doet dit voor het eigen bestwil van haar burgers en om de zorgkosten te beperken. Er is echter ook kritiek op het paternalisme van een overheid die haar burgers niet zelf laat bepalen wat ze willen eten en drinken.

Verdieping: Marx: mensen worden vrij in een klasseloze maatschappij

Marx (1818-1883) ziet de mens als een sociaal wezen. Mensen bestaan niet los van elkaar. Marx ziet arbeid als de wezenlijkste activiteit van de mens. Door zijn werk heeft hij een relatie met de materie, door die te bewerken, en met andere mensen, door met hen samen te werken. In de kapitalistische maatschappij is die relatie volgens Marx verstoord, omdat de mens is vervreemd. Hij is een vreemde in de wereld waarin hij leeft.

Volgens Marx is de mens vervreemd doordat hij in een bedrijf werkt. Daar verkoopt hij zijn arbeidskracht aan de eigenaar. Zijn arbeid en de producten die hij maakt, zijn niet meer van hemzelf, maar van de eigenaar van het bedrijf. Bedrijven produceren producten omdat ze er geld mee kunnen verdienen en niet omdat mensen die producten nodig hebben. Daar komt nog bij dat de productie in de kapitalistische maatschappij steeds meer in stukjes wordt opgedeeld. Eén arbeider maakt niet een volledig product, maar alleen een onderdeel. Een arbeider maakt bijvoorbeeld niet een hele auto, maar last steeds bepaalde onderdelen aan elkaar. Dit noemt Marx 'arbeidsdeling'. Door arbeidsdeling komt het product nog verder los te staan van de arbeider.

Dit wordt duidelijk als je een ambachtsman vergelijkt met iemand die aan de lopende band werkt. De ambachtsman verwerkt ruwe grondstoffen tot prachtige meubelen. Hij kan daarin zijn creativiteit kwijt, en kan blijven groeien in dit werk. Hij kan zich in dit werk 'verwezenlijken'. Vergelijk dit met iemand die dag in dag uit schroefjes vastdraait aan de lopende band. Hij kan zijn creativiteit niet kwijt en kan niet groeien in deze baan. Dat betekent, volgens Marx, dat hij als werkend mens van zichzelf is vervreemd. Volgens Marx is de arbeid dé manier om jezelf te verwezenlijken (Van Peperstraten, 1999).

Marx gaat ervan uit dat de maatschappelijke verhoudingen de denkbeelden van mensen bepalen. Een kapitalistische maatschappij kan bijvoorbeeld alleen goed functioneren als er veel individuele negatieve vrijheid is. Consumenten kunnen dan zelf kiezen waar ze hun goederen kopen en werknemers kunnen gemakkelijk verhuizen om een andere baan te krijgen. Volgens Marx zullen de wetten en de normen en waarden in een kapitalistische maatschappij daarom gebaseerd zijn op de individuele vrijheid (Van Peperstraten, 1999).

Marx stelt dat de vervreemding kan worden overwonnen als mensen niet alleen werken voor een salaris, maar het werk daarnaast aansluit op hun behoeften. Arbeid is de sleutel tot maatschappelijke veranderingen. De mens vindt steeds nieuwe manieren om door middel van arbeid de natuur te veranderen. Hij ontwikkelt nieuwe technieken. Hierdoor veranderen ook de maatschappelijke verhoudingen.

> De belangentegenstelling binnen de maatschappij leidt tot strijd. Door deze botsing ontstaat een volgende fase: de klasseloze maatschappij. In deze maatschappij zijn de productiemiddelen niet meer het privé-eigendom van een kleine groep, maar de grond en de productiemiddelen zijn gemeenschappelijk bezit. Mensen produceren niet meer voor de verkoopcijfers, maar om in elkaars behoeften te voorzien. Mensen staan weer in contact met hun arbeid, hun producten, hun behoeften en hun medemens, en van daaruit vullen ze hun leven geheel in. Zo ontstaat positieve vrijheid. De vervreemding is opgeheven (Achterhuis, 1988). De mens is, volgens Marx, pas echt vrij in deze klasseloze maatschappij.

Rousseau en Marx schetsen, elk op een andere manier, een utopie: een droombeeld van een ideale samenleving. Ze geven een invulling van de vrijheid van mensen en dat is niet alleen aantrekkelijk, maar ook riskant. Beide denkers kiezen voor een bepaald type democratie. Het volk heeft het voor het zeggen. De ideeën van Rousseau en Marx worden echter ook in verband gebracht met totalitarisme. De navolgers van Marx hebben zijn denkbeelden gebruikt om in communistische staten de 'dictatuur van het proletariaat' te legitimeren, een situatie waarin andersdenkenden door een partijelite vaak bruut werden onderdrukt.

Mensen die geloven dat een vorm van positieve vrijheid gerealiseerd zou moeten worden, gaan ervan uit dat anderen niet altijd inzien dat de wil van de gemeenschap ook voor hen het beste is. Sommige sektes proberen bijvoorbeeld mensen te bekeren door hun uit te leggen dat ze weliswaar denken dat ze gelukkig zijn zonder religie, maar dat dat nooit het echte geluk kan zijn. Ze pretenderen beter te weten wat goed is voor de ongelovige medemens dan die medemens zelf. In de ideale samenleving volgens Skinner bepalen de wetenschappers wat goed is voor de massa. Ook in totalitaire staten gaat men ervan uit dat een elite weet wat goed is voor de mensen. Als de mensen dat zelf niet inzien en daarom een dissidente mening verkondigen, hebben ze het niet begrepen en moeten ze worden heropgevoed. Informatie van buitenaf wordt tegengehouden, want die zou mensen op ideeën kunnen brengen die in strijd zijn met de staatsideologie. Popper (1945) noemt zo'n staat een **gesloten maatschappij**. Hij vindt dat een gevaarlijke situatie, omdat er geen ruimte is voor vernieuwing. De maatschappij versteent. Daartegenover stelt hij de **open maatschappij**, waarin wel ruimte is voor discussie en input van buitenaf. Een dergelijke samenleving kan zich ontwikkelen doordat mensen in contact komen met verschillende opvattingen en daardoor hun denkbeelden kunnen bijstellen. In een open maatschappij is ruimte voor kritiek en dissidente opvattingen. Vrijheid van meningsuiting is er een groot goed.

Vrijheid

Begrip	Definitie	Verschillende aspecten	Filosofen
Wilsvrijheid	Vrijheid van het individu om zijn eigen wil te bepalen.		Kant
Maatschappelijke vrijheid	Vrijheid van een individu binnen de samenleving.	Negatieve vrijheid: 'vrij van...'	Locke
		Positieve vrijheid: 'vrij tot...'	Rousseau, Marx

1.2.3 Gelijkheid

Casus: Nightlife

Het is donderdagavond. Een groepje jongeren staat voor de club Nightlife. Ze hebben allemaal zin om eens lekker uit hun dak te gaan, maar in de club is het al druk. De portier laat niet iedereen binnen. Christine en Sjoukje mogen direct naar binnen, maar Wouter en John moeten eerst hun identiteitsbewijs laten zien. De portier ziet dat ze nog maar 15 zijn en laat ze er dus niet in. Vervolgens komen Ali, Mohamed en Omar. De portier zegt dat de club vol is en dat hij niemand meer mag toelaten. Even later komt er echter weer een groepje aanlopen: Michel, Roeland en Julia. Zij mogen wel naar binnen. Julia is pas 15, maar ze heeft geluk: de portier vraagt niet naar haar identiteitsbewijs.

Op een uitgaansavond kom je er al snel achter dat mensen niet gelijk zijn. Bij de club in dit voorbeeld maakt de portier op een aantal manieren verschil tussen de jongeren die naar binnen willen. Hij let op de regels, want als hij jongeren binnenlaat die nog geen 16 jaar zijn, kan hij daar problemen mee krijgen. De club mag ook niet te vol worden. Verder probeert hij ervoor te zorgen dat hij een groep jongeren binnenlaat die samen een leuke avond kunnen hebben, om zo conflicten te voorkomen. De portier gebruikt dus verschillende criteria om te bepalen wie er naar binnen mag. Sommige criteria zijn objectief (leeftijd) en andere subjectief (persoonlijke voorkeur). In hoeverre is dit keuzeproces vergelijkbaar met de keuzes die een psycholoog maakt?

Als psycholoog heb je ook te maken met allerlei verschillende mensen. Er zijn onder andere verschillen in problematiek, ziektebeeld, intelligentie, sekse, afkomst, leeftijd en inkomen. Een psycholoog die mensen selecteert maakt meestal gebruik van gestandaardiseerde meetinstrumenten. Daarnaast kan zijn persoonlijke voorkeur, misschien onbewust, een rol spelen in de beoordeling. Coaches en psychotherapeuten krijgen eveneens verschillende cliënten. Met de een is het prettiger werken dan met de ander.

Casus: Weer aan het werk

Je werkt bij Bureau Jeugdzorg. William, een student toegepaste psychologie, solliciteert naar een stageplaats. In het sollicitatiegesprek vermeldt William dat hij de afgelopen vijf jaar in een tbs-kliniek was opgenomen. Hij is nu bezig een nieuw leven op te bouwen. Vanuit de resocialisatiefase van de tbs is hij begonnen aan zijn studie. Inmiddels zit hij aan het eind van het tweede jaar en zoekt hij een stageplek. Omdat hij zelf een slechte jeugd heeft gehad, wil hij graag iets betekenen voor andere jongeren. Daarom kiest hij voor Jeugdzorg. Aan de ene kant vind je dat mensen na een tbs een tweede kans verdienen. Aan de andere kant weet je dat iemand alleen tbs krijgt na een ernstig misdrijf. Bureau Jeugdzorg werkt met kwetsbare gezinnen. Stel dat het misgaat met William en het wordt vervolgens bekend dat hij al eerder een misdrijf heeft gepleegd. Je ziet de krantenkoppen al voor je... Zou jij William aannemen of niet?

Als we over gelijkheid praten, is het verhelderend om precies te bekijken wat we daar eigenlijk mee bedoelen. We kunnen dan drie verschillende betekenissen van gelijkheid onderscheiden: natuurlijke gelijkheid, economisch-culturele gelijkheid en rechtsgelijkheid (Van Eijck, 1982).

Natuurlijke gelijkheid

Onder **natuurlijke gelijkheid** wordt verstaan dat mensen van nature gelijk zijn. Zoals we al hebben gezien zijn er in werkelijkheid verschillen tussen mensen wat betreft kracht, leeftijd, sekse, intelligentie, huidskleur en nog veel meer. Wat dat betreft is er dus geen gelijkheid. Het is de vraag of die verschillen zo groot zijn dat ze ongelijke behandeling rechtvaardigen. Natuurlijke gelijkheid betekent dat de verschillen ondergeschikt zijn aan het idee dat mensen in wezen gelijk zijn.

Economisch-culturele gelijkheid

Gedeeltelijk zijn verschillen tussen mensen aangeboren en gedeeltelijk ontstaan ze doordat er in de samenleving anders met mensen wordt omgegaan. Zo is het meestal een gegeven dat iemand als man of vrouw wordt geboren. Maar wat dat betekent voor de mogelijkheden van die persoon wordt mede bepaald door de maatschappelijke ordening. In Nederland was het in de jaren vijftig bijvoorbeeld nog gebruikelijk dat een vrouw haar baan kwijtraakte op het moment dat ze trouwde. Dat is inmiddels veranderd, maar voor een Nederlandse vrouw is de kans om hoogleraar of directeur te worden nog steeds veel kleiner dan voor een Nederlandse man.

Als mensen aan elkaar gelijk zijn wat betreft hun inkomen en maatschappelijke mogelijkheden noem je dat **economisch-culturele gelijkheid**. Zowel in Nederland en België als wereldwijd zijn er grote economisch-culturele verschillen. Nederland en België behoren tot de rijkste landen ter wereld, maar vrouwen, allochtonen en gehandicapten profiteren minder van deze welvaart dan anderen. Er is een groot verschil tussen de topinkomens en de minima. De rijkste 2 procent van de Nederlanders heeft een derde van het totale vermogen in Nederland in handen, terwijl de onderste 60 procent bij elkaar 1 procent van het totale vermogen bezit (WRR, 2014). Globaal gezien is de ongelijkheid nog veel groter. Wereldwijd bezit de welvarendste tien procent van alle volwassenen 85 procent van alle rijkdom. Het bruto nationaal inkomen per hoofd van de bevolking is in Qatar $ 102.100, in de Verenigde Staten $ 52.800, in Nederland $ 43.300, in België $ 37.800 en in de Democratische Republiek Congo $ 400 (gegevens over 2013, CIA factbook[11]). Die verschillen hebben ook gevolgen voor de gezondheid en de levensverwachting in verschillende landen. De levensverwachting van een pasgeboren kind in Monaco is 89,57 jaar, van een Nederlands kind 81,12 jaar, van een Belgisch kind 79,92 jaar en van een kind in Zuid-Afrika 49,56 jaar (gegevens over 2014, CIA factbook[12]). De verschillen in inkomens en vermogens blijven wereldwijd in hoog tempo groeien (Piketty, 2014). Het is dus een feit dat er grote verschillen zijn, maar het is een morele en politieke vraag of we ook willen dat die verschillen bestaan en in hoeverre we de verschillen dan kunnen rechtvaardigen. In paragraaf 1.2.4 wordt het begrip 'rechtvaardigheid' verder uitgewerkt.

Rechtsgelijkheid

Als mensen gelijk zijn voor de wet is er sprake van **rechtsgelijkheid**. De uitspraak dat mensen voor de wet gelijk zijn, is een norm. Deze valt niet af te leiden uit de feiten, maar geeft een richtsnoer om feitelijke situaties te beoordelen. Rechtsgelijkheid vormt de basis van de rechtsstaat. In een rechtsstaat hebben de burgers met elkaar afgesproken dat ze hun conflicten niet met elkaar uitvechten, maar dat ze die voorleggen aan een onpartijdige rechter. In een juridisch proces zijn er procedures die voor iedereen gelden. Daarmee voorkom je situaties waarin verschillende partijen eindeloos kunnen doorgaan met wraak nemen op elkaar. Iedereen heeft recht op een proces dat volgens de rechtsregels wordt gevoerd, ook als hij of zij vreselijke dingen heeft gedaan. Binnen een rechtsstaat is discriminatie verboden; er mag geen verschil worden gemaakt tussen mensen op basis van sekse, seksuele geaardheid en etniciteit.

---

11 Zie: https://www.cia.gov/library/publications/the-world-factbook/rankorder/2004rank.html; geraadpleegd op 8 april 2015.
12 Zie: https://www.cia.gov/library/publications/the-world-factbook/rankorder/2102rank.html; geraadpleegd op 8 april 2015.

Gelijkheid

Begrip	Omschrijving
Natuurlijke gelijkheid	Mensen zijn van nature gelijk.
Economisch-culturele gelijkheid	Mensen zijn gelijk wat betreft inkomen en maatschappelijke mogelijkheden.
Rechtsgelijkheid	Mensen zijn gelijk voor de wet.

1.2.4 Rechtvaardigheid

In de politiek zien we onder meer liberale partijen die vooral de autonomie willen bevorderen en sociaal-democratische partijen die solidariteit en gelijke kansen hoog in het vaandel hebben staan. Er bestaan ook verschillen tussen staten. Er zijn staten die sterk vertrouwen op marktwerking en een bescheiden rol van de overheid (VS), en er zijn staten die rond het principe van gelijkheid zijn georganiseerd (de communistische landen in het voormalige Oostblok). Er zijn ook staten die een soort tussenpositie innemen met een grote rol voor de marktwerking, maar met een correctie hierop door de verzorgingsstaat, waarin inkomen en kansen meer gelijk worden verdeeld. Nederland behoort tot deze laatste groep.

Een begrip waarmee een verbinding kan worden gelegd tussen vrijheid en gelijkheid is 'rechtvaardigheid'. Rawls (1971) laat zien hoe ongelijkheid rechtvaardig kan zijn als de minst bedeelden hiervan profiteren. Als de vrije marktwerking ertoe leidt dat de hele samenleving het beter heeft, is ongelijkheid tussen mensen acceptabel.

Casus: Werk en hoofddoek

Je werkt voor een werving- en selectiebureau in Rotterdam. Het valt je op dat sommige opdrachtgevers sollicitanten die een hoofddoek dragen afwijzen, ook als ze goed door de selectieprocedure komen. Ga je hier met de opdrachtgever over praten of met de vrouwen in kwestie? Of ben je van mening dat het niet jouw taak is om je hierin te mengen en dat jouw bureau er alleen is om testresultaten te rapporteren?

Er zijn verschillende opvattingen over de maatschappelijke verantwoordelijkheid van de psycholoog. Hoort het bij zijn verantwoordelijkheid om vanuit zijn functie bij te dragen aan een rechtvaardige wereld of draagt hij alleen verantwoordelijkheid naar zijn cliënten en zijn opdrachtgevers? Wat moet hij doen als hij misstanden signaleert?

Verdieping: Rawls: rechtvaardigheid

Het begrip 'rechtvaardigheid' is uitgewerkt door de filosoof Rawls (1971). Hij vroeg zich af hoe een samenleving die niet is gebaseerd op kunstmatige verschillen in klasse, sekse, positie of ras, eruit moet zien. Daarom heeft hij een sociale theorie ontwikkeld die gebaseerd is op rechtvaardigheid. Om te beredeneren hoe een rechtvaardige samenleving eruit zou moeten zien, gaat hij uit van een gedachte-experiment. Stel dat je een groep mensen laat bespreken hoe de ideale samenleving zou moeten zijn. Alle individuen in de groep weten natuurlijk van zichzelf waar ze geboren zijn, of ze man of vrouw zijn, gezond of gehandicapt, en nog veel meer.

Het is dan erg moeilijk voor hen om eerlijk na te denken over de juiste organisatie van de maatschappij, want ze zullen al snel rekening houden met hun eigen positie daarin. Rawls gaat ervan uit dat een situatie waarin het inkomen en de kansen van mensen verdeeld zijn op basis van toeval – zoals de maatschappelijke positie van de familie waarin iemand geboren wordt – niet rechtvaardig is. Daarom neemt Rawls als uitgangspunt een hypothetische 'originele positie'. In deze situatie weten de groepsleden nog niet hoe de wereld eruit zal gaan zien en wat hun positie zal worden. Ze weten nog niet of ze kerngezond zijn of een chronische ziekte hebben, of ze intelligent zijn of dom, of ze geboren worden in een rijke of arme familie. Rawls noemt dit de 'sluier van onwetendheid'. Daardoor bestaat tussen deze mensen een redelijke mate van gelijkheid. Hun opdracht is om samen af te spreken hoe de wereld moet worden ingericht. Daarbij moeten ze er rekening mee houden dat ze zelf een van de minst bedeelden kunnen worden. Op die manier zullen ze volgens Rawls een ordening kiezen waarbij de minst bedeelde er zo goed mogelijk afkomt.

Rawls gaat ervan uit dat mensen in deze situatie redeneren uit eigenbelang. Hij kiest voor deze veronderstelling om de theorie zo eenvoudig mogelijk te houden. Vanuit eigenbelang en de onzekerheid wat betreft de eigen positie zullen mensen volgens Rawls kiezen voor het **difference principle**: het principe dat ongelijkheid is gerechtvaardigd als het ten goede komt aan de minst bedeelden.

Waarom kiest men in de 'originele positie' niet voor gelijkheid? Volgens Rawls zien mensen in dat een maatschappij beter functioneert en meer welvaart produceert als er verschillen zijn tussen de mensen. Het kan bijvoorbeeld zo zijn dat mensen beter hun best gaan doen als ze daarmee hun situatie kunnen verbeteren en dat de mensen aan de onderkant van de samenleving daarvan profiteren, waardoor er meer welvaart ontstaat. Op deze manier kunnen bonussen voor ceo's verdedigbaar zijn. Niet in de eerste plaats doordat ze die verdienen, maar omdat ze er uiteindelijk toe leiden dat ze zich inspannen om prestaties te leveren die de situatie van de minst bedeelden verbeteren.

Het difference principle is gebaseerd op solidariteit tussen burgers. Hiermee ontstaat een soort derde weg tussen enerzijds het socialisme en het communisme, met hun nadruk op gelijkheid, en anderzijds het liberalisme, dat zich vooral op vrijheid en competitie richt.

Rawls gaat ervan uit dat na de onderhandelingsfase de uitkomsten worden vastgelegd in principes. Die kunnen achteraf, in de echte wereld, niet meer fundamenteel worden veranderd.

> **Rawls principes van rechtvaardigheid**
> 1. Iedere persoon heeft evenveel recht op de elementaire vrijheden zoals persoonlijke onschendbaarheid, het recht om eigendom te bezitten, vrijheid van meningsuiting, geweten, vereniging en overige politieke rechten en vrijheden. Dit principe komt voor Rawls op de eerste plaats. Het gaat hier om een politiek uitgangspunt.
> 2. Sociale en economische ongelijkheid moet zodanig georganiseerd worden dat:
>   a. de situatie voor de minst bedeelden zo gunstig mogelijk is (difference principle, hier gaat het om de verdeling van de welvaart);
>   b. de ongelijkheid verbonden is aan ambten en posities die voor iedereen toegankelijk zijn, onder omstandigheden waarin de kansen gelijk zijn verdeeld. Hier gaat het om gelijkheid van kansen, wat volgens Rawls prioriteit heeft boven de verdeling van welvaart (Rawls, 1971).

Het blijft de vraag in hoeverre kansen ooit gelijk verdeeld kunnen worden. De Braziliaanse voetballer Neymar verdient een topinkomen, terwijl er in de favela's (sloppenwijken) in zijn land straatarme kinderen wonen. Is dit rechtvaardig? Je kunt Neymars inkomen verdedigen door erop te wijzen dat hij veel talent heeft en dat hij hard traint. Maar is het zijn verdienste dat hij zoveel talent heeft of heeft hij daarmee geluk? En stel dat er in de favela's een jongetje is dat nog harder traint dan Neymar, zou die dan recht hebben op een hoger inkomen dan Neymar?
Rawls wijst erop dat, zelfs als maatschappelijke barrières worden weggenomen, het geen morele verdienste van mensen is als ze het ver schoppen. Dat heeft namelijk ook veel te maken met de sociale omstandigheden – zoals de omstandigheid dat voetbal een sport is waar in onze tijd zeer hoge salarissen voor betaald worden – en de kwaliteiten die iemand toevallig heeft. Een rechtvaardige verdeling moet, volgens Rawls, gebaseerd zijn op eerlijke maatschappelijke spelregels; op afspraken over de manier waarop welvaart verdeeld wordt. De staat speelt daarbij een belangrijke rol in het realiseren van gelijke kansen en het compenseren van ongelijkheid tussen burgers. De principes van Rawls sluiten goed aan bij de verzorgingsstaat, waarin een vangnet is gecreëerd voor de minst bedeelden (Van Peperstraten, 1999).

Casus: Assessments en rechtvaardigheid

Psychologen kunnen een belangrijke rol spelen in de selectie van kandidaten voor bepaalde functies. Stel dat een psycholoog een selectieassessment uitvoert. Er zijn verschillende kandidaten. Enkele kandidaten maken deel uit van minderheidsgroepen die minder succesvol zijn op de arbeidsmarkt. Hoort het bij de taak van de psycholoog om de kansen van deze kandidaten te vergroten? Bijvoorbeeld door de keuze voor cultuurvrije tests?

Een aanvulling op Rawls rechtvaardigheidstheorie wordt geboden door de vermogensbenadering.

Verdieping: Nussbaum: vermogens

Als je wilt beoordelen of een samenleving rechtvaardig is, kun je dat afmeten aan de verschillen in inkomen en bezit. Vaak worden groepen mensen en landen vergeleken aan de hand van hun inkomen of bruto nationaal product. Dit is een tamelijk grove maat. Het zegt niets over de verschillen binnen de groep of het land. Ook als de welvaart in een land stijgt, kan er nog grote sociale ongelijkheid bestaan. Dus ook als de verdeling van welvaart tussen verschillende landen rechtvaardiger wordt, wil dat nog niet zeggen dat alle burgers hiervan profiteren. Zelfs als er wel wordt gekeken naar de inkomensongelijkheid binnen een land, gaat het er alleen over hoe goederen en geld verdeeld zijn. Er wordt dus meestal gekeken naar wat mensen hebben en slechts zelden naar wat ze kunnen doen.

De 'vermogensbenadering' van Sen (1980) en Nussbaum (2006) probeert hierop een antwoord te geven. Een vermogen (capability) is de capaciteit van een persoon om bepaalde dingen te doen die belangrijk voor hem zijn. Sen en Nussbaum stellen voor om de kwaliteit van leven af te meten aan en rechtvaardigheid te baseren op een verdeling van vermogens in plaats van op een verdeling van primaire goederen (zoals inkomen). De vermogensbenadering gaat ervan uit dat de kwaliteit van leven wordt bepaald door de mate waarin mensen kunnen doen wat ze willen doen, en kunnen zijn wie ze willen zijn. Volgens Sen en Nussbaum moeten daarbij soms de voorwaarden voor vermogens gelijk worden verdeeld, terwijl in andere gevallen de voorwaarden in voldoende mate aanwezig moeten zijn, maar niet per se gelijk verdeeld. Burgerrechten zouden bijvoorbeeld voor iedereen gelijk moeten zijn. Gezondheidszorg en onderwijs daarentegen moeten in voldoende mate aanwezig zijn, maar de een maakt er meer gebruik van dan de ander. Door een lijst van vermogens te geven, vult Nussbaum het begrip 'positieve vrijheid' min of meer in, al kan er volgens haar wel variatie zijn in de waardering die de verschillende individuen aan de vermogens geven. Nussbaum pretendeert niet dat de lijst definitief is. Zij ziet deze lijst als een momentopname.

De essentiële menselijke vermogens volgens Nussbaum
1. Leven (normale levensduur)
2. Lichamelijke gezondheid (een goede gezondheid, inclusief gezondheid met betrekking tot voortplanting, geschikt voedsel en onderdak)
3. Lichamelijke onschendbaarheid (gevrijwaard zijn van geweld)
4. Zintuiglijke waarneming, verbeeldingskracht en denken (het vermogen om op een 'waarlijk menselijke wijze' te kunnen waarnemen, fantaseren, denken en redeneren)
5. Gevoelens (het vermogen om gehecht te zijn, verdriet, verlangen en gerechtvaardigde woede te ervaren)
6. Praktische rede (het vermogen om kritisch te kunnen reflecteren op het eigen levensplan)
7. Sociale banden (het vermogen om met anderen te leven en te worden behandeld als een waardig wezen en niet gediscrimineerd te worden)
8. Andere biologische soorten (het vermogen te leven in relatie tot de natuur)
9. Spel (het vermogen om te lachen en te spelen)
10. Vormgeving van de eigen omgeving (het vermogen om politiek te participeren, eigendom te verwerven en arbeid te kunnen verrichten) (Nussbaum, 2006, blz. 76-77)

Nussbaum sluit aan bij de theorie van Rawls, maar ze geeft meer inhoud aan het begrip rechtvaardigheid, terwijl Rawls vooral een procedure ontwikkelt. Bovendien wijst Nussbaum op een aantal essentiële beperkingen die zij signaleert bij Rawls. Volgens haar worden verschillende groepen buitengesloten bij het opstellen van het sociale contract. Rawls wil vooral een procedure ontwikkelen waarmee bepaald kan worden hoe een rechtvaardige verdeling tot stand komt. Zijn, hierboven genoemde, principes zijn daarop gericht. Hij wil laten zien dat redelijk denken over rechtvaardigheid altijd op deze principes zal uitkomen. Rawls gaat ervan uit dat de groep mensen die met elkaar onderhandelen achter de 'sluier van onwetendheid' in redelijke mate gelijk zijn en dat ze in staat zijn tot economische productiviteit. Hij kiest hiervoor, omdat anders de partijen niet profiteren van wederzijdse afspraken. Mensen die in redelijke mate gelijk zijn aan elkaar, hebben elkaar iets te bieden. Het is daarom verstandig om met elkaar te overleggen. Daar wordt iedereen beter van. Als mensen te veel van elkaar verschillen, moet de groep die beter af is alleen maar inleveren om de andere partij ook een goede kans te geven. Op die manier vallen bij Rawls gehandicapten, mensen in de derde wereld en dieren buiten de reikwijdte van het sociale contract. De drie door Nussbaum genoemde buitengesloten groepen verschillen te veel en hebben daarom te weinig te bieden om goed te kunnen onderhandelen. Bovendien zijn ze niet allemaal in staat om hun belangen onder woorden te brengen. Achteraf kan een samenleving wel besluiten om 'goed' met deze groepen om te gaan, maar hun positie is minder sterk, omdat ze niet vanaf het begin in de vormgeving van het sociale contract betrokken zijn.

> In een contracttheorie is het probleem met gehandicapten, mensen uit de derde wereld en dieren dat zij minder kunnen bijdragen dan ze kosten. Er is te veel verschil met de andere partijen, zodat het niet voordelig is om ze mee te laten onderhandelen. Dus als, zoals bij Rawls, het uitgangspunt is dat mensen handelen uit eigenbelang, zullen ze niet bij de onderhandelingen betrokken worden. Bij verstandelijk gehandicapten speelt daarnaast het probleem dat ze niet altijd voldoende rationele vermogens hebben om goed mee te kunnen praten en dieren zijn daartoe zeker niet in staat.
>
> Volgens Nussbaum is het uitgangspunt dat mensen handelen vanuit betrokkenheid bij alle menselijke wezens even acceptabel als de aanname van Rawls dat men handelt vanuit eigenbelang. In een rechtvaardige samenleving zou iedereen, dus ook bijvoorbeeld een gehandicapte, zo veel mogelijk dezelfde vermogens moeten krijgen. Ook als het voor een gehandicapte veel meer kost om hem bijvoorbeeld goed onderwijs te geven. Daarnaast pleit Nussbaum ervoor om niet alleen binnen een land naar rechtvaardigheid te streven, maar ook wereldwijd. Ten slotte wijst Nussbaum op misstanden in de manier waarop mensen met dieren omgaan. Dieren worden in de bio-industrie gereduceerd tot materiaal, waarop zo veel mogelijk winst moet worden gemaakt. Foer (2009) beschrijft dat de landbouwindustrie nu voor elk productiedier wordt gedomineerd door de bio-industrie. Daar leeft een legkip, in de VS, in een hok van vier vierkante decimeter, iets minder dan een A4'tje. Die hokken staan op elkaar gestapeld in lagen van tussen de drie en acht stuks. Bij aankomst in het slachthuis heeft 30 procent van alle levende vogels botbreuken, door de ruwe manier waarop ze gevangen worden. Ook bij dieren die in de vrije natuur leven, zoals zeedieren, gaat veel mis. "Op de gemiddelde garnalentrawler wordt 80 tot 90% van de gevangen zeedieren weer overboord gegooid, dood of stervende als bijvangst." (Foer, 2009, blz. 54). Dit getuigt van een gebrek aan respect voor dieren. Nussbaum stelt dat ook dieren recht hebben op een 'menswaardig' bestaan. Ze pleit voor soortspecifieke vermogens voor dieren. Daarbij zouden de belangen van dieren moeten worden verdedigd door mensen die hen vertegenwoordigen.

1.3 Morele ontwikkeling

In deze paragraaf bekijken we hoe mensen zich waarden en normen eigen maken en wat het hoogst bereikbare morele niveau is. Daarbij gaan we kort in op de visie op het geweten in het christendom, de psychoanalytische school en het behaviorisme. Daarna gaan we uitgebreider in op de meest gangbare moderne theorieën, namelijk die van Kohlberg en Gilligan.

Adam en Eva

In de Bijbel staat in het boek Genesis beschreven hoe Adam en Eva in het paradijs eten van de boom der kennis van goed en kwaad. Daardoor verliezen ze hun onbevangenheid en voelen ze voor het eerst schaamte. Ze kunnen reflecteren op zichzelf en hun levenswijze is niet meer vanzelfsprekend. Het gevolg is dat ze uit het paradijs worden verdreven. Ze moeten zelf de wereld in. God bepaalt niet meer wat ze doen, maar ze hebben zelf de keuze om het goede of het slechte te doen en zijn daar ook verantwoordelijk voor. God roept hen ter verantwoording.

Je kunt het verhaal van Adam en Eva letterlijk nemen of zien als een metafoor. Het geeft in beide gevallen een beeld van het ontstaan van het geweten, het bewustzijn van goed en kwaad.

Schaamte en schuld

Normen en waarden zijn begrippen die buiten het individu staan. Pas als mensen zich die normen en waarden eigen maken, als ze die internaliseren, is er sprake van een geweten. Mensen houden zich aan normen en waarden om twee redenen. De eerste is dat normen en waarden de gemeenschap bij elkaar houden en dat ze daarom niet willen dat anderen zien dat ze in strijd daarmee handelen. Het gevoel dat hierbij hoort, is **schaamte**. Adam en Eva schamen zich als ze zich realiseren dat ze naakt zijn. Ook de hedendaagse mens voelt schaamte als hij letterlijk of figuurlijk naakt is en anderen dat zien. Door de blik van de ander wordt de mens beoordeeld. De ander ziet hem bijvoorbeeld als 'een fatsoenlijk mens' of 'een bedrieger'. Daarmee legt hij de ander vast. Mensen willen liever niet worden veroordeeld door de gemeenschap en daarom vermijden ze gedrag dat buiten de normen valt. Stel dat Jantje een koekje uit de trommel pakt, terwijl hij weet dat het niet mag. Dan voelt hij schaamte op het moment dat zijn moeder hem betrapt en teleurgesteld zegt dat het haar erg tegenvalt van Jantje. Het is echter ook mogelijk dat Jantje zich al schuldig voelt bij een greep in de koektrommel, ook als moeder er niet achter komt. Iemand kan zich aan normen en waarden houden omdat hij zichzelf recht wil kunnen aankijken in de spiegel. Het gaat er dan niet om wat anderen van hem vinden, maar wat hij van zichzelf vindt. De normen en waarden zijn een deel van hemzelf geworden, van zijn geweten, en daarom probeert hij zich dienovereenkomstig te gedragen. Als hij in strijd met zijn geweten handelt, voelt hij **schuld**. Zelfs als niemand dit ooit ontdekt. Schuld is dus een persoonlijk gevoel, terwijl schaamte altijd optreedt in een sociale situatie. Als een cultuur sterk collectivistisch is, dus als de groep erg belangrijk is, speelt schaamte een grote rol. Begrippen als 'familie-eer' zijn dan belangrijk. Dat houdt niet alleen in dat iemand zich volgens de normen gedraagt, maar ook dat hij de schijn vermijdt dat er sprake is van immoreel gedrag. Een meisje kan op die manier al de 'familie-eer' in gevaar brengen als ze samen met een jongen wordt gesignaleerd, ook al gedragen ze zich allebei eerbaar.

Binnen individualistische culturen spelen het persoonlijk geweten en schuldgevoelens een grotere rol. Schaamte en schuld dragen ertoe bij dat mensen zich moreel juist gedragen. Mensen houden zich aan morele regels, ook als dat niet strookt met hun belangen op de korte termijn, omdat ze willen voorkomen dat anderen hen veroordelen (schaamte) of dat ze slecht over zichzelf gaan denken (schuld). Dit heeft echter ook schaduwkanten. Mensen kunnen gebukt gaan onder schuldgevoelens en daar zwaar onder lijden als hun geweten te streng is. Ook schaamtegevoelens kunnen het leven van mensen verwoesten, denk maar aan eerwraak. Een psycholoog in de GGZ komt vaak met deze schaduwkant van schaamte en schuld in aanraking.

Volgens veel psychologen ontwikkelt het besef van goed en kwaad zich in de loop van het leven. Het is niet aangeboren. Van jongs af aan leert een kind wat wel en niet hoort. Zijn ouders, zijn vrienden, school, boeken en tv-programma's dragen bij aan zijn socialisatie. Ze helpen allemaal mee om zijn geweten te vormen. Een kind leert bijvoorbeeld dat het goed is om te delen met andere kinderen; dat je de meeste dieren niet mag plagen maar dat je sommige dieren dood mag slaan; dat je andere kinderen niet mag slaan, maar dat je over meningsverschillen moet praten; dat je vriendjes helpt als ze problemen hebben. Soms worden waarden en normen expliciet overgebracht, maar vaak zitten ze impliciet verborgen in het gedrag van mensen in de omgeving of van 'helden' in verhalen en op tv.

Vanuit de levenslooppsychologie zijn er verschillende theorieën over de manier waarop het geweten zich ontwikkelt. De psychoanalyse, de leertheorie en de cognitieve benadering hebben hier verschillende visies op. In onze bespreking van deze visies zullen we vooral ingaan op de cognitieve theorie, omdat die duidelijk aansluit bij normatieve theorieën die in het volgende hoofdstuk besproken worden.

1.3.1 De psychoanalyse van Freud

Volgens Freud krijgen kinderen waarden en normen mee vanuit hun opvoeding. Het kind maakt zich die waarden en normen eigen en ontwikkelt zo een geweten. Het geweten is als een innerlijke stem die zegt wat goed en kwaad is. Een klein kind heeft anderen nodig die hem vertellen wat het mag doen, maar zodra iemands geweten goed ontwikkeld is, beoordeelt hij zichzelf. Als hij dan iets doet wat volgens zijn geweten niet mag, kan hij zich schuldig voelen. Soms voelen mensen zich ook schuldig over gedachten die door hun geweten afgekeurd worden. Iemand kan zich bijvoorbeeld schuldig voelen omdat hij steeds aan seks denkt als hij de buurvrouw ziet, die gelukkig getrouwd is met de buurman.

Freud situeert het geweten in het Über-Ich. In de persoonlijkheidsstructuur die Freud (1923) ontwikkeld heeft, bestaat de persoonlijkheid eerst alleen uit een Es (Id). Het Es is de bron van psychische energie. Het is gericht op directe driftbevrediging. Omdat een kind ontdekt dat het op een effectieve manier met de buitenwereld om moet gaan om in zijn behoeften te kunnen voorzien, ontwikkelt zich het Ich (Ego), het deel van de persoonlijkheid dat compromissen sluit tussen het Es en de buitenwereld. Het derde deel van de persoonlijkheid is het Über-Ich (Superego). Dit bestaat uit de geïnternaliseerde waarden en idealen van de ouders en van de samenleving waarin het kind opgroeit, zoals het kind die zelf interpreteert. Het kind maakt zich die waarden en idealen eigen door beloning en straf en door identificatie met de ouder. Het Über-Ich staat niet in direct verband met de realiteit. Het streeft naar perfectie en kan daardoor op gespannen voet staan met het Es, dat naar lustbevrediging streeft. Het Ich bemiddelt tussen deze twee delen van de persoonlijkheid en ook tussen het Über-Ich en de realiteit. De psychoanalyse is goed bruikbaar om morele conflicten binnen de persoon te verklaren.

> **Casus: Erik en Welp**
>
> Lauveng (2007) schrijft over Erik, een jongen van drie jaar. Erik heeft een speelgoedhondje, Welp. De twee zijn onafscheidelijk. Op een avond, als Erik in bed ligt, horen zijn ouders heel veel geblaf en geruzie uit Eriks kamer komen. Dan wordt het stil. Even later komt Erik, zonder Welp, naar beneden. Zijn ouders vragen wat er gebeurd is. Erik vertelt dat hij Welp had voorgesteld om naar de huiskamer te gaan en zich er niets van aan te trekken dat het eigenlijk kinderbedtijd is, maar Welp had gezegd dat het niet mocht. Eriks ouders vinden dat erg verstandig van Welp. Ze vragen Erik wat er daarna gebeurd is. 'Toen heb ik Welp in bed gestopt en voor hem gezongen tot hij in slaap viel', zegt Erik 'en toen kon ik naar beneden gaan'.

In het verhaal van Erik kun je zien hoe het geweten zich ontwikkelt. Voor een klein jongetje (en niet alleen voor hem) is het een hele opgave om alle tegenstrijdige eisen en verlangens in zijn leven met elkaar te verzoenen. De regels van Eriks ouders worden door Erik geïnternaliseerd. Maar nu ze nog niet stevig verankerd zitten in zijn persoonlijkheid, kan hij ze tijdelijk verplaatsen naar Welp en ze vervolgens op een creatieve manier onschadelijk maken. Naarmate iemand ouder wordt, wordt het geweten steeds meer ervaren als iets 'eigens'. Sommige mensen ervaren echter ook als volwassene bepaalde delen van hun persoonlijkheid als 'vreemd'.

1.3.2 De leertheorie

In de leertheorie wordt ervan uitgegaan dat alle gedrag aangeleerd is. Dat geldt dus ook voor moreel gedrag. De mens leert zijn hele leven waarden en normen aan door beloning en straf. Als iemand gestraft wordt, is de kans dat hij zich de volgende keer weer zo gedraagt kleiner. Als hij beloond wordt, vergroot dat de kans dat hij het gedrag zal herhalen. De mens wordt door Skinner en Watson gezien als een onbeschreven blad. Hij kan door de buitenwereld op allerlei manieren gevormd worden. Het hangt dus sterk van de omgeving af welke waarden en normen hij aanleert. Bandura toonde aan dat mensen ook gedrag aanleren door het observeren van anderen. Mensen kunnen zich dus moreel gaan gedragen omdat ze een goed voorbeeld hebben, ook als ze niet beloond worden. Als je iemand ziet die anderen helpt, kan dat betekenen dat je vervolgens zelf eerder anderen gaat helpen.

Het behaviorisme wilde de wetenschappelijke psychologie alleen baseren op waarneembaar gedrag. Het geweten is zelf niet direct waarneembaar. We kunnen echter wel zien of iemand zich volgens de geldende waarden en normen gedraagt. Je kunt zien of iemand steelt, maar je kunt niet zien of hij de regel 'Je mag niet stelen' geïnternaliseerd heeft. Het behaviorisme kan dus alleen iets zeggen over moreel gedrag. In de manier waarop mensen met elkaar omgaan is het vooral belangrijk dat mensen zich goed gedragen. Als iemand zich respectvol gedraagt tegenover anderen, maakt het dan wat uit als hij respectloze gedachten heeft?

Een probleem in de leertheorie is dat eenzelfde stimulus of eenzelfde beloning niet altijd tot hetzelfde gedrag leidt. Kennelijk speelt de betekenis die mensen geven aan stimuli en beloningen ook een rol. Daarom wordt de leertheorie tegenwoordig vaak gecombineerd met de cognitieve benadering.

1.3.3 De cognitieve theorie van Kohlberg

De theorie van Kohlberg (1981) over de morele ontwikkeling sluit aan bij de cognitieve ontwikkeling zoals Piaget die heeft beschreven. Piaget onderscheidt verschillende stadia in de cognitieve ontwikkeling. Het kind ontwikkelt zich door te experimenteren met zijn omgeving. Het denken ontwikkelt zich van concreet naar abstract. We zien in de cognitieve ontwikkeling volgens Piaget ook een verschuiving van egocentrisme, waarbij iemand alleen vanuit het eigen perspectief kan denken, naar rolneming, waarbij de persoon zich kan verplaatsen in het standpunt van een ander.

Ook Kohlberg gaat uit van vaste stadia. Daarbij is een bepaalde mate van cognitieve ontwikkeling noodzakelijk, maar niet voldoende om een volgend moreel niveau te bereiken. Zo moet iemand abstract kunnen redeneren om het hoogste morele niveau te bereiken, maar niet iedereen die abstract kan denken, bereikt ook dit hoogstaande morele niveau. Kohlberg deed onderzoek naar zijn theorie door kinderen in semigestructureerde interviews te vragen hoe ze met een bepaald moreel probleem zouden omgaan. De argumenten die ze aanvoerden, deelde hij in zes stadia in. Daarbij onderscheidde hij drie niveaus.

Kohlberg baseerde zich vooral op onderzoek naar het Heinz-dilemma. De verschillende stadia zullen worden geïllustreerd met de antwoorden die kinderen gaven op de vraag bij dit dilemma.

> **Casus: Heinz steelt een medicijn**
>
> Een vrouw leed aan een ernstige specifieke vorm van kanker. Ze lag op sterven. Er was één medicijn waarvan de artsen dachten dat het haar zou kunnen redden. Het was een vorm van radium die de plaatselijke farmaceutische industrie had ontwikkeld. Het was duur om dit medicijn te produceren, maar het bedrijf rekende tien keer de kostprijs. Het betaalde € 200 voor een portie radium, maar rekende € 2000 aan de klant. Heinz, de echtgenoot van de zieke vrouw, klopte tevergeefs aan bij de ziektekostenverzekering. Heinz was niet rijk en door de langdurige ziekte van zijn vrouw was de spaarrekening allang uitgeput. Zijn familie en vrienden steunden hem, maar dit bracht slechts de helft van het benodigde bedrag op. Heinz vertelde het farmaceutische bedrijf dat zijn vrouw stervende was en vroeg of hij het medicijn goedkoper kon krijgen of het nu kon meenemen en later betalen. Het bedrijf antwoordde: 'Nee,

wij hebben een patent op dit product. We hebben het ontwikkeld en willen er nu geld mee verdienen.' Heinz werd wanhopig en brak in bij het laboratorium om het medicijn te stelen. Wat had Heinz moeten doen volgens jou? Inbreken of niet? Waarom?

(Vrij vertaald naar Kohlberg, 1981)

De antwoorden van de kinderen werden door Kohlberg ingedeeld op de door hem beschreven drie niveaus, waarbij hij op elk niveau onderscheid maakt tussen twee stadia.

Preconventionele niveau

De morele actor past zich nog niet aan zijn omgeving aan. Dit niveau komt vooral voor bij kinderen. Ze beoordelen de juistheid van een daad op basis van de gevolgen. Ze moeten dus in staat zijn om in te schatten wat die gevolgen zouden kunnen zijn. Op dit niveau zijn mensen egocentrisch: ze houden geen rekening met de ander en denken puur vanuit zichzelf.

1. **Gehoorzaamheid en straf**
   De actor doet iets of laat iets na, omdat hij daarmee een beloning of een straf kan verdienen.
   Heinz moet het medicijn niet stelen, want dan kan hij in de gevangenis komen.
   Of:
   Heinz moet het medicijn wel stelen, want dan zal zijn vrouw altijd erg lief voor hem zijn.

2. **Voor wat hoort wat**
   De actor verdedigt zijn eigenbelang en gaat ervan uit dat anderen dat ook doen. Hij leeft een regel na als die hem voordeel brengt. Hij verwacht iets terug als hij iets voor een ander doet. Straf is op dit niveau een risico dat wordt meegenomen in de afweging. De actor kan zich inleven in anderen. Hij ziet dat mensen verschillende doelen hebben en gebruikt dit inzicht om zijn eigen doelen te bereiken.
   Heinz zou het wel goed vinden om het medicijn te stelen, maar de baas van het bedrijf zou het niet goed vinden.
   Of:
   Heinz kan het medicijn stelen als hij zijn vrouw wil redden, omdat zij ook altijd goed voor hem heeft gezorgd. Hij hoeft het niet te doen als hij liever een jongere en aantrekkelijkere vrouw wil vinden.

Conventionele niveau

De morele actor houdt rekening met zijn omgeving. Hij is in staat om te bedenken hoe de situatie er voor een ander uitziet. Dit niveau wordt vooral aangetroffen bij adolescenten en volwassenen. Op dit niveau moet iemand zich kunnen inleven in anderen om te bedenken wat zij goed en slecht vinden.

3. **Brave jongen/ braaf meisje**
De actor beseft dat hij bij een groep hoort en hij wil gewaardeerd worden door zijn directe sociale omgeving. Hij wil graag dat familie, vrienden en collega's hem zien als een goed persoon. Hij weet hoe het hoort (etiquette).
Heinz zou het medicijn moeten stelen, want dat zouden zijn familie en vrienden een goede daad vinden.
Of:
Heinz moet het medicijn niet stelen, want dan zien zijn familie en vrienden hem als een misdadiger.

4. **Wet en orde**
De actor wil zich vooral aan gewoontes en wetten houden, omdat dit de sociale structuur in stand houdt. Als iedereen doet waar hij zin in heeft, leidt dit tot chaos. De actor houdt vast aan duidelijke regels. Dit kan leiden tot een fundamentalistische houding.
Heinz mag het medicijn niet stelen, want dat is tegen de wet.
Of:
Heinz mag het medicijn wel stelen, maar dan moet hij ook de straf accepteren en het bedrijf achteraf betalen. Wie iets illegaals doet, moet de gevolgen dragen.

Postconventionele niveau

Op dit niveau kan de actor afstand nemen van de feitelijke situatie en kan hij zelfstandig bedenken wat juiste waarden en normen zijn. Hij gaat uit van universele morele principes. Dat kan alleen als hij in staat is om abstract te denken, zodat hij kritisch afstand kan nemen van de conventies en wetten in zijn eigen omgeving en kan nadenken over alternatieven. Lang niet alle mensen bereiken dit hoogste niveau van morele ontwikkeling.

5. **Mensenrechten**
De actor baseert zich op rechten die ieder mens, waar ook ter wereld, toekomen.
Heinz zou het medicijn moeten stelen, want iedereen heeft recht op leven, dus ook zijn vrouw.
Of:
Heinz zou het medicijn niet moeten stelen, want de farmaceutische industrie heeft het recht om geld te verdienen aan de medicijnen die zijn ontwikkeld.

6. **Universele waarden**
De actor gaat uit van universele morele principes, die niet gebonden zijn aan een gemeenschap. Hij voelt zich gebonden aan deze principes.
Heinz zou het medicijn moeten stelen, want het recht op leven gaat boven het recht op eigendom.
Of:
Heinz zou het medicijn niet moeten stelen, want andere zieke mensen hebben net zo veel recht op het medicijn als zijn vrouw.

Kritiek op Kohlberg

Er zijn twee grote kritiekpunten op de theorie van Kohlberg. In de eerste plaats is er kritiek op zijn manier van onderzoek doen. De proefpersonen krijgen een denkbeeldige situatie voorgelegd en bedenken wat zij zouden doen. Het is nog maar de vraag of ze in een werkelijke situatie tot hetzelfde antwoord zouden komen. Misschien handelen ze dan veel impulsiever en bedenken ze pas achteraf goede redenen voor hun keuzes.

Het tweede kritiekpunt is dat Kohlberg niet neutraal is in zijn theorie. Hij is niet alleen descriptief, maar ook prescriptief. Hij stelt namelijk dat handelen op basis van abstracte principes in moreel opzicht beter is dan handelen vanuit verbondenheid met de mensen om je heen. Je kunt je afvragen of dit inderdaad het hoogste ideaal is. Als reactie hierop heeft Kohlbergs vroegere medewerkster Gilligan een alternatieve theorie ontwikkeld. Zij heeft als kritiekpunt aangevoerd dat Kohlberg alleen blanke jongens heeft onderzocht en dat het hoogste stadium vooral een mannelijke manier van denken reflecteert. In herhaald onderzoek bleek er echter geen verschil te zijn tussen de scores van jongens en meisjes. Toch biedt haar theorie een interessante alternatieve invalshoek.

1.3.4 Gilligan

Casus: Stage in Frankrijk

Je hebt al een aantal jaren een relatie en jullie wonen samen. Het is al jaren een droom van jou om stage te lopen in het buitenland. Het is je gelukt om een plaats te vinden. Over een week vertrek je voor een half jaar naar Frankrijk, naar een centrum voor moeilijk opvoedbare jongeren. Je hebt er echt zin in. Het zal wel moeilijk zijn om je vriend een tijd zo weinig te zien, maar jullie hebben geregeld dat hij een weekje op bezoek komt en jullie relatie is zo stabiel dat die een tijdje liefde op afstand wel kan hebben. Dan word je gebeld. Je vriend heeft een ongeluk gehad op zijn werk en ligt in het ziekenhuis. Je gaat er onmiddellijk naartoe. Hij heeft zijn been gebroken, maar over een week mag hij weer naar huis. Voorlopig kan hij zichzelf niet redden. Er schiet van alles door je hoofd: je hebt vreselijk medelijden met je vriend die er zo slecht aan toe is, maar je vraagt je tegelijkertijd af hoe het nu moet met de stage. Uitstel is niet mogelijk. Blijf je thuis om voor je vriend te zorgen of kies je voor de stage waar je zo naar hebt uitgekeken?

Gilligan (1982) wilde tegenover de ontwikkelingstheorie van Kohlberg, die als ideaal een autonome abstracte moraal beschrijft, een morele ontwikkeling neerzetten die gebaseerd is op verbondenheid. In interviews met vrouwen hoorde ze dat de zorg voor anderen in een concrete situatie belangrijker was dan het ontwikkelen van algemene regels. Ze deed onderzoek bij een groep vrouwen die met een actuele morele vraag zat, namelijk de vraag of ze een kind wilde of abortus zou ondergaan. Het gaat hier dus om een keuze binnen een specifieke situatie, waarbij het duidelijk is welke positie de vrouw inneemt. Daarbij onderscheidt Gilligan ook drie stadia, net als Kohlberg. De overgangen tussen de stadia worden echter niet bepaald door cognitieve ontwikkelingen, maar door de ontwikkeling van 'het zelf'. Daarbij liet ze zich inspireren door de psychodynamische theorie, met name door Chodorow en Erikson. Gilligan onderscheidt de volgende stadia:

1. Preconventioneel niveau:

Het doel is individuele overleving. De actor handelt vanuit egoïsme en laat zich leiden door de vraag wat goed is voor hemzelf. Bij de keuze voor of tegen abortus gaat het over de gevolgen voor de vrouw zelf en niet over de vraag wat goed is voor het kind. In het voorbeeld van de stage in Frankrijk zou iemand op het preconventioneel niveau alleen kijken naar wat goed is voor hemzelf en, als dit zijn droomstage is, naar Frankrijk vertrekken.

Tussen het eerste en het tweede stadium maakt het individu de overgang van egoïsme naar verantwoordelijkheid.

2. Conventioneel niveau:

Op dit niveau is het doel zelfopoffering. De actor handelt vanuit altruïsme. De moeder die zichzelf wegcijfert voor haar man en kinderen is hier een duidelijk voorbeeld van. Het is een positie die maatschappelijk vaak wordt gewaardeerd, maar waarbij de moeder zelf onvoldoende aan haar trekken komt. Bij de overweging voor of tegen abortus worden hier alleen motieven aangevoerd die te maken hebben met wat goed is voor het kind. In de casus 'Stage in Frankrijk' zou iemand op conventioneel niveau zich aanpassen aan de behoeften van de vriend en waarschijnlijk de droomstage laten schieten om de vriend goed te verzorgen.

Tussen het tweede en derde stadium maakt de persoon een overgang van goed zijn voor anderen naar het besef dat ze zelf ook een persoon is.

3. Postconventioneel niveau:

Op het hoogste niveau probeert de actor een evenwicht te vinden tussen het belang van zichzelf en de ander. Hij handelt vanuit welbegrepen eigenbelang. Als een vrouw moet kiezen voor of tegen abortus weegt ze de voor- en nadelen af voor alle betrokkenen en probeert zo tot een goede keuze te komen. Op postconventioneel niveau zou de persoon die stage wil lopen gaan uitzoeken hoe ze voldoende zorg voor haar vriend kan organiseren en daarnaast ook naar Frankrijk kan gaan.

In hoofdstuk 2 zullen we verder ingaan op de zorgethiek, een normatieve theorie die op basis van het werk van Gilligan is ontwikkeld.

De ontwikkelingsfasen kunnen je helpen herkennen hoe kinderen, maar ook volwassenen, op verschillende manieren moreel redeneren. Het gaat dan vooral om de onderbouwing van hun standpunt. Je kunt daarbij ook je eigen manier van denken proberen te plaatsen. Bij kinderen, die hun geweten nog aan het ontwikkelen zijn, kun je in gesprekken aansluiten bij hun manier van denken. Dit kan ze helpen om bewust met morele vragen om te gaan en daardoor een volgende ontwikkelingsstap te zetten. Bij sommige mensen is de ontwikkeling van het geweten blijven steken door een verstandelijke beperking of door een psychiatrisch ziektebeeld. De fasering kan ook dan helpen om de ander te begrijpen.

De theorie van Gilligan sluit goed aan bij hulpverlening en coaching. Het is belangrijk om je te realiseren dat je er verantwoordelijk voor bent om je cliënt goed te helpen, maar dat je daarbij ook voor jezelf moet zorgen. Niet om daar beter van te worden, maar wel om je eigen grenzen te respecteren en omdat je beter kunt helpen als je zelf 'goed in je vel zit'. In vliegtuigen wordt bij de veiligheidsinstructies gezegd dat in gevallen waarin je een zuurstofmasker nodig hebt, je altijd eerst zelf een masker op moet doen en pas daarna je kinderen moet helpen. Als jij flauwvalt, hebben ze namelijk niets meer aan jou.

In de theorieën over de morele ontwikkeling wordt vanuit de psychologie beschreven hoe het geweten van mensen zich ontwikkelt. Deze theorieën zijn descriptief en de juistheid ervan kan gecheckt worden door onderzoek te doen naar de feiten. We zien echter ook dat deze theorieën niet neutraal zijn. Kohlberg en Gilligan hebben verschillende opvattingen over wat het hoogste morele stadium zou moeten zijn en hoe je dat zou moeten onderzoeken. De beschrijving van de verschillende fases kan ook gebruikt worden voor normatieve gesprekken, om te bespreken wat we moreel juist handelen vinden. Dan komen we op het terrein van de normatieve ethiek.

1.4 Samenvatting

Dit hoofdstuk is een kennismaking met de ethische basisbegrippen: moraal en ethiek, normen, waarden en deugden. Binnen de ethiek werd een onderscheid gemaakt tussen descriptieve ethiek, die beschrijft hoe mensen zich moreel gedragen, normatieve ethiek, waarin morele principes worden ontwikkeld en meta-ethiek, waarin overstijgende ethische vragen worden bestudeerd.

Een aantal fundamentele filosofische kwesties die consequenties hebben voor ethisch denken, kwam aan de orde: de tegenstelling tussen cultureel relativisme en universele waarden, de vraag in hoeverre mensen vrij zijn en verantwoordelijk voor hun daden, de betekenis van wilsvrijheid en maatschappelijke vrijheid, de manier waarop we kunnen omgaan met negatieve en positieve vrijheid, de vraag of mensen gelijk zijn en of het daarbij gaat om natuurlijke, economisch-culturele gelijkheid of rechtsgelijkheid en de vraag hoe een rechtvaardige samenleving eruitziet.

Ten slotte werd besproken hoe mensen zich waarden en normen eigen maken in hun morele ontwikkeling. De verschillende stadia, zoals die beschreven zijn door Kohlberg en Gilligan, werden behandeld.

In het volgende hoofdstuk vergelijken we een aantal normatieve ethische theorieën. Die maken het mogelijk om vanuit verschillende invalshoeken naar een morele vraag te kijken en verschillende typen argumenten te formuleren in ethische debatten.

1.5 Opdrachten

Bewaar de antwoorden die je op de volgende vragen geeft. Beantwoord ze nog eens als je het hele boek hebt gelezen en kijk of jouw visie dan veranderd is.

Individuele opdrachten

1. Welke waarden, normen en deugden vind jij belangrijk in jouw toekomstige beroep? Beargumenteer je antwoord en maak gebruik van relevante bronnen. Schrijf jouw visie op in een betoog van twee A4'tjes.

2. Bedenk een situatie waarin je niet vrij was en een situatie waarin je wel vrij was. Welke factoren droegen ertoe bij dat je al dan niet vrij was? Leg uit waar sprake is van negatieve en van positieve vrijheid.

Groepsopdrachten

3. In je beroep werk je soms met mensen die andere waarden en normen hebben dan jijzelf. Bedenk een voorbeeld vanuit je stage of andere werkervaring. Beschrijf kort de situatie, de normen en waarden van de ander(en) en de normen en waarden die je zelf had in deze situatie.
    a. Hoe ging je in deze situatie om met dat verschil? Vind je dit achteraf een professionele manier van handelen? Waarom wel of waarom niet?
    b. Zijn er waarden en normen die voor iedereen zouden moeten gelden? Welke zijn dat? Ken je een voorbeeld waar het misgaat als waarden en normen algemeen geldig gemaakt worden? Beargumenteer je antwoord. Bespreek dit met je medestudenten.

4. **Casus: Dementie**

    De moeder van Stefan en Mieke is 80 jaar. Sinds kort is zij dementerend. Volgens Stefan moet je tegen moeder zeggen: 'U praat nu warrig' als ze onsamenhangend praat. Stefans handelingsvoorschrift is: 'Laat haar in haar waarde, dus wees eerlijk en zeg het haar als ze onzin praat.' Mieke vindt dat je moeder niet moet confronteren met haar ziekte. Als ze onsamenhangend praat, moet je een beetje met haar meekletsen. Miekes handelingsvoorschrift is: 'Laat haar in haar waarde en praat om die reden met haar mee voor de gezelligheid, ook al spreekt ze onsamenhangend.' Stefan en Mieke hebben verschillende ideeën over hoe ze met hun dementerende moeder moeten omgaan. De gedeelde waarde van beide kinderen is echter: 'Laat onze moeder in haar waarde.'

a. Welke waarden, normen en deugden zie je bij Stefan en Mieke?
b. Stel dat je psycholoog bent in het verpleeghuis waar de moeder van Mieke en Stefan verpleegd wordt. De verzorging vraagt jou om eens met de familie te praten, want er ontstaan spanningen omdat ze verschillende opvattingen hebben over de verzorging van moeder. Dat is niet goed voor moeder. Hoe zou je Stefan en Mieke meer op één lijn kunnen krijgen?

5. Zijn dieren te beschouwen als morele wezens? Als je ervan uitgaat dat dieren rechten hebben, betekent dat dan dat dieren ook plichten hebben? Zet de argumenten op een rijtje en bepaal je standpunt.

6. **Casus: Belofte**

   Joël wil graag met zijn vrienden naar Barcelona. Hij heeft echter niet genoeg geld. Zijn vader zegt dat hij de helft van de reis wil betalen als Joël de andere helft zelf verdient. Joël zoekt werk en na een paar maanden heeft hij de helft van de kosten bij elkaar. Inmiddels heeft zijn vader van een paar collega's een uitnodiging gekregen om mee te gaan op een skivakantie. Joëls vader heeft daar veel zin in. Hij heeft echter niet voldoende geld om én de skivakantie én de helft van Joëls reiskosten te betalen. Wat kan hij doen?

Bespreek de volgende vragen met je medestudenten:
a. Wat zou jij doen als je Joëls vader was? Beargumenteer je keuze.
b. Plaats het antwoord dat je bij 6a gegeven hebt in een van de stadia van Kohlberg.

MyLab | Nederlandstalig

Op www.pearsonmylab.nl vind je studiemateriaal en de eText om je begrip en kennis van dit hoofdstuk uit te breiden en te oefenen.

Hoofdstuk 2
Normatieve theorieën

Casus: Trek

Je staat in de kantine van jouw hogeschool. Het is druk en je staat in een lange rij. Voor jou staat een medestudent die onder andere een frikadel op zijn dienblad heeft. Tijdens het wachten eet hij de frikadel alvast op. Als hij afrekent, merk je dat hij niet betaalt voor de frikadel. Zeg je er iets van of niet?

In dit voorbeeld zijn er twee morele vragen. De eerste vraag is of het gedrag van de student die zijn frikadel niet afrekent moreel verwerpelijk is of niet. De tweede vraag is of het moreel juist zou zijn handelend op te treden. Als je een antwoord zoekt op een morele vraag, zijn er verschillende typen argumentaties mogelijk. We gaan de morele vragen die we ons in de kantine kunnen stellen vanuit verschillende morele argumentaties benaderen.

Argumentatie 1: Wat zijn de gevolgen?

Je kijkt naar de gevolgen van het ontvreemden van een frikadel. Voor de cateraar zijn de gevolgen negatief. Hij is een product kwijt en krijgt er geen inkomen voor terug. De student zelf heeft het voordeel van een gratis consumptie. Er kunnen echter ook minder plezierige gevolgen zijn als hij betrapt wordt. Als je dit tegen elkaar afweegt, maakt het uit of de cateraar erg veel verdient en of de klant een goed inkomen heeft. Een kleine hogeschool die zelf de kantine exploiteert, zal relatief meer lijden onder één niet afgerekende frikadel dan een grote cateraar die veel vestigingen heeft. Als je kijkt naar de gevolgen, is het minder erg als een straatarm persoon iets steelt van een steenrijk persoon dan andersom. Als je concludeert dat het immoreel is om de frikadel te stelen, is de volgende vraag of je er iets aan gaat doen. Je maakt een snelle afweging van de gevolgen als je de persoon voor jou aanspreekt of als je dat nalaat. Als je hem aanspreekt, wordt hij misschien kwaad en dan heb je een conflict. Als jij je mond houdt, heeft hij een frikadel ontvreemd en misschien gaan wel meer mensen dat doen als ze zien hoe gemakkelijk dat is. Als je beargumenteert waarom je iets gedaan of nagelaten hebt, geef je redenen die te maken hebben met de gevolgen van de handeling.

Argumentatie 2: Stel dat iedereen dat zou doen...

Je kijkt naar de handeling zelf en beoordeelt die op basis van regels. In dit geval de regels 'je mag niet stelen' en 'je bent medeverantwoordelijk voor het gedrag van anderen'. Dan kijk je naar de plichten van mensen die uit die regels volgen. Het is een algemene plicht om niet te stelen en in te grijpen als je ziet dat iemand zich niet aan die plicht houdt. Plichten gelden voor iedereen. Het maakt niet uit wie er steelt en het maakt ook niet uit wat de waarde van het gestolen object is.

Argumentatie 3: Wat voor persoon wil ik zijn?

Je vraagt je af wie je wilt zijn en dat bepaalt wat je doet. Wil je een rechtvaardig en moedig mens zijn, of iemand die aardig is en een beetje laf? Daarbij denk je er misschien ook over na wat jouw relatie met de frikadelliefhebber is. Als hij een vriend is, zul je misschien eerder iets zeggen dan wanneer je hem niet kent. Misschien wil je niet klikken over het gedrag van je medestudent. Je gedrag wordt dan niet bepaald door algemene regels, maar door een motivatie die van binnenuit komt. Die motivatie heeft direct te maken met jouw persoonlijke identiteit. In je beoordeling van de persoon voor je in de rij kun je ook betrekken waaróm hij die frikadel niet betaalt.

Vanuit verschillende benaderingen kun je dus verschillende keuzes maken. Als je je bewust bent van de manier waarop jij je keuzes bepaalt, kun je beter beargumenteren waarom je iets doet.
Normatieve theorieën zijn bedoeld om een algemeen antwoord te geven op de vraag hoe mensen moreel juist zouden moeten handelen. Ze zijn dus prescriptief, ofwel voorschrijvend. Er zijn verschillende ethische theorieën, die we op basis van de manier waarop wordt geredeneerd kunnen onderverdelen in drie categorieën. De eerste groep normatieve theorieën beoordeelt handelingen op basis van de gevolgen. De tweede groep toetst de handeling aan regels en de derde groep legt het zwaartepunt bij de handelende persoon zelf en stelt daarbij deugden centraal. In dit hoofdstuk worden achtereenvolgens de gevolgenethiek, de plichtethiek en de deugdenethiek besproken.

	Beoordeelt	Streeft naar
Gevolgenethiek	Gevolgen (doel) van de handeling	Maximaliseren genot voor zo veel mogelijk mensen
Deontologische of plichtethiek	Handeling zelf, intentie	Handelen op basis van redelijke morele regels
Deugdenethiek	Karakter en motieven van de handelende persoon	Handelen vanuit goede eigenschappen

2.1 Gevolgenethiek

Casus: Orgaandonor 1

Je wordt gevraagd om je beschikbaar te stellen als orgaandonor. Als je daartoe bereid bent, moet je een verklaring ondertekenen. Het is hiervoor belangrijk een aantal afwegingen te maken. Wanneer je gaat nadenken of het moreel juist is om orgaandonor te worden, kun je bijvoorbeeld bedenken wat de gevolgen daarvan zijn. Misschien kan een leven worden gered met jouw nier, of kan iemand weer goed zien met jouw hoornvlies. Daar staat tegenover dat je het misschien niet prettig vindt door deze verklaring stil te staan bij je eigen sterfelijkheid. Deze manier van denken past bij de teleologische ethiek.

In de **gevolgenethiek** wordt beoordeeld welke handeling moreel juist is door naar het doel of de gevolgen van die handeling te kijken.

Utilisme

In het **utilisme** (ook wel utilitarisme) probeert men te beschrijven hoe mensen moreel zouden moeten handelen. In het utilisme bepaalt men dat door een afweging te maken op basis van de gevolgen van een handeling. Op die manier streeft men ernaar om waarden te realiseren. 'Utility' is een Engels woord en het betekent 'nut'. De Engelse filosoof David Hume (1711-1776) heeft de basis voor deze theorie gelegd. Hij stelt dat de belangrijkste drijfveer van mensen is om zo veel mogelijk genot te zoeken en pijn te vermijden. Jeremy Bentham (1748-1832) en John Stuart Mill (1806-1873) hebben deze visie verder uitgewerkt. Bentham stelde diverse sociale hervormingen voor. Hij was tegen lijfstraffen. In zijn tijd werden bepaalde seksuele handelingen, zoals zelfbevrediging en homoseksualiteit sterk afgekeurd. Bentham vraagt zich af wat hier eigenlijk mis mee is, omdat niemand er last van heeft. Daarom gaat hij op zoek naar redelijke beginselen, waarmee morele beslissingen gerechtvaardigd kunnen worden. Volgens Bentham proberen mensen te berekenen welke handelingen zo veel mogelijk genot zullen brengen. Daarbij houden ze rekening met zaken als de intensiteit, de duur en de waarschijnlijkheid van het plezier. Bentham en Mill zien die handelingen als moreel juist die het grootste geluk voor het grootste aantal mensen opleveren: 'The greatest happiness for the greatest number.' Een morele keuze wordt op die manier een soort rekensom waarbij je de hoeveelheid pijn en de hoeveelheid genot tegen elkaar afweegt. De positiefste uitkomst is dan de winnaar. Deze theorie leidt tot transparante besluitvorming, zonder vooropgezette ideeën, waarbij het belang van alle betrokken partijen wordt meegenomen.

Bentham en Mill willen de bedoelde gevolgen van een handeling beoordelen. Vanuit het consequentialisme, een latere variant van het utilisme, wordt ervoor gepleit om de juistheid van handelingen te beoordelen op basis van alle voorzienbare consequenties. Het is vaak moeilijk om alle gevolgen van een handeling te overzien. De actor moet een inschatting maken van de consequenties van zijn daad, maar die zijn niet altijd te voorspellen. Veel gebeurtenissen hebben een complexe mengeling van oorzaken en gevolgen. Stel dat een schoolpsycholoog de capaciteiten van een kind op de basisschool test. In zijn rapportage schat hij de intelligentie van het kind veel te laag in. Misschien stellen de ouders en de leerkracht op basis van deze rapportage hun verwachtingen van het kind bij. Dit beïnvloedt de manier waarop ze op het kind reageren en de prestaties van het kind kunnen hierdoor omlaag gaan. Het zelfvertrouwen van het kind vermindert dan eveneens en het kind bereikt nooit het opleidingsniveau dat bij hem zou passen. De schoolpsycholoog heeft dan een zekere verantwoordelijkheid voor de gevolgen van zijn foutieve inschatting. Die gevolgen kunnen echter ook heel anders zijn, als de ouders en de leerkracht het rapport naast zich neerleggen en blijven geloven in de mogelijkheden van het kind. Zou je de handeling van de psycholoog daarmee ook anders moeten beoordelen? Vaak zijn de effecten van een handeling op korte termijn beter te overzien dan de effecten op lange termijn. Daar komt bij dat het natuurlijk ook gevolgen heeft als je iets nalaat. Als een leerkracht of een schoolpsycholoog niet signaleert dat een leerling bijzonder getalenteerd is op een bepaald gebied, kan dit grote gevolgen hebben voor de leerling. Als mensen niet alleen verantwoordelijk gesteld worden voor wat ze doen, maar ook voor wat ze nalaten, breidt hun verantwoordelijkheid zich daarmee enorm uit.

Casus: Ontwikkelingshulp

Marieke heeft een boek gelezen over het utilisme. Het spreekt haar erg aan. Voortaan wil ze ook het grootste geluk voor de hele mensheid nastreven. Dan krijgt ze een sms'je van haar vriendin. Die vraagt of ze vanavond mee uitgaat, naar de nieuwe club. Marieke heeft daar wel zin in. Voordat ze terug-sms't, vraagt ze zich af of het een moreel juiste keuze is om uit te gaan. Ze denkt aan al die mensen in Afrika die geen geld hebben voor eten en scholing, laat staan voor clubs. Ze kan ook thuisblijven en het geld dat ze dan uitspaart aan Novib schenken. Daar kunnen toch al gauw tien kippen voor aangeschaft worden voor iemand in Afrika. Hoe kan Marieke dit dilemma oplossen?

Kritiek op het utilisme

Als iemand utilistisch redeneert, kijkt hij niet uitsluitend naar zijn eigen belang, maar naar de voor- en nadelen voor alle betrokkenen. Het utilisme gaat ervan uit dat mensen naar maximaal genot voor iedereen zoeken. Als iemand alleen voor zichzelf maximaal genot nastreeft, is dat een vorm van eigenbelang. Het utilisme keurt dit af. De afweging tussen genot en pijn moet in principe voor iedereen aanvaardbaar zijn. Dat kan echter een probleem opleveren. Vanuit het utilisme worden namelijk *geen absolute grenzen* gesteld aan wat mensen mogen doen. Bij het utilisme wordt geen rekening gehouden met individuele rechten van mensen, maar alleen met het maximaliseren van het geluk voor allen. Dat kan erg nadelig uitpakken voor een minderheid. De vraag is dan wanneer het doel de middelen heiligt.

Casus: Het ticking bomb-scenario.

Stel dat je bij een inlichtingendienst werkt. Een terroristische groep heeft bekendgemaakt dat er ergens in de stad een grote bom geplaatst is, die later die dag zal ontploffen en waarschijnlijk zeer veel mensenlevens gaat kosten. Er is een verdachte opgepakt. Hij wordt ervan verdacht dat hij de bom geplaatst heeft. Bij de ondervraging blijft hij ontkennen dat hij een terrorist is en wil hij geen informatie geven over de locatie van de bom. De tijd tikt door. Mag je deze man martelen als dat de enige manier is om hem te laten vertellen waar de bom ligt, zodat die op tijd onschadelijk gemaakt kan worden en de levens van vele onschuldige burgers gered kunnen worden?
Een utilistische afweging zou kunnen zijn dat de man weliswaar lijdt onder de marteling, maar dat daar tegenover staat dat op deze manier voorkomen wordt dat er veel mensen omkomen door een terroristische aanslag. Een argument hiervoor kan ook zijn dat er mogelijk een afschrikkingeffect is op andere terroristen, waarmee ook toekomstige aanslagen voorkomen kunnen worden. Aan de andere kant kan een utilist ook op praktische gronden tot de conclusie komen dat martelen niet zinvol is, omdat hij denkt dat mensen die gemarteld worden meestal onbetrouwbare informatie geven. In ieder geval maakt hij een kosten-batenanalyse om te beoordelen wat een juiste manier van handelen is (Sandel, 2009).
Veel mensen vinden dat martelen principieel nooit te rechtvaardigen is, omdat het in strijd is met de mensenrechten en met de menselijke waardigheid. Ook nationale wetgeving en vele internationale verdragen verbieden martelen categorisch. De Universele Verklaring van de Rechten van de Mens stelt in Artikel 5: "Niemand zal worden blootgesteld aan foltering, wrede, onmenselijke of onterende behandeling of bestraffing."
Dit standpunt, om geen uitzonderingen toe te staan op mensenrechten, past binnen de beginselethiek, die in de volgende paragraaf besproken zal worden.

Een ander kritiekpunt op het utilisme is dat het erg simplistisch is om alleen pijn en genot tegen elkaar af te wegen. Er zijn vele soorten pijn en vele soorten genot. Als je die op één hoop gooit, vergelijk je appels met peren. Soms kan iemand ook op de korte termijn kiezen voor een vorm van lijden, omdat hij daar later veel genot voor terug verwacht. Als iemand bijvoorbeeld hard traint voor een marathon, kan dat pijn veroorzaken. Als hij vervolgens een goede tijd loopt op die marathon, levert hem dat een diep geluksgevoel op. Mill maakt daarom onderscheid tussen hogere en lagere vormen van genot. Intellectueel genot is volgens hem meer waard dan lichamelijk genot. Hij hecht veel waarde aan de mogelijkheid tot zelfontplooiing. Daarom vindt hij het bijvoorbeeld gerechtvaardigd dat kinderen verplicht worden om naar school te gaan, ook als ze op dat moment liever buiten spelen en het gevoel hebben dat ze op school lijden. Uiteindelijk zal onderwijs echter hogere vormen van genot mogelijk maken en dat compenseert het lijden volgens Mill.

Casus: Wegen overheidsinkomsten op tegen een verhoogd risico op longkanker?

De sigarettenproducent Philip Morris verdient veel geld in Tsjechië, waar roken nog steeds erg populair is. De Tsjechische regering maakte zich echter zorgen over de aan het roken gerelateerde medische kosten en dacht erover om de belasting op sigaretten te verhogen. Philip Morris maakte vervolgens een kosten-batenanalyse van het roken in Tsjechië, in de hoop de regering daarmee op andere gedachten te brengen. Philip Morris kwam tot de conclusie dat de "positieve gevolgen" van het roken: de belastinginkomsten en de kostenbesparingen doordat rokers gemiddeld niet oud worden (wat betekent dat er minder pensioen- en medische kosten voor ouderen zijn) veel groter zijn dan de "negatieve gevolgen": de direct aan het roken gerelateerde medische kosten en het voortijdig overlijden van rokers. De Tsjechische overheid zou op deze manier $ 147 miljoen per jaar overhouden als zij de rokers rustig door zou laten roken (Sandel, 2009).

De vraag is hier natuurlijk of longkanker en voortijdig overlijden afgewogen mogen worden tegen een bepaald bedrag. Critici van het utilitarisme vinden het moreel verwerpelijk om de waarde van een mensenleven in geld uit te drukken. Voorstanders van dit type kosten-batenanalyses brengen hiertegen in dat dit soort afwegingen vaak toch al impliciet wordt meegenomen bij het maken van keuzes. Bijvoorbeeld als het gaat over het verhogen van de maximumsnelheid op snelwegen en de gevolgen hiervan voor de gezondheid van omwonenden en het risico op ongelukken.

Handelingsutilisme en regelutilisme

Er zijn binnen het utilisme twee vormen te onderscheiden. Zo kun je je bij iedere handeling op zichzelf afvragen wat de gevolgen zijn. Je weegt de gevolgen tegen elkaar af en beoordeelt of de handeling bijdraagt aan het realiseren van de waarden die je nastreeft. Men noemt dit **handelingsutilisme**. Helaas kun je niet altijd voorspellen wat de gevolgen van je handelen zijn. Het is ook omslachtig om bij iedere morele daad opnieuw te bedenken welke factoren een rol spelen. Een alternatief is om regels te bedenken die nuttig zijn om een goede situatie te bereiken. Dan hoef je in een specifieke situatie alleen maar de regel toe te passen. Bijvoorbeeld de regel dat je niet mag liegen of dat je moet betalen voor artikelen die je meeneemt in een winkel. Deze benadering noemt men **regelutilisme**. Bij deze vorm van utilisme staat de regel, de norm, centraal. Daarom lijkt het op de plichtethiek, die in de volgende paragraaf behandeld wordt.

Casus: Organen gezocht

In een ziekenhuis liggen vijf doodzieke patiënten te wachten op een orgaandonor. Eén patiënt heeft dringend een nieuw hart nodig, een tweede patiënt wacht op een nieuwe lever, een derde op een nier, een vierde op nieuwe longen en een vijfde wacht op een nieuwe alvleesklier. Als de donororganen niet snel komen, zullen alle vijf patiënten overlijden. Er is geen enkel uitzicht op een oplossing waarmee hun levens gered kunnen worden. Dan komt er een langeafstandswandelaar naar het ziekenhuis. Een kerngezonde jongeman, die graag een gezondheidscheck wil. Als de arts hem zou doden, zouden de organen van de jongeman getransplanteerd kunnen worden naar de vijf patiënten. Eén leven opofferen om vijf levens te redden... Is dat een goede deal? Als je uitsluitend kijkt naar het grootste geluk voor het grootste aantal mensen, zou je de wandelaar opofferen. Toch zal waarschijnlijk niemand hiervoor kiezen. Dat betekent dat er grenzen worden gesteld aan wat toelaatbaar is. Hiermee komen we op het terrein van de beginselethiek.

2.2 Deontologische ethiek of beginselethiek

Casus: Orgaandonor 2

Je bent er nog niet uit of je orgaandonor wilt worden. Het is moeilijk om de gevolgen te overzien. Je wilt er eens op een andere manier naar kijken. Daarom probeer je een algemene regel te vinden waaruit je kunt afleiden of het moreel juist is om orgaandonor te worden. Misschien kun je vanuit jouw levensovertuiging een richtlijn destilleren of misschien kun je zelf door redelijk nadenken tot een goede regel komen. Stel nu eens dat iedereen dezelfde keuze zou maken als jij... Als je in dat geval besluit om je organen niet te doneren, zou dat betekenen dat niemand zijn organen zou doneren. Hoeveel mensen zouden er dan sterven terwijl dit voorkomen zou kunnen worden? Je besluit daarom dat het het beste zou zijn als iedereen zijn organen doneert. Je hebt dan een algemene regel gevonden en besluit je daaraan te houden. Deze manier van denken past bij de deontologische ethiek.

In de **deontologische ethiek** wordt beoordeeld welke handeling moreel juist is door te kijken of de handeling zelf juist is, ongeacht de feitelijke gevolgen. 'Deontologisch' komt van het Griekse woord '*deon*', dat 'plicht' betekent. Een andere naam voor deze benadering is dan ook **plichtethiek** of **beginselethiek**. Volgens de deontologische theorieën is het juist om het handelen te baseren op bepaalde beginselen, zoals 'een vriend in nood laat je niet in de steek', 'je mag niet liegen' en 'afspraak is afspraak', ook al leidt dit niet altijd tot maximaal geluk. Het utilisme beschouwt morele handelingen als middelen tot het maximaliseren van genot. Deontologische theorieën stellen dat morele regels onafhankelijk van doelen moeten zijn. Morele regels zijn intrinsiek waardevol. Een leugentje om bestwil levert misschien meer geluk op dan een eerlijk antwoord, maar toch is het moreel juist om de waarheid te spreken. Deontologen benadrukken het belang van de argumenten die ten grondslag liggen aan het handelen en van de intentie van de actor om het goede te doen.

Stel dat er drie mensen zijn die zich inzetten voor een goed doel zoals Unicef. De eerste persoon is een filmster, die zich inzet om daarmee een beter imago te krijgen bij het publiek en om op die manier zijn kansen te vergroten op mooie rollen in grote Hollywoodfilms. De tweede persoon is een zakenman, die op deze manier de naamsbekendheid en het imago van zijn bedrijf hoopt te verbeteren. De derde persoon helpt omdat hij het als zijn morele plicht ziet om kinderen in nood te helpen. Voor een utilitarist zouden deze personen alle drie even goed handelen, omdat de gevolgen voor de kinderen die Unicef helpt, in alle gevallen hetzelfde zijn. Voor een deontoloog zou de derde persoon het meest moreel hoogstaand handelen, omdat hij handelt vanuit zijn morele plicht en niet vanuit eigenbelang. De bekendste deontologische filosoof, Kant, stelt dat een handeling pas morele waarde heeft als die gebaseerd is op een keuze voor het goede. Als iemand Unicef steunt om zijn geweten te sussen of vanuit medelijden, vindt Kant dat dit niet bijdraagt aan de morele waarde van zijn handeling. Het gaat erom dat de donateur inziet dat het een morele plicht is om kinderen in nood te helpen, ongeacht de gevolgen.

Jonathan Safran Foer (2009) beschrijft hoe zijn Joodse oma hem over de Tweede Wereldoorlog vertelt. Ze moest bij haar familie weg en was voortdurend op de vlucht, omdat de Duitsers haar op de hielen zaten. Het was een hel. Ze had nooit genoeg te eten. Soms at ze zelfs uit vuilnisbakken. Het eind van de oorlog was het ergst. Toen wist ze nooit of ze de volgende dag zou halen. "'Een boer, een Rus, God zegene hem, zag hoe ik eraan toe was. Hij kwam naar buiten met een stuk vlees voor me.'
'Hij redde je leven.'
'Ik heb het niet opgegeten.'
'Niet?'
'Het was varkensvlees. Ik at geen varkensvlees.'
'Waarom niet?'
'Hoezo, "Waarom niet?"'
'Omdat het niet koosjer was?'
'Natuurlijk.'
'Zelfs niet om te overleven?'
'Als niets er meer toe doet, is er niets meer om voor te leven.' (Foer, 2009, blz. 25).

Plichten hangen vaak samen met rechten van anderen. Daarom is er binnen een deontologische benadering ook ruimte voor verschillende morele relaties tussen mensen. Een ouder heeft andere verplichtingen tegenover zijn eigen kinderen dan tegenover andere kinderen die bij hem in de buurt wonen. Een hulpverlener heeft specifieke verplichtingen tegenover zijn cliënten.

Utilitaristen kijken naar de morele keuze die iemand in het heden maakt en naar de gevolgen in de toekomst. Deontologen houden echter ook rekening met het verleden. Doordat iemand in het verleden iets heeft beloofd, kan hij nu de plicht hebben om zich aan die belofte te houden. Als iemand een ander schade heeft berokkend, kan hij de plicht hebben om deze schade te vergoeden. Een utilitarist kan wel rekening houden met dergelijke zaken, maar alleen voor zover ze bijdragen aan het maximaliseren van positieve gevolgen. Als iemand zich regelmatig niet aan zijn afspraken houdt, wordt hij onbetrouwbaar en dat kan betekenen dat anderen niet meer met hem willen samenwerken. Dit kan een reden zijn om je aan afspraken te houden. Deontologische en utilitaristische argumentaties kunnen dus tot dezelfde uitkomst leiden, al is de weg ernaartoe verschillend (Beauchamp, 1991).

De meeste religies geven gelovigen richtlijnen over hoe zij zich als een goed mens kunnen gedragen. In de Bijbel staan de tien geboden en in de Koran staan gedragsregels voor moslims. De wil van God of Allah is hier de uiteindelijke morele standaard. Soms is er vanuit de kerk nog een uitgebreide regelgeving, waarbij de voorschriften uit de heilige boeken worden uitgewerkt: de dogma's. Deze richtlijnen wijzen gelovigen de weg. Hier is dus sprake van religieuze deontologische ethiek. In het verhaal van de oma van Jonathan Safran Foer kun je zien hoe, ook in de extreemste situaties, religieuze waarden zin aan het leven kunnen geven.
In de beroepsethiek vinden we een deontologische benadering in de ethische codes die door verschillende beroepsgroepen zijn vastgelegd. De beroepsgroep heeft dan afspraken gemaakt over de manier waarop ze op een moreel juiste manier kan werken. Die afspraken worden vastgelegd in een aantal regels waar de beroepsbeoefenaar zich aan dient te houden. Bijvoorbeeld de regel dat hij alle informatie die hij in zijn beroep krijgt, geheimhoudt. De bedoeling van deze codes is dat de beroepsbeoefenaar weet wat hij wel en niet kan doen, en dat de cliënt ook weet waar hij aan toe is. Deze is dan niet afhankelijk van de persoonlijke goede bedoelingen van de professional. Het is ook mogelijk om vanuit het regelutilisme tot een beroepsethiek te komen. Dan wordt er gezocht naar regels die optimaal bijdragen aan het bereiken van een goede situatie. De regels in de beroepscodes zijn dus op meerdere manieren te rechtvaardigen.

Verdieping: Kant

De ethiek van Immanuel Kant (1724-1804) is het duidelijkste voorbeeld van een filosofische deontologische normatieve ethiek. Kant vraagt zich af welke voorwaarden een moreel leven mogelijk maken. Daarbij stelt hij zich kritisch op ten opzichte van het utilisme, dat zich sterk richt op behoeftebevrediging en geluk. Kant stelt dat de **autonomie** van mensen het hoogste doel is. Dat betekent dat de mens als redelijk wezen zelf zijn wetten bepaalt. Volgens Kant leidt het utilisme tot **heteronomie**: een situatie waarin een ander de regels bepaalt. Als mensen zich laten leiden door behoeftebevrediging worden ze afhankelijk van anderen. Ze hebben iets nodig wat ze zelf niet hebben. Hoe meer mogelijkheden de markt biedt, hoe meer behoeften de mens zal ontwikkelen. Daarmee verliest hij vrijheid. Door bijvoorbeeld reclameboodschappen wordt hem de behoefte aangepraat aan een nog snellere computer, een grotere tv, een snellere auto en het juiste merk schoenen. Kant stelt ook dat moreel handelen niet kan worden gestuurd door gevolgen, omdat we de werkelijkheid nooit geheel in de hand hebben. Het streven naar geluk wijst hij als moreel doel af. De mens wordt pas vrij van zijn omgeving en van zijn driften als hij zich laat leiden door dat wat het meest kenmerkend voor hem is: de rede. Autonomie betekent ook dat de mens zich niet door de kerk of de traditie laat voorschrijven wat hij moet doen. Het vermogen om redelijk te handelen en je niet te laten sturen door anderen, verlangens of nut, noemt Kant de **praktische rede**. Kant onderscheidt – in aansluiting op het is-oughtprobleem, zoals geformuleerd door de filosoof Hume (1711-1776) – feiten (Sein) en waarden (Sollen). Met andere woorden: feiten geven aan hoe de wereld is en normen en waarden geven aan hoe de wereld eruit zou moeten zien. Kant stelt dat morele waarden nooit afhankelijk mogen zijn van bijzondere omstandigheden. Hij streeft naar universele waarden, die, evenals de natuurwetten, algemeen geldig zijn.

Kant baseert zijn ethiek op drie principes:

1. Een handeling heeft pas morele waarde als hij wordt gemotiveerd door een morele plicht. Een persoon kan dus alleen moreel handelen als hij dit vanuit de juiste intenties doet. Als hij toevallig zin heeft om iets goeds te doen, is dat geen goede basis voor moreel gedrag.

2. De morele waarde van een handeling wordt bepaald door de regel die eraan ten grondslag ligt en niet door de mate waarin deze bijdraagt aan een gewenst doel, zoals bij het utilisme. De persoon moet dus zoeken naar een juiste morele regel.

3. Mensen zijn verplicht om een bepaalde handeling te verrichten als, en uitsluitend dan, de morele wet ze daartoe verplicht.

Als iemand geconfronteerd wordt met een moreel probleem, moet hij redelijk nadenken om een juiste regel te vinden waar hij zijn gedrag op kan baseren. Zo'n regel noemt Kant een 'imperatief'. Hij onderscheidt twee soorten imperatieven. Een hypothetische imperatief is gekoppeld aan specifieke doelen. Die schrijft voor wat iemand moet doen om een bepaald doel te bereiken. Als je bijvoorbeeld je diploma wilt halen, moet je dit boek goed bestuderen, zodat je slaagt voor de toets. Het behalen van je diploma is hier een specifiek doel. Je kunt daarvoor kiezen, maar je zou jezelf ook een ander doel kunnen stellen. Je kunt bijvoorbeeld besluiten om een ander beroep te kiezen, waarbij je dat diploma niet nodig hebt. Volgens Kant houden de utilisten zich alleen bezig met het formuleren van dergelijke hypothetische imperatieven als ze zoeken naar maximaal geluk.

Daarnaast zijn er imperatieven die onder alle omstandigheden geldig zijn, onafhankelijk van een concreet doel. Kant noemt zo'n regel een 'categorische imperatief'. Dat betekent 'onvoorwaardelijk gebod'. Kant geeft geen invulling aan die morele regels, maar hij geeft een algemeen criterium waaraan alle morele vragen kunnen worden getoetst.

Hij formuleert de **categorische imperatief** als volgt:

Handel alsof de grondregel van je handeling door jouw wil tot een algemene natuurwet wordt.

(Kant, 1785, blz. 74)

Kant laat zien wat hij hiermee bedoelt aan de hand van het volgende probleem: Iemand verkeert in geldnood en de enige mogelijkheid om aan geld te komen, is om het van iemand anders te lenen. Hij weet dat hij nooit in staat zal zijn om het geleende bedrag terug te betalen. Hij weet ook dat hij het geld alleen zal krijgen als hij belooft om het terug te betalen. Hij vraagt zich af of het juist is om geld te lenen van een ander met de belofte dat hij dit terug zal betalen, ook als hij weet dat hij dat niet waar kan maken. Hoe kan deze persoon erachter komen wat de juiste handelwijze is? Om het antwoord te vinden moet hij, volgens Kant, redelijk nadenken. Hij moet zich afvragen of het wenselijk is dat iedereen zich voortaan op deze manier gedraagt. Volgens Kant zal hij direct inzien dat het onmogelijk is dat een verstandig mens dit zou willen. Stel dat iedereen die in geldnood verkeert beloftes mag doen die hij niet zal nakomen, dan zou niemand een dergelijke belofte meer geloven. Daarmee wordt het onmogelijk om in een dergelijke situatie geld te krijgen. We zien hier dat de regel 'mensen in nood mogen geld lenen onder valse voorwendselen' tot een tegenspraak leidt. Daarom is hij onjuist. De onfortuinlijke persoon in dit verhaal zou nu als volgt kunnen redeneren: 'Ik weet dat het onjuist is als alle mensen geld lenen onder valse voorwendselen, maar als ik de enige ben zal het wel meevallen.' Een dergelijke redenering is volgens Kant immoreel. Mensen mogen geen uitzondering voor zichzelf maken, dan zou het immers niet meer om een plicht gaan.

Ze moeten handelen alsof de grondregel van hun handeling een algemene natuurwet is. Daarom moet de arme man in dit voorbeeld ervan afzien om door middel van een leugen geld te lenen. Een leugentje om bestwil is volgens Kant niet acceptabel omdat we, als we redelijk nadenken, niet willen dat iedereen mag liegen.

Een ander voorbeeld. Iemand is rijk en hij ziet dat anderen het minder goed hebben. Deze rijke man zegt: 'Ik zal niemand in de weg zitten, maar ik heb ook geen zin om anderen te helpen. Ieder voor zich en God voor ons allen.' Stel dat de man zich afvraagt of zijn gedrag moreel juist is. Dan zou hij zich afvragen of hij zou kunnen willen dat iedereen zo reageert op mensen die het minder getroffen hebben. Volgens Kant kan dat geen redelijke morele wet zijn. Ook een rijk persoon kan zich voorstellen dat hij ooit de liefde en sympathie van anderen nodig heeft. Als dit gedrag dan als algemene wet geldt, berooft deze persoon zichzelf van alle hoop op hulp.

Kant gaf later een andere formulering van zijn wet:

Handel zo dat je de mensheid, zowel in je eigen persoon als in de persoon van ieder ander, tegelijkertijd altijd ook als doel en nooit enkel als middel gebruikt.
(Kant, 1785, blz. 97)

Luftsicherheitsgesetz

In 2003 stal een Duitse student een klein vliegtuig. Hij dreigde hiermee het gebouw van de Europese Centrale Bank binnen te vliegen. Militaire vliegtuigen stegen op om het vliegtuigje neer te halen, maar voordat het zover kwam, zette de student het veilig aan de grond. De Duitse Bondsdag nam na dit incident een wet aan die de minister van Defensie de bevoegdheid gaf om in dergelijke gevallen het bevel te geven om het vliegtuig neer te halen, ook wanneer er zich onschuldige passagiers aan boord zouden bevinden. Deze wet heette de Luftsicherheitsgesetz. Het Duitse Bundesgerichtshof oordeelde in 2006 dat deze wet in strijd was met het recht op leven en de menselijke waardigheid, zoals dat in de grondwet vastgelegd is. Door het opzettelijk doden van inzittende medemensen, behandel je die mensen namelijk als object, als middel om andere mensen te redden. Op die manier verliezen de inzittenden hun rechten als mens.

De gedachtegang van het Bundesgerichtshof sluit aan bij de ethiek van Kant. Ook als het leven van een groot aantal mensen gered zou worden door het neerhalen van een vliegtuig met een beperkt aantal passagiers, is het moreel onjuist om de passagiers op te offeren. De Bondsdag baseerde de wet overigens op een utilistische argumentatie. De wet maakte het mogelijk om zo veel mogelijk levens te redden bij een dergelijke calamiteit (Verplaetse, 2008).

Mensen hebben hun eigen autonome doelen en men mag anderen niet uitsluitend gebruiken als middel om de eigen doelen te bereiken. Dit betekent dat we andere mensen moeten respecteren als mens. We mogen hen nooit reduceren tot middel voor het vervullen van onze behoeften en belangen. We mogen wel gebruikmaken van hun diensten of hun hulp vragen, als we daarbij ook rekening houden met hun gedachten, belangen en behoeften. Volgens Kant mogen we iemand dus niet aanzetten tot een zelfmoordactie, ook niet als we daardoor het leven van een groot aantal anderen redden. Voor een psycholoog kan dit bijvoorbeeld betekenen dat hij zijn cliënten om geld mag vragen en dat ze voor hem daarmee een middel zijn om een inkomen te verwerven, als hij daarnaast ook zorgvuldig bewaakt dat hij het welzijn van zijn klanten blijft nastreven.

Kritiek op Kant

De kritiek op Kants theorie richt zich in de eerste plaats op het absolute karakter van de categorische imperatief. Er is geen ruimte voor uitzonderingen. Stel dat je bij je sportclub een groep kinderen begeleidt. Je hebt beloofd dat je een uitstapje met hen gaat maken. Ze verheugen zich er al weken op. Nu blijkt echter dat je vriend op diezelfde dag naar het ziekenhuis moet voor een onderzoek waar hij erg tegen opziet. Je hebt hem beloofd om in dergelijke situaties met hem mee te gaan om hem te ondersteunen. Je kunt onmogelijk beide beloftes tegelijk houden. Wat doe je? Kant helpt je hierbij niet verder. Die zegt alleen maar dat mensen zich aan afspraken moeten houden.

Een ander probleem is de vraag of iedereen bij een bepaalde vraag tot dezelfde conclusie komt. Het perspectief van de een kan verschillen van het perspectief van de ander. Het **cultureel relativisme** stelt dat waarden altijd in een culturele context staan. Het is dus de vraag of er een universele redelijkheid bestaat, terwijl Kant zich daar wel op baseert. Kant is bij uitstek een filosoof die een fundering van het westers autonome individualisme heeft geformuleerd.

Volgens Baier (1985) is de filosofie van Kant veel te sterk gericht op autonomie, op individuen die in hun morele keuzes losstaan van anderen. Daarmee wordt ontkend dat mensen met elkaar verbonden zijn in een web van relaties. Ouders en hulpverleners handelen vanuit verantwoordelijkheid en zorg voor hun kinderen en cliënten. Volgens Baier kan moraal niet uitsluitend gebaseerd zijn op algemene regels. Als een hulpverlener zich keurig houdt aan alle regels met betrekking tot goede zorg, kan hij toch tekortschieten in zijn beroep als deze regels niet samengaan met de deugden zorgzaamheid, empathie en warmte (Beauchamp, 1991). Kant diskwalificeert dergelijke gevoelsmatige deugden als basis voor ethiek. In paragraaf 2.3.1 wordt de zorgethiek, die vanuit de kritiek op Kant ontwikkeld is, verder uitgewerkt.

2.3 Deugdenethiek

> **Casus: Orgaandonor 3**
>
> Het is een belangrijke keuze om al dan niet orgaandonor te worden. Daarom wil je de vraag van alle kanten bekijken voordat je de knoop doorhakt. Je vraagt je af wie je eigenlijk wilt zijn en of het bij jouw identiteit past om je organen beschikbaar te stellen. Misschien maakt het ook uit wie de ontvanger is. Stel dat je broer een levensbedreigende nierziekte heeft en alleen door jouw nier kan worden gered, zou je dan al tijdens je leven een orgaan afstaan? En wat zou je doen als het niet je broer was, maar een onbekende die door een ongezonde leefwijze zijn nieren moet missen? Deze afwegingen passen binnen de deugdenethiek.

In de deugdenethiek wordt bekeken welke handeling moreel juist is door naar de persoonlijkheid van de actor te kijken. Het individu vraagt zich af: 'Hoe word ik een goed mens?'

Deugden zijn goede eigenschappen van individuen, zoals dapperheid, zorgzaamheid of rechtvaardigheid (zie paragraaf 1.1.2). In de Griekse oudheid waren deugden al een belangrijk element in de ethiek. Aristoteles was de belangrijkste vertegenwoordiger van deze benadering. In de opvoeding werd veel aandacht besteed aan de vorming van een goede persoon, waarbij de deugden tot een tweede natuur werden. Deugden komen dus van binnenuit, ze zijn een deel van het karakter van een persoon. Aan de andere kant zijn ze ook aangeleerd en komen ze van buiten het individu.

Een deugd is altijd verbonden aan een persoon en is dus geen abstracte waarde of norm zoals we die in de deontologische theorie vinden. Het gaat hier niet over algemene rechten en plichten die voor iedereen gelden, maar over eigenschappen van concrete personen. De morele regel 'je mag niet liegen' bestaat los van personen. De deugd 'eerlijkheid' daarentegen is een eigenschap van een persoon die zich deze deugd eigen gemaakt heeft. Je kunt een deugd pas herkennen als iemand zich 'goed' gedraagt. Dit kun je vergelijken met de uitdrukking: 'Hij/zij deugt.'

Door verhalen over helden, zoals Odysseus of Achilles in de Griekse oudheid, of over heiligen, zoals Sint-Joris of Moeder Teresa in de katholieke kerk, kunnen mensen zien wat een deugdzaam leven is en proberen om die deugden ook bij zichzelf te ontwikkelen. In onze tijd kun je in de krant of op internet berichten vinden over hedendaagse helden. Bijvoorbeeld over Tuğçe Albayrak, een jonge Duitse vrouw van 22 jaar die in 2014 in het nieuws kwam. Toen ze in McDonald's aan het eten was, hoorde ze hulpkreten vanuit de toiletten. Tuğçe aarzelde geen moment en rende ernaartoe. Ze zag dat drie jongens een aantal meisjes lastigvielen. Ze nam de meisjes in bescherming en zorgde ervoor dat de jongens de zaak uitgezet werden. Toen ze het restaurant verliet, stonden de jongens haar op de parkeerplaats op te wachten. Ze vielen haar aan en Tuğçe overleed aan haar verwondingen. Tuğçe liet door haar manier van handelen zien dat ze dapper is en werd een symbool voor burgermoed. Ook in boeken en films kun je helden vinden: Frodo in *Lord of the Rings*, Harry Potter, Batman, James Bond. Verpakt in een spannend avontuur krijgt de lezer of kijker ook een morele boodschap. Meestal is er een strijd van het goede tegen het kwade. De held beschikt over de deugden die nodig zijn om het kwaad te overwinnen. Soms wordt iemand een held, terwijl hij in eerste instantie meer een antiheld lijkt. Frodo, Harry Potter en ook de Bijbelse herdersjongen David zijn jong, lichamelijk zwak en onschuldig. Maar dit blijkt ook juist hun kracht te zijn. Daarmee passen ze in de christelijke traditie waarin de wil tot macht leidt tot het kwade. Onschuld, bescheidenheid en liefde zijn in deze verhalen belangrijke deugden.

Deugden zijn verinnerlijkte waarden. Moeder Teresa heeft de waarde 'naastenliefde' verinnerlijkt; naastenliefde is een eigenschap van haar geworden. Deugden zijn altijd gekoppeld aan situaties. Het strijdbare gedrag van Achilles is passend in een situatie waarin hij in de Trojaanse oorlog vecht voor zijn vaderland, maar als hij vreedzaam thuiszit, zou het niet worden gewaardeerd. Ook in onze tijd herkennen we het probleem dat veel soldaten na uitzending naar een buitenlandse brandhaard moeite hebben om zich weer aan te passen aan het dagelijks leven in Nederland. Je moet per situatie bekijken welke deugden van belang zijn. De deugd 'moed' krijgt in een oorlog een andere invulling dan in een thuissituatie.
Een oude uitdrukking zegt 'De deugd ligt in het midden.' Volgens Aristoteles zijn deugden een evenwicht tussen twee uitersten. De deugd 'moed' ligt bijvoorbeeld tussen overmoed, een teveel aan moed, en lafheid, waarbij sprake is van een tekort. De moed van een persoon kan blijken uit het feit dat hij niet aan de kant blijft staan als iemand in nood is, dat zou laf zijn, maar dat hij ook geen onnodige risico's neemt, dat zou overmoed zijn. De deugd 'gulheid' ligt tussen gierigheid en verkwisting (Schuyt, 2006). Een verstandig mens zal steeds op zoek gaan naar het juiste midden en daarbij rekening houden met de omstandigheden.
De laatste tijd is er een hernieuwde belangstelling voor de deugdenethiek. Sommige oude deugden, zoals dapperheid, passen misschien niet goed meer in onze tijd. Dat betekent dat we op zoek moeten naar deugden die in onze tijd kunnen inspireren. Uit onderzoek door Van Oudenhoven *et al.* (2008) blijkt dat er in Nederland veel consensus is over belangrijke deugden. Uiteenlopende groepen, zoals jongeren, ouders, imams, leerkrachten, gemeenteraadsleden en popartiesten, noemen respect, betrouwbaarheid, openheid en zorgzaamheid. Allemaal deugden die te maken hebben met de manier waarop mensen met elkaar omgaan.
Voor een psycholoog is het niet alleen belangrijk dat hij deskundig is. Hij moet ook beschikken over bepaalde persoonlijke eigenschappen om zijn werk goed te kunnen doen, zoals empathie en integriteit. Die goede eigenschappen, of deugden, maken deel uit van zijn beroepshouding.

Kritiek op de deugdenethiek

Als iemand zich moedig of zorgzaam gedraagt, is het de vraag of dit komt door zijn deugdzame karakter of door de omstandigheden. De meeste psychologen gaan er tegenwoordig van uit dat gedrag voortkomt uit een combinatie van persoon en situatie (Musschenga, 2014). Iemand kan een eerlijk persoon zijn, maar in bepaalde situaties toch liegen. Of een bang uitgevallen persoon kan opeens heel moedig zijn als anderen hulp nodig hebben.

In dit hoofdstuk worden twee deugden verder uitgediept. Ten eerste bespreken we de deugd 'zorgzaamheid'. Zorgzaamheid is de centrale deugd in de hedendaagse zorgethiek, die voortbouwt op de traditionele deugdenethiek. Een belangrijk verschilt tussen deugdenethiek en zorgethiek is echter dat deugdenethiek in de eerste plaats gericht is op het verbeteren van de eigen deugden, terwijl zorgethiek vooral gericht is op zorg voor de ander.

Daarnaast staan we stil bij de deugd 'tolerantie'. Als psycholoog zul je ongetwijfeld worden geconfronteerd met mensen met andere overtuigingen, ideeën en gewoonten. Hoe ga je respectvol met hen om?

2.3.1 Zorgzaamheid en zorgethiek

> *Op het meest algemene niveau moet zorg worden begrepen als een soort activiteit die alles omvat wat wij doen om onze wereld te handhaven, te continueren en te herstellen, zodat we er zo goed mogelijk in kunnen leven. Die wereld omvat ook onze lichamen, onszelf en onze omgeving, wat we allemaal proberen samen te weven tot een complex, het leven ondersteunend web.*
>
> (Tronto 1993, blz. 103)

Zorg voor anderen staat centraal in de ethiek van Gilligan (1982), die in hoofdstuk 1 ook al is besproken. Gilligan wil tegenover de 'mannelijke ethiek' van Kant, Locke en Rawls, die moraal beschouwen als een zaak van universele rechten en rechtvaardigheid, een ander geluid laten horen. Het geluid van een 'vrouwelijke' ethiek die is gebaseerd op verbondenheid tussen mensen en niet eenzijdig op autonomie. Vanuit deze verbondenheid dragen mensen in de zorgethiek verantwoordelijkheid voor elkaar. Gilligan wil met deze benadering niet de op rechten gebaseerde ethiek vervangen. Volgens haar vullen rechtenethiek en zorgethiek elkaar aan.

De zorgethiek is verder ontwikkeld door Tronto (1993). Zij gaat uit van een gezamenlijk belang. Niet het individu denkt na over hoe hij zelf een goed leven kan leiden, maar 'wij' zorgen voor het gezamenlijke belang van een goed leven voor de gemeenschap. Tronto onderscheidt vier aspecten van zorg:

- **Caring about**: aandachtige betrokkenheid. Je signaleert dat iemand zorg nodig heeft en dat er iets moet gebeuren. Dit is het beginpunt van zorg. De zorgverlener moet op dit niveau sensitief zijn voor signalen van een zorgvrager.
  Je loopt 's avonds op straat in het uitgaanscentrum. Je signaleert dat er iemand wordt lastiggevallen en dat hij niet tegen zijn belager is opgewassen. Het is dan nog de vraag of jij hier zelf iets mee moet doen.

- **Caring for**: zorg op zich nemen. De zorgverlener neemt de verantwoordelijkheid om in te grijpen. De zorgverlener moet in deze fase verantwoordelijkheid kunnen en willen nemen.
  Als je de verantwoordelijkheid neemt om in te grijpen, kan dat op allerlei manieren. Je kunt bijvoorbeeld de politie waarschuwen, om hulp roepen, of zelf de belager bij het slachtoffer proberen weg te krijgen.

- **Care giving**: zorg verlenen. De zorgverlener voert praktische zorg uit. In deze fase moet de zorgverlener bekwaam zijn om de noodzakelijke zorg te verlenen.
  Je stapt zelf op de belager af en houdt deze op veilige afstand.

- **Care receiving**: zorg ontvangen. De zorgontvanger moet aangeven welke hulp hij nodig heeft. Hij moet dus in staat zijn om zijn zorgbehoefte adequaat aan te geven. Hij hoeft dit niet altijd direct te kunnen. Er kan ook een proces zijn, waarin de zorgontvanger en de zorgverlener samen uitzoeken wat de behoefte is.
  Het slachtoffer moet op de een of andere manier aangeven dat hij niet in staat is om de belager alleen van zich af te schudden.

Het hangt van de context en van de relatie tussen een zorgontvanger en een zorgverlener af welk aspect het meest adequaat is. In een intieme persoonlijke relatie hebben mensen andere verwachtingen dan in een professionele relatie. Als je kind bijvoorbeeld zorg nodig heeft, maakt het soms uit wie de zorg verleent. Wil je een 'goede' vader of moeder zijn, dan moet je er volgens veel mensen in bepaalde situaties zelf zijn als je kind je nodig heeft. Het is dan onvoldoende goed te organiseren dat anderen voor je kind zorgen. Het maakt uit of je zelf langs de lijn staat bij het voetballen, of dat je ervoor zorgt dat er iemand anders is. Is je kind erg ziek, dan maakt het uit of je zelf naast het bed zit of iemand inhuurt om dat te doen.
Als een kind op school gepest wordt en daar erg onder lijdt, kan een schoolpsycholoog het probleem herkennen en verklaren wat het gedrag van het kind te maken heeft met het pesten door de klasgenoten (caring about). Dit kan hij alleen doen als het kind op de een of andere manier aangeeft wat er aan de hand is (care receiving). De psycholoog kan vervolgens de verantwoordelijkheid nemen om de leerkracht en/of de ouders te informeren over het probleem en misschien ook over mogelijkheden om het probleem op te lossen (caring for). Misschien geeft de psycholoog een weerbaarheidstraining aan het kind (care giving). Daarnaast zullen de ouders en de leerkracht hun eigen ver-

antwoordelijkheid hebben in de aanpak van het probleem (care giving), waarbij van het kind zelf verwacht kan worden dat hij, afhankelijk van zijn mogelijkheden, aangeeft waarvoor hij hulp nodig heeft (care receiving).

Kenmerkend voor de zorgethiek is dat zij zich richt op ethische problemen in de praktijk en op de manier waarop de betrokkenen hier door communicatie met elkaar uitkomen. Zorgaanbieders beslissen niet eenzijdig welke zorg ze bieden, maar ze gaan hierover in dialoog. Het gaat er altijd om welke zorg deze concrete persoon nodig heeft en niet om het ontwikkelen van algemene regels. De zorgverlener moet dus sensibel zijn. Wat bij de ene cliënt goede zorg is, hoeft dat voor de ander niet te zijn. In de zorgethiek is de context altijd belangrijk. In een concrete situatie komen de zorgverlener en de zorgvrager tot een partnerschapsrelatie, een zorgrelatie. Het gaat dan niet om incidentele morele keuzes, maar om duurzame relaties tussen concrete mensen. Daarbij gaat het niet om plichten, zoals bij Kant, maar om de juiste houding van de zorgverlener (Tjong Tjin Tai, 2014). Volgens Liégois (2003) draait het in deze grondhouding vooral om respect voor de ander en de bevraging van zichzelf. Zorgverleners moeten in de eerste plaats goed luisteren en de waardigheid van de zorgvrager, met al zijn beperkingen, respecteren. Dat kunnen zij alleen goed doen als ze reflecteren op hun eigen handelen.

Zorgethiek is relationeel. In eerste instantie was de zorgethiek gericht op zorg in hechte persoonlijke relaties, zoals die tussen ouder en kind, waar de gevoelens die mensen voor elkaar hebben de basis zijn voor de zorg die ze verlenen. Zij wordt inmiddels steeds breder toegepast, onder meer in de hulpverlening (Tjong Tjin Tai, 2014). Gedeeltelijk is dat een reactie op de professionalisering en verzakelijking in deze sectoren. In ieder geval kan de zorgethiek helpen om nauwkeurig te onderscheiden welke verantwoordelijkheden verbonden zijn aan een specifieke beroepsrol.

Kritiek op de zorgethiek

Omdat zorgethiek de relaties tussen zorgaanbieders en zorgvragers centraal stelt, is het de vraag in hoeverre zij toepasbaar is voor morele vragen in de omgang met vreemden. Zoals we gezien hebben, beperkt de zorgethiek zich niet tot langdurige intieme relaties, maar wordt het begrip 'relatie' ruim opgevat. Het gaat dus ook over professionele relaties, zoals die tussen een psycholoog en een cliënt, en over de relatie met 'nabije vreemden', zoals een kind dat in het water is gevallen en dat zonder onze hulp dreigt te verdrinken.

Een omstreden punt, dat verband houdt met het vorige, is dat zorgethiek niet onpartijdig is. Stel dat je moet kiezen wie je redt uit een brandend huis: je moeder of een wetenschapper die baanbrekend onderzoek doet naar de bestrijding van ebola. Laten we ervan uitgaan dat jouw moeder minder voor de mensheid in zijn geheel betekent dan deze wetenschapper. Maar voor jou is zij wel heel speciaal. Wie zou je dan redden? Een onpartijdige (utilistische) keuze zou zijn om de wetenschapper te redden. Vanuit de zorgethiek zou je, op basis van de speciale relatie met je moeder, toch waarschijnlijk voor haar kiezen. Wat is hier dan de moreel juiste keuze?

Als de zorgethiek niet onpartijdig is, moet zij wellicht worden aangevuld met algemene, normatieve regels om te zorgen dat ook vreemden rechtvaardig behandeld worden. Stel bijvoorbeeld dat je broer een misdrijf heeft begaan. Mag je dit dan verzwijgen? Het belang van je broer botst hier met het belang van een mogelijk slachtoffer. Of stel dat je broer van plan is om een terroristische aanslag te plegen en je kunt dit voorkomen door de politie te informeren. In dergelijke situaties houd je niet alleen rekening met de relatie die je met je broer hebt, maar ook met principes als het voorkomen van schade en rechtvaardigheid.

Een vraag is ook of de zorgethiek aangepast moet worden als het gaat over 'verre vreemden', zoals mensen wier levens in een ver land worden bedreigd door oorlog, honger of ziekte. Tussen verre vreemden zijn er geen persoonlijke relaties. De zorg moet hier niet op persoonlijk, maar op institutioneel niveau geregeld worden. Ook op dit niveau kan het belang van zorg en van dialoog tussen zorgverlener en zorgvrager benadrukt worden. Het kan er dan om gaan dat de overheid ontwikkelingshulp geeft en dat dit door individuele burgers ondersteund wordt. Het kan ook betekenen dat sociale regelgeving het bieden van zorg door haar burgers faciliteert. Ook hierbij is het noodzakelijk dat er in overleg met (vertegenwoordigers van) zorgvragers wordt gekeken wat optimale hulp is.

Een laatste probleem bij de zorgethiek is de verhouding tussen zorg en autonomie. Bij de zorgverlener bestaat het risico dat die zo opgaat in het zorgen, dat het ten koste van hemzelf gaat. Denk maar aan overbelaste mantelzorgers en zichzelf wegcijferende moeders. Het is belangrijk dat de zorgverlener zijn eigen grenzen bewaakt en niet alleen voor de ander, maar ook voor zichzelf zorgt. Aan de andere kant bestaat het risico dat zorg paternalistisch wordt. Dat gaat ten koste van de autonomie van een zorgontvanger. Goede zorg is er juist op gericht om de autonomie van de zorgvrager te bevorderen (Tjong Tjin Tai, 2014).

Verdieping: Ubuntu

Verbondenheid met anderen wordt niet alleen vanuit feministische filosofie benadrukt, maar ook vanuit de Afrikaanse ethiek. De Zuid-Afrikaanse Antjie Krog (2006) ziet overeenkomsten tussen zorgethiek en Afrikaanse ethiek in de aandacht voor de betrekkingen met anderen en in de verschillen die samenhangen met de diversiteit van relaties tussen mensen.

In de Afrikaanse ethiek wordt de gemeenschap echter breder opgevat dan in de zorgethiek en bovendien wordt de ethiek ingevuld vanuit de relatie tot deze gemeenschap. Het centrale begrip daarin is 'ubuntu', een Zoeloe-woord voor 'onderlinge verbondenheid'. Het betekent dat iemand niet alleen verbondenheid zoekt met zijn eigen groep, maar ook met anderen, zelfs als die anderen tegenstanders zijn. De mens wordt pas werkelijk een persoon in respectvolle relaties met anderen (Samkange, 1980).

Iemand met ubuntu staat open voor en is toegankelijk voor anderen, wijdt zich aan anderen, voelt zich niet bedreigd door het kunnen van anderen omdat hij of zij genoeg zelfvertrouwen put uit de wetenschap dat hij of zij onderdeel is van een groter geheel en krimpt ineen wanneer anderen worden vernederd of ineenkrimpen of wanneer anderen worden gemarteld of onderdrukt.

(Tutu, 1999)

Antjie Krog beschrijft wat dit betekent in de Zuid-Afrikaanse context. De apartheid in Zuid-Afrika heeft gezorgd voor een langdurige scheiding tussen verschillende bevolkingsgroepen, waarbij de machthebbers vaak grof geweld gebruikten tegenover de zwarte bevolking. Toen de apartheid werd afgeschaft, moest dit worden verwerkt. Er werd een Waarheids- en Verzoeningscommissie opgericht, die ging uitzoeken welke politieke misdaden er waren begaan. Slachtoffers en daders vertelden hun verhalen. De slachtoffers zagen af van wraak, omdat zij daardoor de basis konden leggen voor een nieuwe samenleving.

Krog illustreert het idee van gemeenschappelijke verantwoordelijkheid aan de hand van het verhaal van een Bosjesman die dodelijk gewond is geraakt bij de jacht op springbokken. De schutter is een andere Bosjesman. Hij wilde alleen maar een springbok schieten, maar raakte een stamgenoot. Direct komt de vraag naar voren wie verantwoordelijk is. De jagers verwijten de onfortuinlijke schutter dat hij niet goed heeft opgelet. Dan zegt de gewonde dat hij zelf niet voldoende heeft opgelet. De gewonde geeft ook de schuld aan de pijl. De vrouwen van de stam stellen de groep mannen verantwoordelijk. De mannen antwoorden dat de oorzaak ligt bij de vrouwen die de kinderen 's morgens bij het bed van de jager hebben laten spelen. Dit brengt ongeluk in hun ogen. Door verschillende verhalen te construeren en daarmee de verantwoordelijkheid te verplaatsen, ontstaat er niet één schuldige. De groep is verantwoordelijk. Er wordt afgezien van wraak. Daarom hoeft er niemand uitgestoten te worden. De gemeenschap kan samen verder.

Ubuntu wordt verwacht van mensen binnen de gemeenschap, maar Afrikanen koppelen het ook aan gastvrijheid ten opzichte van vreemdelingen. Dit betekent dat de vreemdeling niet wordt gedwongen om zich aan te passen aan het gastland, maar dat hij als gelijke wordt beschouwd.

Door de vreemdeling niet als een bedreiging te zien, maar juist verbondenheid met hem te zoeken, kan de maatschappij zich herstellen en behouden blijven. Krog hoopt dat Nederland de moed zal hebben om uit de liberaal-individualistische erfenis te stappen en op weg te gaan naar verbondenheid (Krog, 2006).

Verbondenheid wordt binnen de westerse politieke filosofie ook benadrukt in het communitarisme, een stroming die kritiek uit op het liberalisme, omdat het te weinig oog heeft voor het belang van sociale relaties en tradities. Mensen worden hier niet, zoals in het liberalisme, gezien als loszwemmende atomen, maar ze worden gevormd door de maatschappelijke en culturele verbanden waar ze deel van uitmaken (Houwen, 2007). De socioloog Etzioni (2005) is een van de vertegenwoordigers van het communitarisme. Zijn gedachtegoed heeft veel invloed op politici, waaronder Clinton en Balkenende. Zij benadrukken het belang van de gemeenschap bij het oplossen van levensvraagstukken. Hillary Clinton schreef het boek *It takes a village to raise a child*, waarin ze het belang van de gemeenschap benadrukt en Jan Peter Balkenende probeerde destijds een maatschappelijke discussie aan te zwengelen over waarden, waarin hij benadrukte dat mensen niet alleen rechten maar ook plichten hebben naar elkaar. Dit zien we ook terug in een toegenomen belangstelling voor bijvoorbeeld wijkgericht werken en het gebruik van eigen netwerken bij het oplossen van problemen, zoals dit bijvoorbeeld gebeurt bij 'Eigen Krachtconferenties'. Daar wordt een probleem niet aangepakt door een professional, maar door het sociale netwerk van een gezin. In Nederland stuurt de overheid ook aan op een participatiesamenleving, waarin de burgers initiatieven nemen op het vlak van duurzaamheid, maatschappelijk verantwoord (of betrokken) ondernemen, zorg voor milieu en de toekomst van volgende generaties. De overheid treedt hierbij terug.

Toegepast psychologen die hun werkveld vinden in de maatschappelijke participatie en veiligheid zullen zeker te maken krijgen met de spanning tussen de individuele rechten van burgers en hun kwetsbare sociale positie. Ook in andere toepassingsgebieden kan het nuttig zijn om vraagtekens te plaatsen bij een te sterk geïndividualiseerde benadering. Zo vraagt Dehue (2008) zich af of bij de huidige diagnostiek en behandeling van depressies niet te geïsoleerd wordt gekeken naar het individu, terwijl de problemen van depressieve mensen vaak ook veel te maken hebben met hun omgeving: ze hebben onbevredigende relaties, ze zijn uitgeput door te hard werken, ze hebben problemen met de bureaucratie...

2.3.2 Tolerantie

Een deugd die een stap kan zijn op weg naar verbondenheid is tolerantie. **Tolerantie** betekent 'verdraagzaamheid jegens andersdenkenden' (Van Dale, 1984). Oorspronkelijk werd ermee bedoeld dat een machthebber religieuze overtuigingen toeliet, ook als die niet pasten binnen de officiële leer. In de zeventiende eeuw werd tolerantie officieel vastgelegd als gewetensvrijheid en vrijheid van godsdienst, in de achttiende eeuw als de vrijheid van meningsuiting. In Europa en Amerika werden deze vrijheden vervolgens ook vastgelegd in grondwetten. Daarmee veranderden de vrijheden van een gunst in een recht (Schuyt, 2006). Als burgers tolerant zijn naar elkaar, kunnen ze vreedzaam naast elkaar leven, ook al verschillen ze op bepaalde aspecten fundamenteel van elkaar. Tolerantie betekent niet dat iemand alles goedvindt. Integendeel: het betekent dat iemand wordt geconfronteerd met opvattingen of gedrag waar hij zich aan stoort, maar dat hij ervan afziet om het gedrag te bestrijden. Dat wil zeggen dat hij de ander niet dwingt om zich aan te passen.

Mensen kunnen fundamentele bezwaren hebben tegen bepaalde politieke partijen, bijvoorbeeld communistische of extreemrechtse partijen. Als een meerderheid van de burgers deze bezwaren deelt, kan de overheid een dergelijke partij verbieden en hard optreden tegen de mensen die de denkbeelden van die partij uitdragen. Ook in onze tijd worden er uit angst voor terrorisme allerlei maatregelen genomen die de vrijheid van mensen beperken. De overheid kan echter ook kiezen voor een tolerante houding, omdat ze van mening is dat het bestrijden van extreme groepen niet effectief is en omdat ze vrijheid van meningsuiting zwaarder laat wegen.

Als een ambtenaar vanuit zijn religieuze overtuiging tegen het praktiseren van homoseksualiteit is en hij wordt gevraagd om een homohuwelijk te sluiten, kan hij ervoor kiezen om tolerant te zijn. Hij blijft dan bij zijn eigen fundamentele overtuiging dat een homohuwelijk fout is. Toch sluit hij het huwelijk, omdat hij respecteert dat het stel hiervoor kiest. Omdat niet iedere ambtenaar kiest voor deze tolerante opstelling, dient zich een interessante vraag aan: moeten wij als Nederlandse burgers tolerant zijn ten opzichte van ambtenaren die met een beroep op gewetensbezwaren weigeren een homohuwelijk te sluiten? Moeten wij ook een niet-tolerante opstelling tolereren?

Verdieping: Schuyt

Schuyt (2006) beschrijft vier aspecten van tolerantie:

- Het gaat om een verschil dat belangrijk voor je is. Als je het wel leuk vindt dat je buurman anders eet, zich anders kleedt en een ander geloof heeft of als het je niets uitmaakt, kun je goed met hem samenleven, maar dan noemen we dat geen tolerantie.

- Je bent in staat om iets aan het ongewenste gedrag te doen. Als dat niet het geval is, heb je geen keus. Je kunt dan misschien spreken van berusting.

- Doelen en middelen worden tegen elkaar afgewogen en dit leidt ertoe dat er terughoudend wordt opgetreden. Je bent dus tolerant, omdat dit leidt tot een gewenste situatie.

- Twee ongewenste situaties worden tegen elkaar afgewogen.

Een schoolleiding kan bijvoorbeeld fundamentele bezwaren hebben tegen het dragen van hoofddeksels in de klas. Toch kan zij ervoor kiezen om hoofddoekjes bij islamitische meisjes te tolereren, omdat de situatie anders misschien nog slechter wordt. De meisjes zouden bijvoorbeeld de school voortijdig kunnen verlaten of ze zouden het gevoel kunnen krijgen dat ze hun geloof niet op hun eigen manier kunnen belijden. De schoolleiding weegt dus twee voor haar ongewenste situaties

tegen elkaar af: het dragen van hoofddoekjes en het mogelijk vroegtijdig beëindigen van de schoolloopbaan door een aantal leerlingen.
De schoolleiding kiest in dat geval voor een teleologische argumentatie. Ze kijkt naar de gevolgen van regels.

Volgens Schuyt is tolerantie een belangrijke voorwaarde voor een vreedzame pluralistische samenleving. Daarbij kun je tolerantie zien als een minimale voorwaarde. Als iemand het gedrag van een ander tolereert, blijft hij dat gedrag ongewenst vinden. Een verdergaande stap is het accepteren van het gedrag. Acceptatie betekent dat iemand een neutrale houding heeft ten opzichte van het gedrag. Een positieve waardering voor de ander noemen we respect.

In de liberale opvatting van Locke (zie ook hoofdstuk 1) is het recht op het uiten van een eigen mening een centraal uitgangspunt. Dat is gekoppeld aan negatieve vrijheid: anderen bepalen niet voor jou wat je moet doen. Omdat mensen samenleven met anderen die dezelfde rechten hebben, is het van belang dat ze ook het recht van anderen respecteren om hun persoonlijke opvattingen te verkondigen. Locke verdedigt dus individuele autonomie.

Mensen horen bij een gezin, een familie, misschien een politieke partij of een beroepsgroep. Tolerantie is dan ook gericht op het respecteren van gemeenschappen, ook als die gemeenschappen andere normen en waarden hebben. Deze opvatting sluit aan bij het cultureel relativisme (zie hoofdstuk 1).

Grenzen aan tolerantie

Casus: Dubieuze opmerkingen

Je geeft sociale vaardigheidstraining aan een groep. Sommige groepsleden zijn allochtoon. In de groep zit ook een aantal mensen die regelmatig dubbelzinnige opmerkingen maken over allochtonen. Wat doe je?

Tolerantie kan een probleem worden als mensen gedrag op een verschillende manier waarderen. In de westerse liberale samenlevingen is vrijheid van meningsuiting bijvoorbeeld een belangrijk recht. Maar als uitlatingen door groepen mensen als een belediging worden ervaren, is het de vraag hoever die vrijheid gaat. Mag Rushdie in een roman schrijven dat de profeet zijn teksten niet rechtstreeks van Allah heeft overgenomen? Mag Mak in een non-fictieboek schrijven dat de Armeniërs in Turkije zijn gedeporteerd? Mogen tekenaars cartoons maken waarin grapjes worden gemaakt over de profeet? Mag Theo van Gogh een bevolkingsgroep beledigen of mag een imam beledigende dingen zeggen over homo's? De meningsverschillen hierover zijn vaak hoog opgelopen. Ze hebben soms zelfs geresulteerd in moord of een oproep daartoe. De vraag is in de eerste plaats of er grenzen zijn aan de vrijheid van meningsuiting en waar die grenzen dan liggen. Vervolgens is de vraag hoe we met die grenzen omgaan. Leggen we de ander uit dat we vinden dat hij te ver gaat of onderdrukken we hem met geweld? Natuurlijk is het lang niet altijd mogelijk om grenzen te bewaken. Op internet zijn bijvoorbeeld ongekende mogelijkheden om anoniem anderen te beledigen en het is nauwelijks mogelijk hier iets aan te doen. In andere gevallen kan de rechter soms een uitspraak doen.

In principe kun je stellen dat tolerantie verdwijnt als anderen schade ondervinden. Belediging is een vorm van schade, maar mensen kunnen elkaar ook op andere manieren psychisch of lichamelijk leed toebrengen.

2.4 Samenvatting

In dit hoofdstuk werden drie fundamenteel verschillende manieren besproken om morele vragen aan te pakken. De teleologische benadering kijkt daarbij naar de gevolgen van de handeling. De deontologische benadering gaat uit van algemene plichten. Beide theorieën gaan uit van zelfstandig denkende individuen die door redelijk nadenken algemene regels kunnen vinden. De deugdenethiek heeft haar wortels in de Griekse oudheid, maar is in onze tijd herontdekt en aangevuld met nieuwe ideeën. Vanuit het feminisme en de niet-westerse filosofie wordt binnen de deugdenethiek nagedacht over verbondenheid tussen mensen en binnen grotere gemeenschappen. Hier is ook meer plaats voor diversiteit die het gevolg is van de verschillende relaties die mensen kunnen hebben. Er is dan niet één morele waarheid, maar er zijn er meerdere, afhankelijk van de context.

Al deze benaderingen zijn relevant als we de weg willen zoeken in morele doolhoven binnen de beroepspraktijk van de psycholoog. We hebben dan te maken met vragen als: wat is respectvol? Wat ben ik de cliënt verschuldigd? Waar heeft hij recht op? Wat is een moreel juiste keuze? Hoe kan ik mijn handelen rechtvaardigen? We kunnen daarbij bekijken wat de gevolgen zijn als we al dan niet ingrijpen in het leven van mensen, we kunnen regels zoeken die als wegwijzers kunnen dienen en we kunnen erover nadenken wie we willen zijn als psycholoog en hoe we een relatie met de cliënt willen vormgeven. In de hoofdstukken over beroepsethiek in de verschillende beroepsrollen van psychologen komen we hierop terug, maar eerst zullen we nog aandacht besteden aan de manier waarop mensen zinvol met elkaar kunnen communiceren over morele vragen.

2.5 Opdrachten

Individuele opdrachten

1. Ben jij orgaandonor?
   a. Wat zijn je argumenten om het wel of niet te zijn?
   b. Zijn deze argumenten teleologisch, deontologisch of gebaseerd op deugden?

2. Wie is jouw 'held'? Is er een reëel of fictief persoon waar jij een voorbeeld aan neemt? Welke goede eigenschappen, of deugden, van jouw held spreken je aan?

Groepsopdrachten

3. **Casus: Deadline**

   Je moet een verslag inleveren op de opleiding. Het is een grote klus en de deadline is al dichtbij. Je bent bang dat je het niet op tijd gaat redden. Dan hoor je dat een van je medestudenten het verslag al af heeft. Je vraagt of je het mag inzien. Je krijgt het verslag mee en het ziet er goed uit. Grote delen zouden ook goed te gebruiken zijn in jouw verslag. Je medestudent heeft een andere docent, dus het zou waarschijnlijk niemand opvallen.

   Bespreek in een groepje van vier studenten de volgende vragen:
   a. Welke morele vraag speelt hier?
   b. Wat doe je? Geef argumenten voor je keuze.
   c. Zijn je argumenten teleologisch, deontologisch of gebaseerd op deugden? Zoek vanuit elk van deze benaderingen argumenten.

4. **Casus: De buren**

   Je woont in een leuk huis, maar het is wel een beetje gehorig. 's Avonds hoor je soms dat de buren hooglopende ruzies hebben. Vooral als de buurman dronken uit het café op de hoek komt, kan hij vreselijk tekeergaan. Pas liep de buurvrouw met een blauw oog. Ze zei dat ze was gevallen, maar de dag daarvoor heb je gehoord dat de zaak weer flink uit de hand liep.

   Bespreek in een groepje de volgende vragen:
   a. Welke morele vraag speelt hier?
   b. Wat doe je? Geef argumenten voor je keuze.
   c. Zijn je argumenten teleologisch, deontologisch of gebaseerd op deugden? Zoek vanuit elk van deze benaderingen argumenten.
   d. Maakt het verschil als het niet de buurvrouw is die met een blauw oog loopt, maar het buurmeisje van 8 jaar?
   e. Maakt het verschil als jij niet de buurvrouw bent, maar als je vanuit jouw beroep met 'het slachtoffer' te maken hebt?

5. **Casus: Chaotische cliënt**

   Je hebt een afspraak met een cliënt. Hij verschijnt niet op de afspraak en heeft ook niet afgebeld. Vorige week is hij ook niet op de afspraak verschenen. Een van de problemen van je cliënt is dat hij tamelijk chaotisch is en het moeilijk vindt om zich aan afspraken te houden.

Bespreek in een groepje van vier studenten de volgende vragen:
a. Welke mor ele vraag speelt hier?
b. Wat doe je? Geef argumenten voor je keuze.
c. Zijn je argumenten teleologisch, deontologisch of gebaseerd op deugden? Zoek vanuit elk van deze benaderingen argumenten.

6. **Casus: De held van de spellingswedstrijd**

   Bij de nationale spellingswedstrijd in Washington wordt aan een 13-jarige jongen gevraagd om het woord 'echolalie' te spellen. De jongen maakt een fout, maar de jury verstaat hem verkeerd. De jury denkt dat hij het woord goed gespeld heeft en de jongen mag door naar de volgende ronde. Als hij er vervolgens achter komt dat hij het woord verkeerd gespeld heeft, gaat de jongen naar de jury om dat te vertellen. Hij wordt vervolgens uitgeschakeld. De volgende dag staat zijn foto in de *New York Times* en de kranten schrijven over de "Held van de spellingswedstrijd". De jury roemt zijn integriteit. De jongen vertelt dat hij zijn fout bij de jury is gaan melden, onder meer omdat hij zich niet als een "slime" wilde voelen (Sandel, 2009).

Bespreek in een groepje van vier studenten de volgende vragen:
a. Vinden jullie dat deze jongen een morele held is? Wat zijn jullie argumenten daarvoor?
b. Wat zouden de verschillende normatieve theorieën hierover zeggen?

7. De vrijheid van meningsuiting wordt door veel mensen hartstochtelijk verdedigd, terwijl er ook groepen zijn die vinden dat de grenzen van het respect hiermee overschreden worden. Als Wilders op een verkiezingsbijeenkomst de zaal vraagt of ze meer of minder Marokkanen willen en de zaal roept: "Minder, minder, minder!", mag dit dan omdat er vrijheid van meningsuiting is, of moet dit verboden worden, omdat hij haat zaait en een bevolkingsgroep discrimineert? Mogen cartoonisten van *Charlie Hebdo* de profeet Mohamed afbeelden, die zegt: "100 zweepslagen als u zich niet doodgelachen hebt!"? Mag Theo van Gogh een film maken waarin lichamen van mishandelde vrouwen worden getoond die zijn beschilderd met gekalligrafeerde verzen uit de Koran, terwijl deze vrouwen God vragen waarom hij in de Koran regels geeft die mannen toestaan om vrouwen te mishandelen, als straf voor vermeend onzedelijk gedrag? Hebben cabaretiers het recht om 'foute' grappen te maken over mensen met beperkingen of over minderheidsgroepen, zoals Antillianen of Joden?

   Gebruik de verschillende normatieve theorieën om te beargumenteren of er grenzen zijn aan de vrijheid van meningsuiting. Formuleer vervolgens je eigen beargumenteerde mening.

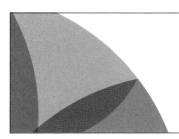

MyLab | Nederlandstalig

Op www.pearsonmylab.nl vind je studiemateriaal en de eText om je begrip en kennis van dit hoofdstuk uit te breiden en te oefenen.

Hoofdstuk 3
In gesprek over ethische dilemma's

If you have an apple and I have an apple and we both exchange our apples we still have one apple each. If you have an idea and I have an idea and we exchange our ideas, we each have two ideas.

(George Bernard Shaw)

Zoals je in het bovenstaande citaat kunt lezen, leidt het uitwisselen van ideeën tot verrijking. Als je een moreel probleem wilt oplossen is het vruchtbaar om je ideeën over dat probleem uit te wisselen met anderen.

We weten nu dat morele problemen te maken hebben met de vraag hoe men zich als mens goed en verantwoordelijk kan gedragen. We weten ook dat er verschillende normatieve theorieën bestaan, die kunnen helpen om een oplossing voor dergelijke problemen te vinden. Voordat we aan de slag kunnen met de concrete morele vragen waar je in de beroepspraktijk mee te maken krijgt, besteden we eerst aandacht aan de vraag hoe je die vragen op een zorgvuldige manier kunt analyseren en met anderen kunt bespreken.

Om te beginnen wordt besproken waarom het zo belangrijk is dat een psycholoog beargumenteert waarom hij bepaalde keuzes maakt. Vervolgens gaan we verder in op de vraag hoe je aan goede argumenten komt en ten slotte wordt een handig hulpmiddel voor de analyse van ethische dilemma's gepresenteerd: het stappenplan.

3.1 Dilemma's en morele verantwoordelijkheid

Om te beginnen moet de psycholoog signaleren dat er een moreel probleem is en dan bedenken wat precies dat morele probleem is.

Ethisch dilemma

Soms is het al snel duidelijk wat de juiste handelwijze is bij een ethisch probleem. Als een cliënt iets in vertrouwen vertelt, mag een psycholoog het niet doorvertellen of, als de leeftijd van de cliënt onder de twaalf jaar is, moeten de ouders of verzorgers beslissingen nemen. Zodra je bedenkt welke waarden en normen in deze situatie relevant zijn, is het duidelijk wat juist handelen is. Het wordt echter ingewikkelder als er sprake is van een **ethisch dilemma**. Een dilemma is een probleem waarbij je uit twee alternatieven moet kiezen, die beide te maken hebben met waarden en normen. Stel bijvoorbeeld dat je een leerling begeleidt op een middelbare school. Die leerling vertelt in vertrouwen dat hij, samen met een aantal anderen, de landelijke eindexamens gaat stelen en verspreiden onder vrienden. Ze hebben een manier gevonden om in de kamer te komen waar deze examens bewaard worden. Dan is geheimhouding niet zo vanzelfsprekend meer. Je moet het dan afwegen tegen rechtvaardigheid. Het zou heel oneerlijk zijn als sommige leerlingen op deze manier hun examen halen. Bij een ethisch probleem moet je handelen; je kunt het probleem niet laten rusten. Er zijn goede redenen voor beide alternatieven te geven, maar je maakt daarin de beste of misschien de minst slechte keuze. Er is alleen sprake van een ethisch dilemma als beide alternatieven te maken hebben met verschillende waarden en normen. Als de vraag is hoe iets aangepakt moet worden, is dat een probleem dat op basis van vakkennis is op te lossen. Bij dergelijke vragen gaat het om de effectiviteit, de vraag in hoeverre een interventie geschikt is om een bepaald doel te bereiken. Bij een ethisch dilemma gaat het er daarentegen om welk doel je wilt bereiken.

Verantwoordelijkheid

Vervolgens dient de psycholoog zijn verantwoordelijkheid voor de keuze of handeling te nemen. Er zijn veel manieren om verantwoordelijkheid te ontlopen. In de door Wirtz (2006) en Bovens (1990) samengestelde top tien van morele excuses vinden we de meest gangbare.

Top tien van morele excuses

1. Ik was slechts een klein radertje in het geheel.
2. Iedereen deed het.
3. Als ik het niet had gedaan, zou iemand anders het gedaan hebben.
4. Zonder mijn bijdrage zou het nog erger geweest zijn.

5. Ik had er niets mee te maken.
6. Ik wist nergens van.
7. Ik wist niet dat het niet mocht.
8. Ik deed slechts wat mij werd opgedragen.
9. Het was niet mijn taak.
10. Ik had geen keus.

Als een psycholoog zijn verantwoordelijkheid voor een professionele keuze neemt, dient hij open te zijn over de argumenten waar hij zijn keuzes op baseert. Er zijn verschillende redenen waarom het belangrijk is om morele problemen op een rationele manier te analyseren en waarom het nuttig is om daar met anderen een argumentatieve discussie over te voeren:

- **Een psycholoog moet kunnen verantwoorden waarom hij bepaalde keuzes maakt.**
  Morele problemen roepen vaak een emotionele reactie op, waarbij persoonlijke waarden en normen vaak onbewust meespelen. Met een rationele analyse dwing je jezelf om zorgvuldig uit te zoeken welke afwegingen je maakt. In het dagelijks leven kun je vaak op basis van je intuïtie handelen, maar als professional moet je bewust bekwaam zijn. Een psycholoog moet zijn professionele gedrag kunnen verantwoorden, door hiervoor goede redenen aan te geven. Hij wint aan overtuigingskracht en aan respect als hij in staat is om zijn argumenten te onderbouwen met behulp van ethische theorieën. Bovendien kan hij zijn argumenten dan afwegen tegen die van anderen en, ook als ze het niet met elkaar eens worden, kunnen de verschillende gesprekspartners elkaars standpunten en argumenten dan beter begrijpen en respecteren.

- **Morele problemen zijn vaak te complex om alleen op te lossen.**
  Ten tweede zijn morele problemen vaak zeer complex. Het is moeilijk om in kaart te brengen wat er allemaal door je hoofd gaat voordat je een keuze maakt. Door een zorgvuldige analyse en door gesprekken met anderen kun je het probleem van meerdere kanten bekijken. Om die zorgvuldige analyse te kunnen maken, is het verstandig om gebruik te maken van een stappenplan zoals dat in het volgende hoofdstuk aan de orde komt. Zo'n analyse houdt in dat je op een rijtje zet wat het ethische probleem is, welke partijen en belangen een rol spelen, welke waarden en normen in het geding zijn en welke handelingsalternatieven je kunt onderscheiden. Een bekend spreekwoord zegt: 'Twee weten meer dan één.' Politieke leiders die luisteren naar anderen zijn uiteindelijk vaak succesvoller dan politieke leiders die uitsluitend op hun eigen kompas varen. Ook bij morele problemen krijg je een bredere visie als je de argumenten van anderen in je afweging meeneemt. Hierdoor maak je waarschijnlijk betere keuzes. Als psycholoog kun je op verschillende manieren betrokken raken bij keuzes die diep ingrijpen in het leven van mensen. Als je daarbij voor een dilemma staat, is het belangrijk dat je nadenkt over verschillende visies op dat dilemma, zodat je zorgvuldig kunt kiezen voor een oplossing.

Een gesprek waarbij alle gespreksdeelnemers open en gelijkwaardig willen overleggen over wat de beste manier is om met een ethisch probleem om te gaan, noemen we een **argumentatieve discussie**. Als je de argumenten die in zo'n gesprek naar voren komen goed naast elkaar zet, kun je samen verder komen. Je komt dan tot beter gefundeerde keuzes. Daarmee kun je ook de professionaliteit van jezelf en van je beroepsgroep verder ontwikkelen. Psychologen kunnen een dergelijk gesprek met elkaar voeren in een intervisie over een ethische kwestie. Ze kunnen ook een argumentatief gesprek voeren met opdrachtgevers, cliënten of proefpersonen, als ze samen overleggen hoe ze met een moreel probleem om zullen gaan.

Het is goed om je te realiseren dat het in werksituaties lang niet altijd gaat om het vinden van de beste argumenten. Vaak spelen allerlei belangen, machtsverschillen, intuïties en emoties een grote rol. Ook als alle gespreksdeelnemers ernaar streven om die verschillen even tussen haakjes te zetten en uitsluitend naar argumenten te luisteren, blijft het moeilijk om deze intentie te realiseren. Er blijven verschillen tussen de leidinggevende en zijn ondergeschikte, tussen de hulpverlener en zijn cliënt, de onderzoeker en de proefpersoon. Bovendien is ook de positie van verschillende professionals verschillend. Als echter de afspraak is gemaakt om een argumentatief gesprek te voeren, kunnen de gespreksdeelnemers elkaar erop aanspreken als iemand op basis van macht een standpunt probeert door te drukken.

In dit hoofdstuk wordt besproken onder welke voorwaarden je een ethisch gesprek kunt voeren. Ten eerste moet je de juiste grondhouding hebben, die we, in navolging van de filosoof Naess (1978) 'open-mindedness' zullen noemen. Ten tweede moet je drogredenen kunnen onderscheiden van echte argumenten. Ten slotte wordt besproken hoe je op verschillende manieren kunt argumenteren. De drie typen normatieve theorieën die in hoofdstuk 2 zijn besproken, leiden tot drie typen argumentatie.

3.2 Open-mindedness

Mensen oordelen vaak snel en zijn dan ook niet gemakkelijk van hun oordeel af te brengen. 'Primacy' is het verschijnsel dat de eerste indruk die mensen van iets of iemand krijgen, zwaarder weegt dan de daaropvolgende indrukken. Als later blijkt dat die persoon of situatie anders is dan je in eerste instantie dacht, is het moeilijk om dat bij te stellen. Dit is ook bekend vanuit de cognitieve dissonantietheorie (Festinger, 1957). Die laat zien dat mensen de neiging hebben om vooral te zoeken naar argumenten die hun eigen gelijk bewijzen. Als mensen een bepaalde opvatting hebben, nemen ze vooral zaken waar die hun opvatting ondersteunen. Die kunnen ze ook beter onthouden. Bovendien zijn mensen minder kritisch ten opzichte van bewijs dat hun overtuiging ondersteunt dan ten opzichte van bewijs dat daarmee in strijd is. Als je als professional met een moreel probleem te maken krijgt, zul je hierover vaak al snel een mening

hebben. Het is dan de kunst om niet direct op basis van je eerste ingeving te handelen, maar ook te kijken of er meer kanten aan de zaak zitten.
Als de politie een misdrijf wil oplossen, heeft zij soms al snel een vermoeden wie de dader zou kunnen zijn. Dit kan leiden tot tunnelvisie. Een goede rechercheur gaat dan niet alleen op zoek naar bewijzen dat deze persoon inderdaad de schuldige is, maar juist ook naar bewijzen die kunnen aantonen dat hij het niet heeft gedaan. Op die manier kan hij voorkomen dat de verkeerde persoon achter de tralies komt. Een goede rechercheur zal dus de intuïtieve menselijke neiging om zijn eigen gelijk te bewijzen corrigeren. Als psycholoog ga je niet op zoek naar een dader, maar naar de juiste handelwijze. Ook dan geldt dat de kans van slagen groter wordt als je zoekt met een open geest.

Tegenover de, in psychologisch onderzoek aangetoonde, neiging om eenzijdig te zoeken naar bewijzen voor je eigen opvattingen stellen we in de ethiek de ideale grondhouding **open-mindedness**. Dit houdt in dat de gesprekdeelnemers een eigen visie hebben, maar dat ze actief op zoek gaan naar tegenargumenten. Deze argumenten beoordelen ze kritisch, en op basis van een eerlijke afweging komen ze tot een conclusie. Het gaat erom dat de gesprekspartners niet te veel blijven geloven in hun eigen gelijk, want dan lijkt het "…op de uitruil van krijgsgevangenen zoals bij gelegenheid gerealiseerd door het Rode Kruis. Alle betrokkenen willen zo snel mogelijk en liefst ongeschonden hun eigen gedachten terug." (Van Heerden, 2010, p. 34). Een persoon die open-minded is, staat open voor goede argumenten van anderen en is in principe bereid om zijn mening bij te stellen als daar goede redenen voor zijn. Niettemin hebben alle gesprekspartners bij aanvang een eigen mening en hebben ze daar wellicht ook goede redenen voor. Daarom gaan ze niet zonder meer mee met een andere visie en is het ook niet zo dat ze besluiteloos zijn. Ze zijn wel bereid om goed te luisteren en te leren van de andere opvattingen. Het doel van het gesprek is immers een optimale uitkomst te vinden. Het doel van een gesprekdeelnemer kan dus niet zijn om op basis van zijn machtspositie zijn zin door te drijven of om uit te komen op een van tevoren bepaald standpunt. De uitkomst van het gesprek is in zekere mate open.
Open-mindedness is te vergelijken met de wetenschappelijke grondhouding, zoals die door Popper (1959/2002) beschreven is. Een onderzoeker probeert niet om zijn hypothese te bevestigen, maar hij probeert die juist te falsificeren. Hij zoekt naar gegevens die in strijd zijn met zijn veronderstellingen. Wetenschappelijke kennis is daarom altijd voorlopig. Ze blijft geldig tot het tegendeel bewezen is.
Open-mindedness is een ideale gesprekshouding. Dat wil zeggen dat het lang niet altijd zal lukken om dit te bereiken, maar dat het wel een doel is waar je naar kunt streven. Als de gesprekspartner een conflict met jou heeft, zal het erg moeilijk worden om een open gesprek te voeren. Soms kan dat pas later en soms ook helemaal niet. Toch kun je ook in een dergelijke situatie proberen in dialoog te blijven en echt te luisteren naar het standpunt van de ander. Hoe meer de gesprekspartner zelf buiten het probleem staat, hoe eerder het zal lukken om open-minded te blijven. Open-mindedness wordt gezien als een deugd, die de neiging corrigeert om het eigen gelijk te bewijzen.

Je kunt open-mindedness aanleren. Als mensen een lijstje maken van de argumenten voor en tegen een bepaalde keuze, blijkt dat zij in eerste instantie meer argumenten aandragen die hun keuze ondersteunen. Als hun vervolgens wordt gevraagd om meer tegenargumenten te bedenken, lukt dat echter ook. Mensen kennen die argumenten dus wel, maar het kost meer moeite om ze boven water te krijgen. Mensen zijn ook beter in staat om zich open-minded op te stellen als ze ervan overtuigd zijn dat er een belangrijke beslissing moet worden genomen en als er geen tijdsdruk is. Dat betekent dat een psycholoog zich bij een ethisch dilemma moet realiseren dat het belangrijk is hoe hij dit probleem oplost en dat hij zich de tijd moet gunnen om de argumenten voor en tegen een keuze op een rijtje te zetten.

Verdieping: Communicatief en strategisch handelen

De filosoof Habermas (1983) heeft zich beziggehouden met de vraag hoe mensen met elkaar communiceren en hoe dat zich verhoudt tot onderlinge machtsverschillen. Hij onderscheidt in de moderne kapitalistische maatschappij twee vormen van sociaal handelen: strategisch en communicatief handelen. **Strategisch handelen** is niet gericht op overeenstemming, maar op gedragseffecten bij anderen. De verhouding tussen mensen is asymmetrisch. De ene partij wil iets bereiken bij de andere partij. Dit past binnen economische relaties en binnen de bureaucratie: een verkoper handelt bijvoorbeeld strategisch als hij een verhaal vertelt met de bedoeling om zijn product te verkopen. Een politieagent handelt strategisch als hij een fietser bekeurt voor het rijden door rood licht. Hij wil hiermee bereiken dat de fietser een volgende keer stopt voor het rode licht. In deze situaties is men niet gericht op overeenstemming. Dat is wel het geval als mensen **communicatief handelen**. Hierbij zijn de gespreksrelaties symmetrisch en streven de partners naar consensus op basis van argumenten. Op zichzelf zijn beide vormen van interactie nuttig in bepaalde situaties, maar volgens Habermas is in de moderne samenleving het strategisch handelen te overheersend geworden en komt het communicatief handelen daardoor in de knel.

Er zijn ook mengvormen van strategisch en communicatief handelen. Iemand kan strategisch handelen met communicatieve middelen. Dit noemt Habermas **latent strategisch handelen.** Het lijkt dan alsof een persoon communicatief handelt. Hij is echter niet gericht op overeenstemming, maar op gedragseffecten. Hij zet de communicatie in als middel om zijn doel te bereiken. Stel, je bent een toerist in Marokko en je komt iemand tegen die zich presenteert als je vriend. Hij begint een gesprek met jou en nodigt je uit op de thee. Na het tweede kopje thee blijkt opeens dat het vooral de bedoeling is om jou een tapijt te verkopen. Misschien voel je je misleid nu blijkt dat het gesprek slechts een verkoopstrategie is, terwijl je aanvankelijk dacht dat de ander werkelijk in je geïnteresseerd was en vriendschap wilde sluiten. In veel niet-westerse landen is de vermenging van communicatief en strategisch handelen echter zeer gebruikelijk. Het is daar vaak onmogelijk om zaken te doen als de onderhandelingspartners niet eerst hebben gewerkt aan een goede verstandhouding. Als de goede relatie (communicatief handelen) een middel is om iets van een ander gedaan te krijgen (strategisch handelen) noemen we dit latent strategisch handelen.

De omgekeerde mengvorm is ook mogelijk: **communicatief handelen met strategische middelen**. Het lijkt dan alsof de persoon strategisch handelt, maar het doel is overeenstemming.

Zo kan de eerdergenoemde psycholoog er een probleem van maken dat de cliënt te laat komt en besluiten om een gesprek te beginnen over de oorzaken van dit gedrag. Misschien blijkt dan dat de cliënt tegen de gesprekken opziet en op deze manier kan dat bespreekbaar worden.

Begrip	Doel	Middel	Voorbeeld
Strategisch handelen	Gedragseffecten Doel van de actor	Dwang, manipulatie	Bevel Beloning en straf
Communicatief handelen	Overeenstemming Gemeenschappelijk doel	Communicatie	Open gesprek met een vriend over de onderlinge relatie
Latent strategisch handelen	Gedragseffecten Verborgen doel van de actor	Communicatie	Iemand 'vriend' noemen omdat je hem iets wilt verkopen
Communicatief handelen met strategische middelen	Overeenstemming Gemeenschappelijk doel	Manipulatie	Regels gebruiken om een relatieprobleem bespreekbaar te maken

Habermas zoekt een oplossing voor de ongelijke machtsverhouding tussen deskundigen en leken. Daarom pleit hij voor een **'Herrschaftsfreie Diskussion'**, een **machtsvrije discussie**. In een dergelijk gesprek zien de deelnemers af van hun (deskundigheids)macht en stellen ze de redenen waarom ze op een bepaalde manier handelen ter discussie. De discussie wordt gevoerd op basis van argumenten.

In de relatie psycholoog-cliënt is er altijd sprake van een machtsverschil. De psycholoog is gedragsdeskundige en de cliënt niet. De cliënt komt met een vraag of een probleem en de psycholoog niet. De psycholoog en de cliënt kunnen echter af en toe even uit de ongelijke situatie stappen, als ze bijvoorbeeld samen bespreken wat de doelen van een behandeling zijn of als de psycholoog uitlegt waarom hij voor een bepaalde psychologische test of voor een bepaalde therapie kiest. Een psycholoog moet namelijk, vanuit zijn beroepsethiek, bereid zijn om zijn professionele keuzes bespreekbaar te maken.

Niet alleen in het contact met de cliënt, maar ook met collega's, opdrachtgevers en met 'het publiek'. Zo stelt hij zich transparant op. De professionaliteit van een psycholoog houdt ook in dat hij de autonomie van zijn cliënt respecteert. Als de psycholoog open uitlegt waarom hij in een specifieke situatie een bepaalde keuze heeft gemaakt en als hij ook werkelijk wil luisteren naar goede redenen om een andere keuze te maken, blijft de relatie tussen hem en de andere betrokkenen symmetrisch. Deze is dan gericht op overeenstemming en er is dus sprake van communicatief handelen.

3.3 Drogredenen

In een argumentatief gesprek gelden bepaalde spelregels. Als je een open en gelijkwaardig gesprek wilt voeren, moet je het spel volgens de regels spelen en vals spel vermijden. Binnen de communicatieleer worden verkeerde zetten in de discussie **drogredenen** genoemd. Dat betekent 'bedrieglijke redeneringen'. Al vanaf de klassieke oudheid in Griekenland worden drogredenen beschreven. In Griekenland ontstond rond 500 voor Christus de democratie en daarbij was het van belang dat de burgers op basis van redelijke argumenten met elkaar konden overleggen over staatszaken. Door onjuiste argumenten te herkennen, konden de burgers voorkomen dat ze zich op verkeerde gronden lieten overtuigen. Drogredenen kunnen een functie hebben in een strategisch gesprek waarin de ene partij de andere een bepaalde richting in wil sturen. In een communicatief gesprek, waarin beide partijen gericht zijn op het uitwisselen van standpunten en het bereiken van overeenstemming, dienen ze te worden vermeden. Aristoteles was de eerste filosoof die drogredenen beschreef en in de loop van de geschiedenis is de lijst steeds verder uitgebreid. In de literatuur over argumentatie (zie bijvoorbeeld: Van Eemeren en Snoeck Henkemans, 2006) worden drogredenen uitgebreid besproken. Binnen het kader van dit boek voert het te ver om alle drogredenen te behandelen. We zullen nu alleen de belangrijkste noemen:

1. Op de man spelen (argumentum ad hominem)

Bij deze drogreden wordt de gesprekspartner aangevallen in plaats van het argument. Bijvoorbeeld: de psycholoog heeft een andere visie dan de psychiater. De psychiater reageert met de opmerking: 'Ja, maar jij hebt ook een autoriteitscomplex.' Of een vast teamlid zegt tegen de stagiaire: 'Hoe kun jij als stagiaire nu iets weten van...'.
Dit gaat in tegen de discussieregel dat gesprekspartners elkaar niet mogen beletten om vrij hun standpunten, argumenten of twijfel naar voren te brengen (Van Eemeren en Snoeck Henkemans, 2006).

2. Beroep op autoriteit (argumentum ad verecundiam)

We kunnen niet alles zelf onderzoeken. Met een beroep op de autoriteit van een persoon, een instantie of vakliteratuur wordt vaak onderbouwd dat een standpunt juist is. Als het om een relevante autoriteit gaat, kan een autoriteitsargument juist zijn. Als dit niet het geval is, dan is er sprake van een drogreden. Bijvoorbeeld: op basis van 'evidence based practice' kan een psycholoog voor een bepaalde behandeling kiezen. Of als een collega veel ervaring heeft met de doelgroep waarmee jij werkt, kan hij op grond van die ervaring wellicht een zinvolle bijdrage leveren aan de afweging wat je in een specifiek geval moet doen. Ook vakliteratuur kan helpen om af te wegen wat wel en niet werkt. In al deze gevallen gaat het om een correct gebruik van autoriteit. De autoriteit moet wel deskundig zijn op het terrein waar het gesprek over gaat en de literatuur waarnaar wordt verwezen moet relevant zijn. Als iemand zijn deskundigheid, zijn jarenlange ervaring of zijn positie gebruikt om een standpunt op een ander gebied meer gewicht te verlenen, of als er op een algemene manier naar 'de wetenschap' wordt verwezen, is er sprake van een onjuist gebruik van autoriteit. Dan wordt er gezondigd tegen de discussieregel dat een standpunt niet verdedigd mag worden door irrelevante argumentatie naar voren te brengen (Van Eemeren en Snoeck Henkemans, 2006).

3. Populistische drogreden (argumentum ad populum)

De spreker doet een beroep op het gevoel van de toehoorders, in plaats van op hun verstand. Daarbij kan hij inspelen op de vooroordelen van zijn publiek. Bijvoorbeeld: 'Als er nog meer buitenlanders naar Nederland komen, verliezen we onze eigen identiteit.'
Een variant op deze drogreden is een argument waarbij de mening van een groot aantal mensen wordt aangevoerd als bewijs voor de juistheid van een standpunt. In de reclame wordt dit vaak gebruikt: 'Koop X, want dat is het meest verkochte bronwater.' Deze redenering is onjuist omdat het feit dat de meerderheid iets koopt, doet of vindt, niet bewijst dat het juist is. Soms wordt ook onterecht beweerd dat 'iedereen' iets vindt. Bijvoorbeeld: 'Iedereen vindt dat hangjongeren stevig moeten worden aangepakt.' Bij nader onderzoek zijn er vast wel mensen te vinden die het daar niet mee eens zijn. Bij deze drogreden is het de vraag of men het eens is over de procedure waarin een beslissing wordt genomen (Van Eemeren en Snoeck Henkemans, 2006).

4. De hellendvlakredenering (slippery slope)

'Als je een vinger geeft, nemen ze de hele hand.' Hierbij wordt gesuggereerd dat iets altijd van kwaad tot erger gaat. De fout die men hierbij maakt is dat er niet meer wordt geoordeeld over de kwestie die nu aan de orde is, maar over een kwestie die veel ernstiger is. De spreker verschuift dus het onderwerp naar een bewering waar zijn publiek het veel eerder over eens wordt. Bijvoorbeeld: 'Als je toestaat dat die jongeren een joint roken, gaan ze binnen de kortste keren aan de harddrugs.' Waarschijnlijk zijn er meer mensen te vinden die het gebruik van harddrugs afkeuren dan mensen die tegen het roken van een joint zijn. De spreker slaat een heleboel tussenstappen over.

5. Ontkenning van verantwoordelijkheid en invloed: 'Ik kon niet anders.'

Hierbij ontkent de spreker zijn eigen verantwoordelijkheid. Hij etaleert zijn onvermogen. Mensen en organisaties hebben altijd een eigen verantwoordelijkheid en ze kunnen zich dus niet verschuilen achter de omstandigheden of het beleid van de organisatie waar zij voor werken. Als de omstandigheden zodanig zijn dat je niet meer kunt verantwoorden wat je doet, kun je in het uiterste geval je werk neerleggen. De beroepscode van het NIP en de deontologische code voor Belgische psychologen stellen dat de psycholoog verantwoordelijk is voor zijn beroepsmatig handelen. Bijvoorbeeld: als een psycholoog bij een schoolbegeleidingsdienst onvoldoende tijd krijgt om een leerling goed te onderzoeken, kan hij ofwel een advies geven dat onvoldoende onderbouwd is, ofwel de opdracht teruggeven.

6. Ontduiken van de bewijslast

Het begrip 'bewijslast' komt uit de rechtspraak. Er wordt mee bedoeld dat er een partij is die de juistheid van bepaalde feiten of rechten moet aantonen. In de rechtspraak is duidelijk geregeld wie de bewijslast heeft. In discussies is dit meestal niet het geval. We gaan er dan van uit dat degene die een standpunt inbrengt dit ook moet verdedigen. Een ander principe is het billijkheidscriterium. Dat houdt in dat de partij met de lichtste bewijslast het bewijs moet leveren. Bijvoorbeeld:

'Nou, goed dan,' zei Hermelien, enigszins van haar stuk gebracht. 'Laten we zeggen dat de mantel bestaat... maar hoe zit het dan met de steen, meneer Leeflang? Het voorwerp dat u de Steen van de Wederkeer noemt?'

'Wat is daarmee?'

'Die kan toch onmogelijk bestaan?'

'Bewijs maar dat hij *niet* bestaat,' zei Xenofilius.

Hermelien keek hem diep verontwaardigd aan.

'Maar dat is – sorry hoor – dat is gewoonweg belachelijk! Hoe kan ik in 's hemelsnaam bewijzen dat hij *niet* bestaat? Moet ik soms alle kiezelsteentjes ter wereld oppakken en uittesten? Ik bedoel, als je enige argument om ergens in te geloven is dat niemand *bewezen* heeft dat het niet bestaat, kun je wel van *alles* zeggen dat het echt zou kunnen zijn!'

'Inderdaad,' zei Xenofilius. 'Ik ben blij dat u zich wat meer openstelt.'

(Rowling, 2007, blz. 297)

In dit voorbeeld uit *Harry Potter en de relieken van de dood* beweert Xenofilius Leeflang dat de Steen van de Wederkeer werkelijk bestaat. Hij ontduikt de bewijslast op twee manieren. In de eerste plaats is hij degene die het standpunt inbrengt, maar hij weigert argumenten te leveren. In de tweede plaats daagt hij Hermelien uit om te bewijzen dat de steen niet bestaat. Hermelien laat duidelijk zien dat dit in strijd is met het billijkheidscriterium. Zoals ook vanuit de wetenschapsfilosofie bekend is, is het een oneindige opgave om te bewijzen dat iets niet bestaat. Het is dus billijk dat de partij die beweert dat iets wel bestaat dit ook aantoont.

"En? Hebben ze al wat bewezen?"
"Nee hoor, voorlopig mogen we blijven bestaan."

7. Overhaaste generalisering

Op grond van een beperkt aantal feiten trekt de spreker een algemene conclusie. Dit is bijvoorbeeld het geval als iemand een slechte ervaring heeft met een paar jongens van Marokkaanse afkomst die op straat voorbijgangers lastigvallen en op basis hiervan de conclusie trekt dat jongens van Marokkaanse afkomst in het algemeen niet deugen. Een ander voorbeeld is: 'Roken is niet ongezond. Mijn opa rookt als een ketter en hij is er 100 jaar mee geworden.'

8. Cirkelredenering

Het standpunt dat de spreker wil bewijzen is gelijk aan het argument dat dit standpunt moet onderbouwen. Deze redenering lijkt vaak in eerste instantie zeer aannemelijk. Een voorbeeld is: 'De overheid moet psychotherapie financieren, want het is haar taak om dat te doen.' De vraag is hier natuurlijk waarom de spreker van mening is dat dit een taak van de overheid is. Deze drogreden gaat in tegen de discussieregel dat iemand niet ten onrechte iets als gemeenschappelijk uitgangspunt mag presenteren (Van Eemeren en Snoeck Henkemans, 2006).

9. Valse analogie

Vergelijkingen kunnen nuttig zijn om beter te begrijpen hoe iets werkt. Ze kunnen echter ook misleidend zijn. De vraag is of er voldoende overeenkomsten zijn tussen de twee zaken die met elkaar worden vergeleken. Een voorbeeld van een vergelijking die tot op zekere hoogte nuttig is, maar die ook tot verkeerde gevolgtrekkingen kan leiden is het gebruik van economische metaforen in de gezondheidszorg. Als we stellen dat een psycholoog een product levert aan een klant, kan dat nuttig zijn als de doelstelling is om efficiënter te gaan werken en meer rekening te houden met de wensen van de mensen waar de psycholoog voor werkt. De vergelijking wordt echter onjuist als we daarmee uit het oog verliezen dat er ook wezenlijke verschillen zijn tussen commercieel werk en hulpverlening.

10. Onjuiste oorzaak-gevolgrelatie (post hoc ergo propter hoc)

Bert: 'Hé Ernie, weet je wel dat je een banaan in je oor hebt?'
Ernie: 'Wat zeg je, Bert?'
Bert: 'Ik zei je, hebt een banaantje in je oor, Ernie, en een banaan eet je, je stopt ze in je mond, niet in je oor, Ernie.'
…
Ernie: 'Het spijt me, Bert, maar je moet wat harder praten, hoor. Ik hoor je niet, want ik heb een banaan in mijn oor.'
…
Bert: 'Ernie, waarom zit die banaan nog in je oor?'
Ernie: 'Ik gebruik hem om krokodillen mee weg te jagen.'
Bert: 'Krokodillen? Ernie, er zijn hier toch helemaal geen krokodillen?'
Ernie: 'Precies, dus helpt het heel erg goed, Bert.'

(Bron: YouTube[13])

Als twee verschijnselen na elkaar optreden, betekent dat nog niet dat het een het gevolg is van het ander. Toch wordt dit verband vaak gelegd. Een voorbeeld: soms wordt de inval in Irak gerechtvaardigd door erop te wijzen dat er zich daarna geen grote aanslagen in Amerika hebben voorgedaan. Het is echter de vraag of het uitblijven van die aanslagen een gevolg is van de inval in Irak. Eigenlijk is dit een vorm van magisch denken. Ook door psychologen wordt deze foutieve redenering wel eens gebruikt, als men stelt dat een cliënt er beter aan toe is door de geboden hulp, of dat mensen geprofiteerd hebben van coaching of training, zonder dat men werkelijk heeft onderzocht of er een aantoonbaar oorzakelijk verband bestaat. Naarmate er meer onderzoek wordt gedaan naar de effecten van hulpverlening, coaching en training, lukt het beter om deze fout te vermijden en vast te stellen of de interventie werkelijk effectief is of dat er andere oorzaken zijn voor de verbetering.

Mensen kunnen bewust drogredenen gebruiken om de discussie in een door hen gewenste richting te sturen. Ze handelen dan strategisch, dat wil zeggen dat de communicatie gericht is op het bereiken van bepaalde gedragseffecten. Als dat het geval is, kun je signaleren dat de redenering niet deugt en de drogreden benoemen, maar het is de vraag of dit werkt. Deze benadering wordt wel 'de strategie van het opgeheven vingertje' genoemd (Braas *et al.*, 2006). Als de andere gespreksdeelnemers gevoelig

---

13 Zie: www.youtube.com/watch?v=BvC8Fs0oKCQ, geraadpleegd op 8 april 2015.

zijn voor de drogreden, zitten ze hier niet op te wachten. Vaak werkt het beter als je uitgebreider laat zien wat er niet klopt in de redenering, zoals Hermelien doet in bovenstaand voorbeeld bij 'ontduiken van de bewijslast'.

Als alle gespreksdeelnemers de intentie hebben om communicatief, vanuit een houding van 'open-mindedness' te handelen, kunnen ze ook onbedoeld drogredenen gebruiken. Het is dan echter wel gemakkelijker om foutieve redeneringen aan de orde te stellen. Je kunt dan een beroep doen op de (soms impliciete) afspraak om communicatief te handelen. Door aandacht te besteden aan redeneerfouten bij jezelf en bij je gesprekspartners en door elkaar hierop aan te spreken, kun je er samen voor zorgen dat de discussie zo zuiver mogelijk blijft.

3.4 Drie vormen van argumentatie

Casus: Het experiment van Milgram

In 1963 publiceerde Stanley Milgram zijn onderzoek naar gehoorzaamheid (Milgram, 1963). In de Tweede Wereldoorlog werkten veel mensen mee aan het uitroeien van grote groepen Joden, Roma en anderen. Milgram vroeg zich af of dit mensen waren met een specifieke sadistische persoonlijkheidsstructuur of dat het om 'gewone' mensen ging die dachten: 'Befehl ist Befehl' en gehoorzaam uitvoerden wat de autoriteiten hun opdroegen. Verschillende oorlogsmisdadigers claimden dat ze alleen maar hadden gedaan wat hun was opgedragen. Was het mogelijk dat zij de waarheid spraken? Milgram wilde onderzoeken in hoeverre 'gewone' mensen bereid waren om de opdrachten van een autoriteit op te volgen, ook als een ander hieronder zou lijden.

In dit onderzoek keek Milgram of proefpersonen bereid waren om een andere deelnemer elektrische schokken te geven. Hij vertelde zijn proefpersonen dat ze deelnamen aan een geheugenexperiment. Het experiment zou erop gericht zijn om te meten wat de gevolgen van straf zijn op het leren. De proefpersoon kreeg de rol van leraar en de andere deelnemer, die eigenlijk een medewerker van Milgram was, kreeg de rol van leerling. De 'leerling' nam plaats in een aparte ruimte, waar zijn arm werd verbonden aan een apparaat waarmee elektrische schokken toegediend konden worden. De 'leraar' kreeg de opdracht om woordparen voor te lezen aan de 'leerling'. Als de leerling een fout maakte bij het reproduceren van een woordpaar, moest de leraar hem een schok toedienen. Op het paneel van het apparaat zat een serie schakelaars, die in voltage opliepen van 15 volt tot 450 volt. De leraar kreeg de opdracht om te beginnen met een schok van 15 volt en bij elke volgende fout een hoger voltage te kiezen. In werkelijkheid kreeg de leerling geen elektrische schokken. De leraar hoorde reacties, maar dit waren bandopnames. De leraar dacht echter dat de schokken en de reacties daarop echt waren. De leerling maakte veel fouten. Dat betekende dat de leraar steeds sterkere schokken moest geven. De leerling begon steeds heftiger te protesteren. Bij 135 volt begon hij te schreeuwen en op de muur te bonzen. Later riep hij dat hij last had van zijn hart. Bij een schok van 300 volt gaf de leerling geen antwoord meer. Als de leraar wilde stoppen met het toedienen van schokken, zei de onderzoeker zeer stellig: 'Het onderzoek vereist dat u doorgaat.' De onderzoeker straalde niet alleen autoriteit uit door zijn zelfverzekerde houding, maar ook doordat hij een witte jas droeg en doordat hij een gerenommeerde universiteit vertegenwoordigde.

Onder deze condities bleken veel proefpersonen (65 procent) door te gaan met het toedienen van schokken tot het hoogste niveau van 450 volt. Dit resultaat week sterk af van de verwachtingen. De meeste mensen dachten dat slechts een zeer klein deel van de proefpersonen zo ver zou gaan.

Het onderzoek van Milgram is een van de bekendste psychologische onderzoeken en we kunnen van dit onderzoek veel leren over menselijk gedrag. We kunnen ons echter afvragen of het moreel verantwoord is om een dergelijk onderzoek uit te voeren. De proefpersonen moeten er namelijk voor misleid worden. Bovendien is het een onderzoek dat voor de proefpersonen veel stress oplevert. Als een proefpersoon zichzelf als een aardig en redelijk mens ziet, kan dit zelfbeeld door het onderzoek een flinke deuk oplopen.

In hoofdstuk 2 werden drie typen normatieve theorie besproken: de teleologische of gevolgenethiek, de deontologische of beginselethiek en de deugdenethiek. Die leiden elk tot een ander type argumentatie. Welke argumenten voor en tegen het onderzoek van Milgram kunnen we vanuit deze drie perspectieven aanvoeren?

3.4.1 Argumenten vanuit het perspectief van de teleologische of gevolgenethiek

Bij de gevolgenethiek beargumenteer je de morele keuze met een beroep op de gevolgen van de handeling. Het onderzoek van Milgram heeft positieve gevolgen. Veel mensen vinden dat het belangrijke inzichten geeft in de manier waarop het gedrag van mensen door omstandigheden beïnvloed wordt. De maatschappelijke relevantie van het onderzoek is hoog. Nog steeds gedragen mensen zich in oorlogssituaties wreed tegen anderen. Een bekend voorbeeld is Guantanamo Bay, een Amerikaanse marinebasis die gebruikt wordt als gevangenenkamp. Mensen die verdacht worden van terroristische activiteiten worden hier zonder vorm van proces vastgehouden en gemarteld door de CIA. Ook psychologen werkten hieraan mee door nieuwe martelmethoden te ontwikkelen en toe te passen. Het is erg belangrijk om te weten hoe 'normale' mensen tot zoiets komen.

Daar staat tegenover dat het moeilijk is om in te schatten wat de gevolgen van Milgrams experiment voor de proefpersonen zijn. Milgram observeerde tijdens het experiment dat veel proefpersonen zeer gespannen waren. Het is de vraag of ze hierdoor blijvende schade hebben opgelopen. De proefpersonen kregen achteraf een verslag van de onderzoeksresultaten en daarbij is hun gevraagd hoe ze achteraf over hun deelname dachten. Daarbij gaf 84 procent aan dat ze blij waren dat ze aan dit onderzoek hadden meegedaan. Een groot deel van de proefpersonen was kennelijk niet geschaad door dit experiment. Daar staat tegenover dat 16 procent niet blij was. Het blijft dus de vraag hoe deze gevolgen tegen elkaar afgewogen moeten worden.

Milgram wees er ook op dat het onderzoek pas omstreden werd toen bleek dat de resultaten zo confronterend waren. Als de meeste proefpersonen al snel waren gestopt met het toedienen van schokken, zou dat het beeld bevestigd hebben dat mensen die anderen kwaad doen, sterk verschillen van 'ons soort' mensen. In dat geval was er waarschijnlijk geen ethische discussie over het experiment gevoerd.

Een ander negatief gevolg van dit experiment kan zijn dat toekomstige proefpersonen afhaken, omdat ze horen dat de proefpersonen in dit onderzoek misleid zijn. Ook in veel andere psychologische onderzoeken worden mensen misleid. Psychologisch onderzoek kan op die manier een slechte naam krijgen en bovendien minder betrouwbaar worden, omdat mensen gaan anticiperen op het vermoeden dat het werkelijke doel van het onderzoek anders is dan de proefleider vertelt. In hoofdstuk 9 wordt hier verder op ingegaan.

We zien hierbij dat het moeilijk is om van te voren in te schatten wat de gevolgen van een handeling zijn. Met deze kanttekening kunnen we concluderen dat vanuit het perspectief van de gevolgenethiek de nieuwe inzichten in het menselijk gedrag vóór het uitvoeren van dergelijke experimenten pleiten, terwijl de kans op psychische schade bij de proefpersonen en de mogelijk negatieve gevolgen voor de beeldvorming over psychologische onderzoeken tégen de experimenten pleiten.

3.4.2   Argumenten vanuit de deontologische of beginselethiek

Bij de deontologische ethiek beargumenteer je de morele keuze vanuit een norm. Een hedendaagse norm bij wetenschappelijk onderzoek is dat je 'informed consent' van de proefpersoon moet krijgen. Dat betekent dat de proefpersoon van tevoren geïnformeerd moet worden over het onderzoek en op basis van deze informatie beslist of hij mee wil werken. Bovendien is het een algemene norm dat mensen niet liegen. In hoofdstuk 2 hebben we gezien dat we deze norm ook kunnen afleiden uit de categorische imperatief van Kant: een redelijk mens kan niet willen dat het een algemene wet wordt dat mensen tegen elkaar liegen en daarom moet hij de waarheid spreken. In het experiment van Milgram werden de proefpersonen niet juist geïnformeerd. Als dat wel gebeurd was, waren de resultaten heel anders geweest. Milgram heeft achteraf wel een debriefing gegeven, waarin hij de ware aard van het onderzoek onthulde. In de onderzoekspraktijk wordt ervan uitgegaan dat dit een moreel juiste manier is om de proefpersoon de waarheid te vertellen, als het niet mogelijk is om de proefpersoon vooraf te informeren.

Bovendien is een norm dat een psycholoog mensen niet mag schaden. Ook deze norm kunnen we herleiden tot het werk van Kant. In de tweede formulering van de categorische imperatief stelt hij dat je zo moet handelen dat 'je de mensheid, zowel in je eigen persoon als in de persoon van ieder ander, tegelijkertijd altijd ook als doel en nooit enkel als middel gebruikt' (zie paragraaf 2.2). Op grond daarvan zou je kunnen beweren dat wetenschappelijk onderzoek af te keuren is als de proefpersonen alleen als middel worden gebruikt om de kennis te vergroten. Milgram gebruikte methoden die mogelijk schadelijk waren. Los van de vraag of er werkelijk schade werd aangericht, kan men stellen dat er sprake was van een potentieel schadelijke handeling, hetgeen strijdig is met de normen die onder meer in de beroepscodes zijn vastgelegd. Dit is een sterk argument tegen een experiment als dat van Milgram. In de hedendaagse onderzoekspraktijk zou een voorstel voor een dergelijk experiment waarschijnlijk niet meer goedgekeurd worden op basis van dit bezwaar. In paragraaf 9.3 gaan we in op het Tuskegee-onderzoek, een van de schrijnendste voorbeelden van onderzoek waarin proefpersonen alleen als middel worden gebruikt.

3.4.3 Argumenten vanuit de deugdenethiek

Bij de deugdenethiek beoordeel je een keuze op basis van het karakter van de handelende persoon. Het is echter moeilijk om te bepalen vanuit welke grondhouding Milgram dit onderzoek heeft gedaan. In artikelen over Milgram wordt benadrukt dat hij werd gedreven door een oprechte wens om de drijfveren van mensen te vinden. Hij was sterk betrokken bij de gruwelijke gebeurtenissen in de Tweede Wereldoorlog en wilde weten hoe mensen zo ver kunnen komen dat ze anderen mishandelen en zelfs doden. Hij deed het onderzoek dus met goede bedoelingen. Hij wilde met zijn onderzoek bijdragen aan een betere wereld. Dit pleit voor het uitvoeren van het experiment. We beoordelen de keuze om dit onderzoek uit te voeren dan op basis van de deugd 'naastenliefde'.

Argumenten in normatieve discussies zijn meestal te herleiden tot een van de drie bovenstaande perspectieven. De verschillende typen argumenten kunnen elkaar aanvullen. Als je een dilemma probeert te belichten vanuit deze drie perspectieven, krijg je een helder beeld en vergroot je het begrip van de manier waarop anderen ernaar kunnen kijken.

3.5 Samenvatting

In dit hoofdstuk heb je een aantal handvatten gekregen om een goed gesprek te voeren over een moreel probleem. Je hebt gezien dat dit begint met de grondhouding openmindedness. Dit is vergelijkbaar met communicatief handelen, zoals dat door Habermas beschreven is. Daarnaast is er een aantal spelregels voor een argumentatief gesprek. Drogredenen zijn argumentaties die in strijd zijn met deze spelregels. Als je open wilt communiceren, dien je die te vermijden. Een aantal veelvoorkomende drogredenen is besproken. Ten slotte hebben we gesteld dat argumenten in een ethische discussie vaak zijn te herleiden tot een denkwijze die beschreven is in een van de normatieve theorieën uit hoofdstuk 2.

In deel 1 van dit boek heb je kennisgemaakt met de belangrijkste begrippen in de ethiek, de morele ontwikkeling, verschillende normatieve theorieën en met de spelregels voor argumentatieve gesprekken. Met deze bagage ben je klaar voor 'het echte werk': het analyseren van beroepsethische dilemma's en het maken van moreel verantwoorde keuzes.
In het tweede deel van dit boek richten we ons specifieker op de beroepspraktijk van de psycholoog, en daarbij maken we gebruik van de daartoe ontwikkelde beroepsethiek.

3.6 Opdrachten

Individuele opdracht

1. Geef bij de volgende argumenten aan welke drogreden er wordt gebruikt:
   a. 'Iedereen vindt dat Frans Bauer goed zingt, dus dan moet hij wel een groot artiest zijn.' (Of: 'Fifty million Elvis fans can't be wrong.')
   b. 'Ik krijg zo'n slecht gevoel van jullie kritiek op het afdelingsbeleid, kunnen jullie wat meer positieve geluiden laten horen?'
   c. 'Waarom heb je een positief advies gegeven over deze sollicitant?'
   'Hij was zo zielig omdat hij zijn oude baan was kwijtgeraakt, toen kon ik niet anders dan hem ondersteunen.'
   d. 'Met onderwijzers valt niet samen te werken. Ik heb met een paar van die mensen overleg gehad en ze zijn allemaal vreselijk eigenwijs en staan niet open voor adviezen.'
   e. 'Als je de leeftijdsgrens voor de assertiviteitstraining voor jongeren verlaagt van 15 naar 14 jaar, komen er straks ook allemaal kinderen van de basisschool.'
   f. 'Vertel mij niet hoe ik met verslaafden om moet gaan. Ik heb een masteropleiding management gedaan, dus ik weet er alles van!'
   g. 'Je denkt toch niet dat we een hbo'er TP aannemen voor deze functie?! Bewijs jij maar eens dat die dit werk zou kunnen doen.'
   h. 'Het laatste jaar is er steeds ruzie in het team en jij bent hier een jaar geleden komen werken. Dat kan geen toeval zijn, dus ik raad je aan om een andere baan te zoeken.'
   i. 'Zegt Marijke dat jouw rapportage niet goed is? Ze moet zelf haar eerste foutloze rapport nog schrijven!'
   j. 'Er kunnen best twee mensen in een cel. In een jeugdherberg slapen mensen ook met anderen op een kamer.'

Groepsopdrachten

2. Habermas onderscheidt vier vormen van sociaal handelen: strategisch handelen, communicatief handelen, latent strategisch handelen en communicatief handelen met strategische middelen. Welke van deze vormen kun je als psycholoog gebruiken? Geef voorbeelden.

3. **Casus: Afwezigheid**

Je werkt in een projectgroep samen met Willem. Jullie hebben duidelijke afspraken over afwezigheid. Willem is al een aantal keren te laat gekomen. Hij heeft vaak last van vertraging met het openbaar vervoer. Voor het groepje is de maat vol. Jullie hebben Willem gezegd dat het nu afgelopen moet zijn. Nog één keer te laat of afwezig en hij vliegt eruit. Hij belooft plechtig dat hij zijn leven gaat beteren. Dan wordt Willem ziek. Hij kan dus niet naar de bijeenkomst komen. Als Willem uit het groepje gezet wordt, loopt hij veel credits mis en het is de vraag of hij dan zijn studie kan voortzetten. Jullie bespreken in de groep of jullie nog verder willen met Willem.

Geef argumenten voor en tegen het verdergaan met Willem in de projectgroep vanuit het perspectief van de beginselethiek, de gevolgenethiek en de deugdenethiek. Bespreek met je medestudenten welke argumenten je het meest aanspreken en maak een afweging tussen de verschillende argumenten.

4. Bespreek in een groepje de argumenten voor en tegen een experiment als dat van Milgram. Kijk of er nog meer argumenten te vinden zijn. Weeg de argumenten tegen elkaar af. Bespreek ook of het onderzoek zodanig aan te passen is dat bepaalde tegenargumenten vervallen.

5. In paragraaf 3.4.3 wordt 'naastenliefde' genoemd als argument vanuit de deugdenethiek vóór het experiment van Milgram. Stel je voor dat jijzelf voor de vraag staat of je dit onderzoek moet uitvoeren of niet. Van welke karaktertrekken geef je blijk als je het onderzoek uitvoert? En van welke als je beslist om het niet uit te voeren? Zijn deze karaktertrekken een midden tussen twee uitersten en daarom te zien als deugd? Zo ja: om welke deugd gaat het en tussen welke uitersten ligt die deugd dan?

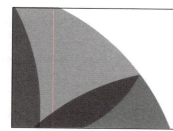

MyLab | Nederlandstalig

Op www.pearsonmylab.nl vind je studiemateriaal en de eText om je begrip en kennis van dit hoofdstuk uit te breiden en te oefenen.

Deel II

Beroepsethiek voor (toegepast) psychologen

Hoofdstuk 4
Van normen en waarden naar beroepsethiek

Casus: Het Nederlands elftal en de balansarmbandjes

Omdat sporters zich steeds meer realiseren dat het bij sport niet alleen gaat om spierkracht, maar ook om mentale kracht, worden er vaker gedragsdeskundigen ingezet om sportprestaties te bevorderen. Stel dat je als gedragsdeskundige werkt voor het Nederlands Elftal, dat zich voorbereidt op de WK. Je adviseert de coach over interventies waarmee hij de prestaties van het elftal kan verbeteren. Je legt uit hoe voetballers zich kunnen voorbereiden op strafschoppen, door bijvoorbeeld te visualiseren hoe de bal in het doel gaat. Of hoe de tegenstander onzeker gemaakt kan worden door voor de strafschoppen de keeper te wisselen en hoe die keeper de tegenstander kan imponeren door onverwacht gedrag. Op een dag komt de coach naar je toe. Hij vertelt dat er spelers zijn die heilig geloven in de kracht van de Power Balance-armband, magneetbandjes met hologrammen die zouden zorgen voor meer evenwicht en balans. De coach wil graag weten of die bandjes echt helpen. Je gaat op zoek naar wetenschappelijk bewijs over de effectiviteit van de bandjes. Daar komt uit dat nog nooit bewezen is dat ze echt werken. Je vindt echter ook onderzoek over het placebo-effect. Daaruit blijkt dat een placebo kan werken als de gebruiker er echt in gelooft. Jouw conclusie is dat de effectiviteit van de bandjes niet ondersteund kan worden door bewijs, maar zolang de voetballers erin blijven geloven, kan het effect zijn dat ze beter gaan voetballen. Wat vertel je de coach? Vertel je eerlijk dat de bandjes wetenschappelijk gezien flauwekul zijn? Of laat je het team in de waan dat ze een krachtig hulpmiddel hebben, zodat door het placebo-effect de kans op winnen ook daadwerkelijk verhoogd wordt?

Wanneer je als psycholoog een moreel probleem moet oplossen, zoals deze vraag over de balansarmbandjes, kun je gebruikmaken van de normatieve theorieën, maar de stap van de algemene theorie naar het concrete probleem blijft dan nog erg groot. Daarom krijg je in dit hoofdstuk een aantal tussenstappen aangereikt. Je kunt op vier verschillende niveaus, die van algemene regels naar specifieke dilemma's gaan, tot ethische keuzes komen. Het eerste, meest algemene, niveau hebben we in hoofdstuk 2 beschreven. Daar hebben we kennisgemaakt met drie manieren van ethisch redeneren, die algemeen toepasbaar zijn op morele problemen: redeneren vanuit de gevolgenethiek, de plichtethiek en de deugdenethiek. De volgende drie niveaus sluiten steeds meer aan bij de concrete ervaring. Dit zijn: principes, richtlijnen en morele oordelen over specifieke handelingen.

In dit hoofdstuk worden de principes en richtlijnen besproken zoals die in de beroepscodes voor psychologen vastgelegd zijn. In die codes schrijven het NIP (Nederlands Instituut van Psychologen), de NBTP (Nederlandse Beroepsvereniging voor Toegepaste Psychologie) en de Psychologencommissie (publieke instelling en bevoegde autoriteit voor psychologen in België) voor hoe psychologen zich in hun beroep moeten gedragen (zie bijlagen I, II en III). Daarnaast zijn er binnen instellingen vaak ook specifieke normen vastgelegd. Die kunnen gaan over normen die ook in de beroepscodes voorkomen, zoals respect voor cliënten of gelijkwaardigheid, maar er zijn soms ook andere waarden binnen een instelling, zoals duurzaamheid. Vaak zijn er protocollen waarin vastligt hoe de werknemers met bepaalde morele problemen binnen de instelling omgaan. Psychologen blijven echter altijd zelf verantwoordelijk voor hun morele beslissingen! Op het niveau van de specifieke handelingen maken zij zelf een keuze. De code is daarbij een hulpmiddel. Het NIP stelt ook dat een psycholoog in uitzonderlijke situaties kan afwijken van de beroepscode, als hij dit grondig kan motiveren en van tevoren overlegt met een collega of met de beroepsvereniging. De code kan op verschillende manieren gebruikt worden. Psychologen kunnen de code gebruiken om hun beroepshouding te ontwikkelen. Als een psycholoog zich afvraagt hoe hij zijn werk goed kan doen, kan de code als inspiratiebron gebruikt worden. Daarnaast kan de code gebruikt worden om gedrag van psychologen te beoordelen. Daarmee kan de cliënt beschermd worden. Als iemand vindt dat een psycholoog zich immoreel gedraagt, kan hij klagen bij het NIP, de NBTP of de Tuchtraad van de Psychologencommissie en dan wordt onderzocht of het handelen van de psycholoog paste binnen de code. Deze beroepscodes zijn in Nederland alleen bindend voor leden van de beroepsverenigingen. Anderen kunnen ze wel gebruiken als leidraad voor juist professioneel handelen, maar de beroepsvereniging kan geen sancties toepassen als ze zich niet aan de regels houden. In België is er sinds mei 2014 een nieuwe code, de deontologische code voor psychologen van de Psychologencommissie. Deze code is juridisch verankerd en alle psychologen in België zijn hieraan gebonden. Als een psycholoog zich niet gedraagt volgens de deontologische code, kan een belanghebbende een klacht indienen bij de tuchtraad. In België is 'psycholoog' een beschermde titel, die men alleen mag dragen als men geregistreerd is bij de Psychologencommissie. In Nederland zijn bepaalde beroepstitels via de wet BIG (Wet op de beroepen in de individuele gezondheidszorg) beschermd. Voor psychologen gaat het hier om de titels gezondheidszorgpsycholoog, klinisch psycholoog, klinisch neuropsycholoog en psychotherapeut. Zij mogen deze titel alleen voeren als ze de vereiste vooropleiding hebben afgerond en als ze zijn ingeschreven in het BIG-register. Zij vallen onder het wettelijk tuchtrecht. Als een gezondheidszorgpsycholoog, een klinisch psycholoog, een klinisch neuropsycholoog of een psychotherapeut zich niet aan de beroepsethiek houdt, kan hierover een klacht worden ingediend bij de klachtencommissie, de Geschillencommissie Zorginstellingen of bij een tuchtcollege voor de gezondheidszorg

4.1 Principes: waarden en deugden van de psycholoog

In het vorige hoofdstuk bespraken we het eerste niveau van ethische keuzes: het niveau van de normatieve theorieën. Op het tweede niveau van het oplossen van een moreel probleem worden specifieke principes genoemd, die afgeleid zijn van de normatieve theorieën. In de Beroepscode voor psychologen (NIP, 2015) worden vier ethische basisprincipes genoemd: verantwoordelijkheid, integriteit, respect en deskundigheid. De deontologische code voor Belgische psychologen (Psychologencommissie, 2014) hanteert dezelfde principes, in iets andere bewoordingen: eerbiediging van de waardigheid en de rechten van de persoon, verantwoordelijkheid, competentie en integriteit/eerlijkheid van de psycholoog. Daarnaast heeft de Belgische code een apart hoofdstuk gewijd aan het beroepsgeheim. In de NIP-code vallen de artikelen over het beroepsgeheim onder het principe 'respect'. Beide codes sluiten hiermee aan bij de metacode van de EFPA, de European Federation of Psychologists Associations (EFPA, 2005).[14] Deze metacode geeft een kader voor de verschillende nationale beroepscodes van psychologen binnen Europa. Hiermee worden de waarden en normen van psychologen binnen Europa op elkaar afgesteld. De NBTP-beroepscode heeft een andere structuur. Hierin worden geen expliciete principes genoemd, maar alleen richtlijnen. De NBTP-code deelt die in onder de volgende kopjes: aspecten met betrekking tot de beroepsuitoefening, aspecten met betrekking tot de houding tegenover de patiënt/cliënt, aspecten in relatie tot collegae en andere hulpverleners, aspecten met betrekking tot het beheer van gegevens, rapporten en dossiers, aspecten met betrekking tot professionalisering en aspecten met betrekking tot het NBTP-lidmaatschap. We zien hier echter wel dezelfde principes terugkomen. Deze principes kunnen we opvatten als waarden, als abstracte begrippen die aangeven waar de beroepsgroep naar streeft. We kunnen ze ook opvatten als deugden, als waardevolle eigenschappen die een psycholoog zich eigen moet maken en die zijn handelen zouden moeten bepalen. De principes staan niet los van elkaar, maar moeten altijd in hun samenhang gebruikt worden. Als in een ethisch dilemma verschillende principes botsen, moet de psycholoog een afweging maken.

14 http://www.efpa.eu/ethics/meta-code-of-ethics; geraadpleegd op 8 april 2015.

Principes

NIP-code	Deontologische code voor Belgische psychologen	EFPA Ethical Principles
Verantwoordelijkheid	Verantwoordelijkheid van de psycholoog	Responsibility
Integriteit	Integriteit, eerlijkheid van de psycholoog	Integrity
Respect (inclusief beroepsgeheim)	Eerbiediging van de waardigheid en de rechten van de persoon	Respect for a Person's Rights and Dignity
Deskundigheid	Competentie van de psycholoog	Competence
	Apart hoofdstuk beroepsgeheim	

4.1.1 Verantwoordelijkheid

Casus: Wat rapporteer ik?

Een psycholoog doet een selectieassessment bij een man. De man komt redelijk goed door de tests. De resultaten geven aanleiding tot een positief advies. Naderhand neemt de man contact op met het bureau. Hij had een van de tests niet gemaakt, omdat hij onvoldoende tijd gereserveerd had voor het assessment. Achteraf probeert hij op een oneigenlijke manier de psycholoog hiervoor verantwoordelijk te stellen. De psycholoog is verontwaardigd en trekt de conclusie dat deze man niet integer is. Dit terwijl integriteit een belangrijke vereiste is voor de baan waar de man voor getest wordt. Wat zal hij nu rapporteren aan de opdrachtgever?

In deze casus zijn twee morele problemen in het geding. Ten eerste is het de vraag of de sollicitant integer is. Ten tweede is het een beroepsethisch probleem voor de psycholoog hoe hij zich verantwoordelijk kan opstellen. Hij heeft bepaalde afspraken met de opdrachtgever en de vraag is wat hij in het rapport over de integriteit van deze kandidaat schrijft. Mag hij gebruikmaken van informatie die buiten de tests om is verkregen als deze informatie een ander licht werpt op de sollicitant?

Een psycholoog neemt zelf zijn professionele verantwoordelijkheid

Letterlijk betekent verantwoordelijkheid 'het vermogen en de bereidheid om te antwoorden'. Het betekent dat een psycholoog bereid is om zich te verantwoorden voor zijn beroepsmatig en wetenschappelijk handelen. In de woorden van Habermas (zie hoofdstuk 2): de psycholoog is bereid om een machtsvrije discussie te voeren over zijn professioneel handelen, waarin hij zijn keuzes bespreekbaar maakt. Een psycholoog is verantwoordelijk voor datgene wat tot zijn professionele taken en bevoegdheden hoort.

Dit is een actieve vorm van verantwoordelijkheid, die deel uitmaakt van de professionele houding van de psycholoog. Deze vorm van verantwoordelijkheid kunnen we beschouwen als een deugd, die het midden houdt tussen onverschilligheid en overbezorgdheid, die verstikkend kan zijn voor anderen. Een psycholoog draagt zorg voor het welzijn van de mensen en dieren waar hij mee werkt en probeert schade te voorkomen.

Een psycholoog kan door anderen verantwoordelijk gesteld worden

Als een psycholoog tekortschiet in zijn professionele taak kan hij hierop aangesproken worden. Hij wordt dan door anderen verantwoordelijk gesteld. De verantwoordelijkheid ligt ten volle bij hem, als professional. Hij kan zich niet verschuilen achter, bijvoorbeeld, het beleid van de organisatie waar hij voor werkt. Dit aspect van verantwoordelijkheid is ook juridisch geregeld. We noemen het aansprakelijkheid of passieve verantwoordelijkheid (Becker *et al.*, 2007).

Vragen bij dit principe zijn onder meer: Hoever kan een psycholoog gaan in het populariseren van wetenschappelijke kennis? Hij bereikt dan wel een groot publiek, maar komen de nuances en beperkingen van het wetenschappelijk onderzoek dan nog wel voldoende tot hun recht? In hoeverre moet hij bij cliënten proberen om onbewuste herinneringen naar boven te halen? Leiden dergelijke herinneringen, aan bijvoorbeeld misbruik in de jeugd, tot gerechtigheid, omdat er eindelijk erkenning kan komen en de daders verantwoordelijk gesteld kunnen worden? Of leiden ze tot valse beschuldigingen, omdat, zoals uit onderzoek van Loftus en Ketcham (1994) blijkt, herinneringen vaak onbetrouwbaar zijn?

4.1.2 Integriteit

Kan een psycholoog een cliënt aannemen die lid is van de voetbalvereniging waar hij zelf ook speelt? Mag een onderzoeker een proefpersoon misleiden over de ware aard van zijn onderzoek? Mag hij de gegevens van een proefpersoon uit het onderzoek verwijderen als hij denkt dat die proefpersoon dronken was? Hoe mag een psycholoog reclame maken voor zijn eigen bedrijf?

> **Casus: Een kleine aanpassing**
>
> Een psycholoog werkt bij een onderzoeksbureau. Hij heeft een onderzoek gedaan voor een ministerie. Hij rapporteert de uitkomsten aan een hoge ambtenaar van dat ministerie. Die vraagt om een kleine wijziging in de conclusies, omdat die dan beter het beleid van de minister ondersteunen. Wat doet de psycholoog?

Integriteit betekent letterlijk 'heelheid'. In bedrijven en bij de overheid is integriteit een belangrijke waarde. Integriteit als deugd houdt het midden tussen het rigide naleven van regels enerzijds en omkoopbaarheid anderzijds (Hakkenes, 2008). Dat betekent dat psychologen eerlijk en open zijn, zowel bij wetenschappelijk onderzoek als in andere professionele rollen, en dat ze duidelijk zijn over hun beroepsrol. Het betekent ook dat ze mensen gelijk behandelen.

Als een psycholoog een onderzoeksopdracht uitvoert, moet hij de resultaten zo objectief mogelijk presenteren, ook als de opdrachtgever liever andere uitkomsten had gezien. Een psycholoog accepteert geen geschenken van cliënten en opdrachtgevers en vermijdt daarmee (de schijn van) omkoopbaarheid. Er zijn verschillende opvattingen over de vraag waar een psycholoog een grens moet trekken. Mag hij een klein persoonlijk cadeau, zoals een bos bloemen, van een dankbare cliënt accepteren? Als een cliënt haar psycholoog een mooie pen geeft – waar zijn naam al in gegraveerd is – en de cliënt is duidelijk heel blij dat ze zo'n leuk cadeau geeft, moet de psycholoog dat dan weigeren? Als hij het niet accepteert, dan moet hij in ieder geval duidelijk en tactvol zijn, en zo voorkomen dat hij de cliënt kwetst. Bijvoorbeeld door duidelijk uit te leggen waarom hij geen geschenken aan kan nemen. Op die manier combineert hij integriteit met het volgende principe.

4.1.3 Respect/eerbiediging van de waardigheid en de rechten van de persoon

Mogen psychologen hun deskundigheid inzetten om mensen te verleiden tot gezond gedrag? Mag een forensisch psycholoog in een talkshow vertellen dat een verdachte van een misdrijf – die hij nooit persoonlijk gezien heeft – trekken van psychopathie vertoont of dat een politicus een 'onberekenbare narcist' is? Moet een psycholoog respect hebben voor de normen en waarden van zijn cliënten, ook als ze heel anders zijn dan zijn eigen waarden en normen?

> **Casus: Geheim**
>
> Een schoolpsycholoog werkt met een jongen van 12 jaar. De jongen vertelt hem dat hij drugs gebruikt. Zijn moeder vraagt de psycholoog hoe het met haar zoon gaat. Ze vertelt hem dat ze vermoedt dat haar zoon soms drugs gebruikt, omdat hij zich soms vreemd gedraagt. Ze vraagt de psycholoog of haar vermoeden juist is. Hoe kan hij antwoorden?

Een psycholoog toont respect voor de fundamentele rechten en waardigheid van de mensen met wie hij werkt. Hij eerbiedigt hun vrijheid, waardigheid, privacy en autonomie. We hebben al gezien dat respect voor de waarde van de persoon bij Kant een centraal begrip is in zijn normatieve theorie. Uit onderzoek (Van Oudenhoven *et al.*, 2008) blijkt dat respect in diverse bevolkingsgroepen, van rappers tot docenten, de meest genoemde deugd is. Het woord 'respect' is afgeleid van het Latijnse woord 'respicere' dat 'terugblikken' of 'in acht nemen' betekent. De beroepscode verstaat onder respect dat de psycholoog de autonomie van zijn cliënten respecteert, ook als ze andere opvattingen hebben dan hijzelf of als ze keuzes maken die hij niet verstandig vindt. Respect betekent niet dat een psycholoog alles goedvindt wat een cliënt doet, maar wel hij oog heeft voor de unieke waarde van ieder mens. Het is een grondhouding. Er kunnen situaties ontstaan waarin een psycholoog maatregelen neemt om de vrijheid van een cliënt te beperken, bijvoorbeeld als die cliënt verward is. Er kunnen ook situaties zijn waarin hij de privacy van een cliënt niet volledig respecteert, bijvoorbeeld als de ouders informatie vragen over een minderjarige cliënt en het geven van die informatie niet in strijd is met het belang van de cliënt. In de praktijk zijn er dus gradaties, maar die moeten wel gebaseerd zijn op de fundamentele waarde respect. Als deugd onderscheidt respect zich aan de ene kant van paternalisme, een houding waarbij 'de deskundige wel weet wat goed voor de cliënt is', en aan de andere kant van onverschilligheid (Steenhuijs, 2008).

4.1.4 Deskundigheid/competentie

Casus: Enneagrammen

Een psycholoog werkt als coach. Hij heeft zelf een training gevolgd in enneagrammen. Daarbij heeft hij veel over zichzelf geleerd. Hij is enthousiast en ziet allerlei mogelijkheden om zijn cliënten tot nieuwe inzichten te brengen door het gebruik van enneagrammen. De methode is niet wetenschappelijk onderbouwd, maar daar maakt hij zich niet druk over. Wat vind je van deze handelwijze?

Deskundigheid betekent dat de persoon competent is in wat hij doet. Een psycholoog heeft een studie psychologie afgerond. Gedurende zijn professionele loopbaan moet hij ervoor zorgen dat hij zijn deskundigheid op peil houdt. Hij moet ook weten waar zijn persoonlijke grenzen liggen en wat de beperkingen van zijn methoden zijn. Bij deskundigheid hoort ook dat een psycholoog nadenkt over de ethische aspecten van zijn werk.

4.2 Richtlijnen: de normen van de psycholoog

Ethische principes zijn nog breed en ze kunnen op verschillende manieren geïnterpreteerd worden. Op het derde niveau van het oplossen van een moreel probleem worden uit de in paragraaf 4.1 besproken principes, de waarden en deugden van de psycholoog, concrete richtlijnen afgeleid. Dit zijn dus normen die gerichter voorschrijven hoe hij zich als psycholoog moet gedragen. De NIP-code en de deontologische code van de Psychologencommissie leiden uit de genoemde principes een groot aantal richtlijnen af. Ook de Beroepscode NBTP geeft richtlijnen, die gegroepeerd zijn onder zes kopjes: aspecten met betrekking tot de beroepsuitoefening, aspecten met betrekking tot de houding tegenover de patiënt/cliënt, aspecten in relatie tot collegae en andere hulpverleners, aspecten met betrekking tot het beheer van gegevens, rapporten en dossiers, aspecten met betrekking tot professionalisering en aspecten met betrekking tot het NBTP-lidmaatschap. Deze beroepscodes hebben veel overeenkomsten. We geven hier een verkorte weergave van de NIP-code en de deontologische code. Omdat de NBTP-code op een andere manier is ingedeeld, ontbreken daar de meer globale principes. Daarom worden hieronder steeds de artikelen vermeld die aansluiten bij de principes uit de twee andere codes. De volledige teksten van alle beroepscodes zijn te vinden in de bijlagen.

4.2.1 Verantwoordelijkheid

Het NIP leidt uit het principe 'verantwoordelijkheid' 25 richtlijnen af en verdeelt deze over zes categorieën: kwaliteit van het beroepsmatig handelen, continuïteit van het beroepsmatig handelen, voorkomen en beperken van schade, voorkomen van misbruik, de psycholoog en zijn werkomgeving en verantwoording. De Psychologencommissie onderscheidt bij dit principe vijf artikelen.

1. **Kwaliteit**
   De kwaliteit van het beroepsmatig handelen (NIP-code 3.1a).
   Beroepscode NBTP: Aspecten met betrekking tot de houding tegenover de patiënt/cliënt: 7, Aspecten met betrekking tot de beroepsuitoefening: 5 en 8, Aspecten met betrekking tot professionalisering: 1.

> **Casus: Guantanamo Bay**
>
> In Guantanamo Bay hielden de VS mensen gevangen die verdacht werden van terroristische activiteiten. Het gevangenenkamp lag buiten het territorium van de VS. De rechten die gevangenen binnen de VS hadden en de Rechten van de Mens werden hier niet gerespecteerd. Mensen werden er soms lang vastgehouden, terwijl niet bewezen kon worden dat ze schuldig waren. Er werden ook mensen gemarteld om op die manier een bekentenis los te krijgen. In Guantanamo Bay werkten psychologen. Ze woonden ondervragingen bij. De American Psychological Association (APA) nam het standpunt in dat psychologen hier wel mogen werken, maar dat ze niet mee mogen werken aan wrede, onmenselijke en vernederende behandelingen. Veel APA-leden hebben geprotesteerd, omdat ze dit standpunt onjuist vonden. Zij waren van mening dat psychologen mensen moeten helpen en dat ze hun kennis niet moeten inzetten tegen de kwetsbaarste mensen. Er werden ook vraagtekens geplaatst bij de effectiviteit van verhoren onder dwang, omdat de ervaring leert dat mensen in dit soort situaties alles bekennen, ook als ze feitelijk onschuldig zijn. Deze leden stelden voor dat de APA zich zou uitspreken tegen het inzetten van psychologen in situaties waar mensen worden vastgehouden zonder de bescherming van de internationale wetgeving of de grondwet van de VS.

Psychologen moeten zich ervoor inzetten dat mensen blijven vertrouwen in de psychologie als wetenschap en in de beroepsuitoefening van de psychologie. Dat betekent dat ze zich aan afspraken houden. Een psycholoog die slecht functioneert en niets onderneemt om dit te verbeteren, zelfs niet als hij klachten krijgt van patiënten en collega's, ondermijnt de goede naam van het beroep. Als een psycholoog meewerkt aan omstreden activiteiten, of als hij over morele grenzen gaat, kan het vertrouwen ook geschaad worden. Dit is niet alleen schadelijk voor de individuele psycholoog, maar ook voor de beroepsgroep in zijn geheel. Deze richtlijn is overkoepelend voor de richtlijnen die hierop volgen.

Het NIP en de NBTP hebben beide een artikel over het gebruik van nieuwe methoden opgenomen. Daarbij benadrukt het NIP (artikel 17) dat de psycholoog hier zorgvuldig mee om moet gaan. De NBTP (Aspecten met betrekking tot de beroepsuitoefening: 5) benadrukt daarentegen dat hij nieuwe methoden niet voor zichzelf mag houden.

2. **Continuïteit**
   Continuïteit van het beroepsmatig handelen (NIP-code 3.1b).
   Deontologische code: artikel 29.
   Beroepscode NBTP: Aspecten met betrekking tot de houding tegenover de patiënt/cliënt: 15, Aspecten in relatie tot collegae en andere hulpverleners: 5 en 7.

Casus: Skiongeval

Ah, kom binnen! Als u het niet erg vindt, blijf ik vandaag even liggen, maar neem gerust mijn stoel.

Walter is psycholoog bij de GGZ. Hij heeft veel cliënten. Walter is gek op skiën. Hij neemt een weekje vakantie en gaat met een aantal vrienden op skivakantie. Helaas gaat er iets mis. Hij breekt zijn been en kan geruime tijd niet werken. Hoe moet dat nu met zijn cliënten?

Een psycholoog zorgt ervoor dat de professionele relatie goed voortgezet kan worden als er andere deskundigen ingeschakeld worden of als hij zelf de professionele relatie moet onderbreken of beëindigen. Om een goede overdracht mogelijk te maken, houdt de psycholoog het dossier goed bij. Ook als de professionele relatie beëindigd is, blijft de psycholoog verantwoordelijk voor zorgvuldig gedrag naar de cliënt toe.

3. **Schade vermijden**
Voorkomen en beperken van schade (NIP-code 3.1c).
Deontologische code: artikel 27.

Casus: Stroomstootjes

Een psycholoog doet onderzoek naar het effect van straf op onwenselijk gedrag. Hij wil dit onderzoeken door ratten een stroomstootje toe te dienen als ze zich agressief gedragen.

In het NIP-artikel gaat het zowel over het voorkomen van schade door toedoen van de psycholoog als om het voorkomen van zakelijke schade voor de psycholoog. De psycholoog moet zelf schade beperken, door ervoor te zorgen dat hij negatieve ervaringen bij mensen en dieren zo veel mogelijk voorkomt. Deze richtlijn wordt nog verder uitgewerkt: de psycholoog mag mensen en dieren niet aan negatieve ervaringen blootstellen (NIP-code, artikel 23 en 26). Dit kan echter bepaalde vormen van onderzoek, hulpverlening, coaching en assessment onmogelijk maken, terwijl iemand daar uiteindelijk beter van kan worden. Daarom wordt er door het NIP direct aan toegevoegd dat mensen en dieren wel aan negatieve ervaringen blootgesteld mogen worden als dat noodzakelijk is voor het bereiken van het doel van het beroepsmatig handelen en als het ook de enige manier is waarop dat doel bereikt kan worden. Voordat een psycholoog proefpersonen misleidt, proefdieren stroomstootjes toedient, een cliënt met een fobie blootstelt aan flooding of een negatieve testuitslag teruggeeft aan een klant, moet hij zich eerst afvragen of dit noodzakelijk is om zijn professionele doelen te bereiken. Zou hij hetzelfde doel niet op een voor de betrokkene minder belastende manier kunnen bereiken? Als het dan toch niet anders kan, moet hij de schade zo veel mogelijk beperken, bijvoorbeeld door goede opvang na het onderzoek. Eigenlijk is in de NIP-code dus sprake van een combinatie van plicht- en gevolgenethiek. Een zuivere vorm van plichtethiek zou immers geen ruimte voor uitzonderingen bieden. De deontologische code gaat overigens minder gedetailleerd in op het blootstellen van mensen aan negatieve ervaringen. Deze code stelt wel dat de psycholoog zich zo moet verzekeren dat hij materiële schade kan vergoeden. Als een psycholoog in de media professionele uitspraken doet over personen, moet hij terughoudend zijn en proberen om schade te voorkomen, ook als de persoon over wie het gaat zelf toestemming heeft gegeven. De deontologische code stelt dat een psycholoog alleen in algemene termen adviezen mag geven in de media. Het NIP is er niet voor om het doen van uitspraken in de media te verbieden. Psychologen kunnen ook langs deze weg een verantwoorde bijdrage leveren aan de meningsvorming.

Zakelijke schade voor de psycholoog zelf kan ontstaan als een psycholoog een cliënt onderzoekt, bijvoorbeeld in het kader van een assessment, in opdracht van een ander. De cliënt heeft dan het recht om het doorgeven van zijn gegevens te blokkeren. Dit zou ertoe kunnen leiden dat de opdrachtgever niet betaalt, omdat hij geen informatie krijgt. Om dit te voorkomen mag de psycholoog aan de externe opdrachtgever gegevens verstrekken waarmee hij zijn declaraties kan specificeren.

4. **Voorkómen van misbruik** (NIP-code 3.1d)
   Beroepscode NBTP: Aspecten met betrekking tot het beheer van gegevens, rapporten en dossiers: 1 en 5.

> **Casus: Een coachingstraject met een staartje**
>
> Wendy krijgt, op eigen verzoek, een coachingstraject aangeboden door haar baas, nadat ze een aantal keren een conflict heeft gekregen met externe samenwerkingspartners. Het traject is bedoeld om Wendy te laten reflecteren op haar manier van werken. In het coachingstraject bespreekt Wendy dat ze zich in de samenwerking met externe partners vaak onzeker voelt. Door de coaching krijgt ze meer inzicht in haar kwaliteiten en voelt ze zich zelfverzekerder. De coach stuurt een verslag naar de baas, die zijn opdrachtgever is. Wendy heeft het verslag gelezen en gaat ermee akkoord dat het zo wordt opgestuurd. De baas gebruikt het verslag in het eerstvolgende beoordelingsgesprek van Wendy en omdat hij erin leest dat ze zich onzeker voelt, geeft hij haar, tegen haar zin, een andere functie.

Voor zover hij daartoe in staat is, voorkomt de psycholoog dat er misbruik wordt gemaakt van zijn resultaten. Hierbij kan het gaan om onderzoeksresultaten. Als bijvoorbeeld uit psychologisch onderzoek naar voren komt dat er intelligentieverschillen gemeten worden tussen verschillende bevolkingsgroepen, kan dit onderzoek misbruikt worden om bepaalde groepen te discrimineren. Hierbij kan een onderzoeker niet in de hand houden wat er door anderen met zijn resultaten gedaan wordt. Hij kan wel zorgvuldig en niet tendentieus zijn uitkomsten presenteren.

Daarnaast geldt de richtlijn vooral voor rapportages. Verslagen van coachingstrajecten en assessments kunnen door een werkgever gebruikt worden voor andere doelen. Als een werknemer gecoacht wordt in een nieuwe functie, zou de werkgever de rapportage in bepaalde gevallen kunnen gebruiken om aan te tonen dat de werknemer niet geschikt is voor die functie of om er zelfs een ontslag mee te motiveren. Een psycholoog moet hier natuurlijk wel rapporteren aan de opdrachtgever, maar hij moet erbij vermelden dat de informatie van vertrouwelijke aard is en alleen betrekking heeft op de oorspronkelijk overeengekomen vraagstelling. Daarbij moet ook vermeld worden hoelang de conclusies geldig blijven. De verantwoordelijkheid van de psycholoog houdt hiermee nog niet op. Als de opdrachtgever zijn rapporten misbruikt, is het zijn taak om hem daarop te wijzen. Als dat niet helpt, kan de psycholoog zich afvragen of hij nog voor deze opdrachtgever wil werken.

5. **De psycholoog en zijn werkomgeving** (NIP-code 3.1e)
   Deontologische code: artikel 26.
   Beroepscode NBTP: Aspecten in relatie tot collegae en andere hulpverleners: 1, 2, 3, 4, 5, 6, 9.

Casus: Multidisciplinaire samenwerking

Juliette is psycholoog bij een kliniek van de verslavingszorg. Juliette geeft de cliënten cognitieve gedragstherapie. In het team van de kliniek werkt ze onder meer samen met verpleegkundigen, artsen, maatschappelijk werkers en activiteitenbegeleiders. De verschillende disciplines hebben regelmatig overleg. Ze respecteren de specifieke deskundigheid van ieder teamlid. Tijdens het overleg wisselen ze de informatie uit die ze nodig hebben om de cliënten goed te kunnen behandelen. Daarbij let Juliette erop dat zij dit zorgvuldig overlegt met de cliënten en dat ze alleen die informatie geeft die relevant is en waar de cliënt toestemming voor heeft gegeven.

Collegialiteit is een belangrijke waarde. Dat betekent dat de psycholoog goed samenwerkt met anderen. Multidisciplinair werken en het delen van verantwoordelijkheid zijn steeds meer gebruikelijk. Daarbij draagt hij zorg voor zijn professionele identiteit en onafhankelijkheid en hij respecteert die van anderen. Hij uit zo nodig gegronde kritiek op anderen, maar hij steunt zijn collega's tegenover ongegronde kritiek. De psycholoog gedraagt zich in overeenstemming met de beroepscode. Als een collega zich niet aan de beroepscode houdt, moet hij hem daarop wijzen. Zo geeft hij hem een kans om zijn kant van de zaak te laten zien en om zo nodig zijn gedrag te veranderen. Als dit niet helpt, kan hij een melding doen bij het Tuchtcollege van de Psychologencommissie. In Nederland wendt hij zich in zo'n geval tot het College van Toezicht van het NIP, tot het bestuur van de NBTP of tot het Tuchtcollege.

Casus: Spannend werk

Hanneke is secretaresse. Ze heeft een leuke nieuwe baan bij een assessmentbureau. Als ze een rapport uittypt, ziet ze opeens dat een vriendin van haar een assessment heeft gedaan. Ze is razend benieuwd wat eruit gekomen is!

Als de psycholoog samenwerkt met anderen is hij medeverantwoordelijk voor de kwaliteit van het team. Als anderen onder zijn leiding werken, let de psycholoog erop dat ze hun werk goed doen en dat ze zich volgens de beroepscode gedragen, bijvoorbeeld wat betreft de geheimhouding. Een secretaresse van een psycholoog is bijvoorbeeld niet zelf door een beroepscode gebonden aan een geheimhoudingsplicht. Het is de verantwoordelijkheid van de psycholoog om erop toe te zien dat ze vertrouwelijk met informatie over cliënten omgaat. Een psycholoog moet zijn deskundigheid en ervaring ook gebruiken om collega's, studenten en supervisanten te ondersteunen.

6. **Verantwoording** (NIP-code 3.1f)
Deontologische code: artikel 25 en 28.
Beroepscode NBTP: Aspecten m.b.t. de houding tegenover de patiënt/cliënt: 16.

> **Casus: Hoogbegaafd?**
>
> Lies wordt getest door de psycholoog van de schoolbegeleidingsdienst. Haar ouders denken dat ze hoogbegaafd is. Ze willen dat Lies meedoet aan een speciaal programma voor hoogbegaafde leerlingen. Uit de test blijkt echter dat Lies een gemiddeld IQ heeft. De ouders zijn woedend. Ze vinden dat de test niet op de juiste manier is afgenomen en daarom dienen ze een klacht in tegen de psycholoog.

Een psycholoog zorgt ervoor dat hij zijn handelen kan verantwoorden. Hij kan zich niet verschuilen achter de verantwoordelijkheid van de instelling waar hij voor werkt. Als er een klacht tegen hem wordt ingediend, werkt hij mee aan de klachtenprocedure. Als de psycholoog zijn dossiers goed op orde heeft, kan hij duidelijk maken hoe hij gehandeld heeft. Als bijvoorbeeld een kandidaat een klacht indient tegen een psycholoog omdat hij vindt dat de conclusie van een assessment niet klopt, is het belangrijk dat de psycholoog precies kan laten zien welke tests hij gebruikt heeft, hoe hij de resultaten geïnterpreteerd heeft en in hoeverre de tests door onderzoek ondersteund worden. Hij moet rekening houden met de wettelijk voorgeschreven bewaartermijn. Als er een klacht tegen de psycholoog is ingediend, mag hij het dossier langer bewaren, zodat hij dit kan gebruiken om zich te verdedigen.

4.2.2 Integriteit, eerlijkheid

Het principe integriteit wordt door het NIP in zeventien richtlijnen uitgewerkt, verdeeld over drie categorieën: betrouwbaarheid, eerlijkheid en rolintegriteit. In de deontologische code zijn er zeventien artikelen die onder het kopje integriteit, eerlijkheid van de psycholoog vallen.

1. **Betrouwbaarheid** (NIP-code 3.2a)
   Deontologische code: artikel 50.
   Beroepscode NBTP: Aspecten met betrekking tot de beroepsuitoefening: 7 en Aspecten met betrekking tot de houding tegenover de patiënt/cliënt: 7.

   > **Casus: Depressief**
   >
   > Psycholoog Roel coacht Anita. Zij is teamleider in een zorginstelling. Omdat dit voor haar een nieuwe functie is, heeft ze om een coach gevraagd, die haar kan ondersteunen in de samenwerking. Tijdens het coachingstraject blijkt dat er allerlei irreële eisen aan Anita gesteld worden. Het team wil dat ze meewerkt en het management verwacht dat ze beleid ontwikkelt en uitvoert. Anita is eerder depressief geweest. Door de stress en de teleurstelling over verwachtingen die niet uitkomen, zakt ze weer steeds dieper in een depressie.

   Een psycholoog gaat alleen een professionele relatie aan als dat verantwoord is en beëindigt de relatie als dat niet langer het geval is. Als een psycholoog bijvoorbeeld coach is van een cliënt die lijdt onder ernstige psychische problematiek, kan het zover komen dat coaching niet langer mogelijk is. Dan moet hij de cliënt doorverwijzen naar een hulpverlener. In bovenstaande casus zou het dus verstandig zijn als Roel Anita doorverwijst naar een therapeut die deskundig is in het behandelen van depressies.
   In deze richtlijn staat ook dat een psycholoog niet meewerkt aan werkzaamheden die in strijd zijn met de code en dat hij zich onafhankelijk professioneel kan verantwoorden. In bovenstaande casus moet Roel dus zelf verantwoorden waarom hij het coachingstraject beëindigt of waarom hij daar juist mee doorgaat.

2. **Eerlijkheid** (NIP-code 3.2b)
   Deontologische code: artikel 37, 39, 40, 41.
   Beroepscode NBTP. Aspecten met betrekking tot de beroepsuitoefening: 10.

   > **Casus: Snel een folder**
   >
   > Joop studeert toegepaste psychologie. Hij moet voor het vak psychopathologie een folder maken over ADHD. Op internet vindt hij een aantal sites met bruikbare informatie, die hij met een beetje knip- en plakwerk snel kan bewerken tot een informatieve folder.

   De psycholoog vermeldt op een correcte manier zijn bronnen en maakt zorgvuldig gebruik van dataverzamelingstechnieken en statistische bewerkingen. Knippen en plakken van internet is dus niet toegestaan, zeker niet als de bronvermelding ontbreekt. Bij publicaties moet hij eerlijk zijn en zijn naam alleen aan publicaties verbinden waaraan hij actief heeft bijgedragen.

Een psycholoog is eerlijk en voorkomt misleiding. In bepaalde beroepssituaties, bijvoorbeeld bij onderzoek, kan dit echter onvermijdelijk zijn. Als je wilt onderzoeken in hoeverre mensen hun oordeel van anderen laten afhangen, of hoe gevoelig ze zijn voor priming, kun je dat niet van tevoren vertellen. Als psycholoog moet je dan wel zo snel mogelijk na afloop uitleggen wat er gebeurd is.

Een eerlijke psycholoog maakt geen misbruik van zijn kennis en positie. Als je goed getraind bent in het beïnvloeden van het gedrag van mensen, kan het verleidelijk zijn om dit in je eigen voordeel te gebruiken. Eerlijkheid betekent verder dat de psycholoog realistisch is over de resultaten die hij kan behalen en dat hij informatie geeft over alternatieve methoden en verklaringen. Hij moet duidelijke informatie geven over de (financiële) voorwaarden en hier heldere afspraken over maken. De deontologische code voegt hieraan toe dat een psycholoog geen financieel voordeel mag krijgen van het doorverwijzen van cliënten. Doorverwijzing moet erop gericht zijn dat de cliënt optimaal geholpen wordt en niet dat de psycholoog er een extraatje mee verdient.

In de deontologische code staat een artikel over psychologische adviezen in de media. De psycholoog mag deze adviezen slechts in algemene termen verwoorden. Hij mag dus geen publieke diagnoses geven van personen die in het nieuws zijn. Zoals we al eerder zagen, heeft de NIP-code hierover een artikel opgenomen onder het basisprincipe verantwoordelijkheid, bij het voorkomen en beperken van schade.

3. **Rolintegriteit** (NIP-code 3.2c)
Deontologische code: artikel 35, 43, 44, 45, 46.
Beroepscode NBTP: Aspecten met betrekking tot de houding tegenover de patiënt/cliënt: 18.

> **Casus: Leuke stagiaire**
>
> Ton is psycholoog. Na een relatie die twee jaar heeft geduurd, is hij weer single. Hij voelt zich soms een beetje eenzaam, maar hij heeft veel goede vrienden, dus houdt hij het wel vol. Dan komt Linda, een nieuwe stagiaire. Ze ziet er goed uit, ze is altijd vriendelijk en doet haar werk bijzonder goed. Het is liefde op het eerste gezicht. Ton merkt dat Linda hem ook erg leuk vindt.

Een psycholoog moet zijn beroepsrol zuiver houden. Dat betekent dat hij geen dubbele agenda mag hanteren, waarin hij naast zijn professionele doelen ook zakelijke, persoonlijke of andere doelen nastreeft. De NBTP vermeldt expliciet dat de psycholoog zich ook niet mag laten sturen door de belangen van commerciële instellingen of personen. Als de cliënt, de opdrachtgever en het cliëntsysteem onverenigbare belangen hebben, maakt hij dit bespreekbaar. Een psycholoog moet ervoor zorgen dat hij voldoende professionele afstand tot de cliënt bewaart. Hij moet objectief kunnen blijven. Dat lukt niet als hij bijvoorbeeld zijn vrienden test of behandelt, of als hij de cliënt al kent vanuit een andere professionele relatie. Ook als hij cliënten tegenkomt met wie het goed klikt, moet hij voldoende afstand blijven bewaren. De codes geven duidelijk aan dat een psycholoog zich moet onthouden van seksueel gedrag ten opzichte van cliënten en dat hij geen seksuele relatie met hen aan mag gaan. Het kan soms voorkomen dat een psycholoog een cliënt aanraakt zonder seksuele bedoelingen, maar dat de cliënt dit op een andere manier interpreteert. Als psycholoog moet je hier rekening mee houden. De NIP-code voegt hieraan toe dat een seksuele relatie met een ex-cliënt ook niet is toegestaan direct na beëindiging van de professionele relatie. Dit geldt eveneens voor relaties met studenten en supervisanten, omdat hier sprake is van een machtsverschil, waarbij een gelijkwaardige relatie niet mogelijk is. Als hij een persoonlijke relatie aangaat nadat de professionele relatie beëindigd is, moet de psycholoog erop letten dat die professionele relatie geen grote rol meer speelt.

Soms is het lastig om te bepalen waar je de grens legt tussen werk en privé. Een stagiaire bij een instelling voor jeugdpsychiatrie vertelde dat ze een keer bij een gezinsbehandeling was. Na afloop moest ze met de trein naar huis, maar die kwam nog lang niet. Toevallig was dit ter sprake gekomen. De ouders boden haar een lift aan. Zij moesten toch dezelfde kant op. De stagiaire wist niet goed wat ze moest doen. Het was een aantrekkelijk aanbod en ze vond het een beetje gek om daar nee op te zeggen, maar aan de andere kant vond ze het ook ongemakkelijk om opeens in een heel andere (privé)rol bij de ouders in de auto te zitten. Ze koos ervoor om wel een kwartiertje mee te rijden naar het station, maar niet helemaal naar huis, wat anderhalf uur zou duren. Achteraf besprak ze met haar begeleider wat hij ervan vond. Hij vond het wel heel aardig van de ouders en wilde ook graag weten wat die ouders in de auto gezegd hadden.

Rolintegriteit betekent ook dat een psycholoog onverenigbare opdrachten weigert. Hij vermijdt dat hij verschillende professionele rollen vervult ten opzichte van één persoon, omdat het erg verwarrend kan zijn als hij bijvoorbeeld voor dezelfde persoon zowel als therapeut als onafhankelijk beoordelaar zou optreden.

4.2.3   Respect en eerbiediging van de waardigheid en de rechten van de persoon

Het NIP geeft bij het principe 'respect' 41 richtlijnen verdeeld over vijf categorieën: Algemeen respect, Autonomie en zelfbeschikking, vertrouwelijkheid, gegevensverstrekking en rapportage.

1. **Algemeen respect** (NIP-code 3.3a)
   Beroepscode NBTP: Aspecten met betrekking tot de beroepsuitoefening: 2, Aspecten met betrekking tot de houding tegenover de patiënt/cliënt: 1, 3 en 11.

> **Casus: TBS**
>
> Janneke werkt als psycholoog in een tbs-kliniek. Ze werkt er met mensen die zware misdrijven hebben begaan. In het contact probeert ze verder te kijken dan alleen naar de vreselijke dingen die de persoon tegenover haar gedaan heeft. Een mens is niet alleen terug te brengen tot die ene daad, vindt Janneke. Vaak zit er een heel verhaal achter, dat de misdaad niet rechtvaardigt, maar wel meer kanten van de persoon laat zien.

De psycholoog gaat respectvol met mensen om. Hij heeft oog voor de kennis, het inzicht en de ervaring van anderen. Dat wil niet zeggen dat hij altijd alles gelooft wat de cliënt vertelt. Bullens, die zowel als hulpverlener als deskundige in rechtszaken optreedt, zegt dat "hij als therapeut gelooft, maar als getuige-deskundige niet" (Van Ginneken, 2013, p. 32). In de nieuwe versie van de NIP-code is een artikel toegevoegd waarin een appel op de psycholoog wordt gedaan om rekening te houden met diversiteit. Daarbij gaat het om interculturalisatie, maar ook om leeftijd, maatschappelijke omstandigheden en wils(on)bekwaamheid.

Psychologen kunnen met anderen over zeer intieme, persoonlijke zaken praten, maar daarbij moeten ze niet verder gaan dan voor het professionele contact noodzakelijk is. Daarom is het belangrijk om steeds in de gaten te houden wat het doel van het professionele contact is. Ook als de cliënt een boeiend verhaal heeft, moet de psycholoog zijn grenzen bewaken en niet onnodig ver doordringen in het persoonlijk leven van de cliënt.

Cliënten kunnen soms zeer beïnvloedbaar zijn. De psycholoog mag hier geen gebruik van maken door de cliënten van zijn eigen politieke of religieuze denkbeelden te overtuigen. Psychologen mogen niet discrimineren. Ze respecteren de morele waarden van de persoon en zijn vrijheid om zelf keuzes te maken.

2. **Autonomie en zelfbeschikking** (NIP-code 3.3b)
   Deontologische code: artikel 21, 23, 24.
   Beroepscode NBTP: Aspecten met betrekking tot de houding tegenover de patiënt/cliënt: 1, 2, 4, 5, 6, 8, 9, 13, 17 en Aspecten met betrekking tot het beheer van gegevens, rapporten en dossiers: 1, 2, 3 en 5 en 12.

> **Casus: Alles gaat goed**
>
> Judith is relatiecoach. Ze werkt met Anne en Timo, een jong stel. Judith heeft na enkele gesprekken de indruk dat het voor Anne veel beter zou zijn om de relatie te verbreken. Timo kleineert haar en geeft haar totaal geen ruimte om zichzelf te ontwikkelen. Judith weet vanuit haar professionele ervaring dat er in deze relatie weinig kansen zijn op verbetering. In eerste instantie lijkt het erop dat Anne

erover denkt om weg te gaan, maar ze laat zich al snel weer inpalmen door de mooie praatjes van Timo. Samen komen ze vertellen dat ze met de coaching stoppen. Judith vraagt zich af of ze Anne zal laten weten hoe zij erover denkt.

De psycholoog respecteert de autonomie en zelfbeschikking van zijn cliënten. Ook als mensen ervoor kiezen om dingen te doen die in zijn ogen erg onverstandig zijn. Het is hun leven. In bovenstaande casus moet Judith haar cliënten zelf laten beslissen of ze samen verder willen. Dat neemt niet weg dat ze kan zeggen hoe ze hierover denkt, als dat in het belang van Anne en Timo is, maar uiteindelijk beslissen ze zelf. Ook in de politiek wordt autonomie van burgers als een belangrijk doel gezien. De Wmo (Wet maatschappelijke ondersteuning) is een wet die erop gericht is dat mensen zich zo veel mogelijk zelf redden en zo nodig de hulp van vrienden of familie inschakelen. Begrippen als 'empowerment' en 'eigen kracht' sluiten hier goed bij aan. De bedoeling is dat mensen hiermee minder afhankelijk worden van de overheid. Er is echter ook ongerustheid over de manier waarop dit gaat verlopen, omdat de veranderingen gekoppeld worden aan grote bezuinigingen. Dat kan ertoe leiden dat mensen niet de hulp kunnen krijgen die ze nodig hebben: dat ze dan wel vrij zijn van (te grote) overheidsbemoeienis en dus hun negatieve vrijheid groter wordt, maar dat ze niet de positieve vrijheid hebben om hun leven goed in te vullen. Beleid dat gericht is op het vergroten van de eigen verantwoordelijkheid kan ook doorschieten in betutteling. De gemeente Groningen liet dit onbedoeld zien. Op de website van de sociale wijkteams gaf zij Groningers adviezen om beter voor zichzelf te zorgen. Naast een aantal nuttige adviezen stond er ook: 'Als u te weinig verdient, kunt u proberen een betere baan te zoeken.' En: 'Heeft u een drank- of drugsverslaving? Probeer hiermee te stoppen.' Waarschijnlijk zijn dit oplossingen die mensen ook zelf kunnen bedenken en waarbij ze, als dit toch niet zo makkelijk te realiseren is, juist wel professionele hulp nodig hebben.

Cliënten moeten in het bijzonder kunnen beslissen of ze met de psycholoog willen werken. Daarom moeten ze goed geïnformeerd worden over de professionele relatie. Een cliënt moet weten wat een training, een assessment, een therapie of een onderzoek inhoudt, zodat hij weloverwogen kan kiezen of hij daaraan meedoet. Niet iedere cliënt is volledig in staat om autonoom keuzes te maken. Iemand kan te jong zijn, of te verward, of over beperkte verstandelijke vermogens beschikken. Soms zijn er ook wettelijke bepalingen of externe opdrachtgevers die vastleggen wat de psycholoog moet doen. In zo'n geval moet hij er toch naar streven om binnen die beperkingen de cliënt zo veel mogelijk zelf te laten bepalen wat deze wil. De psycholoog kan bijvoorbeeld gebruikmaken van een heldere periode van de cliënt om af te spreken hoe hij behandeld wil worden als hij in de war is. Als dat niet mogelijk is, moet de psycholoog de vertegenwoordiger van de cliënt om toestemming vragen. De cliënt moet erover geïnformeerd worden wat het voor hem betekent dat een ander (bijvoorbeeld een ouder, voogd, werkgever, rechter) bepaalt wat de psycholoog doet en hij moet ook weten welke conclusies de psycholoog over hem trekt. De cliënt moet weten dat hij zich op elk ogenblik terug kan trekken. Als een persoon beoordeeld wordt, moet hij weten dat hij om een second opinion kan vragen.

3. **Vertrouwelijkheid** (NIP-code 3.3c)
Deontologische code: Hoofdstuk III. – Het beroepsgeheim, artikel 5 t/m 20.
Beroepscode NBTP: Aspecten met betrekking tot de beroepsuitoefening: 9, Aspecten met betrekking tot de houding tegenover de patiënt/cliënt: 12 en 19 en Aspecten met betrekking tot het beheer van gegevens, rapporten en dossiers: 4.

> **Casus: Ongelukkige liefde**
>
> Een psycholoog doet onderzoek naar agressief gedrag bij jongeren. Een van de proefpersonen, een student van 19 jaar, vertelt de onderzoeker dat hij erover fantaseert hoe hij een meisje, dat bij hem in het studentenhuis woont, gaat neersteken, omdat ze nooit aandacht aan hem besteedt.

Een psycholoog heeft een vertrouwensrelatie met een cliënt. Dat betekent dat hij de informatie van de cliënt geheimhoudt, voor zover die informatie vertrouwelijk van aard is. Hij mag niet aan zijn vrienden sappige verhalen vertellen over zijn cliënten. Hij mag ook niet aan anderen vertellen dat een cliënt zijn diensten heeft ingeroepen. Als de psycholoog met een groep werkt, bijvoorbeeld met een trainingsgroep of in een groepstherapie, vraagt hij de deelnemers om vertrouwelijk om te gaan met de informatie van de andere groepsleden. In deze situaties is de geheimhoudingsplicht duidelijk, maar soms is het de vraag wat er precies vertrouwelijk is en wie dat bepaalt. Als je een meisje begeleidt met een verstandelijke beperking en zij vertelt je een geheimpje, namelijk dat ze wel eens stiekem een snoepje pakt uit de snoeptrommel, is dat dan vertrouwelijke informatie? In eerste instantie is de cliënt degene die bepaalt wat een geheim is. Het gaat tenslotte over hem. Maar het beroepsgeheim is ook van belang voor de psycholoog en voor de maatschappij. Daarom kan de psycholoog ook tegen de wens van een cliënt in beslissen om iets geheim te houden of juist naar buiten te brengen. Het beroepsgeheim is van groot belang voor psychologen. Alleen als de cliënt erop kan rekenen dat de informatie vertrouwelijk blijft, kan hij vrijuit praten. En alleen als de cliënt vrijuit kan praten, kan de psycholoog zijn gedrag beoordelen en passende hulp of begeleiding bieden. Het beroepsgeheim is niet alleen van belang voor de individuele cliënt, maar het heeft ook een algemeen belang. Iedereen moet erop kunnen vertrouwen dat zijn informatie veilig is bij de psycholoog. Dus zelfs als een cliënt toestemming geeft om zijn verhaal naar buiten te brengen, wordt de geheimhoudingsplicht daarmee niet opgeheven. Ook als de cliënt overlijdt, blijft de geheimhoudingsplicht bestaan.

In sommige gevallen mag de psycholoog de geheimhouding doorbreken. Als hij ervan overtuigd is dat dit de enige manier is om direct gevaar voor anderen te voorkomen, mag de psycholoog anderen waarschuwen. Hij moet dan wel de betrokkene daarover inlichten, tenzij hijzelf of iemand anders hierdoor in gevaar komt. In bovengenoemde casus mag de psycholoog dus de politie informeren als hij denkt dat het meisje in het studentenhuis werkelijk gevaar loopt. Dit is de visie zoals die in de Nederlandse code wordt verwoord. De nieuwe deontologische code gaat op dit punt nog verder dan de Nederlandse codes en de (oudere) deontologische code van de Belgische beroepsvereniging. Hier is in artikel 12 niet alleen sprake van het recht om de geheimhouding te doorbreken, maar zelfs van een aangifteplicht. Deze geldt voor situaties waarin de psycholoog kennis heeft van een groot gevaar, waarin minderjarigen of andere kwetsbare groepen worden mishandeld en waarin de psycholoog wordt opgeroepen om te getuigen voor een parlementaire onderzoekscommissie. Korevaar (in druk) wijst op de risico's van een dergelijke verplichting. In tegenstelling tot de NIP-code gaat het hier niet alleen om situaties waarin aangifte de enige manier is om gevaar te voorkomen. Het waarschuwen van derden hoeft in dergelijke gevallen niet altijd de beste hulp te zijn. Soms is het ook effectiever om niet bij de politie een melding te doen, maar bij een andere instantie, zoals een vertrouwensbureau voor kindermishandeling. In ieder geval moet voor Belgische psychologen duidelijk worden hoe zij dit artikel moeten interpreteren.

4. **Gegevensverstrekking** (NIP code 3.3d)
   Deontologische code: Hoofdstuk III. – Het beroepsgeheim, artikel 14 en 18.
   Beroepscode NBTP: Aspecten met betrekking tot de houding tegenover de patiënt/cliënt: 12, 13, 14.

> **Casus: Blowen**
>
> Een coach bij Connecting Hands geeft woonbegeleiding aan mensen met een verstandelijke beperking in combinatie met andere problematiek. De coaching is erop gericht dat de cliënten zo zelfstandig mogelijk wonen. Een cliënt is in het verleden in de problemen gekomen door drugsgebruik, cocaïne en xtc. Hij had onder meer veel schulden. Langzamerhand gaat het weer beter met hem en zijn veel problemen opgelost. Een maand voordat deze cliënt weer zelfstandig zal gaan wonen, houdt de coach een evaluatiegesprek met hem. De cliënt vertelt dan in vertrouwen dat hij soms toch weer drugs gebruikt. De coach vraagt door en dan blijkt het om weed te gaan. De regels zijn streng. Als dit bekend wordt, mag de cliënt misschien niet naar zelfstandig wonen, terwijl hij dit wel heel graag wil en hij er, gezien zijn ontwikkeling, ook aan toe is. Moet de coach melden dat de cliënt wel eens blowt?

Een absoluut beroepsgeheim is onwerkbaar. Natuurlijk zijn er allerlei situaties waarin het binnen de professionele afspraken valt dat er informatie aan derden gegeven wordt. De psycholoog moet hier zorgvuldig mee omgaan. Een coach vertelde dat ze bij alles wat ze zegt of opschrijft, als het ware een aapje op haar schouder heeft zitten die vraagt wat degene waar het over gaat zou denken als hij erbij zat. Er zijn regels die hierbij grenzen aangeven. Een opdrachtgever zal meestal de uitslag van een assessment krijgen, de verzekering wil weten wat de diagnose van de cliënt is en bij forensisch onderzoek zal er een rapport naar de rechter gaan. Vooral nu de privacy van personen steeds meer onder druk staat, leidt dit soms tot botsingen. Zorgverzekeraars gaan volgens veel psychologen veel te ver in het vragen van informatie. Veel psychotherapeuten en psychiaters weigeren daarom contracten met de verzekeraars te tekenen. Een van deze psychiaters zegt: "De dokter moet over zijn patiënt zijn bek houden, tegen iedereen" (Reijn, 2015. p. 1). Ook banken, schuldhulpverleners en uitkeringsinstanties stellen vaak vragen over de diagnose en het verloop van een behandeling. De vraag om deze informatie wordt doorgaans aan de cliënt gesteld en die vraagt de behandelaar om hieraan mee te werken. Het lijkt er dan op alsof de cliënt vrijwillig instemt met het doorgeven van de informatie, maar in feite heeft die weinig keus. Als hij niet meewerkt krijgt hij geen hypotheek, schuldenregeling of uitkering. De psycholoog staat dan voor een dilemma tussen het bewaren van de vertrouwelijkheid of het bevorderen van het welzijn van de cliënt.

Een psycholoog mag informatie geven aan andere beroepsbeoefenaren die met de cliënt werken en aan medewerkers die onder zijn leiding meewerken binnen de professionele relatie, als dit nodig is om goede hulp te bieden. Er is dan sprake van een **gedeeld beroepsgeheim** als de andere personen ook gebonden zijn aan het beroepsgeheim en dit ook naleven. De cliënt moet voorafgaand geïnformeerd worden en instemmen met het delen van de informatie. Als informatie gedeeld wordt met mensen buiten het eigen team, mag dit alleen als het gaat om informatie die noodzakelijk is om het afgesproken doel te bereiken en alleen als dit in het belang van de cliënt is. Medewerkers die beroepsmatig te maken krijgen met informatie over cliënten, maar die vanuit hun eigen beroep niet gebonden zijn aan de geheimhoudingsplicht, hebben een **afgeleid beroepsgeheim**. Dit geldt bijvoorbeeld voor secretaresses, ICT-medewerkers en stagiaires. Hulpverleners die binnen eenzelfde team met een cliënt werken, hebben een **gezamenlijk beroepsgeheim**. Zij kunnen relevante informatie delen die nuttig is voor de hulpverlening. Hier is dus wat meer ruimte voor uitwisseling dan bij de samenwerking met anderen buiten het team. Als je in een behandelteam werkt, kan er een dilemma ontstaan als een cliënt in vertrouwen informatie geeft die ook voor de rest van het team belangrijk is om een goede behandeling te kunnen geven. Een oplossing kan zijn om de cliënt te motiveren om het anderen ook te vertellen.

In sommige situaties mag een psycholoog gegevens over cliënten gebruiken op voorwaarde dat de betrokken persoon daar niet in te herkennen is. Dit geldt voor kwantitatief onderzoek, waar alleen weergegeven wordt hoeveel mensen een bepaalde handeling verrichten. Het geldt ook voor publicaties, onderwijs, kwaliteitszorg, supervisie en intervisie. Als een gastdocent komt vertellen over zijn psychologische praktijk moet hij er dus voor zorgen dat de studenten niet uit zijn verhalen kunnen afleiden wat de identiteit van de cliënten is. Soms is dit moeilijk te voorkomen. Bijvoorbeeld als er video's gebruikt worden of als een psycholoog op tv laat zien hoe hij werkt. In zo'n geval moet de cliënt toestemming geven. Ook als student moet je zeer zorgvuldig omgaan met de persoonlijke gegevens van proefpersonen in een onderzoek of van cliënten tijdens stages.

5. **Rapportage** (NIP code 3.3e)
Deontologische code: Hoofdstuk III. – Het beroepsgeheim, artikel 8.
Beroepscode NBTP: Aspecten met betrekking tot het beheer van gegevens, rapporten en dossiers: 1 t/m 5.

De cliënt heeft het recht om rapportage en dossiers over zichzelf in te zien. Bij een online cliëntensysteem kan hij bijvoorbeeld zijn eigen inlogcode krijgen. Op die manier is de psycholoog transparant. Als hij weet dat de cliënt ook kan lezen wat de psycholoog rapporteert, draagt dit waarschijnlijk bij aan de zorgvuldigheid die hij in acht neemt. De cliënt heeft het recht om rapportage aan een externe opdrachtgever te blokkeren, tenzij er een wettelijke regeling is die deze mogelijkheid uitsluit. Een psycholoog beperkt zijn rapportage tot de noodzakelijke gegevens. Bij een selectieassessment geeft een psycholoog alleen informatie die relevant is voor de opdrachtgever om te beoordelen of de persoon geschikt is voor de functie. De psycholoog beperkt zich tot het geven van informatie die rechtstreeks te maken heeft met de vraag die een opdrachtgever gesteld heeft. De cliënt kan weigeren dat de psycholoog zijn gegevens rapporteert, tenzij de opdrachtgever wettelijk bevoegd is om de gegevens toch op te eisen. Een sollicitant die een assessment doet bij een psycholoog kan het verslag laten vernietigen. Een verdachte die in opdracht van de rechtbank geobserveerd wordt, kan dit echter niet.

4.2.4 Deskundigheid en de competentie van de psycholoog

De NIP-code geeft elf richtlijnen bij het principe deskundigheid, onderverdeeld in drie categorieën: Ethische reflectie, Vakbekwaamheid, De grenzen van het beroepsmatig handelen.

1. **Ethisch bewustzijn** (NIP-code 3.4a)
Deontologische code: artikel 30 en 31.
Beroepscode NBTP: Aspecten met betrekking tot de beroepsuitoefening: 11 en Aspecten met betrekking tot het NBTP-lidmaatschap: 1.

> **Casus: Verantwoordelijkheid onder druk**
>
> Het NIP organiseerde een studiemiddag over ethische vragen onder de titel 'Verantwoordelijkheid onder druk'. Op de studiemiddag werd onder meer gesproken

over vragen rond geheimhouding. De meeste psychologen weten heel goed dat ze een beroepsgeheim hebben. Soms doen zich echter situaties voor waarin ze naar eer en geweten informatie doorgeven, en vervolgens tot hun schrik een klacht over hun gedrag wordt ingediend bij het tuchtcollege. De discussie ging bijvoorbeeld over de vraag of je informatie over een cliënt mag doorgeven aan de huisarts die hem naar jou heeft verwezen. Een andere vraag was wat je moet doen als je een kind behandelt en de moeder van het kind een persoonlijkheidsstoornis blijkt te hebben, waardoor de ontwikkeling van dat kind ernstig geschaad wordt. Mag je dan de huisarts waarschuwen?

(www.psynip.nl; geraadpleegd op 8 april 2015.)

Als je op een verantwoorde manier wilt omgaan met ethische kwesties in het beroep, moet je hier als psycholoog gevoeligheid voor ontwikkelen. Je moet kunnen herkennen dat er een moreel probleem is. Niet iedereen heeft dezelfde opvattingen over wat precies een morele vraag is en wat niet. Door daar met elkaar over te praten, kun je meer sensitiviteit ontwikkelen. Dat is de eerste stap op weg naar een ethisch bewustzijn. Natuurlijk ben je er nog niet als je ethische problemen weet te herkennen. Je moet ook leren hoe je ze kunt analyseren en hoe je een oordeel kunt vormen. Je moet kunnen argumenteren en ook besluiten kunnen en durven nemen. Dat kan alleen als je ook na je studie blijft reflecteren op ethische kwesties en als je daarover in gesprek gaat met collega's.

Psychologen moeten handelen in overeenstemming met de beroepscode en de wet. Ze moeten zich ook houden aan de ethische regels binnen hun instelling. Daarbij dienen ze zich kritisch te bezinnen op hun persoonlijke waarden en normen die bij dat handelen een rol spelen.

2. **Vakbekwaamheid** (NIP-code 3.4b)
Deontologische code: artikel 30.
Beroepscode NBTP: Aspecten met betrekking tot de beroepsuitoefening: 1, 4, 5 en 6 en Aspecten met betrekking tot professionalisering: 2.

Casus: Evidence based

Een psycholoog werkt al tientallen jaren met projectietests. Hij haalt veel informatie uit de verhalen die cliënten bedenken bij onder meer de plaatjes van de TAT, een projectietest. De validiteit van de TAT wordt echter steeds meer ter discussie gesteld. Hij vraagt zich af of hij deze test nog kan gebruiken. Zijn collega werkt met depressieve mensen. Hij hoort positieve verhalen over running therapy. Zelf is hij in zijn vrije tijd een enthousiast hardloper. Voor sommige cliënten lijkt running therapy hem bijzonder geschikt. Op het moment dat hij zich dit afvraagt, is deze behandeling echter nog niet evidence based.

Een psycholoog die zijn werk goed wil doen, moet ervoor zorgen dat hij competent blijft. Hij moet de ontwikkelingen in zijn vakgebied bijhouden en kiezen voor effectieve methoden. Ook als een psycholoog een eigen praktijk heeft, is het verstandig om kennis te delen met anderen. Dat kan face to face, maar ook geformaliseerd met protocollen. De wetenschap ontwikkelt zich snel. Dat betekent dat kennis snel verouderd kan zijn. Dit betekent natuurlijk ook dat er nieuwe methoden, tests en therapieën ontwikkeld worden. Dat kan alleen als ermee geëxperimenteerd wordt. Een psycholoog die met nieuwe methoden werkt, moet zich goed afvragen welke ondersteuning er vanuit onderzoek is, of de kans bestaat dat de nieuwe methode beter is dan de gebruikelijke methode, of het gebruik van de nieuwe methode in het belang van de patiënt is en of hijzelf voldoende getraind is om de nieuwe methode te kunnen gebruiken. Zoals al eerder vermeld, benadrukt de NBTP-code ook dat het belangrijk is om nieuwe methoden te delen met anderen.

De professionaliteit van de psycholoog kan onder druk komen te staan als een verzekeraar voorschrijft welke behandeling wel en niet mag worden toegepast. Een psychotherapeut vertelt bijvoorbeeld dat ze bij sommige methoden de EMDR-therapie, een behandeling bij trauma's, zou willen toepassen, maar dat de verzekeraar dit niet vergoedt. Ook legt de verzekeraar een behandelplafond op, waarbij een maximum aan het aantal gesprekken wordt gesteld. Dit betekent dat sommige cliënten niet het aantal gesprekken kunnen krijgen dat volgens de psychotherapeut nodig is (Reijn, 2015). De deskundigheid en verantwoordelijkheid van de psycholoog botsen hier dus met de kwaliteitscontrole en kostenbeheersing waar de verzekeraar voor staat.

3. **De grenzen van het beroepsmatig handelen** (NIP-code 3.4c)
   Deontologische code: artikel 32.
   Beroepscode NBTP: Aspecten met betrekking tot de beroepsuitoefening: 6.

> **Casus: Relatieproblemen**
>
> Judith is psycholoog. Ze werkt als relatiecoach. Judith is al tien jaar gelukkig getrouwd en heeft twee kinderen. Dan ontdekt ze dat haar man al een jaar een buitenechtelijke relatie heeft. Ze is woedend en het loopt uit op een echtscheiding. Judith is erg emotioneel. Ze deed haar werk bijzonder goed, maar nu roept het werk met andere paren sterke reacties bij haar op, die haar blik vertroebelen.

Een psycholoog moet rekening houden met zijn professionele en persoonlijke beperkingen. Hij moet geen professionele opdrachten aannemen waarvoor hij niet competent is, en cliënten doorverwijzen als hij ziet dat ze meer gespecialiseerde hulp nodig hebben. Als hij gaat werken in een andere richting dan waar hij oorspronkelijk voor opgeleid is, moet hij zich daar zorgvuldig op voorbereiden. Een stagiaire toegepaste psychologie vertelde dat ze eens bij een woongroep voor jongeren kwam, om te kijken hoe daar gewerkt werd. Op een gegeven moment gingen de groepsleiders naar de school om jongeren op te halen. De stagiaire toegepaste psychologie bleef alleen achter met een meisje dat erg druk en uitdagend was. De stagiaire had geen idee wat ze moest doen. Het liep goed af, maar achteraf dacht de stagiaire dat ze misschien beter had kunnen aangeven dat ze liever niet alleen met dat meisje wilde achterblijven, omdat ze niet was opgeleid voor het begeleiden van probleemjongeren.

Daarnaast kunnen er persoonlijke grenzen zijn. Een psycholoog moet goed voor zichzelf zorgen, zodat hij voorkomt dat persoonlijke, psychische en fysieke problemen zijn werk negatief beïnvloeden. De beroepscode vertelt niet hoe je dit moet doen, maar het komt de kwaliteit van het werk ten goede als je een gezond en bevredigend leven leidt, door bijvoorbeeld voldoende te slapen, gezond te leven, privé en werk gescheiden te houden, te genieten van hobby's, te zorgen voor een goed sociaal leven en op tijd vakantie te nemen. Een psycholoog die alleen maar leeft voor zijn werk, loopt het risico dat hij zijn cliënten nodig heeft voor bevestiging en vriendschap. Dat kan betekenen dat hij de belangen van zijn cliënten niet zuiver meer ziet. Als de psycholoog merkt dat hij niet in staat is om zijn werk op een goede manier uit te oefenen, bijvoorbeeld door ziekte, door persoonlijke gevoelens die hij niet professioneel kan hanteren of door partijdigheid, moet hij de professionele relatie verbreken.

4.2.5 De praktijk van de beroepsethische kwesties

In de praktijk blijkt dat psychologen zelf vooral advies vragen bij hun beroepsvereniging over het beroepsgeheim (Korevaar, 2013a). Cliënten lijken hier minder problemen mee te hebben, al klagen zij ook over meldingen door de psycholoog bij, bijvoorbeeld, de Kinderbescherming. Cliënten klagen bij de beroepsvereniging vooral over rapportage over anderen dan de cliënt, bijvoorbeeld als in een rapportage over een kind wordt geschreven dat de vader agressief en manipulatief is, terwijl de psycholoog de vader niet als cliënt heeft. Ook wordt er geklaagd dat de psycholoog niet onafhankelijk en objectief is en dat hij niet aan beide ouders toestemming vraagt voordat hij een minderjarig kind gaat behandelen. Deze klachten spelen vaak een rol in echtscheidingssituaties (Korevaar, 2013b). Bij het tuchtcollege gaan de meeste klachten over 'onjuiste behandeling/verkeerde diagnose' of 'onjuiste verklaring en rapport'(www.tuchtrecht.overheid.nl). Korevaar concludeert dat cliënten vooral een klacht indienen als ze het idee hebben dat ze geschaad zijn door het contact met de psycholoog, omdat er onjuist gerapporteerd is, omdat er zonder hun toestemming informatie is doorgegeven of omdat ze niet de juiste behandeling hebben gekregen. Daarbij gaat het, volgens Korevaar, bij het voorkomen van klachten er niet alleen om wát de psycholoog doet, maar ook hoe hij het doet. Als de cliënt het gevoel heeft dat hij goed geïnformeerd wordt, dat er echt naar hem geluisterd wordt, dat de psycholoog hem oprecht probeert te helpen en dat hij gerespecteerd wordt, zal er waarschijnlijk minder snel een klacht worden ingediend. Als de werkrelatie goed is, zal eventuele onvrede natuurlijk ook eerder bespreekbaar zijn en binnen de psycholoog-cliëntrelatie opgelost kunnen worden.

Casus: Opvoedingsproblemen[15]

Een echtpaar komt bij de klinisch psycholoog/psychotherapeut omdat er diverse problemen zijn. Het gaat onder meer om relatieproblemen en hulp voor de kinderen. De psycholoog doet de intake en verwijst de vrouw naar een gespecialiseerde afdeling voor onderzoek en behandeling voor persoonlijkheidsstoornissen. Er wordt afgesproken dat een gespecialiseerde verpleegkundige bij het echtpaar thuis de omgang van de vrouw met haar kinderen komt observeren. In die periode raakt ook het AMK (Advies & Meldpunt Kindermishandeling) betrokken bij het gezin. Het AMK maakt een veiligheidsplan. De psychotherapeut wordt gevraagd om dit te evalueren, maar dat gaat niet door omdat de vader daar niet mee akkoord gaat. De man gaat, na enkele gesprekken met deze psychotherapeut, elders een therapie volgen. Omdat er diverse hulpverleners bij het gezin betrokken zijn, moet er een hoofdbehandelaar zijn, en dat is de psychotherapeut die de intake gedaan heeft. Na enige tijd wonen de man en de vrouw niet meer samen. De kinderen wonen bij de vader en er is een omgangsregeling met de moeder. In verband hiermee onderzoekt de Raad voor de Kinderbescherming de situatie. De Raad vraagt de psychotherapeut naar haar bevindingen. De moeder geeft haar toestemming om informatie te geven. Aan de vader wordt dit niet gevraagd. De psychotherapeute vertelt de Raad het volgende: "Vader komt uit een beschermend gezin en lijkt overbeschermd te zijn opgevoed. Mogelijk sprake van separatie-individuatieproblematiek. Vader wil zaken op zijn manier oplossen, door bij voorkeur verschil of conflict uit de weg te gaan; maar dit lukt hem niet altijd, waardoor hij ook heel boos kan worden. Vader gaat veelal uit van zijn eigen gelijk." (Tuchtrecht overheid, 2014)

Klacht:
De man dient een klacht in omdat de psychotherapeut zonder zijn toestemming heeft gerapporteerd aan de Raad voor de Kinderbescherming, omdat ze daarbij uitspraken heeft gedaan die gebaseerd zijn op opmerkingen van zijn boze ex-echtgenote en omdat ze op slechts één intakegesprek gebaseerd zijn, dat over andere zaken ging. Bovendien klaagt de man dat de psychotherapeut met dubbele petten zou optreden als ze tegelijkertijd therapeut van de ex-echtgenote zou zijn en als 'onafhankelijke derde' het veiligheidsplan van het AMK zou evalueren.

---

[15] tuchrecht.overheid.nl/zoeken/resultaat/uitspraak/2014/ECLI_NL_TGZRZWO_2014_82?zoekterm=%20%20%20%20psycholoog&Pagina=2&ItemIndex=17; geraadpleegd op 8 april 2015.

Beoordeling door het Tuchtcollege:
De psycholoog is gebonden aan de NIP-code en aan de NVP (Nederlandse Vereniging van Psychotherapeuten)-code. In de NIP-code staat, in artikel 97 en 87, dat een psycholoog alleen gegevens over een cliënt en over een ander dan de cliënt mag verstrekken met gerichte, voorafgaande toestemming van de betrokkene. In dit geval is het niet helemaal duidelijk of de man nog cliënt is, maar in ieder geval is het niet juist dat de psycholoog zonder zijn toestemming informatie verstrekt heeft.
De NIP-code stelt daarnaast in artikel 96 dat een psycholoog in een rapportage alleen oordelen en adviezen mag geven over de cliënt en niet over anderen. In de gesprekken met de man is alleen naar voren gekomen dat hij het liefst verschillen en conflicten uit de weg gaat. Er is nooit met hem over zijn opvoeding en over mogelijke separatie-individuatieproblematiek gesproken. Dit had de psycholoog daarom niet mogen vermelden volgens het Tuchtcollege, zeker niet nu er sprake is van een juridisch conflict waarin deze informatie een eigen leven kan gaan leiden. Ook bij het derde onderdeel van de klacht stelt het Tuchtcollege de man in het gelijk. Zoals de NIP-code stelt in artikel 50, moet een psycholoog onverenigbare opdrachten weigeren. Als behandelaar van de vrouw kan de psycholoog niet goed functioneren als een onpartijdige beoordelaar van de omgang van beide ouders met hun kinderen.
Het Tuchtcollege heeft de indruk dat de psycholoog zich niet heeft beziggehouden met de regels ten aanzien van haar contacten met het AMK en de Raad voor de Kinderbescherming. Zij krijgt een waarschuwing.
(Regionaal Tuchtcollege te Zwolle, Uitspraak 20 juni 2014)

4.3 Concrete morele oordelen

Het vierde niveau van een moreel probleem oplossen ligt het dichtst bij de praktijksituatie. Op dit niveau worden de morele beslissingen daadwerkelijk genomen. In het dagelijks leven slaan we de eerste drie denkniveaus meestal over en nemen we direct een beslissing, op basis van onze intuïtie of door de te beoordelen situatie te vergelijken met een andere. Voorbeelden van zulke dagelijkse morele problemen zijn: Zeg je er iets van als je te veel wisselgeld terugkrijgt? Vertel je de geheimen van je vrienden door aan anderen? Neem je spullen van je werk mee naar huis? Bij zulke beslissingen denken mensen meestal niet na over normatieve theorieën, principes of richtlijnen. Die spelen wel een rol, maar lang niet altijd is men zich daarvan bewust. Pas als de vragen ingewikkeld zijn, wordt erop gereflecteerd.
Ook psychologen handelen bij morele vragen vaak vanuit hun intuïtie. Als het om veelvoorkomende, relatief eenvoudige vragen gaat, is daar ook niets op tegen. Het is in de meeste gevallen vanzelfsprekend dat je als psycholoog niet zonder toestemming informatie over je cliënt deelt met anderen, dat je geen privérelaties aanknoopt met

cliënten en dat je geen plagiaat pleegt. Als het om gecompliceerdere kwesties gaat, is het verstandig om daar wel systematisch bij stil te staan, liefst in overleg met collega's. Een stappenplan kan hierbij een handig hulpmiddel zijn.

4.4 Stappenplan

Een stappenplan is een hulpmiddel om een moreel probleem te analyseren en daarbij zorgvuldig alle factoren tegen elkaar af te wegen. Veel studenten willen bij een moreel probleem direct naar de vraag 'Wat moet ik doen?', en dus naar tips voor een concrete oplossing. In navolging van Kant onderzoeken we de vraag 'Hoe moet ik handelen?' echter veel grondiger. Je stelt de vraag naar concrete interventies dus uit. Het stappenplan begint met de juiste grondhouding. Om tot een goede ethische reflectie te komen, moet je 'open-minded' zijn. Daarbij dwing je jezelf om je eigen overwegingen eerlijk op een rijtje te zetten en je open te stellen voor argumenten van anderen en aspecten die tegen je eerste intuïtie ingaan. Bij de grondhouding hoort ook dat je integer, wijs en mild bent. Vanuit deze grondhouding ga je op een rijtje te zetten wat er allemaal meespeelt aan belangen, waarden, normen en mogelijke handelingen. Vervolgens bepaal je wat het zwaarst moet wegen en wat dus je doelen zijn.

In de praktijk heb je niet altijd de gelegenheid om een uitgebreid stappenplan te doorlopen. Soms moet je direct handelen. Het kan dan nuttig zijn om achteraf nog eens goed te kijken of je na een zorgvuldige afweging tot dezelfde conclusie zou komen. Dat vraagt veel professionele moed. Het kan pijnlijk zijn om achteraf te constateren dat je misschien niet de beste keuze hebt gemaakt, maar je leert er veel van en die kennis kun je een volgende keer goed gebruiken.

Er zijn verschillende stappenplannen. Het ene is wat uitgebreider dan het andere, maar in alle plannen gaat het over een moreel dilemma, belangen, waarden en normen en een keuze uit verschillende handelingsalternatieven. In dit hoofdstuk bespreken we zo'n stappenplan, maar om het overzichtelijk te houden, beperken we het tot de zes meest essentiële stappen. Het staat de gebruikers echter vrij om het stappenplan aan te passen. Het is niet meer dan een gereedschap dat je kunt gebruiken om een heldere analyse op te bouwen.

In de paragrafen 4.4.1 tot en met 4.4.6 wordt aan de hand van een concrete beroepsethische vraag het stappenplan toegelicht. Bij elke stap wordt een mogelijke uitwerking gegeven. De morele vraag is ontleend aan een reële situatie, waarover een klacht is ingediend bij het College van Toezicht van het NIP, en die door Koene (2008) is beschreven. De namen zijn door Koene bedacht. De informatie uit de casus is op een aantal punten aangevuld om het stappenplan in te kunnen vullen.

Koene beschrijft in zijn boek *Lotgevallen* een groot aantal van dergelijke casussen. Hij laat hierin duidelijk zien hoe we van de fouten van anderen kunnen leren. In hoofdstuk 16 van zijn boek is een uitgebreidere beschrijving van deze casus te vinden.

4.4.1 Stap 1: de situatie in kaart brengen

Voordat je de morele vraag kunt formuleren, moet je weten wat de situatie is. Die beschrijf je in stap 1. Daarbij moet duidelijk zijn wat de feiten zijn en wat de gedachten en gevoelens zijn die de feiten bij jou oproepen. Vaak loopt dit door elkaar. Dat maakt het moeilijk om tot een heldere analyse te komen. Gedachten en gevoelens zijn belangrijk in de beoordeling van de situatie. Ze kunnen je op een spoor zetten. Maar het blijven natuurlijk wel jouw gedachten en gevoelens, die ook voortkomen uit jouw persoonlijkheid. Als je je zorgen maakt over een cliënt, kan dat een gevolg zijn van zijn situatie, maar daarbij speelt ook mee hoe snel jij je in het algemeen zorgen maakt over anderen.

Casus: De whiplash van Coert Cornalijn: stap 1

Na een auto-ongeluk komt Coert Cornalijn bij de neuroloog terecht, die veronderstelt dat er sprake is van een whiplash. Zijn klachten blijven na de neurologische behandeling bestaan en de neuroloog verwijst hem naar een psycholoog. Daar kan hij wellicht leren met de klachten om te gaan. Cornalijn heeft twee gesprekken met de psycholoog, Pim Poort. Dan vertrekt hij voor een langdurig verblijf naar het buitenland. In het intakegesprek heeft Poort met Cornalijn afgesproken dat hij na afloop van de gesprekken schriftelijk zal rapporteren aan de huisarts en de neuroloog. Omdat hij ervan uitgaat dat er geen vervolg komt op de gesprekken, stuurt hij de rapportage naar beide artsen. Hij heeft met Cornalijn afgesproken dat die een kopie van de rapportage krijgt. Dit is echter onmogelijk, omdat Poort zijn adres in het buitenland niet heeft. In de rapportage staat dat Cornalijn langdurige schade heeft opgelopen door het ongeluk. Dat kan ertoe leiden dat hij een hogere schadevergoeding krijgt. Verder staat er onder meer in dat Cornalijn in het verleden psychische problemen heeft gehad. Dan vraagt de verzekeringsgeneeskundige – van de WA-verzekering van de mevrouw die het auto-ongeluk veroorzaakt heeft – om inlichtingen. Bij het verzoek zit een machtiging van Cornalijn. Deze geeft dus toestemming tot het verstrekken van inlichtingen. Cornalijn heeft de rapportage echter niet gelezen. Als de verzekering weet dat Cornalijn al eerder psychische problemen had, kan dit ertoe leiden dat zijn schadevergoeding wordt verlaagd, omdat zijn klachten dan niet (alleen) het gevolg zijn van het auto-ongeluk.

(Koene, 2008)

4.4.2 Stap 2: het morele probleem vaststellen

Een stappenplan begint met een beschrijving van de situatie en de vragen die deze situatie oproept. Als dit helder is, volgt stap 2: het vaststellen van het morele probleem. Het is belangrijk om dit zorgvuldig te doen, want de rest van de analyse bouwt hierop voort. Het gaat in de beroepsethiek altijd om vragen die een probleem zijn voor de psycholoog als professional. Het gaat dus niet om vragen die voor de cliënt een moreel probleem vormen. Een moeder kan zich bijvoorbeeld afvragen of ze moet kiezen voor zichzelf of voor haar zwaar gehandicapte kind. Misschien kun je haar helpen om daar een juiste keuze in te maken. Het hoeft dan echter nog geen probleem voor jou als professional te zijn.

Een morele keuze wordt pas echt lastig als er moet worden gekozen tussen twee alternatieven, waarbij er voor elk alternatief relevante zwaarwegende argumenten zijn aan te voeren. Als er in een dergelijke situatie toch moet worden gekozen, noemen we dat een dilemma. Dilemma betekent letterlijk 'tweesprong'. Er is sprake van een ethisch dilemma als er twee verschillende waarden met elkaar in conflict zijn. Je voelt dan een tweestrijd binnen je professionele rol. In het stappenplan is het belangrijk dat je het dilemma duidelijk uiteenzet. Op die manier kun je er in de volgende stappen steeds naar terugverwijzen. Je kunt dan in stap 4 en 5, waarin je de relevante belangen, normen en waarden beschrijft, telkens aangeven welke kant van het dilemma ondersteund wordt.

Casus: De whiplash van Coert Cornalijn: stap 2

Het dilemma voor Pim Poort, de psycholoog van Coert Cornalijn, is dat hij informatie over zijn cliënt geheim moet houden, omdat de cliënt geen inzage heeft gehad in de rapportage en dus geen gebruik kan maken van zijn blokkeringsrecht, maar dat zijn cliënt geschaad kan worden als de verzekeringsmaatschappij niet de informatie krijgt waaruit blijkt dat hij door het auto-ongeluk langdurig schade heeft opgelopen. Het gaat hier dus om een dilemma tussen vertrouwelijkheid en niet-schaden van de cliënt.

4.4.3 Stap 3: de handelingsalternatieven verkennen

In een stappenplan gaat het uiteindelijk om de vraag wat je kunt doen. Daarom schrijf je in stap 3 alle handelingsalternatieven op. Het is belangrijk om hierbij ook alternatieven te noemen die je uiteindelijk niet kiest. Je dwingt jezelf dan om goed na te denken over de redenen waarom je deze mogelijkheden verwerpt. Op die manier schep je ruimte voor open-mindedness.

Casus: De whiplash van Coert Cornalijn: stap 3

Pim Poort heeft de volgende handelingsalternatieven:
a. De gevraagde informatie naar de verzekeringsmaatschappij sturen.
b. De verzekeringsmaatschappij meedelen dat hij de gevraagde informatie niet kan geven.
c. Alleen die informatie naar de verzekeringsmaatschappij sturen die de claim van zijn cliënt ondersteunt.

4.4.4 Stap 4: de betrokkenen benoemen en hun belangen afwegen

Bij een moreel probleem zijn verschillende partijen betrokken. Dit kunnen individuele mensen zijn, maar ook organisaties of de maatschappij als geheel. Om een helder overzicht te krijgen, zet je in stap 4 alle betrokkenen op een rijtje. Het is hierbij de kunst om geen belangrijke betrokkenen te vergeten, maar ook niet té uitgebreid te worden.

Elke betrokkene heeft belangen. Die moeten ook worden meegewogen en daarom breng je ook die in kaart. Een belang is iets wat belangrijk is voor de betrokkene. Van Dale (1984) omschrijft het als 'iets dat iemand raakt, doordat zijn voorspoed ermee gemoeid is'. Niet alle belangen zijn overigens eigenbelang. Iemand kan ook de belangen van een ander behartigen of de belangen van een groep mensen. De Hartstichting komt bijvoorbeeld op voor de belangen van hartpatiënten. Mensen kunnen ook belangen behartigen die ver van hen af staan. De Partij voor de Dieren en de Dierenbescherming komen op voor de rechten van dieren en de milieubeweging voor de rechten van huidige en toekomstige planten, dieren en mensen op onze planeet. De reikwijdte van belangen kan dus verschillen. Belangen zijn ook gerelateerd aan waarden. Als gezondheid een belangrijke waarde is, wordt er ook veel belang aan gehecht en zal het bij een afweging met andere belangen veel gewicht in de schaal leggen. We kunnen belangen indelen in verschillende niveaus: eigenbelang als egoïsme, welbegrepen eigenbelang, belang van anderen en algemeen belang.

Eigenbelang als egoïsme

Op dit niveau kijkt de betrokkene alleen naar wat goed voor hemzelf is. Hij houdt geen rekening met de belangen van anderen. In bepaalde situaties is dit ook legitiem, bijvoorbeeld als je een sportwedstrijd wilt winnen of als je solliciteert. Ook als je een tijd te hard gewerkt hebt, kan het goed zijn om eens even goed voor jezelf te zorgen en rust te nemen. In andere situaties kan egoïstisch handelen echter schade voor anderen aanrichten.

Ook groepen en organisaties kunnen egoïstisch handelen, als ze alleen rekening houden met het groeps- of organisatiebelang. Er zijn bijvoorbeeld bedrijven die voor winstmaximalisatie gaan en zich niet bekommeren om hun verantwoordelijkheid ten opzichte van mens en milieu.

Welbegrepen eigenbelang

Op het niveau van welbegrepen eigenbelang kijkt de betrokkene verder. Hij handelt niet impulsief, maar gebruikt zijn verstand. Als iemand uitsluitend vanuit egoïsme handelt, kan dit op den duur immers nadelen opleveren. Als iemand continu de muziek te hard aanzet en stinkende vuurtjes in zijn tuin stookt, kan dat voor hemzelf veel genot opleveren, maar de kans is groot dat hij ruzie met de buren krijgt. Dat kan vervolgens behoorlijk afbreuk doen aan zijn genot. Het is dus vaak verstandig om rekening te houden met anderen. Daarnaast is er gedrag dat op de korte termijn wel prettig is, maar op de lange termijn vervelende gevolgen heeft: ongezond eten, roken, meer geld uitgeven dan je hebt. Iemand handelt vanuit welbegrepen eigenbelang als hij op de lange termijn baat heeft bij bepaalde keuzes.

Een psycholoog die zich bezighoudt met hulpverlening of preventie, richt zich op het welbegrepen eigenbelang van zijn cliënt of doelgroep. Het is zijn rol om consequent rekening te houden met gedrag dat op de lange termijn verstandig is. De cliënt (of doelgroep) zelf daarentegen volgt afwisselend zijn impulsen en zijn 'verstandige' keuzes. Dat betekent dat de psycholoog afwisselend een bondgenoot en een tegenstander van zijn cliënt is. Onder het kopje 'belang van anderen' komen we erop terug wat dit betekent voor de verschillende partijen die bij een cliënt betrokken zijn.

Welbegrepen eigenbelang speelt niet alleen op individueel niveau. Op mesoniveau speelt het bijvoorbeeld bij veel werkgevers. Een werkgever die uitsluitend vanuit eigenbelang handelt, laat zijn werknemers zo hard mogelijk werken met minimale voorzieningen. Dan verdient hij zo veel mogelijk. Werkgevers houden echter ook rekening met arbo-eisen, zodat hun werknemers gezond blijven en gedurende lange tijd hun deskundigheid blijven inzetten. Op macroniveau speelt welbegrepen eigenbelang een rol bij het in stand houden van de verzorgingsstaat. Burgers zijn solidair met anderen die ziek of werkloos zijn, omdat ze er rekening mee houden dat iedereen pech kan hebben. Ze kunnen dus zelf ook ziek worden of hun baan kwijtraken en hebben er dan belang bij dat ze een uitkering krijgen. Daarom betalen werkende mensen premies waar ze misschien zelf nooit gebruik van maken.

Belang van anderen

Bij het belang van anderen gaat het om de belangen van personen, groepen mensen of dieren, buiten degene die het belang behartigt. Iemand kan voor War Child opkomen of tegen de bio-industrie strijden, terwijl dat niet in zijn eigen belang is. Het kan er zelfs strijdig mee zijn. Ook een psycholoog die de belangen van de cliënt verdedigt, handelt vanuit het belang van anderen. Onder het kopje 'welbegrepen eigenbelang' hebben we al gezien dat dit problemen kan opleveren. Want wie bepaalt wat precies het belang van die ander is? Soms twijfelt de betrokkene daar zelf nog over. De valkuil van bemoeizucht is altijd aanwezig. Aan de andere kant bestaat het risico dat je de cliënt te veel eigen verantwoordelijkheid toedicht, terwijl hij dit niet kan waarmaken. Voor mensen die het beste voorhebben met een ander, kan het erg lastig zijn om een goed evenwicht te vinden tussen paternalisme en te veel zelfstandigheid.

Algemeen belang

Boven de belangen van individuen en groepen staat het algemeen belang. Op dit niveau gaat het om het belang voor de samenleving als geheel. Bij het bepalen van de inhoud van het algemeen belang spelen politieke keuzes een rol. Bijvoorbeeld de keuze tussen economische groei en milieubewust handelen. Ook de vraag hoe groot het belang is van buurthuizen, zorg voor mensen met verstandelijke beperkingen en maatschappelijke opvang, is een politieke keuze. Daarbij spelen waarden als vrijheid, gelijkheid en solidariteit een rol. Omdat hier veel verschillende opvattingen over bestaan, zijn procedures belangrijk. De democratische spelregels bevorderen dat verschillende deelbelangen zo goed mogelijk worden meegewogen (zie ook paragraaf 1.2.4).

Strijdige belangen

Belangen kunnen strijdig zijn. In de casus zijn de belangen van Coert Cornalijn strijdig met de belangen van de verzekeringsmaatschappij. Soms is er ook sprake van tegenstrijdige belangen bij eenzelfde persoon. Als iemand bijvoorbeeld verslaafd is, kan hij aan de ene kant erg veel belang hebben bij het gebruik van drugs en er aan de andere kant belang bij hebben dat hij van zijn verslaving afkomt. Als belangen met elkaar in strijd zijn, maak je een afweging. Daarbij kijk je niet alleen naar de reikwijdte, maar ook naar het gewicht van de belangen. Het is mogelijk dat levensbelangen van één persoon zwaarder wegen dan kleinere belangen van een grote groep anderen. Je ziet hier dat belangen niet losstaan van waarden. Als ergens grote waarde aan wordt gehecht, wordt dit een zwaarwegend belang.

Vooral in samenwerkingssituaties is het nuttig om in deze stap ook de bevoegdheden en verantwoordelijkheden van de verschillende betrokkenen te benoemen. Daarmee wordt de taakafbakening duidelijker.

Casus: De whiplash van Coert Cornalijn: stap 4

Betrokkenen	Belangen	Niveau van de belangen
Coert Cornalijn	Wil een zo hoog mogelijke uitkering van de verzekering en heeft er dus belang bij dat de verzekeringsmaatschappij te horen krijgt dat hij ernstig gedupeerd is door het auto-ongeluk.	Eigenbelang als egoïsme
	Heeft er geen belang bij dat de verzekeringsmaatschappij weet dat hij al eerder psychische problemen had.	Eigenbelang als egoïsme
	Heeft belang bij inzage in de rapportage.	Welbegrepen eigenbelang
Pim Poort	Wil zorgvuldig handelen, zodat het vertrouwen in hemzelf als psycholoog en het vertrouwen in het beroep bewaard blijven. Dit pleit voor het bewaren van de vertrouwelijkheid en voor eerlijkheid.	Algemeen belang
	Wil zijn cliënt niet schaden. Dat pleit ervoor om niet door te geven dat er al eerder klachten bestonden.	Belang van anderen

Verzekerings-maatschappij	Wil de kosten beperken en wil daarom weten of de klachten al bestonden voor het ongeval.	Welbegrepen eigenbelang
	Wil op juiste gronden uitkeren en daarom over juiste informatie beschikken.	Algemeen belang

Het belang van Coert Cornalijn om op basis van onvolledige informatie geld te krijgen van de verzekering is strijdig met alle andere belangen.

Het belang van de verzekeringsmaatschappij om op basis van juiste gronden uit te keren, wordt breed gedeeld.

Het belang van Pim Poort en van zijn beroepsgroep om ervoor te zorgen dat het vertrouwen in de psycholoog bewaard blijft, is een zwaarwegend belang omdat psychologen alleen kunnen werken op basis van dit vertrouwen.

Het is belangrijk dat een psycholoog de cliënt niet schaadt, maar in dit geval is de schade beperkt. Het is belangrijker dat de psycholoog eerlijk blijft.

Conclusie: behalve Coert Cornalijn heeft iedereen er belang bij dat de informatie die eventueel verstrekt wordt, juist is. De vraag blijft dan nog: verstrekt de psycholoog informatie? Op de eerste plaats komt het belang bij het bewaren van vertrouwen in de psycholoog. Op de tweede plaats het belang van de verzekeringsmaatschappij om van Poort te horen wat er precies aan de hand is. Ze zijn namelijk niet afhankelijk van Poort om een beoordeling te krijgen, maar ze kunnen hiervoor ook een ander inschakelen, die geen behandelaar is.

4.4.5 Stap 5: de relevante waarden en normen beschrijven

Over waarden en normen is in hoofdstuk 1 en 2 al uitgebreid geschreven. In stap 5 van het stappenplan beschrijf je de waarden en normen die relevant zijn voor het dilemma en de relevante artikelen uit het Wetboek van Strafrecht (zoals aangifteplicht, noodsituatie). Zorg ervoor dat voor een ander begrijpelijk is wat je bedoelt. Geef ook aan wat de waarde of norm in deze concrete situatie betekent. Het is niet voldoende om aan te geven dat bijvoorbeeld de waarde 'naastenliefde' een rol speelt. Je moet ook duidelijk maken welke keuze er gemaakt wordt als je handelt uit naastenliefde. Het is vaak moeilijk om nauwkeurig te formuleren als het over normen en waarden gaat, maar het voorkomt misverstanden.

De NIP-code en de NBTP-code (voor Nederland) zijn volgens de Nederlandse beroepsverenigingen richtinggevend voor het beroep. In België is de deontologische code bindend voor alle psychologen. Als psycholoog word je geacht om vanuit deze beroepscodes te werken. Het spreekt dan ook voor zich dat de relevante artikelen uit de beroepscode een plaats krijgen in de waarden en normen-lijst die je in deze stap opstelt.

Overigens helpt de beroepscode je niet alleen om je eigen positie te bepalen, maar is deze ook een steun in de rug, omdat je met behulp van de code kunt laten zien dat het niet alleen jouw persoonlijke ethiek is van waaruit je keuzes maakt, maar dat dit een gedeelde ethiek van de beroepsgroep is. Een beroepscode is bovendien nuttig omdat die aan anderen duidelijk maakt wat ze mogen verwachten van de mensen die een bepaald beroep uitoefenen.

Casus: De whiplash van Coert Cornalijn: stap 5

Waarden:
- **Vertrouwelijkheid: Het is niet juist om geheimen van anderen door te vertellen.**
De informatie over de cliënt moet geheim blijven. Dit pleit voor handelingsalternatief b (zie paragraaf 4.4.3: de gevraagde informatie niet geven).
- **Eerlijkheid: Het is niet juist om te liegen.**
De rapportage van Poort moet waarheidsgetrouw zijn. Dit pleit tegen handelingsalternatief c (zie paragraaf 4.4.3: alleen de informatie geven die de claim van Cornalijn ondersteunt).
- **Niet schaden: Het is niet juist om anderen te schaden.**
De psycholoog mag de cliënt niet schaden door het achterwege laten van een rapportage of juist door het geven van informatie die de belangen van de cliënt schaadt. Dit pleit tegen handelingsalternatief a (de informatie sturen) en voor handelingsalternatief c (zie paragraaf 4.4.3: alleen de informatie geven die de claim van Cornalijn ondersteunt).

Beroepscode:
De beroepscode beschrijft de normen die (deels) uit bovenstaande waarden afgeleid kunnen worden.
- **Beroepsgeheim**
De beroepscode schrijft voor dat de psycholoog vertrouwelijk om moet gaan met informatie over zijn cliënt (NIP-code artikel 71, NBTP-code: Aspecten met betrekking tot de beroepsuitoefening, artikel 9 en Aspecten met betrekking tot de houding tegenover de patiënt/cliënt, artikel 12 en deontologische code artikel 5 en 6). Hij heeft een beroepsgeheim. Dat mag hij alleen doorbreken onder strikte voorwaarden, namelijk: inzage door de cliënt voordat de rapportage wordt verzonden (NIP-code artikel 91, NBTP-code: Aspecten met betrekking tot de houding tegenover de patiënt/cliënt, artikel 13 en deontologische code artikel 19) en de gelegenheid voor de cliënt om de rapportage te corrigeren, aan te vullen of om gegevens te verwijderen (NIP-code artikel 93) of om de rapportage te verwijderen (NIP-code artikel 94). In dit geval kan niet aan de voorwaarden worden voldaan. Dit pleit voor handelingsalternatief b (de gevraagde informatie niet geven).

- **Dubbele rollen**
  De NIP-code schrijft voor dat een psycholoog vermenging van professionele rollen vermijdt (NIP-code artikel 51). De deontologische code schrijft zelfs voor dat de psycholoog zich tot één enkele activiteit beperkt in zijn contact met de cliënt (deontologische code artikel 45). Poort is (of was) behandelaar van Cornalijn. Als hij rapporteert aan de verzekering heeft dat niets meer te maken met zijn rol als behandelaar. Voor Cornalijn kan dit verwarrend zijn en het brengt Poort in een lastige positie. De Belgische beroepscode geeft duidelijk aan dat deze combinatie van rollen ontoelaatbaar is. Dit pleit voor handelingsalternatief b (de gevraagde informatie niet geven).
- **Niet schaden van de cliënt**
  In de beroepscodes staat dat een psycholoog schade voor zijn cliënt moet voorkomen en beperken. Hij moet zich bewust zijn van de indirecte effecten van zijn handelen (NIP-code artikel 25). Hij moet de belangen van de cliënt op de eerste plaats zetten (NBTP-code: Aspecten met betrekking tot de houding tegenover de patiënt/cliënt, artikel 1). Poort moet zich er dus van bewust zijn dat het rapporteren aan de verzekeringsmaatschappij nadelige gevolgen kan hebben voor zijn ex-cliënt. Dit pleit tegen handelingsalternatief a (de informatie sturen).
- **Integriteit**
  'Integriteit' kan niet zo geïnterpreteerd worden dat Poort informatie over eerdere klachten uit de rapportage zou moeten schrappen, want door onvolledig te rapporteren zou hij net zo goed in strijd met het basisprincipe integriteit handelen. Dit pleit tegen handelingsalternatief c (alleen de informatie geven die de claim van Cornalijn ondersteunt).

4.4.6 Stap 6: een handelingsalternatief kiezen

Inmiddels is er een zo volledig mogelijk beeld ontstaan van de verschillende overwegingen die meespelen bij het ethisch dilemma. In de laatste stap gaat het erom dat je op basis van al die gegevens een keuze maakt voor een handelingsalternatief. Geef bij de verschillende handelingsalternatieven argumenten vanuit de verschillende normatieve invalshoeken (zie hoofdstuk 2). Vanuit de plichtethiek kies je een principiële opstelling en benoem je de plichten van de betrokkenen. Vanuit de gevolgenethiek benader je de vraag pragmatischer en bekijk je wat de consequenties kunnen zijn van de verschillende alternatieven. Vanuit de deugdenethiek kijk je naar de eigenschappen die je als professional zou moeten hebben. Probeer op deze manier argumenten voor en tegen elk handelingsalternatief te geven en weeg die zorgvuldig af.

Als er sprake is van een echt dilemma moet je kiezen, maar daarbij kun je proberen zo veel mogelijk recht te doen aan de belangen, waarden en normen die op de tweede plaats komen. Vaak is het ook zinvol om dit met de cliënt te bespreken: 'Jij plaatst mij voor een moreel dilemma. Wat nu?' Idealiter komt men dan samen tot een oplossing. Als dit niet lukt, weet de cliënt in ieder geval hoe de psycholoog gaat handelen. Als je bijvoorbeeld te maken krijgt met een meisje dat thuis misbruikt wordt en niet wil dat jij daar iets over vertelt, moet je kiezen tussen het bevorderen van het welzijn van dat meisje en geheimhouding. Uit de analyse kan dan komen dat het welzijn het zwaarste moet wegen en dat dit betekent dat je informatie over het meisje aan anderen moet doorgeven. Geheimhouding blijft echter belangrijk. Je kunt hier zo veel mogelijk recht aan doen door informatie alleen door te geven aan de personen die iets aan haar situatie kunnen doen en door alleen de noodzakelijke informatie door te geven.

Casus: De whiplash van Coert Cornalijn: stap 6

Normatieve theorie	Toepassing in de situatie van Pim Poort
Plichtethiek	De psycholoog handelt vanuit de waarden: Vertrouwelijkheid Eerlijkheid Hij zal daarom altijd weigeren om informatie door te geven als niet aan alle eisen voldaan is.
Gevolgenethiek	De psycholoog weegt de voor- en nadelen van het doorgeven van de informatie tegen elkaar af: **Voordelen:** De verzekeringsmaatschappij weet wat er aan de hand is en kan een reële schadevergoeding geven. Er worden geen onnodige kosten gemaakt. Cornalijn wordt financieel bevoordeeld als de psycholoog alleen rapporteert over de klachten ná de aanrijding. **Nadelen:** Mensen verliezen hun vertrouwen in psychologen, als blijkt dat deze zaken doorvertellen aan een verzekering en het contact kan daardoor minder openhartig worden. Mensen verliezen hun vertrouwen in psychologen als blijkt dat deze onvolledige informatie geven. Cornalijn wordt financieel benadeeld als de psycholoog eerlijke informatie geeft. Omdat de verzekeringsmaatschappij niet per se afhankelijk is van Poort om een juist beeld te krijgen, weegt voordeel 1 niet zwaar. De nadelen van het doorgeven van de informatie geven daarom de doorslag.
Deugdenethiek	De psycholoog handelt op basis van zijn 'goede eigenschappen': integriteit en respect. Poort is dan eerlijk. Hij geeft alleen informatie door als de cliënt precies weet wat er verteld wordt. Hij respecteert de keuzes van de cliënt. Ook als hij consequent weigert om informatie aan derden te geven is hij integer en betrouwbaar.

Op basis van de belangenafweging en de afweging van waarden en normen, wordt direct duidelijk dat handelingsalternatief c, alleen die informatie naar de verzekeringsmaatschappij sturen die de claim van zijn cliënt ondersteunt, vervalt. Dit is wel in het belang van de cliënt, maar een psycholoog die de halve waarheid vertelt, maakt zichzelf en zijn beroepsgroep ongeloofwaardig. Als Poort de gevraagde informatie doorgeeft, doet hij dat met instemming van zijn cliënt, alleen weet die niet waar hij precies mee instemt. Poort moet rekening houden met de negatieve gevolgen, die hij zelf wel kan overzien. Bovendien handelt hij in strijd met zijn eigen beroepsregels als hij rapporteert zonder inzage vooraf. Hij zou zich moeten beperken tot zijn rol als behandelaar van Cornalijn. Dat betekent dat hij niet rapporteert. De verzekeringsmaatschappij kan een andere psycholoog inschakelen die uitsluitend optreedt als beoordelaar van Cornalijn.

4.4.7 Overzicht stappenplan

In het volgende overzicht zijn alle hierboven genoemde elementen van het stappenplan op een systematische manier opgenomen. De stappen moeten in de beschreven volgorde worden doorlopen, maar het is soms mogelijk om als het ware een stap terug te zetten en daarna verder te springen. Dat wil zeggen dat je in een bepaalde fase van het stappenplan soms kunt inzien dat er een paar stappen daarvoor iets moet worden bijgesteld.

Stap 1. **De situatie in kaart brengen**
Geef een korte beschrijving van de situatie waarin het probleem zich voordoet. Maak daarbij een duidelijk onderscheid tussen feiten, gedachten en gevoelens.

Stap 2. **Het morele probleem vaststellen**
Formuleer het dilemma kort en duidelijk. Het dilemma moet aan de volgende eisen voldoen:
– Er zijn twee alternatieven waaruit moet worden gekozen.
– Beide alternatieven hebben te maken met waarden en normen. Het gaat dus niet om de vraag hoe je iets moet aanpakken. Dat is een vraag naar de werkwijze.
– Het is een dilemma voor de psycholoog (als het over beroepsethiek gaat).
– Het is duidelijk waaruit de psycholoog moet kiezen. Beschrijf het dilemma vanuit de positie van een concrete werker, die concrete mogelijkheden en onmogelijkheden heeft.

Stap 3. **De handelingsalternatieven verkennen**
Beschrijf de handelingsalternatieven die je op dit moment kunt bedenken. Dat kunnen er meer dan twee zijn.

Stap 4. **De betrokkenen benoemen en hun belangen afwegen**
Zet op een rijtje wie betrokken zijn bij het dilemma. Dat kunnen personen, groepen, organisaties of de samenleving als geheel zijn. Beschrijf bij elke betrokkene de belangen die spelen in relatie tot het dilemma. Geef bij elk belang

aan op welk niveau het zich bevindt (eigenbelang als egoïsme, welbegrepen eigenbelang, belang van anderen, algemeen belang).
Geef ook aan wat de bevoegdheden en verantwoordelijkheden van de verschillende betrokkenen zijn met betrekking tot het dilemma. Weeg ten slotte de belangen tegen elkaar af en zet ze in een rangorde.

Stap 5. **De relevante waarden en normen omschrijven**
Beschrijf de relevante waarden en normen en leg een relatie met het dilemma. Ga daarbij ook na welke artikelen uit de beroepscode relevant zijn. Maak duidelijk wat je bedoelt met een specifieke waarde of norm en hoe je deze in de situatie toepast.
Weeg ten slotte de waarden en normen tegen elkaar af. Zet de waarden, normen en de artikelen uit de beroepscode in een rangorde. Hiermee leg je de basis voor de volgende stap.

Stap 6. **Een handelingsalternatief kiezen**
Geef argumenten voor en tegen de verschillende handelingsalternatieven vanuit de gevolgenethiek, de plichtsethiek en de deugdenethiek. Maak daarbij gebruik van de belangen, waarden en normen die in stap 4 en 5 zijn benoemd. Maak op basis van de argumenten een afgewogen keuze.

4.5 Samenvatting

Morele handelingen kunnen op verschillende niveaus beoordeeld worden. Het eerste niveau behelst de normatieve theorieën die in hoofdstuk 2 besproken werden. In dit hoofdstuk kwamen de andere drie niveaus aan bod, achtereenvolgens: ethische principes, richtlijnen en concrete morele oordelen. De ethische basisprincipes die het NIP formuleert zijn: verantwoordelijkheid, integriteit, respect en deskundigheid. De Belgische Psychologencommissie formuleert de principes iets anders, maar met dezelfde strekking: eerbiediging van de waardigheid en de rechten van de persoon, verantwoordelijkheid, competentie, integriteit en zij besteedt een apart hoofdstuk aan het beroepsgeheim. De NBTP ordent de artikelen in haar beroepscode op een andere manier, maar dezelfde principes zijn daarin terug te vinden. Deze principes moeten bepalend zijn voor het handelen van de psycholoog. Ze worden uitgewerkt in artikelen. Om in een specifieke situatie te kunnen beoordelen hoe je als psycholoog goed en verantwoord kunt handelen, is een stappenplan een goede methode om tot de juiste keuze te komen.

4.6 Opdrachten

Individuele opdrachten

1. Je bent op een feestje. Je hoort een psychologiestudent vertellen over zijn stage-ervaringen. Daarbij geeft hij een beschrijving van een cliëntsituatie. Hij gaat daar zo gedetailleerd op in dat een kennis van de cliënt zou kunnen herkennen om wie het gaat. Je wilt de student hierop aanspreken. Naar welk basisprincipe uit de code kun je verwijzen als je hem uitlegt waarom zijn gedrag niet correct is? Zoek een artikel dat relevant is voor deze situatie.

2. Een schoolpsycholoog begeleidt een 16-jarig meisje met leerproblemen. Haar ouders komen bij hem langs en willen weten wat er precies aan de hand is met hun dochter. Onder welk basisprincipe uit de code kan deze psycholoog vinden of hij de informatie mag geven? Zoek de relevante artikelen.

3. Een werknemer wordt door zijn leidinggevende naar de psycholoog verwezen. De vraag van de leidinggevende is of de werknemer beter zou functioneren in een andere functie. Er wordt geen duidelijke vraagstelling afgesproken. De psycholoog neemt enkele tests af en rapporteert hierover aan de leidinggevende. Op basis van dit onderzoek wordt de werknemer ontslagen. Die is het hier niet mee eens. Hij wil een klacht indienen tegen de psycholoog. Onder welk basisprincipe uit de code kan hij zoeken als hij duidelijk wil maken wat de psycholoog fout gedaan heeft? Welke artikelen kunnen van toepassing zijn?

4. Een psycholoog werkt met een cliënt die zich regelmatig zeer negatief uitlaat over Marokkanen en Turken. De psycholoog krijgt steeds meer last van de discriminerende uitlatingen. Hij krijgt zo'n sterke afkeer van deze persoon dat hij niet meer met hem kan werken. Onder welk basisprincipe uit de code kan de psycholoog vinden of dit een reden kan zijn om de professionele relatie te verbreken? Welke artikelen zijn relevant?

5. Een cliënt vindt dat de psycholoog bij haar selectieassessment gebruik heeft gemaakt van een verouderde test. In het gesprek met de psycholoog spreekt ze hem hierop aan. Naar welk basisprincipe uit de code kan ze verwijzen? Welke artikelen zijn relevant?

6. Een coach bij een multicultureel re-integratietraject doet een intakegesprek met een vrouw. Deze vrouw spreekt slecht Nederlands. Ze is moslima. Ze wil heel graag meedoen aan het traject en het maakt haar niet uit wat voor werk ze kan krijgen. In het gesprek blijkt dat ze vooral weg wil zijn van huis. Haar man is afgekeurd voor zijn werk, maar vindt dat het niet zijn taak is om voor de kinderen te zorgen. Hij staat er niet achter dat zijn vrouw werk zoekt en weet niet dat ze zich aanmeldt voor

dit traject. De vrouw voldoet niet aan de voorwaarden voor het traject. Vanwege haar gebrekkige kennis van de Nederlandse taal en vooral ook omdat haar man niet mee wil werken en er toch voor de kinderen gezorgd moet worden, is werk voor haar niet mogelijk. Bovendien kan de onwillige man voor conflicten zorgen en daarmee kan de veiligheid binnen het traject bedreigd worden. De coach vertelt de vrouw dat ze niet aangenomen kan worden en zij is zeer teleurgesteld.
Welke principes en artikelen uit de beroepscode zijn hier relevant? Wat zou volgens jou moreel juist handelen zijn in deze situatie? Beargumenteer je antwoord.

Groepsopdrachten

7. **Casus: Illegale handel**

   Je werkt als psycholoog op een forensische afdeling van een GGZ-instelling. Je merkt dat een aantal patiënten in illegaal gebrande dvd's handelt, met films die nog maar net zijn verschenen.

   a. Wat is jouw verantwoordelijkheid en wat is de verantwoordelijkheid van de patiënten?
   b. Wat zou je doen? Beargumenteer je keuze met behulp van de beroepscode.
   c. Bespreek dit met je medestudenten en probeer binnen je groepje tot overeenstemming te komen.

8. In paragraaf 4.1 en 4.2 staan verschillende casussen. Formuleer voor (een selectie van) deze casussen een morele vraag. Bedenk wat de psycholoog in die casussen volgens jou zou moeten doen en geef argumenten die jouw keuze ondersteunen en argumenten die tegen jouw keuze in gaan. Bespreek dit met medestudenten.

9. Zoek in de krant een ethisch probleem waar je als psycholoog mee te maken kunt krijgen. Gebruik het stappenplan om te analyseren wat er speelt en welke keuze verantwoord is.

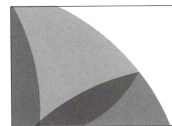

MyLab | Nederlandstalig

Op www.pearsonmylab.nl vind je studiemateriaal en de eText om je begrip en kennis van dit hoofdstuk uit te breiden en te oefenen.

Hoofdstuk 5
Voorlichting, reclame en marketing

Casus: Spuiten en slikken

Onze filosofie is dat we jongeren zo goed mogelijk willen voorlichten over alle ins en outs. Dat betekent dat we in *Spuiten en slikken* de leuke maar ook de minder leuke dingen laten zien. Wij denken dat het niet veel zin heeft om tegen jongeren te roepen: pas op, dat is gevaarlijk! Dat zou wel eens een averechts effect kunnen hebben.

(Pim Casteleijn geciteerd in Wanders, 2009)

Hoe kun je jongeren voorlichten over drugs? BNN laat in het programma *Spuiten en slikken* zien hoe een verslaggever alle mogelijke soorten drugs gebruikt en wat de gevolgen daarvan zijn. BNN kiest er bewust voor om niet nadrukkelijk te waarschuwen voor de gevaren. Dan zapt de doelgroep namelijk weg van het programma. Voorlichters in de verslavingszorg vinden dat deze presentatie onvoorstelbare risico's met zich meebrengt en ze verwijten BNN een tekort aan verantwoordelijkheidsbesef. Jongeren zouden op die manier op slechte ideeën kunnen komen.

Dit illustreert een van de lastige morele dilemma's bij voorlichting: zorg je ervoor dat de doelgroep bij de les blijft of geef je een duidelijke boodschap? Dat gaat niet altijd goed samen. We zullen nu eerst kijken naar de doelen van voorlichting, reclame en marketing. Een van deze doelen is preventie. We zullen de verschillende typen preventie onderscheiden en dan verder ingaan op de verschillende morele problemen die er binnen deze werkvelden spelen.

Doelen

Psychologen kunnen hun kennis gebruiken om de attitudes en het gedrag van mensen te veranderen. Ze informeren mensen en voeren voorlichtingsprogramma's uit. Bij voorlichting gaat het om ideële doelen, zoals ziektepreventie.

Er zijn daarnaast ook veel psychologen werkzaam in het bedrijfsleven, waar men bedenkt hoe er meer producten van het bedrijf aan de man gebracht kunnen worden. Bij reclame en marketing is het belangrijkste doel: geld verdienen.

Preventie

Meestal is voorlichting gericht op preventie, het voorkomen van problemen. Bij preventie gaat het om een breed scala aan activiteiten, onder meer gericht op gezondheidsbevordering, zoals de bestrijding van infectieziekten, het stimuleren van een actieve leefstijl en gezond eten, voorlichting over drugsgebruik, seksuele voorlichting, programma's over pesten en het bevorderen van gezondheid op het werk.

Doorgaans worden drie typen preventie onderscheiden:

- **Primaire preventie**: Het doel van primaire preventie is om te voorkomen dat er problemen ontstaan. Primaire preventie richt zich op gezonde mensen. De doelgroep is dus breed, mogelijk zelfs de gehele bevolking. Een psycholoog kan bijvoorbeeld onderzoeken hoe stress in de werksituatie voorkomen kan worden. Voorlichtingscampagnes zijn vaak gericht op deze vorm van preventie.
- **Secundaire preventie**: Secundaire preventie richt zich op mensen die extra kwetsbaar zijn of al problemen hebben. Het doel is om de problemen in de kiem te smoren en zo te voorkomen dat de situatie verergert. In een werksituatie kan een psycholoog bijvoorbeeld mensen met beginnende stressklachten zo begeleiden dat de stress niet verergert of dat de werknemer ziek uitvalt.
- **Tertiaire preventie**: Tertiaire preventie richt zich op het voorkomen van terugval en het bevorderen van zelfredzaamheid. Hier kan het bijvoorbeeld gaan om re-integratie na ziekte.

In dit hoofdstuk zullen we ons beperken tot primaire preventie. Bij secundaire en tertiaire preventie is meestal sprake van training en coaching. De morele vragen die daarbij spelen komen in het volgende hoofdstuk aan de orde.

Morele kwesties bij voorlichting, marketing en reclame

Bij voorlichting, marketing en reclame ligt het initiatief bij een opdrachtgever. Die opdrachtgever heeft een boodschap en de psycholoog is de deskundige die weet hoe hij de interesse van mensen kan wekken. De psycholoog weet ook welke interventies mensen ertoe brengen om hun gedrag te veranderen. De doelgroep wordt echter niet gevraagd of zij het met de doelen eens is. De autonomie van de doelgroep is daarmee in het geding en de kans bestaat dat mensen gemanipuleerd worden om iets te doen

waar ze niet zelf voor kiezen. In dit hoofdstuk besteden we aandacht aan de volgende onderwerpen:
1. Vrijwilligheid
2. Autonomie en manipulatie
3. Doelstellingen

5.1 Vrijwilligheid

Casus: BlaasBob-Games

De overheid voert campagne om mensen ervan te doordringen dat ze niet met drank op achter het stuur moeten kruipen. De bob (bewust onbeschonken bestuurder) is inmiddels overal bekend. Om ervoor te zorgen dat hij niet vergeten wordt, heeft de overheid onder meer de BlaasBob-Games georganiseerd op dansfeesten waar veel jongeren komen. De idee hierachter is dat een bob kan blazen als de beste. Zowel in het blaaspijpje bij de politiecontrole als bij het opblazen van ballonnen en opblaaspoppen. Teams spelen tegen elkaar en intussen wordt het begrip 'bob' steeds herhaald, zodat de jongeren het niet snel meer vergeten.

Als de psycholoog voorlichting geeft, werkt hij meestal met een doelgroep die niet zelf om zijn diensten gevraagd heeft. Er is een zeer hoge mate van vrijwilligheid en het is gemakkelijk voor de doelgroep om op te stappen als ze de boodschap niet aantrekkelijk of niet interessant vindt. De doelgroep moet verleid worden om naar de boodschap te luisteren. Bij een moralistische boodschap haakt de doelgroep af. De boodschap wordt daarom vaak verpakt in een aantrekkelijk jasje. De mensen worden gelokt met een leuk filmpje of een goed feest en intussen krijgen ze de boodschap en passant mee. De voorlichter is dus niet altijd open naar zijn publiek.
In reclame en marketing moet de klant verleid worden tot kopen. Meestal wordt duidelijk aangegeven dat het om een reclameboodschap gaat, zodat de klant gewaarschuwd is. Reclamemakers doen hun best om de boodschap zo te brengen dat de aandacht van klanten getrokken wordt en dat ze niet wegzappen.

De band tussen de psycholoog en zijn doelgroep is bij voorlichting erg los. Meestal weet de doelgroep niet eens wie de persoon is achter een campagne 'gezond leven'. In zo'n geval kun je ook niet spreken van een professionele relatie. Daarin verschilt dit werkgebied van de andere die in dit boek besproken worden. Er komen dan ook nooit klachten over psychologen die voorlichting of preventie geven bij de ethische commissies. Als het de doelgroep niet bevalt, is ze weg. Over reclame komen wel klachten bij de Reclame Code Commissie, als een reclame niet voldoet aan de reclamecode. Daarin staat onder meer dat reclame niet mag misleiden en niet in strijd met de waarheid mag zijn. Reclame mag ook niet nodeloos kwetsend zijn of in strijd met de goede smaak en het fatsoen (www.reclamecode.nl; geraadpleegd op 8 april 2015.).

5.2 Autonomie en manipulatie

> **Casus: Gezond is vet, vet cool!**
>
> De gemeente Den Haag gaat de strijd aan tegen het overgewicht van kinderen en ouders met de campagne 'Gezond is vet'. "Bijna 50 procent van alle volwassenen in Den Haag en een kleine 20 procent van de kinderen aldaar is te dik, vooral in de wijken met sociaaleconomische achterstanden. Ze bewegen onvoldoende en eten heel vaak ongezond, zo stelt de Haagse Wethouder Volksgezondheid Rabin Baldewsingh." (Hoogervorst, 2013). Jij wordt gevraagd als deskundige op het gebied van gedragsbeïnvloeding een advies uit te brengen over de manier waarop de gemeente dit kan aanpakken.

De psycholoog die zich bezighoudt met voorlichting, reclame of marketing, krijgt zijn opdracht van een derde partij, zoals de overheid of een bedrijf, en dus niet van de doelgroep zelf. De doelgroep is ook lang niet altijd overtuigd van de juistheid van het doel. Het morele probleem hierbij is dat de psycholoog de opdracht heeft om een boodschap over te brengen en het gedrag van mensen te beïnvloeden, terwijl die mensen daar zelf niet om gevraagd hebben. Het is dan de vraag hoe hij de autonomie van die mensen toch kan respecteren (NIP-code artikel 59; deontologische code artikel 21; NBTP: Aspecten met betrekking tot de houding tegenover de patiënt/cliënt, artikel 2). De opdrachtgever en de psycholoog zijn er bijvoorbeeld van overtuigd dat mensen gezond moeten eten en regelmatig moeten bewegen. De doelgroep houdt daarentegen misschien veel meer van vet en calorierijk eten en heeft een hekel aan sport. Als de psycholoog de taak heeft om mensen ervan te overtuigen dat ze veilig moeten vrijen om seksueel overdraagbare aandoeningen te voorkomen, krijgt hij misschien te maken met een doelgroep die het veel opwindender vindt om zonder condoom te vrijen, of komt hij in aanvaring met ouders die niet willen dat hun kinderen voorlichting krijgen over seks. De psycholoog kan natuurlijk stellen dat 'gezondheid' een groot goed is en bijna iedereen is het daarmee eens, maar volwassenen hebben het recht om zelf te beslissen of ze gezond leven. De afweging wordt natuurlijk gemakkelijker als de mensen in de doelgroep anderen schaden met hun gedrag. Als anderen gevaar lopen, is er een goede reden om in te grijpen. Dat is echter niet altijd het geval.

Nudging

De overheid probeert op allerlei manieren het gedrag van burgers te beïnvloeden. Er zijn verschillende manieren waarop de overheid mensen kan overhalen tot gewenst gedrag: voorlichting, wetten, regels, belastingen en subsidies. In New York probeerde burgemeester Bloomberg de consumptie van calorierijke frisdranken bijvoorbeeld te beperken door een verbod in te stellen op bekers cola en andere suikerrijke frisdranken in bekers die groter zijn dan 16 ounce (0,45 liter) in restaurants, bioscopen en stadions. Het betrof hier geen echte inperking van de vrijheid van consumenten. Ze konden nog steeds twee kleinere bekers kopen, maar het werd hiermee minder vanzelfsprekend om veel te drinken. De frisdrankenindustrie spande echter een proces aan tegen dit verbod, dat zij beschouwden als een ongeoorloofde inbreuk op de keuzevrijheid, en kreeg daarin gelijk van de rechter. De laatste tijd worden steeds meer psychologische gedragsinterventies ingezet om mensen tot gezond gedrag aan te zetten. Een voorbeeld hiervan is nudging: subtiele aanwijzingen of informatieverstrekking die gericht is op gedragsbeïnvloeding, zoals: mensen feedback geven over hun gedrag en de effecten daarvan, een goed voorbeeld laten zien met eventueel een beroemd persoon, het herhalen van een boodschap of het presenteren van een boodschap op een plaats waar een 'foute' keuze voor de hand ligt ("Eet gezond" op een bord bij het schap met chips), een trap die muziek maakt als je erop loopt naast de lift, of smileys op borden langs de weg die een glimlach laten zien als iemand de juiste snelheid aanhoudt en een droevig gezicht als iemand te hard rijdt. Er lijkt weinig op tegen om op deze manier mensen te verleiden tot gezonder gedrag, maar het risico bestaat dat de psycholoog meewerkt aan paternalistisch optreden van de opdrachtgever. Dat wil zeggen dat de opdrachtgever ervan uitgaat dat hij, beter dan de doelgroep zelf, weet wat goed voor die doelgroep is. Een psycholoog kan vervolgens zijn deskundigheid inzetten om het gedrag van mensen te beïnvloeden, ook als ze daar zelf niet voor kiezen. Op die manier kan hij mensen manipuleren. Als een psycholoog doet alsof hij open communiceert met iemand, terwijl hij eigenlijk een 'geheime agenda' heeft en van daaruit gedragsverandering wil bevorderen, is er volgens Habermas (zie paragraaf 3.1) sprake van latent strategisch handelen. Hij is dan niet transparant. Dit staat haaks op het principe 'integriteit' zoals we dat in de NIP-code, de NBTP-code en de deontologische code tegenkomen.

Bij reclame is het meestal duidelijk dat er een bedrijf is dat iets wil verkopen. Habermas noemt dit strategisch handelen. Als een verkoper open is over zijn bedoelingen en als hij eerlijke informatie geeft, kan hij integer handelen.

Casus: Chatten

De GGD zet vrijwilligers in om mensen te 'verleiden' tot veilige seks. Vrijwilligers chatten met mannen die eenmalige seksuele contacten zoeken met onbekenden. Dit is een risicogroep wat betreft de verspreiding van hiv/aids. De vrijwilliger begint dan niet direct over condoomgebruik. Dat zou de gesprekspartner afschrikken. De vrijwilliger probeert online in contact te blijven en begint met te vragen hoe de man seks wil. Op die manier probeert hij hem aan het denken te zetten over veilige en onveilige seks, in de hoop dat de man later een rationelere keuze zal maken met betrekking tot het gebruik van een condoom.Waarschijnlijk komt de man er nooit achter dat degene met wie hij zo gezellig chat iets met de GGD te maken heeft, en waarschijnlijk weet hij ook niet dat het zijn bedoeling is om veilige seks te bevorderen.

Deze vrijwilligers van de GGD spelen geen open kaart met de mannen op de website. Als je uitgaat van de norm dat mensen eerlijk moeten zijn, is dit niet juist. Als je hun gedrag beoordeelt vanuit de gevolgenethiek, kan het daarentegen wel moreel verantwoord zijn, omdat het bij kan dragen aan een vermindering van nieuwe hiv-besmettingen.

Je kunt ook stellen dat mensen ook zonder externe gedragsbeïnvloeding helemaal niet zo autonoom zijn. Volgens Kahnemann (2011) hebben mensen twee denksystemen. Het ene is snel en automatisch en het andere denksysteem is langzaam en reflectief. Je zou kunnen zeggen dat mensen autonoom zijn als ze hun reflectieve denksysteem gebruiken. Maar dat is niet het geval als ze impulsief kiezen voor een vette hap, onveilige seks of te dure schoenen in de uitverkoop, terwijl ze eigenlijk, als ze erover nadenken, iets anders willen. Vaak is de omgeving ook zo ingericht dat mensen al snel verleid worden tot de aankoop van ongezond voedsel en overbodige artikelen in de uitverkoop. Op die manier kun je stellen dat nudging juist kan helpen om beter na te denken over wat je nu eigenlijk echt wilt.

Peeters en Schuilenburg (2014) plaatsen nudging in een breder perspectief. Het gaat dan niet alleen om het relatief onschuldige en vrijblijvende bevorderen van gezond gedrag. Ze wijzen erop dat de overheid steeds meer tactieken gebruikt om het gedrag van burgers te beïnvloeden. Het gaat er dan om hoe burgers gebruikmaken van hun bestaande rechten. De overheid wil sociale rechten, zoals studiefinanciering of uitkeringen, in stand houden maar tegelijkertijd de eigen verantwoordelijkheid bevorderen en de kosten verminderen. Het principe wordt steeds meer 'Voor wat hoort wat'. Als je studiefinanciering wilt ontvangen, moet je voldoende credits halen. Als je een bijstandsuitkering wilt krijgen, moet je klussen doen voor de gemeente en regelmatig solliciteren. Zaken waar bepaalde groepen burgers recht op hadden, worden dan zaken die ze moeten verdienen.

In de reclame en marketing is het duidelijk dat de klant gemanipuleerd wordt. Unilever verklaart dat er steeds meer menswetenschappers in dienst komen, omdat dit bedrijf aan 'consumer science' doet. De menswetenschappers van Unilever onderzoeken waarom de consument een product koopt, waarom hij iets lekker vindt en waarom bepaalde producten in het ene land wel aanslaan en in het andere land niet. Deze kennis gebruikt het bedrijf bij het ontwikkelen en in de markt zetten van nieuwe producten. De consument is als het ware zelf een product geworden. Reclame mag niet misleiden of onware beweringen doen, maar binnen deze grenzen wordt al het mogelijke bedacht om het gedrag van de klant zo te beïnvloeden dat hij het product aanschaft. Er worden halve waarheden verteld, zoals '0 procent vet' (terwijl er wel veel suiker in het product zit) en er wordt van alles gesuggereerd, bijvoorbeeld dat een man met de juiste deodorant alle aantrekkelijke vrouwen achter zich aan krijgt.

Door het monitoren van individueel consumentengedrag, met behulp van bonuskaarten of registratie van aankopen via internetshops, vindt ook steeds meer gerichte persoonlijke beïnvloeding plaats. Daarbij staat de privacy van klanten op het spel. De beroepscodes stellen dat een psycholoog integer moet zijn en de privacy van cliënten moet respecteren. Dit kan op gespannen voet staan met de doelstelling van een bedrijf om zo veel mogelijk te verkopen.

Verdieping: Skinner: Liever gelukkig dan vrij

We kunnen ons natuurlijk de vraag stellen of de mens ooit werkelijk vrij is. Skinner (zie paragraaf 1.2.2) stelt dat vrijheid niet bestaat. Mensen hebben hooguit het gevoel dat ze vrij zijn. Ze worden, volgens hem, altijd gestuurd door hun omgeving. Voorlichting, reclame en marketing maken dan gebruik van vreedzame technieken om mensen het gevoel te geven dat ze werkelijk gelukkig leven als ze meer sporten of als ze een bepaald merk schoenen kopen. Volgens Skinner hoef je er helemaal niet naar te streven dat mensen autonome keuzes maken. Een goede psycholoog kan mensen zo aansturen dat ze gewenst gedrag vertonen en dat ze zich daar ook nog gelukkig bij voelen. Manipulatie hoeft dus, volgens Skinner, geen probleem te zijn.

Wanneer mensen opkomen voor vrijheid, komen ze op tegen gevangenissen of tegen de politie, of tegen de bedreiging die daarvan uitgaat – tegen onderdrukking. Ze komen nooit op tegen krachten die ervoor zorgen dat ze willen handelen op de manier waarop ze dat willen. Niettemin lijkt het een uitgemaakte zaak dat regeringen alleen gebruikmaken van geweld en het dreigen met geweld en dat ze alle andere beheersingsprincipes overlaten aan opvoeding, godsdienst en commercie. Wanneer dat zo doorgaat kunnen we er wel mee ophouden. Een regering kan nooit een vrij volk creëren met alleen maar de technieken waarvan ze zich nu bedient.

(Skinner, 1962, blz. 262-263)

In de sciencefictionfilm *The Matrix* ligt de keuze tussen enerzijds geluk en aan de andere kant kennis en vrijheid niet bij de deskundigen, maar bij de persoon zelf. De hoofdpersoon, Neo, komt erachter dat zijn wereld een illusie is, een geconstrueerde virtual reality waarin de mensen in een soort gelukkige sluimer worden gehouden, terwijl hun lichamen gebruikt worden om bio-energie te leveren. Hij krijgt de keus tussen een rode en een blauwe pil. Als hij de blauwe pil slikt, blijft hij in de Matrix en vergeet hij dat dit een schijnwereld is. Hij blijft dan in gelukkige onwetendheid. Als hij de rode pil slikt, zal hij in vrijheid in de harde werkelijkheid leven. Wat zou jij kiezen: geluk of vrijheid?

5.3 Doelstellingen

Een psycholoog die als coach, trainer of therapeut werkt, zal eerst samen met de cliënt bepalen wat de doelen zijn en dan bekijken welke methoden hij kan gebruiken om die doelen te bereiken. Hij kan zich dan verantwoorden door zich te beroepen op deze afspraken. Op die manier wordt de autonomie van de cliënt gerespecteerd. Bij voorlichting worden de doelen echter buiten de 'cliënt' om bepaald. Het is dan de vraag wie bepaalt of die doelen 'goed' zijn en hoe die doelen te verantwoorden zijn. Overigens is er bij preventie soms wel overleg. Mensen die meedoen aan preventieve trainingen weten wat ze willen bereiken en als het goed is, komt dat overeen met het door de psycholoog vastgestelde doel. Deze mensen moeten goed weten waar ze aan beginnen, zodat ze goed geïnformeerd toestemming kunnen geven (NIP-code artikel 61 en 62, NBTP-code: Aspecten met betrekking tot de houding tegenover de patiënt/cliënt, artikel 6 en deontologische code artikel 23).

Als een psycholoog de doelen niet samen met zijn cliënt opstelt, moet hij er zelf bijzonder goed op letten of die doelen acceptabel zijn. Bij overheidscampagnes lijkt dat niet zo'n probleem. Bij de meeste overheidscampagnes kunnen we ervan uitgaan dat de meerderheid van de burgers ze ondersteunt: dat ze ernaar streven dat mensen gezond leven, niet dronken achter het stuur gaan zitten, niet discrimineren, niet te veel rood staan en energie besparen. De volksvertegenwoordiging, die democratisch gekozen is, beslist hierover. Je kunt je echter voorstellen dat een overheid belangen heeft die niet democratisch bepaald zijn. Een regeringspartij kan er bijvoorbeeld belang bij hebben dat haar beleid zo gunstig mogelijk naar voren komt in voorlichting, zeker als de verkiezingen in aantocht zijn. Bij een overheid die niet democratisch gekozen is, zullen de doelen van overheidsvoorlichting vaak ook niet aansluiten bij die van de burgers. Er zijn ook voorlichtingscampagnes die door de Verenigde Naties georganiseerd worden. Bijvoorbeeld campagnes om de mensenrechten onder de aandacht te brengen of om de verspreiding van hiv/aids tegen te gaan. In hoofdstuk 1 heb je gelezen dat de lokale bevolking soms opvattingen heeft die haaks op de mensenrechten staan. Moet je dan als voorlichter de mensenrechten verdedigen, of de overtuiging van de plaatselijke bevolking respecteren? Met andere woorden: ga je uit van moreel relativisme of van universele waarden?

Minderheidsopvattingen

Bij overheidscampagnes in een democratisch land gaat het om collectieve belangen. In principe staat de meerderheid van de bevolking dan achter zo'n campagne, maar er kan een minderheid zijn die andere opvattingen heeft, die voor de betrokkenen zeer zwaarwegend zijn. Er is bijvoorbeeld een groep mensen die vanuit een religieuze overtuiging tegen voorbehoedsmiddelen is. Deze groep vindt dat seks alleen binnen een huwelijk plaats hoort te vinden. Een campagne die condoomgebruik stimuleert, zet volgens deze groep aan tot onzedelijk gedrag. Het is een morele vraag hoe de meerderheid om moet gaan met de fundamentele overtuigingen van een minderheid. Voert zij een campagne voor veilig vrijen ook op een katholieke, vrijgemaakt gereformeerde of islamitische school? En deelt ze daarbij gratis condooms uit?

Doelstellingen van bedrijven

We hebben gezien dat er bij ideële campagnes al een paar ethische vragen voor de overheid en voor niet-gouvernementele organisaties spelen. Het wordt echter nog ingewikkelder als er commerciële doelstellingen meespelen. Een psycholoog die reclame maakt voor een bedrijf, gebruikt zijn kennis over menselijk gedrag om de producten van het bedrijf te verkopen. Een morele vraag is dan in hoeverre psychologische kennis gebruikt mag worden om mensen zodanig te manipuleren dat ze producten kopen die ongezond zijn of slecht voor het milieu. Als psycholoog moet je eerlijk zijn (NIP-code artikel 42, NBTP-beroepscode, Aspecten met betrekking tot de houding tegenover de patiënt/cliënt, artikel 7 en deontologische code artikel 21), maar hoe eerlijk kun je zijn als je reclame maakt? Zelfs als de informatie juist is ('Geen toegevoegde suikers'), is die vaak onvolledig (de producent vertelt niet dat er in het vruchtensap net zoveel suiker zit als in cola). Het is ook de vraag of het moreel verantwoord is om mensen te verleiden tot het kopen van producten die eigenlijk te duur zijn. Kun je zeggen dat het hun eigen verantwoordelijkheid is of moet je mensen waarschuwen? De deontologische code voor Belgische psychologen stelt zelfs dat een psycholoog geen winst beogend gebruik mag maken van zijn psychologische kennis (artikel 35). Dit staat haaks op het meewerken aan reclameactiviteiten.

In sommige gevallen zijn er voorschriften die bedoeld zijn om consumenten te beschermen. Dat is bijvoorbeeld het geval met de waarschuwingen op tabaksproducten en bij alcoholreclames. Ook bij financiële producten komen er steeds meer waarschuwingen. Dan neemt de overheid een deel van de verantwoordelijkheid over.

De verhouding doel-middelen

Casus: Powerpoint of een stripper?

De GGD heeft als een van haar doelstellingen dat ze de verspreiding van hiv/aids tegengaat. Hierbij gaat het de GGD om de volksgezondheid en dus niet om de individuele gezondheidszorg voor patiënten. Een van de risicogroepen zijn homoseksuelen die veel wisselende contacten hebben in darkrooms. De GGD wil deze groep ertoe aanzetten om met condoom te vrijen, zodat de kans op verspreiding van hiv/aids afneemt. Als de GGD een voorlichtingsavond organiseert met een keurige presentatie over de risico's van onveilige seks, komt er niemand opdagen. Mogelijk komt de doelgroep wel af op een feest met een mannelijke stripper. Wat doet de GGD? Overheidsgeld besteden aan een seksueel getint feest en daarbij de kans vergroten dat de boodschap overkomt of een keurige voorlichting geven die geen effect heeft?

Een psycholoog moet goed nadenken over de doelen die hij nastreeft bij voorlichting. Als die doelen goed te verdedigen zijn, blijft echter ook nog de vraag welke middelen hij kan gebruiken om die doelen te bereiken. We hebben al vastgesteld dat het publiek 'verleid' moet worden. Er moeten soms onconventionele middelen gebruikt worden. Hoe ver kan een psycholoog daarin gaan? Heiligt het doel de middelen? Mag een psycholoog afschrikwekkende beelden laten zien om gezond gedrag te bevorderen? Het is ook de vraag of de opdrachtgever altijd blij is met de manier waarop een voorlichter werkt. Niet iedere burger zal het op prijs stellen als zijn belastinggeld besteed wordt aan een homostripper. Het doel, bestrijden van soa's, vinden de meeste mensen goed, maar de meningen zullen nogal verschillen over de vraag wat de juiste manier is.

Het afwegen van doelen en middelen past binnen de gevolgenethiek. Als het doel erg belangrijk is, kunnen extreme middelen gebruikt worden. Vanuit een plichtethische benadering worden er meer fundamentele grenzen getrokken.

Persoonlijke ethiek

Een preventiewerker kan in de moeilijke situatie komen dat hij in zijn werk ziet dat er dingen gebeuren die fout zijn, terwijl hij er niets aan kan doen, omdat hij dan het contact met zijn cliënt zou verliezen. Daar komt bij dat een psycholoog gebonden is door een beroepsgeheim (NIP-code artikel 71, NBTP-code: Aspecten met betrekking tot de beroepsuitoefening, artikel 9 en Aspecten met betrekking tot houding tegenover de patiënt/cliënt, artikel 12, deontologische code artikel 5). Het kan hierbij bijvoorbeeld om illegale activiteiten of om mishandeling gaan. De preventiewerker kan het slachtoffer ondersteunen en adviseren om aangifte te doen, maar als deze er niets mee doet, staat hij vervolgens met lege handen.

> **Casus: Prostitutie**
>
> Er zijn verschillende preventieprojecten met prostituees. Daarbij gaat het bijvoorbeeld om het voorkomen van de verspreiding van seksueel overdraagbare aandoeningen. Het komt dan soms voor dat een prostituee bont en blauw langskomt, omdat ze door haar pooier mishandeld is. Als zij zelf geen aangifte kan of wil doen, kan de preventiewerker weinig beginnen. Het doel van de preventie is het voorkomen van de verspreiding van soa's. Dat kan alleen als het contact met de pooiers blijft. Als er een conflict ontstaat tussen de preventiemedewerkers en de pooier, komen de prostituees niet meer op het spreekuur. Het enige dat de preventiewerker kan doen is met de prostituee praten en haar doorverwijzen naar het maatschappelijk werk.

Als een psycholoog voorlichting geeft, kan de boodschap die hij uitdraagt soms botsen met zijn persoonlijke ethiek. In bovenstaand voorbeeld kan een preventiewerker er veel moeite mee hebben dat hij eigenlijk werkt om de gezondheid van de prostitueebezoekers te beschermen, terwijl hij niets kan doen voor de prostituee zelf, die mishandeld wordt. Het is belangrijk om er in zo'n geval met collega's over te praten hoe je hiermee om kunt gaan. Dit kan uiteindelijk tot de conclusie leiden dat het beter is om ander werk te zoeken. De voorlichter kan ook persoonlijke overtuigingen hebben die niet aansluiten bij de boodschap die hij overbrengt, of het kan gebeuren dat door persoonlijke ervaringen bepaalde onderwerpen te dicht bij hem komen. Een psycholoog moet er daarom regelmatig bij stilstaan hoe hij zich als persoon verhoudt tot zijn werk. Hij moet zijn eigen grenzen kennen en daar open over zijn (NIP-code artikel 102, deontologische code artikel 34).

5.4 Samenvatting

Psychologen die voorlichting geven of in de reclame of de marketing werken, hebben te maken met een doelgroep die relatief vrij is om op te stappen als de boodschap niet in goede aarde valt. Ze hebben een tamelijk losse relatie met hun doelgroep. Daarom moeten ze hun verhaal op een aantrekkelijke manier brengen en kunnen ze niet altijd direct met de boodschap komen. Daarbij lopen ze het risico dat ze mensen manipuleren en op die manier hun vrije keuzeruimte inperken. Het is belangrijk om te verantwoorden hoe de doelen bepaald worden. Een voorlichter moet er goed over nadenken of het doel niet ondergeschikt raakt aan de middelen die hij gebruikt om de boodschap te verkopen.

5.5 Opdrachten

Individuele opdrachten

1. Kan een psycholoog die reclame maakt zich houden aan de beroepsethiek? Kijk in de beroepscode welke artikelen hier iets over zeggen.

2. Met betrekking tot voorlichting over drugs heb je aan het begin van dit hoofdstuk twee verschillende standpunten gezien. Het standpunt van BNN is: we moeten de boodschap zo brengen dat de doelgroep blijft kijken. Het standpunt van de verslavingszorg is: we moeten vooral duidelijk overbrengen dat veel drugs schadelijk zijn voor de gezondheid.
   a. Geef argumenten voor beide standpunten.
   b. Zoek in de beroepscode artikelen die beide standpunten ondersteunen.
   c. Geef vanuit de verschillende normatieve theorieën argumenten voor één of voor beide standpunten.

   Maak een afweging en bepaal je eigen standpunt.

3. Ecopsychologie is een nieuwe richting die zich bezighoudt met de relatie tussen mens en natuur. Ecotherapeuten gebruiken diverse methoden om de band tussen het individu en de natuur te verbeteren. Ze proberen de natuurlijke zintuigen te

herstellen, die veel mensen in de loop van hun leven verloren zijn. Door expedities, wandelingen, het bevorderen van sociale contacten en het beperken van hyperconsumentisme, proberen ze stress, angsten en depressies te bestrijden. Een coach/ecopsycholoog die in haar werk veel gebruikmaakt van de helende kracht van de natuur, organiseert in haar vrije tijd natuurexcursies, die openstaan voor iedereen die zich aanmeldt. Ze vraagt zich af of ze haar cliënten een mailtje kan sturen dat ze welkom zijn bij deze excursies.
Geef argumenten voor en tegen en maak een afweging.

Groepsopdracht

4. a. Zoek een reclameboodschap of een voorbeeld van nudging waar je morele vragen bij kunt stellen. Neem de boodschap zo mogelijk mee naar de les.
   b. Bespreek met medestudenten waarom je deze boodschap dubieus vindt.
   c. Formuleer samen morele criteria waar een reclameboodschap aan moet voldoen. Gelden dezelfde criteria voor voorlichting?
   d. Bij welke normatieve theorie (zie hoofdstuk 2) sluiten de criteria aan?

MyLab | Nederlandstalig

Op www.pearsonmylab.nl vind je studiemateriaal en de eText om je begrip en kennis van dit hoofdstuk uit te breiden en te oefenen.

Hoofdstuk 6
Coaching en training

Vorige week was ik nog volmaakt gelukkig.
Viel best wel tegen...

(Theo Maassen)

Het begrip 'coaching' is erg breed. Zelfs als we coaching in de sport buiten beschouwing laten, omdat dit boek geschreven is voor psychologen, blijft er nog veel variatie over. Veel psychologen werken als coach of trainer en er zijn veel mensen die van hun diensten gebruikmaken, omdat ze hopen daarmee gelukkiger te worden, een betere relatie te krijgen of effectiever te worden in hun werk of de opvoeding van hun kinderen. Coaches kunnen mensen helpen om hun prioriteiten te bepalen bij het combineren van de verschillende rollen die ze in hun leven vervullen, als werknemer, ouder, partner, mantelzorger en vrijwilliger. Ze kunnen organisaties en werknemers ondersteunen bij talentmanagement: het werven en behouden van gekwalificeerde professionals. Daarbij zoeken ze naar de juiste combinatie tussen een functie en een individueel talent dat zich in die functie kan ontplooien. Daarnaast zijn er coaches die mensen begeleiden, soms in een vorm van begeleid wonen. Deze coaches werken doorgaans vanuit een organisatie en hun collega's zijn vaak maatschappelijk werker of sociaal pedagogisch hulpverlener. Ook zijn er re-integratiecoaches, die de re-integratie van werkzoekenden op de arbeidsmarkt bespoedigen.

De markt voor vrijgevestigde coaches en trainers is open. Iedereen kan zijn diensten als coach of trainer aanbieden, omdat deze beroepen niet beschermd zijn. Daardoor vind je een zeer divers aanbod als je googelt op 'coaching' of 'training'. Naast psychologen zul je bedrijfskundigen, advocaten, theatermakers, biologen en aikidobeoefenaars vinden. Op dit moment zijn er (nog) geen duidelijke definities en regels voor mensen die zich professioneel met coaching of training bezighouden. Hierin verschilt dit werkgebied van assessments, diagnostiek en therapie. Er zijn nog geen duidelijke eisen aan de methoden die gebruikt worden, zoals bij assessments, waar tests goedgekeurd moeten zijn door de COTAN,[16] of bij therapie, waar evidence based gewerkt moet worden. Aan dit alles wordt wel gewerkt door beroepsorganisaties die het beroep van coach willen professionaliseren. Het NIP registreert bijvoorbeeld psycholoog-trainers, als zij voldoende 'trainingsvlieguren' hebben gemaakt. Op die manier kan een psycholoog-trainer zich onderscheiden van andere trainers. Verschillende waarden die centraal staan in de beroepsethiek ondersteunen het belang van de professionalisering van coaches en trainers. Het is belangrijk dat hun deskundigheid gegarandeerd is en dat ze methoden en technieken gebruiken die effectief zijn. Een verdere professionalisering betekent ook dat klanten beter weten wat ze mogen verwachten van deze beroepsgroep.

Coaching en training liggen goed in de markt, omdat ze aansluiten bij het wijdverbreide beeld van de maakbare mens. De mens die zijn leven lang leert en die zichzelf kan ontwikkelen tot wat hij maar wil. Coaching en training zijn, vergeleken met psychotherapie, ook laagdrempelig en niet stigmatiserend. De gedachte is: iemand gaat naar een psychotherapeut als hij problemen heeft; hij gaat naar een coach of trainer als hij iets wil leren. Of: de relatietherapeut komt in beeld als je relatieproblemen hebt; je gaat naar een relatiecoach als je nieuwe uitdagingen wilt vinden in je relatie. Kortom: als je een probleem hebt, ga je naar een therapeut en als je je verder wilt ontwikkelen, ga je naar een coach. Dat laatste klinkt toch heel anders.

Casus: Een gezonde relatie komt niet vanzelf

Juist als de relatie gezond is, moet je zorgen dat het goed blijft gaan. Een aanpak bemiddeling probleem, oftewel apk, kan daar volgens Loeb bij helpen. En veel ellende voorkomen.
"Van de echtparen gaat 37 procent uit elkaar. Dat aantal zou volgens mij veel lager zijn als mensen om de zoveel jaar hun relatie evalueren. Daar is geen langdurige therapie of cursus met anderen voor nodig. Eén of twee gesprekken bij een relatiecoach is genoeg. We kijken hoe het met de relatie gaat. Wat zijn de knelpunten, zijn mensen zichzelf gebleven, ondernemen ze samen nog dingen, hoe is de communicatie, hoe worden problemen opgelost en wat vind je nog leuk aan elkaar. Het zijn simpele thema's die je zelf ook kunt bedenken. Maar vaak schiet het erbij in om er echt goed over te praten. Mensen hebben het te druk of gaan moeilijke onderwerpen uit de weg. Dan sluimeren kleine problemen en ze ontaarden uiteindelijk in iets groots. Dat is zonde."

(Hartog, 2006)

Hulpverleners uit de (geestelijke) gezondheidszorg en coaches houden zich deels met dezelfde vragen bezig. Bijvoorbeeld: 'Hoe haal ik het beste uit mijzelf?' Daardoor ontstaat er een grensgebied waarin de levensvragen waar zij zich mee bezighouden elkaar overlappen.

---

16 Commissie Testaangelegenheden Nederland van het NIP, die psychodiagnostische instrumenten beoordeelt.

Coaches en trainers creëren deels een nieuwe markt. Mensen gaan soms naar een coach met problemen waarvoor men in het verleden geen professionele hulp zou zoeken. Deze ontwikkeling kun je positief beoordelen. Misschien wordt men door de coaching gelukkiger, blijven er meer relaties intact, voeden ouders met opvoedbegeleiding hun kinderen beter op en kunnen werknemers zich beter ontwikkelen in hun functie. Aan de andere kant kun je je afvragen of mensen niet te afhankelijk worden van 'deskundigen'. Als er voor iedere vraag in het leven een deskundige is, vertrouwen mensen steeds minder op hun eigen inzichten en op de wijsheid van hun eigen netwerk. Ze denken al snel dat de deskundige 'het beter weet'. Dit probleem is door filosofen als Achterhuis en Illich op de agenda gezet in de zeventiger jaren (Achterhuis, 1980; Illich, 1975), maar sinds die tijd is de invloed van welzijnsdeskundigen alleen nog maar toegenomen. Daarnaast zijn er initiatieven waarin juist de eigen deskundigheid van mensen gebruikt wordt. Een voorbeeld hiervan is ouderintervisie, waarbij ouders samen bespreken hoe ze bijvoorbeeld met hun ADHD-kind omgaan. Coaches die werken in het begeleid wonen kunnen ook juist zelfstandigheid bevorderen, door net zo veel ondersteuning te bieden dat hun cliënten zichzelf zo veel mogelijk kunnen redden. Veel coaches en trainers werken als zzp'er of vanuit een klein bedrijf. Dit kan tot dilemma's leiden. Aan de ene kant streeft een coach of trainer ernaar om goed werk te leveren voor mensen die daar werkelijk wat aan hebben. Aan de andere kant moet er natuurlijk wel brood op de plank komen. Hij moet zijn product dus aantrekkelijk presenteren om klanten te krijgen. Maar soms is het de vraag of hij deze mooie doelen ook werkelijk kan bereiken. Het risico is aanwezig dat deelnemers een fantastische training of coaching hebben, maar dat er de volgende dag op hun werk niets verandert, dat de transfer uitblijft. Het is de moeite waard om van tijd tot tijd over deze puzzels na te denken: kun je waarmaken wat je zegt? Als je belooft dat mensen na jouw training een betere balans tussen werk en privé krijgen, is dat dan ook echt zo? Of moet je wat terughoudender zijn in je beloftes?

Er lijken weinig morele problemen te spelen rond coaching en training. Bij het NIP komen nauwelijks klachten binnen op dit gebied. Kennelijk zijn de klanten tevreden. Toch is het goed om als trainer en coach zorgvuldig te werken. Daarbij gaat het in de eerste plaats om een zorgvuldig contact met de klant en met de opdrachtgever. Het gaat ook om het aanzien van het beroep psycholoog. Als een klant een trainer of coach zoekt die tevens psycholoog is, moet hij erop kunnen rekenen dat hij kwaliteit krijgt. Een stap op weg naar verdere professionalisering van coaches en trainers is registratie, zoals het NIP die uitvoert. Een andere stap is het vaststellen van een beroepsethiek, die aangeeft hoe een goede trainer/coach handelt.

In dit hoofdstuk zullen we eerst gaan kijken naar de ethische aspecten van coaching en daarna naar die van training. Tussen deze gebieden is veel overlap. Daarom wordt in het deel over training terugverwezen naar het deel over coaching.

6.1 Coaching en andere begeleidingsvormen

> **Casus: Schoenmaker, hou je bij je leest!**
>
> 'Coachee A vroeg in overleg met haar werkgever coaching, omdat zij moeite had om haar rapportages op tijd en volgens de regels te maken. Bij de kennismaking bleek A ook in therapie te zijn vanwege angstaanvallen. A zag in de gelijktijdigheid van therapie en coaching geen enkel probleem.'

(Fibbe, 2009)

In bovenstaande casus gaat het over een werkneemster die beter wil functioneren in haar werksituatie, terwijl er mogelijk persoonlijke problemen meespelen. Het is hier de vraag of de coach voldoende deskundig is om met deze coachee te werken. Heeft ze voldoende kennis van angststoornissen en weet ze hoe ze iemand kan coachen die daar last van heeft? De coach moet hier goed over nadenken voordat ze beslist of ze met deze coachee in zee gaat. De vragen waarbij coaches hulp bieden zijn zeer divers. Om een paar voorbeelden te noemen:
- Hoe kan ik mijn zelfvertrouwen verhogen?
- Hoe kan ik een beter evenwicht vinden tussen werk en privé?
- Hoe kan ik mijn persoonlijke effectiviteit verhogen?
- Hoe kan ik mijn relatie verbeteren?

Coaching is een containerbegrip: je kunt er erg veel in kwijt. Er bestaat geen overeenstemming over wat precies coaching is. Een van de beroepsverenigingen, de LVSC (Landelijke Vereniging voor Supervisie & Coaching), geeft de volgende omschrijving:

> Coaching is 'gericht op het verbeteren van prestaties in de uitvoering van het beroep of de functie. Het accent kan daarbij gelegd worden op persoonlijke of vakmatige doelen, of een combinatie van beide.'
>
> (www.lvsc.eu)

Op de website van de LVSC vinden we echter ook vormen van begeleiding of coaching die niet gericht zijn op het beroep, maar bijvoorbeeld op gezondheidsbevordering: afvallen, meer bewegen of stoppen met roken. Naast coaching zijn er ook andere begeleidingsvormen, zoals counseling, supervisie, teambegeleiding en ouderbegeleiding. Het voert te ver om die allemaal afzonderlijk te bespreken, maar er zijn veel overeenkomsten wat betreft de ethische vragen die er spelen.

Coaching is gericht op het verbeteren van het functioneren van 'gezonde' mensen of op het begeleiden van mensen met lichamelijke of psychische beperkingen. Overigens zien we dat zowel therapie als coaching steeds meer gericht worden op het ontwikkelen van de positieve eigenschappen en het welbevinden van mensen met behulp van positieve psychologie, en minder op problemen. In hoofdstuk 8 wordt verder ingegaan op de ethische problemen die bij therapie spelen. Als je geïnteresseerd bent in persoonlijke coaching is het verstandig om dat ook te lezen, omdat er veel raakvlakken zijn.

Omdat coaching geen exclusief gebied van psychologen is, zijn er naast het NIP ook andere beroepsverenigingen, die zich specifieker op de professionalisering van coaching richten. Dit zijn onder meer de LVSC en NOBCO (Nederlandse Orde van Beroepscoaches), de ICF (International Coach Federation) en de NOLOC (vereniging voor loopbaanprofessionals). Deze organisaties hebben ook gedragscodes, die te vinden zijn op hun websites.[17]

Bij coaching gaat het primair om de relatie tussen de coach en de coachee. Daarnaast is er vaak ook een opdrachtgever die betaalt en soms ook mee wil bepalen wat er gebeurt. In paragraaf 6.1.2 zullen we de driehoeksverhouding tussen coach, coachee en opdrachtgever onder de loep nemen. We zullen nu eerst verder ingaan op de ethische aspecten van de werkrelatie tussen de coach en de coachee.

6.1.1 De coach en de coachee

Casus: Promotie

Wouter Gerritsen is door zijn directeur verwezen naar Daniëlle de Goed, een ervaren coach. Wouter werkt op een school voor voortgezet onderwijs, tot een jaar geleden als docent en tegenwoordig als teamleider. Iedereen is het erover eens dat Wouter een uitstekende docent was. Daarom werd hij een jaar geleden aangenomen als teamleider. Wouter zag dit als een erkenning voor zijn kwaliteiten en zijn jarenlange inzet voor de school. Het was ook prettig dat hij in een hogere salarisschaal terechtkwam. Wouter functioneert echter niet goed in zijn huidige functie. Daniëlle gaat met hem onderzoeken hoe hij dit kan verbeteren. Helaas blijkt dit niet het gewenste effect te hebben. Ze lijken in een moeras terecht te komen. Daniëlle raakt er steeds meer van overtuigd dat de functie te hoog gegrepen is voor Wouter. Als docent was hij veel gelukkiger en deed hij werk waar hij goed in was. Hij ging fluitend naar zijn werk. Nu ziet hij er steeds weer tegen op om naar school te gaan. Ook de directeur heeft aangegeven dat hij eraan twijfelt of dit de juiste functie voor Wouter is. Als Daniëlle dit als feedback aan Wouter teruggeeft, wil hij er niets van weten. Wouter ervaart het als gezichtsverlies wanneer hij weer docent zou worden en de extra inkomsten wil hij ook niet meer missen. Steeds meer verkrampt probeert Wouter zich staande te houden als teamleider.

---

17 Zie www.lvsc.eu, www.nobco.nl, www.coachfederation.org, www.noloc.nl; allen geraadpleegd op 8 april 2015.

De Nederlandse Orde van Beroepscoaches (NOBCO) formuleert drie uitgangspunten voor coaching:
1. De coachee weet zelf wat het beste voor hem is. Hij maakt op basis van zijn eigen overwegingen zijn eigen keuzes. Hij is zelf verantwoordelijk.
2. Een coachee en een coach zijn gelijkwaardig.
3. Tijdens de coaching hebben 'de doelen, middelen en keuzes van de coachee prioriteit boven die van de coach'.

We zullen deze uitgangspunten, die goed aansluiten bij de ethische codes van het NIP, de NBTP, de Psychologencommissie en de LVSC, verder uitwerken.

Eigen verantwoordelijkheid coachee

Een coach gaat respectvol om met een coachee. Ook in de beroepscodes is respect een van de basisprincipes. Een psycholoog respecteert de autonomie en zelfbeschikking van zijn cliënt en bevordert die (NIP-code artikel 59, NBTP-code: Aspecten met betrekking tot de houding tegenover de patiënt/cliënt, artikel 1 en 2, deontologische code artikel 21). Zo laat ook de coach de coachee in zijn waarde en houdt hij rekening met zijn niveau. Hij respecteert de keuzes van de coachee, ook als hij zelf andere keuzes zou maken. Het belang dat gehecht wordt aan de autonomie van mensen sluit aan bij de filosofie van onder meer de filosoof Kant (zie paragraaf 2.2), die het volgende voorschrift geeft: 'Handel zo dat je de mensheid, zowel in je eigen persoon als in de persoon van ieder ander, tegelijkertijd altijd ook als doel en nooit enkel als middel gebruikt.' (Kant, 1785, blz. 97). De autonomie van de coachee moet dus altijd het doel van de coach zijn. Autonomie is een typisch verlichtingsideaal (zie paragraaf 1.2.1), dat onze samenleving diepgaand heeft beïnvloed. Kant en andere filosofen uit de verlichting gaan ervan uit dat de mens een redelijk wezen is. Hij denkt zelfstandig na en maakt zijn eigen keuzes.

Coaching is erop gericht om mensen meer grip te laten krijgen op hun eigen leven. Dat betekent dat ze ook op de weg naar dit doel toe zelf de ruimte moeten krijgen. De meeste coaches gaan uit van zelfsturend leren. Dat betekent dat ze ervan uitgaan dat de coachee zelf de oplossing heeft om zijn vragen te beantwoorden en zijn doelen te bereiken, ook al is hij zich daar soms nog niet van bewust. De coach helpt hem bij het vinden van die oplossingen. Op deze manier wordt de autonomie van cliënten nog meer benadrukt dan in de meeste psychotherapieën.

Het kan lastig worden als een coach sterk twijfelt aan de haalbaarheid van het doel, zoals in bovenstaande casus, of als de coach denkt dat de hulpvraag buiten zijn competenties ligt, zoals wellicht het geval is in de casus van coachee A. Als coach kun je iemand helpen om na te denken over zijn keuzes. Soms kan dat voor de coachee confronterend zijn. De coach moet in de gaten houden dat de uiteindelijke keuze bij de coachee blijft liggen. Als die keuze niet te verenigen is met zijn eigen opvattingen, als de vragen buiten zijn professionele deskundigheid vallen of als de coachee niet openstaat voor verandering, moet de coach hierover transparant zijn en zo nodig op een zorgvuldige manier de werkrelatie verbreken. De beroepscodes schrijven voor dat de psycholoog de cliënt goed informeert, zodat hij vrij kan beslissen of hij het coachingstraject wil aangaan en/of voortzetten (NIP-code artikel 62 en 63 , NBTP-code: Aspecten met betrekking tot de houding tegenover de patiënt/cliënt 4, 5 en 6 en deontologische code artikel 21 en 23). Op die manier handelt de psycholoog integer.

Soms krijgt een werknemer een aanbod dat hij moeilijk kan weigeren. De leidinggevende biedt een coachingstraject aan en de werknemer begrijpt dat hij een probleem krijgt als hij dit afwijst. Dit betekent dat de coach begint met een ongemotiveerde coachee, die niet vrij heeft kunnen kiezen of hij aan het traject wil beginnen. Er is dan geen sprake van een autonome keuze van de coachee. Het is een morele vraag voor de coach of hij op deze basis met de coachee in zee kan gaan. Soms ziet een coachee na enige tijd toch dat hij zelf belang heeft bij het traject. Dan wordt het alsnog zijn eigen keuze om gecoacht te worden. Het komt ook voor dat hij zijn tijd uitzit en elke verandering weigert. De situatie is dan niet gebaseerd op de zelfbeschikking van de coachee en de coach moet hierover in gesprek gaan. Dit kan betekenen dat er een punt achter het contact gezet wordt.

Casus: Drankprobleem

Een man heeft al jaren een drankprobleem. Hij is bij diverse hulpverleners geweest, maar niemand kan hem helpen. Uiteindelijk reist hij naar een beroemde leermeester, die in een woestijn woont. Hij heeft een afspraak met hem gemaakt, maar als hij aankomt, zegt de meester dat hij in de tuin moet wachten voordat hij aan de beurt is. De meester zegt dat de man zelf moet nadenken over de oplossing van zijn probleem. Het duurt lang voordat de meester hem kan ontvangen. De man ergert zich. Hij heeft een verre reis gemaakt en hij heeft een afspraak, dus hij heeft erop gerekend dat de meester tijd voor hem heeft vrijgemaakt. Na een tijdje gaat hij rondwandelen in de tuin. Als de meester hem eindelijk kan ontvangen vraagt hij de man of hij de oplossing heeft gevonden. 'Ja,' antwoordt de man, 'toen ik in de tuin rondliep en nadacht over mijn drankprobleem zag ik grote cactussen staan. Toen realiseerde ik mij hoe weinig water die cactussen nodig hebben om van te leven. Ik dacht: Als een cactus met zo weinig vocht toe kan, moet ik toch ook in staat zijn om minder te drinken.' De man gaat naar huis en zijn drankprobleem is opgelost.

(Vrij naar mondeling verhaal van Marcel van der Pol.[18])

Een coach geeft de coachee geen oplossingen, maar helpt de coachee om zijn eigen oplossingen te vinden.

---

18 Zie voor meer verhalen www.keridwen.nl; geraadpleegd op 8 april 2015.

Gelijkwaardigheid coach en coachee

Casus: Uitstel

De chef van Jeroen de Valk heeft Jeroen een maand geleden gevraagd om een projectplan te schrijven voor het project 'slimmer werken'. De chef vroeg het op zo'n manier dat Jeroen het gevoel had dat hij niet kon weigeren. Daarom durfde hij niet goed te zeggen dat hij niet wist hoe hij dit aan moest pakken. Jeroen voelt zich niet echt op zijn gemak bij deze chef. Hij doet zijn werk goed, maar voelt zich toch erg onzeker. Dat laat hij echter niet merken aan de chef. De chef is tevreden over Jeroens prestaties en geeft hem daarom regelmatig nieuwe taken. Jeroen heeft het schrijven van het projectplan steeds voor zich uit geschoven. Dat lukt nu niet meer, want het moet morgen besproken worden. Jeroen heeft een afspraak met zijn coach. Hij is van plan om zich morgen ziek te melden.

De coach van Jeroen kan, op basis van zijn deskundigheid en ervaring, allerlei tips geven om te voorkomen dat hij weer in een dergelijke situatie terechtkomt. Dat zal hij waarschijnlijk echter niet doen. Op die manier zou Jeroen zich nog kleiner en onzekerder gaan voelen. Jeroen kan pas leren als hij zich veilig voelt. Daarom gaat de coach naast Jeroen staan. Dat betekent niet dat hij gaat vertellen hoe hijzelf moeilijke zaken uitstelt, al kan het delen van ervaringen soms waardevol zijn voor de cliënt. Het betekent vooral dat hij Jeroen respecteert. Dat hij samen met Jeroen uit gaat zoeken wat er aan de hand is en wat Jeroens eigen manier is om daar iets aan te veranderen. Op die manier wordt de autonomie van Jeroen gerespecteerd. Als de coach hem helpt om na te denken over de manier waarop hij zich opstelt in zijn werk, kan Jeroen daar bewustere keuzes in maken, zodat hij meer sturing kan geven aan zijn eigen leven.
Het kan voor een re-integratiecoach bijvoorbeeld ook heel gemakkelijk en efficiënt zijn om even te bellen voor een cliënt, maar vaak schiet die cliënt er meer mee op als hij dat zelf doet. Een coach die bij Community Support werkt, een instelling waar mensen met beperkingen en jongeren met problemen op alle levensgebieden worden ondersteund om een zo normaal mogelijk leven te leiden, vertelt dat ze bij cliënten thuis komt. Soms is het daar heel vies. Of mensen hebben financiële problemen, maar

kopen wel een dure tv. Ze past dan op dat ze niet haar eigen normen gaat opleggen aan die mensen. Een goede coach probeert ook te voorkomen dat hij stempeltjes op mensen gaat drukken, dat hij ze niet vanuit hun diagnose gaat bekijken, maar als een gelijkwaardig persoon. Zoals we net gezien hebben, betekent dit dat hij niet betuttelend met de coachee omgaat.

De coach en de coachee zijn echter niet gelijk. De coach is in de werkrelatie de deskundige. De coachee is degene die zijn vragen inbrengt. Soms leidt dat ertoe dat de coachee erg tegen de coach opkijkt. De coach moet zich realiseren dat hij door zijn positie deskundigheidsmacht heeft. Ook als hij zelf het gevoel heeft dat hij op gelijk niveau met de coachee omgaat, kan dit door de coachee anders ervaren worden. Dat betekent dat hij bedachtzaam en voorzichtig moet zijn in zijn uitspraken.

Voorrang voor de doelen van de coachee

Een coach kan ook zijn eigen ervaringen inbrengen in de coaching. Vertrouwen is een belangrijke basispijler voor een goed coachingsproces en daarbij kan het soms nuttig zijn als de coach laat weten dat hij ook met bepaalde vragen zit. Daarbij moet hij altijd de belangen van de coachee goed in het oog houden en ervoor zorgen dat de relatie professioneel blijft. Een coach kan in een coachingsproces ook veel leren over vragen in zijn eigen leven, maar hij moet ervoor waken dat hij niet afhankelijk wordt van de klanten om zijn eigen behoeften te bevredigen. Dan zou hij de grenzen van een professionele relatie overschrijden. Het kan lastig zijn om duidelijk te bepalen hoe je gelijkwaardigheid en professionaliteit combineert. Ga ervan uit dat de coachee voorrang heeft: 'De klant komt altijd van rechts.'

Professionaliteit

Casus: Een dak boven je hoofd

Een vrouw met de diagnose borderline woont in een begeleid-wonencomplex. Ze heeft haar eigen appartement en kan hulp krijgen als dat nodig is. Het gaat niet goed. De vrouw sluit zich af voor de begeleiders. Ze krijgt hoogoplopende conflicten met de andere bewoners en overtreedt de huisregels. Dit gaat zo ver dat er een sanctie bedacht wordt door haar coach, de woonbegeleiders en de psychiater. Ze moet haar sleutel inleveren en mag dan 24 uur niet in haar woning komen. Ze moet in die tijd zelf maar zien waar ze verblijft. In die 24 uur moet ze ook een brief schrijven waarin ze aangeeft waarom ze in het complex wil wonen en hoe ze dat aan wil gaan pakken. De vrouw levert haar sleutel in en komt nooit meer terug. Vervolgens blijkt dat ze in het huis van haar coach is getrokken. Die is gaan samenwonen met zijn vriendin en heeft haar, zonder het te bespreken met zijn collega's, zijn huis aangeboden.
Wat vind je van deze actie van de coach? Handelt hij professioneel?

De coach is dus wel gelijkwaardig, maar niet gelijk aan de coachee: ze zijn van gelijke waarde, maar hebben wel een verschillende rol. De coach is een professional en moet zich verantwoordelijk gedragen. Dat betekent dat hij voldoende professionele afstand houdt. Hij moet daarbij dubbele rollen vermijden (NIP-code artikel 52 en deontologische code artikel 43). Dat betekent dat hij geen persoonlijke of zakelijke relaties aangaat met een coachee die buiten de professionele relatie vallen. Als er een goede klik is met de coachee kan het verleidelijk zijn om het contact persoonlijker te maken. Dat is nog sterker het geval als dat ook zou aansluiten bij de behoefte van de cliënt. Bij de begeleiding van cliënten kan het soms lastig zijn om de grenzen duidelijk te trekken. Het is ook belangrijk dat je een band creëert met de cliënt. Maar als de cliënt iemand nodig heeft om ergens te komen en jij hebt een auto, breng je hem dan? Als jouw cliënt je wil toevoegen op Facebook, vind je dat dan goed of houd je je profiel privé? Geef je een cliënt, aan wie je woonbegeleiding geeft, een bloemetje voor zijn verjaardag? Het is nuttig om bijtijds te bedenken hoe je professionele grenzen trekt, zodat je niet in ongewenste situaties verzeild raakt. Je kunt bijvoorbeeld een werktelefoon vragen, nummerherkenning uitschakelen en je Facebookprofiel afschermen.

Daarnaast moet de coach zijn deskundigheid goed op peil houden, door te reflecteren op zijn eigen handelen, door er samen met anderen over te praten, door vakliteratuur te lezen en door scholing. Veel coaches zijn zzp'er en moeten daarom zelf intervisie organiseren, waar ze dilemma's kunnen bespreken. Het lidmaatschap van een beroepsvereniging kan hierbij nuttig zijn. Als zzp'er is het minder vanzelfsprekend, maar wel belangrijk dat je feedback van collega's krijgt (NIP-code artikel 100, NBTP-code: Aspecten met betrekking tot de beroepsuitoefening, artikel 4 en Aspecten met betrekking tot professionalisering, artikel 2, deontologische code artikel 30).

Mag je als psycholoog methodieken gebruiken die niet wetenschappelijk onderbouwd zijn? Door coaches wordt gebruikgemaakt van kaartspelletjes om kernkwaliteiten te bespreken, competentiekaarten en allerlei andere hulpmiddelen. Coachees vinden het vaak leuk om op een speelse manier bezig te zijn en het kan ze helpen om hun doelen te bereiken. Omdat de kwaliteit van coaching nog niet helder geregeld is, kunnen alle mogelijke methodieken gebruikt worden, ook als die niet evidence based zijn. Als psycholoog/coach ben je echter ook wetenschapper en moet je ervoor zorgen dat je doeltreffende en doelmatige methoden gebruikt, dat die methoden toereikend zijn voor het bereiken van de coachingsdoelen en dat de coach gekwalificeerd is om deze methoden te gebruiken (NIP-code artikel 101, 103, 104 en 105, NBTP-code: Aspecten met betrekking tot de beroepsuitoefening, artikel 1 en 6 en deontologische code artikel 32). Een psycholoog/coach mag volgens de beroepscodes geen gebruikmaken van coachingsmethoden die hun effectiviteit (nog) niet bewezen hebben, zoals aikido, familieopstellingen, enneagrammen en dergelijke. In de paragraaf over training komen we terug op de vraag in hoeverre de methoden van een coach of trainer wetenschappelijk onderbouwd moeten zijn.

Vertrouwelijkheid

De coach gaat een vertrouwensrelatie aan met de coachee. De coachee moet veilig zijn verhaal kunnen vertellen. Het spreekt dus vanzelf dat de informatie van de coachee geheim blijft en dat de coach geen misbruik maakt van de informatie die hij in zijn werk krijgt (NIP-code artikel 71, NBTP-code: Aspecten met betrekking tot de beroepsuitoefening, artikel 9 en Aspecten met betrekking tot de houding tegenover de patiënt/ cliënt, artikel 12, deontologische code artikel 5). De coach moet er ook voor zorgen dat de coachee niet weet welke andere cliënten door een coach begeleid worden. Dat kan bijvoorbeeld betekenen dat de coach het computersysteem, waarin hij aantekeningen maakt over de cliënten, zo aanpast dat er niet een hele lijst van zijn cliënten kan verschijnen. Bij begeleiding van een groep moeten er met de groepsleden duidelijke afspraken gemaakt worden over de geheimhouding van alles wat tijdens de coaching besproken wordt (deontologische code artikel 20). De coach gaat zorgvuldig om met materiaal van de coachee en vernietigt dit na afloop van de coaching.

Bij vertrouwelijkheid gaat het niet alleen om de persoon van de coachee, maar ook om de werksituatie. Als een coach van een schoolbegeleidingsdienst bijvoorbeeld hoort dat er problemen zijn binnen de school, moet hij die informatie voor zich houden. In sommige situaties werkt de coach binnen dezelfde organisatie als de coachee. De coach moet dan goed opletten dat hij geen informatie over de coachee 'lekt' en dat beslissingen over de coachee niet worden beïnvloed door de coaching.

Als tijdens de coaching informatie naar voren komt waardoor de levensbelangen van anderen ernstig kunnen worden geschaad, mag de coach de geheimhouding doorbreken, mits het probleem niet op een andere manier oplosbaar is (NIP-code artikel 74, NBTP-code: Aspecten met betrekking tot de beroepsuitoefening, artikel 9 en LVSC) of als de wet hem verplicht informatie bekend te maken (deontologische code artikel 12). Hierbij moet de coach zo mogelijk collega's consulteren. Hij moet de coachee er dan wel over informeren dat hij de geheimhouding moet doorbreken, tenzij dit acuut gevaar oplevert voor hemzelf of voor anderen (NIP-code artikel 75).

6.1.2 De driehoeksverhouding coach-coachee-opdrachtgever

Casus: Burn-out 1

Een teamleider van een ICT-bedrijf komt bij een coach, omdat ze uitgeblust is. Ze houdt van haar werk en werkt uitstekend samen met haar team. Het team werkt hard en behaalt goede resultaten. Toch is haar baas nooit tevreden. Hij jaagt haar op om steeds hogere targets te halen. Hij uit zich altijd negatief over haar ideeën, maar neemt ze vaak wel over en doet dan alsof hij ze zelf bedacht heeft. Als ze dit vertelt aan de coach eindigt ze haar verhaal met de zin: 'Ik vind dat niet normaal.' De coach vertelt haar dat hij dit een prachtige zin vindt. De coachee denkt na en realiseert zich dat er eigenlijk niets mis is met haar, maar dat haar baas het probleem is. Ze spreekt met de coach af dat ze hem gaat vertellen dat ze niet meer zo behandeld wil worden. In het volgende coachingsgesprek vertelt ze dat het gesprek met haar baas niets heeft opgeleverd. Ze besluit om weg te gaan en vindt al snel een andere baan. De coach stuurt een factuur naar het bedrijf, maar er komt geen betaling. Hij belt de baas van de coachee en vraagt wat er aan de hand is. De baas is woest en roept: 'Ik betaal geen begeleidingstraject waardoor ik mensen kwijtraak!' De coach herinnert hem eraan dat hij een contract heeft getekend. In dat contract staat dat de coach niet verantwoordelijk is voor de besluiten van de coachee. Hij voegt eraan toe: 'Als de betaling niet binnen 14 dagen uitgevoerd is, zal ik de vordering uit handen geven.' Twee dagen later staat het geld op zijn rekening.

(Onderlinden, 2009)

Transparantie

Bij coaching in een werkcontext is bijna altijd een opdrachtgever betrokken. Soms komt de opdracht van hem. Bijvoorbeeld omdat hij van mening is dat een werknemer op een bepaald punt beter moet presteren. Soms komt het initiatief van de coachee, maar wil deze graag dat de werkgever betaalt.

Het is belangrijk om al in de contract- of intakefase, als er afspraken gemaakt worden tussen de betrokkenen, helder te zijn naar alle partijen over de doelstellingen van het coachingstraject en de rapportage. Als de coach zo veel mogelijk in een driegesprek overlegt wat de doelstelling van het coachingstraject is, zijn de afspraken voor alle betrokkenen helder. De coach voorkomt dan dat hij in een spagaat komt tussen verborgen agenda's van de coachee en de opdrachtgever. Het is ook verstandig om direct aan het begin af te spreken wat je wilt bereiken met de gesprekken. Om als het ware piketpaaltjes neer te zetten, waaraan je kunt afmeten of de doelen behaald worden. Gaat het erom dat de coachee meer output krijgt of dat hij beter in zijn vel zit? Of is het voldoende als de coachee vindt dat er een paar prettige gesprekken zijn gevoerd? Als de coach in deze fase vermoedt dat de opdracht niet te verenigen is met zijn beroepsethiek, moet hij de opdracht weigeren (NIP-code artikel 39 en NBTP-code: Aspecten met betrekking tot de beroepsuitoefening, artikel 7).

Doelstellingen

Een coach kan alleen op een gelijkwaardige manier met een coachee werken als alle partijen het eens zijn over de doelstellingen. Vaak is de opdrachtgever oprecht in zijn vraag om ondersteuning van de coachee. Soms is er ook een dubbele agenda. Het komt voor dat een opdrachtgever vraagt om coaching terwijl het probleem niet bij de coachee ligt, maar bij de baas, of bij de organisatie. Soms heeft de opdrachtgever eigenlijk al bedacht dat hij van de coachee af wil, maar zegt hij dat niet rechtstreeks. Een organisatie kan ook een coachingstraject aanbieden om werknemers aan zich te binden. De coachee kan dan uitzoeken wat zijn verdere mogelijkheden binnen de organisatie zijn. Daarbij kan de coachee er ook achter komen dat hij eigenlijk is uitgekeken op het bedrijf en dat hij wil uitzoeken wat hij elders zou kunnen. Het is dan wel de vraag of het een taak van de werkgever is om mee te werken aan de employability, of dat de werknemer dit zelf moet doen, in zijn eigen tijd. De coach kan hier weer in een lastige spagaat komen tussen de strijdige belangen. De contractering, waarin de psycholoog met de opdrachtgever afspreekt wat de opdracht is, is belangrijk om dit soort problemen boven tafel te krijgen. Situatieverkenning en zorgvuldige probleemanalyse gaan dus altijd vooraf aan de contractering. Dit is een belangrijke fase in het contact en de coach moet ervaren en zeer alert zijn, zodat hij weet waar hij aan begint. Als de belangen van de opdrachtgever en de coachee onverenigbaar zijn, moet de coach duidelijk maken waar hij staat (NIP-code artikel 50). De coach moet daarnaast ook voorkomen dat er misbruik gemaakt wordt van zijn rapportages, bijvoorbeeld om een cliënt te ontslaan (NIP-code artikel 28, NBTP-code: Aspecten met betrekking tot beheer van gegevens, rapporten en dossiers, artikel 1 en deontologische code artikel 25).

Als de coach in zee gaat met een 'geheime opdracht' is dat funest voor de vertrouwensrelatie met de coachee. Die rekent erop dat hij open met de coach kan praten. In termen van Habermas (zie paragraaf 3.1) gaat de coachee ervan uit dat de coach communicatief handelt. De coachee denkt dan dat beiden gelijkwaardig met elkaar omgaan en dat ze een gemeenschappelijk doel nastreven. Als de coach eigenlijk een andere opdracht heeft meegekregen, is er geen gelijkwaardigheid meer. Het lijkt dan alsof de coach communicatief handelt, maar hij zet de communicatie in om andere, verborgen, doelen te bereiken. Er is dan geen sprake van integere coaching zoals door de beroepsverenigingen is voorgeschreven. Uiteindelijk is dit niet bevorderlijk voor de goede naam van de coach.

Casus: Brood op de plank

Birgit werkt als coach bij een coachingsbureau. Ze krijgt de opdracht om een team te coachen. Het team moet beter leren samenwerken. Tijdens het eerste gesprek met het team wordt al direct duidelijk dat ze naar volle tevredenheid samenwerken. Ze zijn het erover eens dat het probleem bij de leidinggevende ligt, die in dit geval tevens de opdrachtgever van het coachingsbureau is. Birgit gaat naar haar baas en zegt hem dat ze deze opdracht terug wil geven. De baas vraagt haar wat ze zich eigenlijk in haar hoofd haalt. De opdrachten liggen in deze tijd niet voor het oprapen. Ze hebben het geld hard nodig om iedereen in dienst te kunnen houden. Met haar ervaring moet Birgit toch wel in staat zijn om dit team te coachen?!

De integriteit van een coachingsbureau kan op gespannen voet staan met de commerciële belangen. Zoals we in de casus van Birgit zien, kan het bureau ook dubbele agenda's hebben: de werknemers in dienst houden en kwaliteit leveren. De beroepscodes schrijven voor dat de psycholoog zijn zakelijke belangen niet oneigenlijk mag bevorderen (NIP-code artikel 59 en deontologische code artikel 35). Maar wanneer wordt het oneigenlijk? Een psycholoog wordt doorgaans betaald voor zijn werkzaamheden en een coachingsbureau kan alleen blijven bestaan als er voldoende inkomsten zijn. Dit mag echter niet ten koste gaan van de integriteit.

De 'zondebok' als coachee

Een coachingstraject is altijd gericht op bewustwording en verandering bij een individu. De coachee wordt in een coachingstraject uit zijn omgeving gehaald. We kunnen ons afvragen of dat altijd juist is. Als coaching er bijvoorbeeld op gericht is dat een coachee een betere balans tussen werk en vrije tijd gaat vinden, wordt dat een persoonlijke taak voor hem. Je kunt je afvragen of het niet beter zou zijn om te werken aan de bewustwording van de bedrijfscultuur in de organisatie waar hij werkt. Misschien worden daar te hoge eisen gesteld aan de werknemers. Het aanbieden van individuele coachingstrajecten kan de bewustwording van gemeenschappelijke belangen en problemen van werknemers belemmeren.

Soms is er voor het coachingstraject al een heel proces geweest waarin de coachee steeds meer werd gelabeld als 'een moeilijke' of 'ondeskundige werknemer'. Het is dan de vraag of de werknemer het probleem is of de situatie waarin hij werkt. Voor een coachee kan het een grote opluchting zijn als tijdens het traject blijkt dat hijzelf 'normaal' is en dat het probleem elders ligt. Een nieuw doel van het coachingstraject kan dan zijn om de coachee te helpen met de lastige situatie om te gaan. Zoals we in de casus 'Burn-out' zien, verloopt dit niet altijd naar tevredenheid van de opdrachtgever. Soms vraagt een werkgever om coaching omdat hij een werknemer 'te kritisch' vindt. Hij hoopt dan dat de coaching ertoe zal leiden dat deze persoon makkelijker te managen is. Als een coach dit merkt, kan hij proberen om bij het bedrijf meer begrip te creëren voor de coachee. Misschien is het juist heel waardevol voor het bedrijf als een werknemer de vinger op de zere plek legt. Met de coachee kan hij bespreken waarom allerlei collega's niet meer met hem willen samenwerken. Hij kan hem helpen om wat meer te relativeren en zijn kritiek misschien op een andere manier te uiten. Soms blijkt in een dergelijk traject dat er heel verschillende opvattingen zijn over de manier waarop men binnen een bedrijf zou moeten werken. De coach kan dan bespreken of verschillen juist ook waardevol kunnen zijn binnen een bedrijf.

Het belangrijkste is dat de coach integer en respectvol blijft ten opzichte van de coachee. Hij mag nooit achter de rug van de coachee om afspraken maken met de opdrachtgever. Er kan een lastige situatie ontstaan als de leidinggevende in een gesprek met de coach 'leegloopt' over de coachee en al zijn kritiek op de coachee spuit. De coach moet vertrouwelijk omgaan met informatie, ook met informatie van de leidinggevende. Het kan moeilijk zijn om een open gesprek met de coachee te voeren als de coach met geheime informatie zit. Sommige leidinggevenden zijn niet goed in staat om kritiek op hun werknemers direct te uiten, maar proberen dat via een coach te doen. Soms is het mogelijk om de verschillende partijen zelf zover te krijgen dat ze elkaar direct vertellen hoe ze over elkaar denken.

Rapportage

Casus: Burn-out 2

De coach in de casus 'Burn-out' heeft met de opdrachtgever afgesproken dat er gerapporteerd wordt over het coachingsproces. De opdrachtgever betaalt, dus hij wil graag weten wat er gebeurt in het coachingsproces. De opdrachtgever blijkt echter ook de hoofdrol te spelen in de problemen van de coachee. Wat kan de coach rapporteren?

Als er een opdrachtgever bij coaching betrokken is, wordt er meestal gerapporteerd. Er zijn ook coaches die niet rapporteren, omdat ze ervan uitgaan dat het effect van de coaching zichtbaar moet zijn in het gedrag van de coachee. Er moeten dan heldere afspraken zijn over de doelen van de coaching. In zo'n geval hoeft de coach niet te rapporteren dat de coachee bezig is geweest met de vraag hoe hij effectiever kan werken. In het dagelijks werk is dat dan namelijk direct te merken.

Rapportage betekent dat de vertrouwelijkheid deels doorbroken wordt. Daarom moet de coach in de contractfase duidelijke afspraken maken over de manier waarop gerapporteerd wordt, zodat er achteraf geen problemen ontstaan. De privacy van de coachee kan dan optimaal beschermd worden. De coach kan bijvoorbeeld afspreken dat hij alleen rapporteert over het proces en niet over de inhoud, en dat hij geen details vermeldt. Hij rapporteert alleen over de gestelde vraag (NIP-code artikel 73, NBTP-code: Aspecten met betrekking tot het beheer van gegevens, rapporten en dossiers, artikel 1 en deontologische code artikel 8). Vaak zijn dergelijke rapportages kort. De coach informeert de cliënt over de inhoud van de rapportage. De beroepscodes schrijven voor dat de psycholoog schriftelijk rapporteert, zodat precies duidelijk is wat er gecommuniceerd wordt (NIP-code artikel 90). De coachee moet akkoord gaan met de rapportage en daarom laat de coach deze lezen voordat hij naar de opdrachtgever gaat (NIP-code artikel 91, NBTP-code: Aspecten met betrekking tot de houding tegenover de patiënt/ cliënt artikel 13 en deontologische code artikel 19). Als de coachee niet akkoord gaat met de rapportage en als hij aannemelijk kan maken dat de informatie onvolledig of onjuist is, stelt de psycholoog deze bij (NIP-code artikel 93). De conclusies blijven uitsluitend de verantwoordelijkheid van de psycholoog. Het hoort bij zijn deskundigheid om die te formuleren. De coachee heeft het recht om de rapportage aan de opdrachtgever te blokkeren.

Coaching op scholen

Bij schoolbegeleidingsdiensten, die onder meer leerkrachten coachen, spelen de problemen die al besproken zijn. Ook een schooldirectie heeft soms een dubbele agenda. Op scholen is er daarnaast ook nog een extra partij betrokken: de ouders. Bij kinderen die nog geen 16 jaar zijn, moeten zij altijd betrokken worden bij begeleiding die met hun kind te maken heeft. Als een leerkracht problemen heeft met een kind in zijn klas, is het niet altijd duidelijk aan wie dat ligt. Een coach moet hierbij het belang van het kind, dat immers zijn cliënt is, voor ogen houden, maar daarnaast ook behoedzaam omgaan met de leerkracht.

6.2 Training

Bij training spelen grotendeels dezelfde ethische vragen als bij coaching:
- Hoe verhoudt de eigen verantwoordelijkheid van een trainee zich tot de opvattingen van de trainer en de opdrachtgever?
- Hoe verhoudt de gelijkwaardigheid tussen trainer en trainees zich tot de positie die de trainer op basis van zijn deskundigheid heeft?
- Hoe bepaalt de trainer het juiste evenwicht tussen nabijheid en afstand in de professionele relatie met zijn trainees?
- Hoe gaat een trainer om met vertrouwelijkheid als er gerapporteerd moet worden of als er gevaar voor anderen dreigt?
- Hoe kan een trainer transparant blijven in de driehoeksverhouding coach-coachee-opdrachtgever?

Deze vragen zijn in paragraaf 6.1 besproken. In deze paragraaf wordt verder ingegaan op een aantal specifieke morele kwesties bij training.

Training is vaak, maar niet altijd, gebaseerd op het ideaal dat mensen zich hun leven lang blijven ontwikkelen. De deelnemers doen meestal uit eigen vrije wil mee en kunnen opstappen als ze dat willen. Training in organisaties is tegenwoordig vaak gericht op talentmanagement, waarin vooral wordt gekeken naar de krachten van mensen en de manier waarop ze zich kunnen ontwikkelen. Een dergelijke training bevordert de autonomie van de deelnemers.
Een training binnen een bedrijf kan echter ook gebruikt worden voor doelen die eenzijdig door het management bepaald zijn. Als het management een cultuuromslag wil, kan het een trainer inhuren om daaraan te werken. Bij trainingen in een bedrijf is het altijd de vraag in hoeverre de trainees echt vrijwillig meedoen. Ze kunnen meestal formeel weigeren aan een training mee te doen, maar dat kan vervelende gevolgen hebben voor hun positie. Het is een morele vraag of je als trainer mee moet werken aan een training waar de deelnemers niet voor gekozen hebben. Je kunt je ook afvragen of zo'n training veel effect heeft, maar dat is geen morele vraag. Dat is een vraag die je vanuit je vakkennis moet oplossen.

Kwaliteit of kwantiteit

Als trainer moet je staan voor de kwaliteit van je werk. Een opdrachtgever wil een effectieve training, maar hij wil daarbij niet te veel geld uitgeven. Dat kan betekenen dat er verschillende belangen zijn. In de contractering moet de trainer helder zijn over zijn mogelijkheden. Hij moet zich goed afvragen of hij een afspraak kan maken waarbij hij een training op kan zetten die verantwoord is.

Deskundigheid

> **Casus: Ben jij ook een plant?**
>
> Alle Nederlandse hbo-studenten kennen de teamrollen van Belbin. In hun studieloopbaan hebben ze allemaal wel eens een test ingevuld, waaruit kwam dat ze bijvoorbeeld een plant waren of een brononderzoeker. Belbin wordt ook veelvuldig gebruikt in trainingen. De theorie is gemakkelijk over te dragen en veel mensen vinden het handig als de werkelijkheid overzichtelijk wordt gemaakt met een paar etiketjes. Helaas wordt de theorie van Belbin niet ondersteund door onderzoek. Hetzelfde geldt voor de teamfasen van Tuckman: forming, storming, norming, performing en adjourning. Mag je ze dan als trainer/psycholoog nog gebruiken of niet?

Wat verstaan we onder 'deskundigheid'? Veel populaire trainingsinstrumenten scoren slecht als het gaat om de wetenschappelijke onderbouwing. Bij training worden allerlei instrumenten ingezet die niet evidence based zijn. Daar komt bij dat het moeilijk is om de effecten van training te meten. Beperkt de trainer zich tot methoden die wetenschappelijk onderbouwd zijn of zet hij ook andere theorieën, methoden en modellen in, die mensen houvast geven omdat ze herkenbaar zijn of die goede aanknopingspunten bieden voor een gesprek? Als mensen het handig vinden om zichzelf te kunnen 'plaatsen' als plant of als brononderzoeker en als ze daardoor beter met anderen kunnen samenwerken, is het dan een probleem dat daar geen wetenschappelijke basis voor gegeven kan worden? Dit dilemma speelt niet alleen voor trainers. Ook in assessments en therapie kunnen er tests en interventies zijn die de cliënt op de een of andere manier verder helpen, terwijl ze slecht scoren in onderzoek. Het komt slechts zelden voor dat een cliënt hierover klaagt. Het is de vraag wat je als psycholoog belangrijker vindt: het bereiken van de gewenste doelen met de cliënt of het wetenschappelijk kunnen onderbouwen van de manier waarop je die doelen bereikt.

Omdat de werkvelden training en coaching nog bezig zijn zich te professionaliseren, moet er nog duidelijker omschreven worden welke methoden acceptabel zijn en welke niet.

Grenzen

Mensen hebben grenzen, maar tijdens een training worden ze vaak uitgedaagd om daaroverheen te gaan, om uit hun comfortzone te stappen. Ze komen tenslotte naar een training om hun gedrag te veranderen. Een coach werkt met één cliënt of met een kleine groep. Daardoor kan hij goed met zijn cliënt in gesprek blijven over doelen en grenzen. Bij een training is de groep groter en wordt de agenda voor een groot deel van tevoren bepaald door de trainers. In de zeventiger jaren van de vorige eeuw waren sensitivitytrainingen populair. In zo'n training was een groep mensen gedurende langere tijd bij elkaar en de training was erg indringend. Dat betekende dat veel deelnemers ver over hun persoonlijke grenzen gingen. Soms raakten mensen erg in de war en er was niet altijd nazorg voor hen. De trainers namen onvoldoende verantwoordelijkheid voor de gevolgen van hun methoden en richtten hiermee soms grote schade aan. In onze tijd zijn trainingen doorgaans minder extreem. We kunnen van de sensitivitytrainingen leren dat een trainer de grenzen van de trainees moet respecteren. Soms is het ook nodig om mensen tegen zichzelf in bescherming te nemen. Als iemand aan het begin van een training uitgebreid gaat vertellen over diepgaande problemen in zijn leven, kan hij daar later spijt van krijgen. Als trainer moet je respect hebben voor de autonomie van je trainees, maar ook een zekere mate van zorg voor ze hebben.

Veiligheid, vertrouwelijkheid en openheid

Ook bij een training moeten de deelnemers erop kunnen vertrouwen dat hun informatie niet naar buiten gaat. Omdat er meer deelnemers zijn dan bij coaching moeten hier zeer duidelijke afspraken over worden gemaakt.
Tevens is het belangrijk dat mensen open tegen elkaar zijn. Het voelt vaak veiliger om over iemand te praten wanneer die persoon niet bij het gesprek aanwezig is, dan om hetzelfde rechtstreeks tegen hem te zeggen. Daarom worden er tijdens de koffiepauze van een training vaak dingen over een andere deelnemer gezegd die de persoon in kwestie zelf niet te horen krijgt. Omdat een trainer integer wil blijven, zal hij hier niet aan meedoen. Hij kan de trainees stimuleren om op een respectvolle manier rechtstreeks met elkaar te praten en, zo nodig, aanbieden om hierbij te helpen.

Vertrouwelijkheid en openheid komen samen in het begrip 'veiligheid'. Een trainingssituatie werkt alleen als deze veilig is. Dat betekent dat de deelnemers elkaar respecteren en dat ze de verantwoordelijkheid nemen om van elkaar te leren. Het betekent ook dat ze grenzen aangeven en respecteren. Een training is een oefensituatie voor het 'werkelijke leven'. Deelnemers doen hier ervaringen op. Op basis van deze ervaringen kunnen ze hun opvattingen en dus ook hun gedrag wijzigen. Daarvoor is veiligheid een vereiste. Als de deelnemers het gevoel hebben dat de situatie veilig is, kunnen ze daar experimenteren met nieuw gedrag en eerlijke feedback geven en ontvangen. Als ze open kunnen communiceren, kunnen ze meer van zichzelf laten zien. Door feedback te ontvangen, krijgen ze meer zicht op hun blinde vlekken. Het gebied waarop ze met anderen kunnen communiceren, wordt op die manier vergroot. De belangrijkste opdracht voor de trainer is om de veiligheid binnen de training te bevorderen. Alleen dan kunnen cliënten leren.
Deelnemers aan een training kijken vaak tegen een trainer op. De trainer moet zich ervan bewust zijn dat hij een bijzondere rol speelt in de training. Hij moet er rekening mee houden dat zijn woorden en zijn non-verbale communicatie, ook onbedoeld, meer gewicht krijgen.

Secundaire preventie en afhankelijkheid

Een training kan gericht zijn op mensen die extra kwetsbaar zijn of die problemen hebben. Het doel van zo'n training is voorkomen dat een situatie verslechtert. Dit wordt secundaire preventie genoemd.

> **Casus: Kinderen van gescheiden ouders**
>
> De ouders van Janneke zijn gescheiden. Janneke is daar verdrietig om. Ze is de laatste tijd een beetje stil. Haar moeder maakt zich zorgen. Ze ziet in het huis-aan-huisblad dat er een cursus 'Kinderen van gescheiden ouders' wordt gegeven. Kinderen krijgen er informatie, en ze kunnen rollenspelen doen en ervaringen uitwisselen met andere kinderen van gescheiden ouders. Een werkvorm in de cursus is 'het adviesbureau'. Daarbij spelen kinderen de rol van adviseur en kan een ander kind met een vraag naar hen toe gaan. Het lijkt Jannekes moeder een goed idee om Janneke naar die cursus te laten gaan. Tijdens het eten vraagt ze wat Janneke ervan vindt.

Misschien knapt Janneke erg op van zo'n cursus en helpt die haar om door een moeilijke periode te komen. Aan de andere kant kan de cursus Janneke het gevoel geven dat ze toch wel erg 'anders' is dan de andere kinderen. En misschien voelen haar ouders en andere mensen in haar omgeving zich niet meer zo geroepen om met Janneke moeilijke gesprekken te voeren over haar gevoelens rond de scheiding, omdat ze dat nu in de cursus kan doen.

Mensen die niet goed in hun vel zitten, kunnen naar de cursus 'Grip op je dip', vrouwen die te aardig zijn naar de cursus 'Goed kwaad!', studenten die dichtklappen bij tentamens kunnen een faalangsttraining volgen en voor de verlegen mensen is er een assertiviteitstraining. Op die manier breidt de invloed van professionele hulpverleners zich uit. Aan de ene kant is het prettig dat al deze mogelijkheden er zijn en dat het leven van veel mensen daar aangenamer door wordt. Wellicht wordt zo ook voorkomen dat de problemen verder uit de hand lopen.

Aan de andere kant zijn er bij preventie ook risico's (zie inleiding hoofdstuk 6: Achterhuis, 1980). Door preventie worden gezonde mensen 'gelabeld' als afwijkend. Dat wordt nog benadrukt doordat deelnemers aan deze cursussen vaak worden geregistreerd als GGZ-cliënt. Het is dan de vraag hoe hun directe omgeving reageert op een preventietraining. Het 'anders zijn' kan hiermee benadrukt worden, en daarmee kan de preventie juist als gevolg hebben dat iemand steeds verder gestigmatiseerd wordt en buiten de 'normale' groep valt.

Preventiecursussen kunnen ook normerend zijn. Het is kennelijk niet normaal als iemand een beetje verlegen is, als iemand dik is of zelden kwaad wordt, en bovendien heb je daarbij kennelijk professionele hulp nodig. Daarmee wordt de sociale omgeving buitenspel gezet. Zo kan goedbedoelde preventie mensen uiteindelijk afhankelijk maken van de hulpverlening (Achterhuis, 1980).

6.3 Samenvatting

In dit hoofdstuk hebben we ons verdiept in de morele vragen rond training en coaching. Training en coaching zijn (nog) niet strak georganiseerd. Dat betekent dat er veel concurrentie is door niet-psychologen en dat er geen overeenstemming is over de gebruikte methoden. Als de trainer/coach psycholoog is, dient hij zich te houden aan de professionele richtlijnen zoals die door het NIP zijn opgesteld. De trainees en coachees kunnen tot op zekere hoogte vrij kiezen of ze het contact met de trainer/coach aangaan en/of voortzetten. Daarom is de relatie vrijblijvender dan in bijvoorbeeld een therapeutisch relatie of een assessment. De trainer/coach gaat respectvol met de cliënt om. De cliënt maakt zijn eigen keuzes. Soms kunnen die op gespannen voet staan met de keuzes van de opdrachtgever. Gelijkwaardigheid is belangrijk in de relatie tussen coach/trainer en coachee/trainee. De coach/trainer moet hierbij wel voldoende afstand houden, zodat de relatie professioneel blijft. Hij moet er ook rekening mee houden dat de cliënt hem als een autoriteit kan beschouwen. Voor een veilig klimaat bij coaching of in een trainingsgroep is vertrouwelijkheid een belangrijke voorwaarde. Bij veel trainingen en coachingstrajecten is er sprake van een driehoeksverhouding tussen de coach/trainer, de cliënt en de opdrachtgever. De coach/trainer moet ervoor zorgen dat de doelstellingen van het traject en de rapportage helder en transparant met alle partijen geregeld zijn en dat er geen sprake is van geheime agenda's. De coachee heeft het recht om rapportages in te zien en te blokkeren als hij het niet eens is met de inhoud daarvan.
Bij trainingen die gericht zijn op preventie bestaat het risico dat mensen in toenemende mate afhankelijk worden van hulpverleners.

6.4 Opdrachten

Individuele opdrachten

1. Coaches en trainers maken gebruik van de meest uiteenlopende methoden. Die methoden zijn lang niet allemaal evidence based. Vind je dat een psycholoog die coach of trainer is zich zou moeten beperken tot methoden die voortkomen uit de psychologie en die evidence based zijn? Aan welke eisen moet de methode voldoen volgens jou? Beargumenteer je antwoord.

2. In paragraaf 6.1 staat de casus over coachee A. Vind jij dat je als coach een coachingstraject kunt starten met iemand die ook in therapie is? Beargumenteer je antwoord.

3. Stel dat je deel uitmaakt van het zorgteam van een middelbare school. De school vindt het tegengaan van pestgedrag erg belangrijk. Je begeleidt een leerling die zegt dat hij steeds gepest wordt. Je observeert zijn gedrag in de klas en praat er met

docenten over. De ouders van de leerling vinden dat er iets moet gebeuren om de veiligheid voor hun zoon te garanderen. Je merkt zelf dat je je vaak ergert aan de jongen. Hij heeft zelf niet door hoe druk hij is. Bovendien daagt hij andere leerlingen steeds uit door ze uit te schelden of rare dingen naar ze te roepen, wat erg op de zenuwen van die anderen werkt. Als iemand dan als reactie wat terugzegt of hem een duw geeft, komt hij klagen dat hij gepest wordt. Hoe zou jij met deze situatie omgaan? Welke waarden en normen spelen daarbij een rol? Zoek in de beroepscode naar relevante principes en artikelen en maak een afweging.

4. Een coach begeleidt mensen met diverse beperkingen. Ze komt bij een gezin waarvan de moeder MS heeft. Er zijn ook drie kinderen. Een van de kinderen heeft ADHD. Een ander kind is behoorlijk aan het puberen. Op een dag komt de coach op bezoek en ziet ze dat er ook een dwergvarken in huis is gekomen. Zo'n dwergvarken kost wel 75 euro. Hij heeft speciaal voer nodig en een tuigje. Iets wat het gezin zich allemaal niet kan veroorloven. Het gezin zit langdurig in de bijstand en is afhankelijk van de voedselbank. De moeder vertelt dat vader dit buiten haar om geregeld heeft. Hij heeft al vaker dit soort onverantwoorde aankopen gedaan en moeder kan er niet meer tegen. Hoe zou je moeder op een professionele manier kunnen ondersteunen, zonder betuttelend te zijn?

Groepsopdrachten

5. Bedenk argumenten voor en tegen de volgende stelling: 'Echtparen zouden om de vijf jaar een serie gesprekken moeten voeren met een relatiecoach om hun relatie te evalueren.'

6. Een coachee vertelt in een gesprek met zijn coach dat hij fraudeert. De coach vindt dit gedrag moreel verwerpelijk. Wat is hierbij voor de coach het ethisch dilemma? Wat zou de coach kunnen doen? Geef morele argumenten voor en tegen de verschillende handelingsalternatieven.

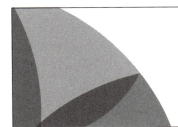

MyLab | Nederlandstalig

Op www.pearsonmylab.nl vind je studiemateriaal en de eText om je begrip en kennis van dit hoofdstuk uit te breiden en te oefenen.

Hoofdstuk 7
Assessment en advies

Casus: NS zoekt personeel

NS is op zoek naar nieuwe werknemers. Er zijn veel sollicitanten met diverse culturele achtergronden. Een assessment maakt deel uit van de sollicitatieprocedure. NS vraagt een werving- en selectiebureau om het assessment uit te voeren. Een van de psychologen van dit bureau krijgt de opdracht om hiervoor de psychologische tests te selecteren. NS wil dat er geselecteerd wordt op persoonlijkheidseigenschappen zoals stabiliteit, en op intelligentie. De psycholoog heeft de keuze uit een aantal intelligentietests. Sommige tests zijn cultuurvrij en andere tests zijn dat niet. Van de tests die niet cultuurvrij zijn, is bekend dat allochtonen er gemiddeld lager op scoren dan autochtonen. Na een eerste selectie blijven er twee tests over. De ene test wordt door de COTAN, de testcommissie van het NIP, als zeer valide en betrouwbaar beoordeeld. De andere test is speciaal ontwikkeld om mensen met verschillende culturele achtergronden een eerlijke kans te geven. Omdat deze test recent ontwikkeld is, werd hij nog niet zo grondig onderzocht als de eerdergenoemde test. Daarom kreeg hij een minder positieve beoordeling door de COTAN. Wat is een moreel verantwoorde keuze?

Bij selectieprocedures worden vaak psychologen ingeschakeld, omdat zij tests hebben ontwikkeld waarmee ze mensen met elkaar kunnen vergelijken. Ze kunnen de sterke en zwakke kanten van een persoon hiermee in kaart brengen. Psychodiagnostische instrumenten, zoals tests, blijken belangrijke voordelen te hebben boven het ongewapend oordeel. Dit geldt alleen als ze op een deskundige manier gebruikt worden. Het lijkt eenvoudig om een test af te nemen. Als je even zoekt op internet vind je legio tests waarmee je allerlei eigenschappen van jezelf kunt meten. De test is echter alleen een hulpmiddel. Hij krijgt pas waarde door de psycholoog die hier vakkundig mee omgaat. Hij weet welke tests hij voor een bepaalde vraagstelling moet kiezen, hoe hij de tests moet afnemen en scoren, hoe hij de resultaten van de verschillende onderdelen van een assessment in hun samenhang kan interpreteren en welke conclusies hij hieraan kan verbinden. Op basis van psychologische tests, rollenspelen en gesprekken kan een psycholoog een deskundig advies uitbrengen.

Bij het uitvoeren van een assessment spelen niet alleen wetenschappelijke vragen rond de betrouwbaarheid en de validiteit van de gebruikte tests een rol. Er worden ook normatieve keuzes gemaakt. In bovenstaand voorbeeld gaat het bijvoorbeeld over de vraag wat de psycholoog belangrijker vindt: kwaliteit, zoals die wordt uitgedrukt in een positieve beoordeling door de COTAN, of het bevorderen van gelijke kansen voor mensen uit minderheidsgroepen, door de keuze voor een cultuurvrije test. Als beide tests even goed beoordeeld worden, ligt de keuze voor een cultuurvrije test voor de hand. Als dit niet het geval is, kan er een dilemma ontstaan. Op dit dilemma en op andere vragen rond testgebruik wordt in paragraaf 7.1 verder ingegaan.

In dit hoofdstuk komen de volgende thema's aan de orde:
1. Het assessment: uitgangspunten en de assessmentprocedure
2. Zorgvuldig testgebruik: auteursrechten en online tests
3. Advies

7.1 Assessment

Een assessment is een methode om de competenties van een kandidaat in kaart te brengen. Meestal bestaat een assessment uit een of meerdere praktijksimulaties, persoonlijkheidsvragenlijsten, intelligentietests en een interview (Linnenbank en Speelman, 2009). Een assessment kan deel uitmaken van een sollicitatieprocedure of het kan op een ander moment worden ingezet om de kwaliteiten van een persoon in kaart te brengen. Voor de betrokkenen kan veel van de uitkomst van een assessment afhangen. Daarom is het belangrijk dat een assessment zorgvuldig wordt afgenomen. De richtlijnen hiervoor staan in de deontologische code, de NBTP-code, de NIP-code en in de Algemene Standaard Testgebruik, de AST-NIP.[19] De AST-NIP sluit aan bij de beroepscode en geeft een specifieke uitwerking van de richtlijnen in de code. Daarnaast heeft de NVP, de Nederlandse Vereniging voor Personeelsmanagement & Organisatieontwikkeling, een gedragscode ontwikkeld voor werving en selectie: de NVP-sollicitatiecode.[20] In België heeft Federgon, de federatie voor HR-dienstverleners, een eigen gedragscode.[21] Bovendien zijn er internationale afspraken over testgebruik vastgelegd door de ITC, de International Test Commission (ITC, 2000). In deze internationale richtlijnen wordt aansluiting gezocht bij diverse nationale richtlijnen voor psychologisch testgebruik.

---

[19] Zie voor de AST-NIP www.psynip.nl; geraadpleegd op 8 april 2015.
[20] Deze code is te vinden op www.nvp-plaza.nl; geraadpleegd op 8 april 2015.
[21] www.federgon.be; geraadpleegd op 8 april 2015.

In deze paragraaf zullen we eerst de uitgangspunten bij een assessment op een rijtje zetten. Vervolgens zullen we stap voor stap de assessmentprocedure bespreken en bekijken welke ethische vragen we daarbij tegenkomen.

7.1.1 Uitgangspunten bij een assessment

Een psycholoog werkt in een assessment op basis van de volgende uitgangspunten:
- **Gelijke behandeling**. Een psycholoog respecteert de eigenheid en diversiteit van de cliënten. Hij discrimineert niet, maar onderscheidt mensen alleen op basis van hun persoonlijke eigenschappen in relatie tot de vraag waar het assessment om draait. Dat betekent dat de psycholoog onderscheid maakt tussen mensen wat betreft hun geschiktheid voor een bepaalde functie, als dat het doel van het assessment is. Hij maakt echter geen onderscheid op basis van etniciteit, sekse, levensovertuiging, godsdienst, politieke gezindheid, seksuele geaardheid, fysieke beperkingen of op andere kenmerken die niet direct relevant zijn voor de vraag (NIP-code artikel 58 en deontologische code artikel 21, NBTP-code: Aspecten met betrekking tot de Beroepsuitoefening, artikel 2).
- **Verantwoordelijkheid**. De psycholoog is bereid om zich te verantwoorden voor zijn handelen. Dat betekent dat hij ervoor zorgt dat zijn activiteiten in het assessment controleerbaar zijn. Hij is transparant en informeert de cliënt (NIP-code artikel 35, artikel 63 en artikel 64, NBTP-code: Aspecten met betrekking tot de houding tegenover de patiënt/cliënt, artikel 5 en deontologische code artikel 21).
- **Vertrouwelijkheid**. De psycholoog respecteert de vertrouwelijkheid van de gegevens die hij in het assessment verzamelt en van de rapportage. Hij respecteert de privacy van de cliënt (NIP-code, alle artikelen onder 3.3c, 3.3d en 3.3[e], NBTP-code: Aspecten met betrekking tot de houding tegenover de patiënt/cliënt, artikel 12, Aspecten met betrekking tot de beroepsuitoefening, artikel 9, deontologische code artikel 5 t/m 9).
- **Rolintegriteit**. De psycholoog vermijdt vermenging van rollen (NIP-code artikel 51 en artikel 52, deontologische code artikel 43 en 45). Op die manier blijft zijn rol duidelijk, kan hij optimaal objectief zijn en voorkomt hij dat privébelangen een rol spelen in de beoordeling.
- **Kwaliteit**. De psycholoog streeft naar een hoog niveau van deskundigheid. Hij gebruikt assessmentmethoden waarvoor hij gekwalificeerd is. Hij maakt de opdrachtgever en de cliënt duidelijk wat de beperkingen zijn van de psychologie en van zijn eigen deskundigheid (NIP-code, alle artikelen onder 3.4, Beroepscode NBTP: Aspecten met betrekking tot de beroepsuitoefening: 6 en 4, Aspecten met betrekking tot professionalisering: 2 en deontologische code artikel 30 en 32). Hij belooft dus niet meer dan hij kan waarmaken.

7.1.2 De assessmentprocedure

We gaan nu stap voor stap de assessmentprocedure volgen om te zien welke ethische vragen er spelen.
- Het contract met de opdrachtgever
- De onderzoeksprocedure
- Het psychologisch rapport
- Gegevensbeheer

a. Het contract met de opdrachtgever

Bij een assessment zijn doorgaans drie partijen betrokken: de opdrachtgever, de cliënt en de psycholoog. De opdrachtgever kan een werkgever zijn, die bijvoorbeeld om een selectie-assessment vraagt, een schoolleiding, die vragen heeft over de leerproblemen van een leerling, of de rechtbank, die opdracht geeft voor een psychodiagnostisch onderzoek. De cliënt kan ook zelf de opdrachtgever zijn, als hij bijvoorbeeld bij een psycholoog komt voor een beroepskeuzeadvies. Een verwijzer, zoals een arts, is geen opdrachtgever, ook al gedraagt hij zich soms alsof dat wel het geval is. Zo gaan verwijzers er soms van uit dat ze recht hebben op een rapportage, maar dat geldt alleen voor opdrachtgevers.

De psycholoog bespreekt met de opdrachtgever wat de onderzoeksvraag is. Hij beoordeelt of hij, vanuit zijn deskundigheid, in staat is om deze vraag te beantwoorden en of er geen ethische bezwaren zijn tegen dit onderzoek. Met de opdrachtgever spreekt hij af wat precies de onderzoeksopdracht wordt. Hij bespreekt de mogelijkheden en de beperkingen van de verschillende onderzoeksmethoden in relatie tot de opdracht.

Informed consent

De psycholoog moet de zelfbeschikking van de cliënt respecteren. Daarom wordt die zo vroeg mogelijk geïnformeerd en betrokken bij de vraagstelling als dat mogelijk is (NIP-code artikel 62 , NBTP-code: Aspecten met betrekking tot de houding tegenover de patiënt/cliënt, artikel 5 en deontologische code artikel 21).

Casus: Jasper de Groot zoekt een baan

Jasper de Groot doet een selectie-assessment bij werving- en selectiebureau HSV. Hij solliciteert naar de functie van manager bij FISK, een sleepbootbedrijf. HSV stuurt een positief rapport over Jasper naar FISK. Helaas voor Jasper is er nog een sollicitant, Lars Sørensen, die ook zeer geschikt is. Daarbij heeft Lars het voordeel dat hij uit Denemarken komt, net als de topmanagers van het sleepbootbedrijf. Het bedrijf kiest voor Lars. Korte tijd daarna krijgt HSV een verzoek van Transalp, een transportbedrijf. Ze zoeken een manager transport en willen graag dat HSV het assessment doet. HSV denkt direct aan Jasper. De vacature is vergelijkbaar met die bij FISK en Jasper heeft tijdens het assessment verteld dat hij als werkstudent enkele jaren een bijbaan heeft gehad als vrachtwagenchauffeur. Jasper lijkt dus de ideale kandidaat voor deze functie. Mag HSV zijn naam noemen bij Transalp? Er wordt dan gebruikgemaakt van informatie die met een ander doel is verzameld. Hier heeft Jasper geen toestemming voor gegeven. Ook al lijkt het in zijn belang te zijn als het bedrijf Transalp weet dat hij mogelijk een geschikte kandidaat is, dan nog moet HSV eerst contact met hem zoeken.

De cliënt moet aan het begin van het assessment informed consent geven. Dat wil zeggen dat hij toestemming geeft voor het assessment, nadat hij goed geïnformeerd is over het doel, de duur, de aard, de risico's en de bezwaren van het onderzoek. Ook moet hij geïnformeerd worden over eventuele kosten. Al in de contractfase kan de cliënt geïnformeerd worden en kan hem gevraagd worden of hij akkoord gaat, als het bijvoorbeeld om een ontwikkelassessment gaat. Soms wordt de cliënt bovendien actief betrokken bij het formuleren van de vragen en de vormgeving van het assessmentproces. Op die manier is de autonomie van de cliënt optimaal gewaarborgd.
Het moment waarop de cliënt actief betrokken wordt bij de procedure hangt natuurlijk af van de vraag wie om het assessment vraagt en wat het doel van het assessment is. Bij een selectie-assessment wordt de cliënt er pas bij betrokken als de vragen en de procedure al zijn vastgelegd. Op basis van de uitnodiging en het introductiegesprek kan hij dan beslissen of hij met de voorgestelde procedure akkoord gaat.

De belangen van de opdrachtgever en de cliënt kunnen verschillen. Bij een selectie-assessment wil de opdrachtgever dat de kandidaat geselecteerd wordt die het meest geschikt is voor de functie. De kandidaat wil dat hij gekozen wordt. Hij heeft er dus belang bij om zich van zijn beste kant te laten zien. Bij een ontwikkelassessment liggen de doelen van de opdrachtgever en de kandidaat dichter bij elkaar. Ze willen allebei weten hoe de kandidaat zich optimaal kan ontwikkelen in zijn werk. Soms heeft de opdrachtgever echter een verborgen agenda en wil hij de resultaten van het assessment bijvoorbeeld gebruiken om zijn werknemer over te plaatsen naar een andere functie of om hem te ontslaan. De psycholoog is er ook verantwoordelijk voor om te voorkomen dat de resultaten van zijn onderzoek oneigenlijk gebruikt worden. Zijn verantwoordelijkheid stopt dus niet bij het afleveren van een rapport. De psycholoog moet alert zijn en ervoor zorgen dat de cliënt dezelfde informatie heeft als de opdrachtgever over het doel en de opzet van het onderzoek. Dat betekent dat hij geen dubbele agenda's accepteert.

Vermijden van rolverwarring

Een psycholoog moet oppassen voor onverenigbare rollen. Een assessment vereist objectiviteit van de beoordelaar. Het is lastig om objectief te blijven als de psycholoog tevens coach of behandelaar is van de cliënt. Het wordt nog ingewikkelder als de psycholoog persoonlijke contacten heeft met de cliënt.

Casus: Forensisch deskundige

Bij de Schiedammer Parkmoord werd de 10-jarige Nienke Kleiss gedood. Haar vriendje, de 11-jarige Maikel, was bij haar terwijl dit gebeurde. Hij werd neergestoken en hield zich dood. Op die manier wist hij te voorkomen dat hij zelf ook vermoord werd. Maikel was een belangrijke getuige voor de politie. De politie vroeg de pedagoog Bullens om een persoonlijkheidsonderzoek bij Maikel uit te voeren. Vervolgens werd hem gevraagd om de verhoren bij te wonen, om als deskundige het welzijn van Maikel te bewaken. Zijn deze beroepsrollen te combineren?

Voor een psycholoog die voor de politie werkt kan het bijvoorbeeld onmogelijk zijn om een assessment van een verdachte uit te voeren en ook aanwezig te zijn bij het verhoor om het welzijn van die verdachte te bewaken. De NVP, de beroepsvereniging van Bullens, plaatste haar vraagtekens bij de combinatie van beroepsrollen als onderzoeker en bewaker van het welzijn van de getuige in de Schiedammer Parkmoord. Als verschillende rollen niet te combineren zijn, moet de psycholoog de nieuwe opdracht weigeren of, als dat onmogelijk is, helder communiceren naar de cliënt wanneer hij welke rol vervult (NIP-code artikel 51). De Belgische code is op dit punt strikter en schrijft voor dat een psycholoog zich beperkt tot één rol in het contact met een cliënt (deontologische code artikel 45) en dat een psycholoog in een gerechtelijk deskundigen onderzoek elke expertise of officiële opdracht weigert die betrekking heeft op cliënten of proefpersonen die hij in het kader van andere professionele relaties heeft ontmoet (deontologische code artikel 17). De NBTP schrijft voor dat een psycholoog die wordt opgeroepen als getuige zich zo veel mogelijk beroept op zijn zwijgplicht (NBTP-code: Aspecten met betrekking tot de patiënt/cliënt, artikel 19).

Stel dat een schoolpsycholoog gevraagd wordt om een psychologisch onderzoek te doen bij een leerling en de leerling blijkt de dochter van een goede vriend van hem te zijn. Of stel dat een psycholoog een selectie-assessment doet, terwijl een van de sollicitanten een vriend van hem is. Wat moet hij dan doen? Het is duidelijk dat dit tot allerlei problemen kan leiden. Het is moeilijk om privé en werk gescheiden te houden. Het is ook mogelijk dat de persoon die getest wordt zich anders gaat gedragen als hij de psycholoog of een van de medewerkers persoonlijk kent. Het is dan moeilijk om zijn gedrag te vergelijken met dat van de andere kandidaten. Daarom moet een psycholoog ervoor zorgen dat hij persoonlijke en professionele rollen niet vermengt (NIP-code artikel 52 en deontologische code artikel 43). Soms kan dat lastig zijn. Wat doe je als bijvoorbeeld tijdens het assessment blijkt dat een van de assessmentacteurs een kennis van de kandidaat is? Of als jouw bureau een grote opdracht voor een selectie-assessment heeft aangenomen en later blijkt dat een van de sollicitanten een vage kennis van jou is?

b. De onderzoeksprocedure

Verantwoording onderzoeksmethode

We leven in een kennissamenleving. Kennis en opleiding zijn essentieel om iets te bereiken. Dat betekent dat er veel af kan hangen van het schooladvies dat een psycholoog geeft. Hij moet dus goed kunnen verantwoorden hoe hij tot dat advies komt.

> **Casus: De plusroute**
>
> De ouders van Sarah zijn ervan overtuigd dat ze hoogbegaafd is. Ze hebben een basisschool gezocht die over de expertise beschikt om met hoogbegaafde leerlingen te werken. Die kunnen allerlei verdiepings- en verbredingsprogramma's volgen. Deze basisschool biedt vanaf groep 5 ook een speciale plusroute voor hoogbegaafde leerlingen aan. Sarah zit nu in groep 4 en voordat ze mee kan doen aan de plusroute moet haar intelligentie getest worden. De psycholoog van de schoolbegeleidingsdienst neemt deze test af. Een leerling moet minimaal 130 scoren om toegelaten te worden tot het programma. Helaas haalt Sarah slechts een score van 115. De volgende dag komt de moeder van Sarah bij de schoolbegeleidingsdienst en eist onmiddellijk een gesprek met de psycholoog die Sarah getest heeft. Ze is woedend. Volgens haar heeft de psycholoog een test gebruikt die niet past bij de leeftijdsgroep van Sarah.

De psycholoog heeft samen met de opdrachtgever en soms ook met de cliënt een onderzoeksvraag afgesproken. Hij vertaalt die onderzoeksvraag dan in een onderzoeksmethode. Zo komt hij in een aantal stappen van een probleem of een vraag naar een concrete aanpak om die vraag te beantwoorden. Een psycholoog streeft naar integriteit en daarom is hij transparant in zijn keuzes.

In een assessment is altijd sprake van een machtsverschil tussen de psycholoog en de cliënt. De psycholoog is de deskundige als het om het gebruik en de interpretatie van tests gaat. De cliënt en de opdrachtgever hechten veel waarde aan testuitslagen en weten meestal niet precies hoe een testuitslag tot stand komt. Veel mensen ervaren psychologische tests als een soort magie, waarmee hun diepste zielenroerselen zichtbaar worden en waarmee de toekomst voorspeld kan worden. De psycholoog moet ervoor zorgen dat het helder is wat hij doet, want hij is niet bezig met magie, maar met de toepassing van wetenschap. Er zijn allerlei redenen die meespelen bij de keuze voor bepaalde tests: de COTAN-beoordeling, relevantie voor de vraag, persoonlijke ervaring en deskundigheid van de psycholoog, maar soms ook de 'waan van de dag'. Daarom is het erg belangrijk dat de psycholoog inzichtelijk maakt hoe hij tot zijn keuzes komt. Als de psycholoog zich verantwoordt voor zijn keuzes en als hij in principe bereid is om hierover een gesprek aan te gaan, zorgt hij ervoor dat een symmetrische relatie met zijn cliënten, opdrachtgevers en collega's mogelijk is (zie ook de informatie over Habermas in paragraaf 3.1).

Soms kiest de psycholoog voor een 'standaardpakket'. Bijvoorbeeld bij een selectie-assessment voor een veelvoorkomende functie. Dan hoeft hij niet bij elke kandidaat afzonderlijk zijn keuzes te verantwoorden, maar kan hij volstaan met één verantwoording van het pakket. Soms gaat het echter om een specifieke vraag waarvoor echt maatwerk noodzakelijk is. Hoe komt een psycholoog van een probleem naar een concreet programma voor een assessment? We kunnen daarbij de volgende fasen onderscheiden (AST, 2002):

- **Aanleiding**. Een aanleiding tot een onderzoek kan bijvoorbeeld zijn: Wesley haalt slechte cijfers op school.
- **Vraag**. Aan de schoolbegeleidingsdienst kan dan de vraag gesteld worden: Is Wesley niet intelligent genoeg voor dit schooltype of doet hij zijn best niet?
- **Contract/opdracht** (zie paragraaf 7.1.2a). De psycholoog van de schoolbegeleidingsdienst bespreekt met de opdrachtgever en de cliënt, in dit geval (afhankelijk van de leeftijd van Wesley) met de ouders van Wesley en met Wesley zelf, of hij deze vraag kan beantwoorden. Hij kan een voorstel doen om Wesleys intelligentie, concentratie, motivatie en interesse te onderzoeken. Als de opdrachtgever en de cliënt hiermee akkoord gaan, kunnen ze afspreken dat dit de opdracht wordt.
- **Verantwoording onderzoeksmethode**. De psycholoog gaat vervolgens op zoek naar de meest geschikte methoden om de opdracht uit te voeren. Hij kan bijvoorbeeld kiezen voor observatie van Wesley in de klas, of afname van een individuele intelligentietest die bruikbaar is voor kinderen, zoals de GIT. Hij kan de prestatiemotivatie meten met de PMT. Als de vraag ook luidt of Wesley effectief kan omgaan met tegenslagen op school, kan hij een copingsvragenlijst, zoals de UCL, toevoegen. Wesleys concentratie kan hij meten met de Bourdon-Wiersma-stippentest.

Keuze diagnostische instrumenten

De beroepscodes geven aan dat het bij de verantwoordelijkheid van de psycholoog hoort om te zorgen voor kwaliteit (NIP-code artikel 14 en NBTP-code: Aspecten met betrekking tot professionalisering, artikel 1 en 2) en om te handelen in overeenstemming met de stand van de wetenschap. Dat betekent dat de psycholoog bij de keuze van de diagnostische instrumenten op twee criteria let: kwaliteit en relevantie (AST, 2002).

- **Kwaliteit**

De test moet valide, betrouwbaar en theoretisch onderbouwd zijn. Het NIP heeft een Commissie Testaangelegenheden Nederland (COTAN), die tests beoordeelt. Ten minste twee onafhankelijke, anonieme deskundigen beoordelen tests op verschillende deelaspecten. Een psycholoog kan afwijken van de door de COTAN aanbevolen tests, maar dan moet hij daar goede redenen voor kunnen geven.

Casus: Trauma

'Een psycholoog gebruikte een oude versie van een intelligentietest voor een man die een ernstig hoofdtrauma had opgelopen. De psycholoog wist dat de man dezelfde test tien jaar eerder had gemaakt en dacht dat het gebruik van dezelfde testversie de meest effectieve manier zou zijn om de ernst van zijn trauma te bepalen.'

(Knapp en VandeCreek, 2006[22])

In principe kiest een psycholoog voor de laatste versie van een test, tenzij er goede redenen zijn om dat niet te doen, zoals in bovenstaande casus van de man met een hoofdtrauma. Ook bij longitudinaal onderzoek kan het verstandig zijn om dezelfde versie van een test te gebruiken. Een andere reden kan zijn dat de oudere testversie beter onderzocht is dan de nieuwe.

Er kunnen meningsverschillen bestaan over het nut van bepaalde tests. Het is dan de vraag wat een psycholoog zwaarder laat wegen: wetenschappelijke onderbouwing of praktische bruikbaarheid. Dit is een vraag die we in hoofdstuk 6 over coaching en training ook tegenkwamen. Deze vraag speelt bijvoorbeeld bij het gebruik van projectietests. Die worden niet erg positief beoordeeld door onderzoekers, maar ze kunnen soms nuttige informatie geven, zoals uit de volgende casus duidelijk wordt.

Casus: Projectietests

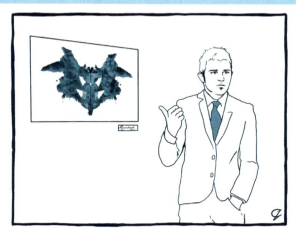

"He Doc? Wie is Rorschach en waarom heeft u een schilderij van mijn ouders die ruziemaken?"

Tijdens mijn diagnostiekstage testte ik jongens met gedragsproblemen. Projectietests maakten toen nog standaard deel uit van de testbatterij. Eén jongen vertelde bij elke plaat van de CAT een verhaal over een jongen die een groot conflict had met zijn vader. Daarbij was ook steeds sprake van geweld.

---

22 Vertaling door de auteur.

> Omdat deze test niet hoog scoort op de COTAN-beoordeling, kunnen de resultaten niet zonder meer gebruikt worden. Toch kan een dergelijk resultaat veel aanknopingspunten bieden voor een gesprek over de situatie thuis. Informatie die je bij een gewoon gesprek misschien niet boven tafel krijgt, maar wel via deze omweg.

Natuurlijk zijn er objectieve gegevens te verzamelen uit het verhaal van de jongen in deze casus, zoals een score van het aantal woorden dat hij gebruikt in zijn verhaal over een afbeelding, maar de mate van agressie in zijn verhaal vertelt de psycholoog meer over zijn problematiek. Soms heeft de opdrachtgever een sterke voorkeur voor een test, terwijl die niet goed onderbouwd is. Als psycholoog ga je echter niet altijd mee in de wensen van de klant. Je hebt je eigen professionele verantwoordelijkheid.

Gelijke kansen voor cliënten

De psycholoog houdt bij de uitwerking van de onderzoeksmethode rekening met de leeftijd van de cliënt, de mate waarin de cliënt de taal beheerst en specifieke kenmerken, zoals de vraag of de cliënt links- of rechtshandig is, of hij bepaalde beperkingen heeft en dergelijke. Op die manier geeft hij verschillende cliënten gelijke kansen. Kinderen en volwassenen moeten beoordeeld worden op hun capaciteiten en niet op hun handicap, taalbeheersing of cultuur (NIP-code artikel 58, NBTP-code: Aspecten met betrekking tot de beroepsuitoefening, artikel 2 en deontologische code artikel 21). Traditionele intelligentietests kunnen een vertekend beeld geven van het niveau van cliënten uit culturele minderheden. Het gebruik van deze tests in een selectie-assessment kan dan discriminerend zijn (Tellegen, 2000). Als iemand bijvoorbeeld niet weet wat de uitdrukking 'Eén zwaluw maakt nog geen zomer' betekent, een vraag uit de Wechsler Adult Intelligence Scale, zegt dat dan iets over zijn culturele achtergrond of zegt het iets over zijn intelligentie?

Culturele verschillen kunnen niet alleen een rol spelen bij intelligentietests, maar ook bij persoonlijkheidsvragenlijsten. Zo scoren mensen uit de VS, vergeleken met Nederlanders, over het algemeen hoger op extraversie en mensen uit Oost-Azië gemiddeld lager. Zelfs tussen Nederlanders en Vlamingen zijn er duidelijke verschillen. Nederlanders scoren hoger op emotionele stabiliteit en Vlamingen hoger op intellect/autonomie (Schmitt et al., 2007). Als de psycholoog geen rekening houdt met deze culturele verschillen, kan een score onjuist geïnterpreteerd worden. Als de score niet vergeleken wordt met de 'eigen' normgroep, meet een psycholoog wellicht meer cultuurverschillen dan persoonlijkheidsverschillen. Dat is geen probleem als een bedrijf iemand zoekt die hoog scoort op extraversie, omdat dit goed aansluit bij de functie. Het kan wel een probleem zijn als de psycholoog de persoonlijkheidseigenschappen van een persoon wil diagnosticeren. In paragraaf 8.3 wordt hier meer aandacht aan besteed.

Als een psycholoog wil voorspellen hoe iemand in een bepaalde functie zal functioneren of als hij advies wil uitbrengen met betrekking tot een goede studiekeuze, gaat het vooral om de kansen die iemand heeft. Als de psycholoog dan alleen bekijkt hoe iemand op het moment van testen presteert, kan hij onbedoeld discrimineren. Als een bedrijf meer diversiteit wil onder zijn werknemers of als het hoger onderwijs meer allochtone studenten wil trekken, moet er bij de selectie onderscheid gemaakt worden. Deze houding, die ook wel de 'kleurenblinde' attitude wordt genoemd, leidt ertoe dat een bedrijf meestal meer van hetzelfde type werknemers krijgt. Om bij selectie niet te discrimineren, moet er juist wel aandacht besteed worden aan diversiteit. Bij steeds meer werving- en selectiebureaus wordt hieraan gewerkt. Bijvoorbeeld door het aanbieden van passende meetinstrumenten, zoals tests die cultuurvrij zijn, door assessoren te trainen op culturele empathie of door kandidaten die niet bekend zijn met assessments uitgebreid te informeren.

Evers en Te Nijenhuis (1999) zetten vraagtekens bij het gebruik van cultuurvrije tests. Zij stellen dat een cultuurvrije test minder goed het succes in een werksituatie voorspelt. Vaak is taalbeheersing een belangrijke voorwaarde om een functie goed te kunnen vervullen. Als iemand de Nederlandse taal slecht of matig beheerst, zal hij bijvoorbeeld moeite hebben met het volgen van Nederlands onderwijs. In een functie waarin hij rapportages moet schrijven zal hij ook problemen ondervinden. Een klassieke test meet onder meer de beheersing van de taal. Volgens Evers en Te Nijenhuis moet een psycholoog zich afvragen wat hij wil meten. Als hij zo goed mogelijk de intelligentie van een kandidaat wil meten, moet hij voor de cultuurvrije test kiezen. Als hij zo goed mogelijk wil voorspellen of de kandidaat succes zal hebben in een functie, zal hij in veel gevallen toch voor een klassieke test moeten kiezen.

Als NS, zoals in de casus aan het begin van dit hoofdstuk, conducteurs zoekt, is het de vraag wat ze belangrijk vindt. Zoekt men een conducteur die de Nederlandse taal en de autochtone Nederlandse omgangsvormen optimaal beheerst? Dan past een test die deze competenties meet bij de vraag. Als NS juist op zoek is naar meer kleurrijk personeel, omdat de conducteurs dan beter kunnen aansluiten bij het gedrag van de passagiers, moeten de tests hierop aangepast worden. Het gaat hier dus om een principiële keuze. Kiezen de opdrachtgever en de psycholoog voor een assessment dat het succes in een bepaalde functie optimaal voorspelt of kiezen ze voor gelijke kansen? Als er twee tests bestaan die even hoog scoren op validiteit en betrouwbaarheid, is het duidelijk dat de psycholoog voor de cultuurvrije test kiest. Maar wat doet hij als er een klein verschil is? In de contractfase moet de psycholoog goed met de opdrachtgever bespreken wat precies het doel van het assessment is en hij moet zelf een afweging maken.

- **Relevantie**

De psycholoog kiest voor de tests die hem in staat stellen om een goed advies te geven. De tests moeten relevant zijn voor het afgesproken doel en hiervoor gevalideerd zijn. De psycholoog moet zich afvragen of deze tests echt meten wat hij wil weten. In de verantwoording legt de psycholoog uit waarom deze tests een nuttige bijdrage kunnen leveren aan het beantwoorden van de vraagstelling.

Uitnodiging

De onderzoeksprocedure start met de uitnodiging van de cliënt. Die moet schriftelijk uitgenodigd worden, zodat voor iedereen helder en controleerbaar is wat er precies afgesproken is. De cliënt weet dan wat hem te wachten staat en wat zijn rechten zijn. De psycholoog moet de informatie in de uitnodiging op een voor de cliënt begrijpelijke manier aanbieden. Op die manier kan hij ervan uitgaan dat de cliënt informed consent kan geven.

In de uitnodiging moet de volgende informatie staan (NIP-code artikel 63):
- Doel en context van het onderzoek
- Onderzoeksmethode
- Gang van zaken bij het onderzoek
- Personen die bij het onderzoek betrokken zijn, bijvoorbeeld een testassistente of acteurs bij een assessment center, waarin te verwachten werksituaties worden gesimuleerd
- Soort gegevens die over de cliënt verzameld worden, manier waarop deze gegevens bewaard worden en bewaartermijn
- Wijze waarop de opdrachtgever geïnformeerd wordt
- Regels met betrekking tot inzage en afschrift, correctie en blokkering van de rapportage
- Wijze waarop bezwaar kan worden aangetekend tegen het rapport
- Wijze waarop het rapport (eventueel) gecorrigeerd kan worden

Uitvoering van het assessment

De psycholoog streeft ernaar om de cliënt optimaal te informeren, zodat deze zo goed mogelijk kan beslissen of hij mee wil werken. Daarom bespreekt de psycholoog aan het begin van het assessment de punten uit de brief met de cliënt en vraagt hij of de cliënt zich hierin kan vinden. Hierbij moet de psycholoog goed opletten of de cliënt de informatie werkelijk begrijpt. Hij vertelt hoe de dag eruit gaat zien. Het is verstandig om uit te leggen waarom bepaalde vragen gesteld worden. Als iemand niet gewend is aan tests kunnen bepaalde vragen namelijk vreemd overkomen. Mensen die een test maken, kunnen zich bijvoorbeeld ergeren aan vragen die naar hun mening weinig te maken hebben met de vraagstelling van het onderzoek of aan vragen die een aantal malen terugkomen in een test. Bovendien worden mensen vaak onzeker in een situatie waarin ze beoordeeld worden.

> **Casus: Lunchpauze**
>
> In de lunchpauze van een selectie-assessment gaat Jules naar buiten om zijn meegebrachte brood en appel op te eten. Hij vraagt zich af welke conclusies de psycholoog hieruit zal trekken. Gaat hij dit interpreteren als een teken van een onafhankelijke persoonlijkheid? Of toch eerder als het vermijden van sociale contacten?

Misschien is het wel zo prettig als iemand te horen krijgt dat de manier waarop hij zijn lunch gebruikt geen deel uitmaakt van het onderzoek. Als de cliënt uit een niet-westerse cultuur komt, kan extra uitleg over de tests noodzakelijk zijn, omdat in zijn cultuur tests misschien minder bekend zijn.

De psycholoog streeft ernaar om het assessment zo objectief mogelijk uit te voeren. Hij streeft ernaar om mensen een eerlijke kans te geven. Dat betekent dat hij zich bewust is van zijn eigen bias in de beoordeling. Ook een psycholoog kan zijn beoordeling, na een gesprek met de cliënt, laten beïnvloeden door het halo-effect, vooroordelen, vergelijking met de vorige en de volgende kandidaat of het primacy-effect. Als hij zichzelf kent en weet hoe deze mechanismen werken, wordt dit risico minder groot. Het is verstandig om regelmatig met collega's te overleggen over de manier van werken om blinde vlekken te voorkomen (NIP-code artikel 99, NBTP-code: Aspecten in relatie tot collegae en andere hulpverleners, artikel 2 en deontologische code artikel 30).

De psycholoog is verantwoordelijk voor het assessment, ook als er anderen zijn die hieraan meewerken, zoals testassistentes, stagiaires of acteurs, of als er gebruik wordt gemaakt van een computer. De psycholoog moet er dan voor zorgen dat hij weet hoe de scores tot stand komen (NIP-code artikel 32, NBTP-code: Aspecten in relatie tot collegae en andere hulpverleners artikel 9).

Casus: MMPI

Een arbeids- en organisatiepsycholoog die niet getraind is in de interpretatie van de MMPI, vraagt een GZ-psycholoog om de MMPI bij de uitgever te bestellen. De GZ-psycholoog test een aantal sollicitanten die politieagent willen worden met de MMPI, om op die manier sollicitanten met psychische problemen uit te sluiten. De arbeids- en organisatiepsycholoog vindt na een tijdje dat deze constructie hem te veel geld kost. Hij besluit om zelf de MMPI af te nemen. Hij blijft de test afnemen, zonder daarbij aan de uitgever te melden dat hij de samenwerking met de GZ-psycholoog heeft stopgezet.

(Vrij naar Eyde en Quaintance in Bersoff, 2003)

Degene die tests afneemt, moet dit doen op de manier zoals die door de testauteur bedoeld is. Hij moet voldoende deskundig zijn om met de gebruikte test te werken (NIP-code artikel 105, NBTP-code: Aspecten met betrekking tot de beroepsuitoefening, artikel 6 en deontologische code artikel 32).

Casus: Google

John de Boer is psycholoog bij het adviesbureau HSV. Hij doet een selectie-assessment met Ruud Wolfowitz. Ruud solliciteert naar de functie van accountant bij de ING. John heeft zich grondig voorbereid op het gesprek. Hij heeft gegoogeld op Wolfowitz en daar kwam hij berichten tegen over ene Peter Wolfowitz, die enkele jaren geleden veroordeeld is wegens fraude. Omdat het geen erg gangbare naam is, vermoedt hij dat er misschien een familierelatie tussen Ruud en Peter bestaat. Tijdens het gesprek blijkt dit inderdaad het geval te zijn. John vraagt geïnteresseerd door over Peter, die de vader van Ruud blijkt te zijn. Dit lijkt hem interessante informatie voor de ING! Houdt John zich aan de beroepsethiek?

De psycholoog moet zich beperken tot het doel van het onderzoek. Ook tijdens het gesprek met de cliënt. Bij assessments moet de vertrouwelijkheid van informatie gewaarborgd worden. Dat betekent dat informatie die buiten de onderzoeksopdracht valt, niet gebruikt kan worden (NIP-code artikel 97).

Het assessment wordt afgesloten met een gesprek. De cliënt krijgt dan de eerste resultaten te horen en hij hoort hoe de verdere procedure verloopt. De psycholoog moet zorgvuldig zijn in het formuleren van de feedback.

c. Het psychologisch rapport

Het psychologisch rapport wordt doorgaans schriftelijk uitgebracht. Het bestaat uit een aantal elementen, die in de AST, de Algemene Standaard Testgebruik van het NIP, genoemd worden. De psycholoog geeft hierbij duidelijk aan hoe zeker hij kan zijn van de conclusies. Het rapport wordt ondertekend door de psycholoog, die hiermee zijn verantwoordelijkheid voor het onderzoek accepteert. Als er achteraf een klacht is over de testprocedure is de psycholoog de aanspreekbare persoon.
De cliënt heeft de volgende rechten (AST, 2002):
- Nabespreking van het onderzoek
- Inzage in het rapport, voordat het naar de opdrachtgever gaat
- Blokkering van het rapport
- Aanvulling, correctie en verwijdering van de door de cliënt verstrekte gegevens
- Afschrift van het rapport
- Inzage in en afschrift van het onderzoeksdossier

Casus: Een vlotte rapportage

Aan het eind van een lange assessmentdag bespreekt de psycholoog, Christine Snellen, de verdere gang van zaken met de kandidaat, Lotte de Wild. Ze geeft haar eerste indruk op basis van de reeds bekende resultaten van het onderzoek. Die is positief. Ze denkt dat de kandidaat zeker geschikt is voor de functie. Christine Snellen zegt dan: 'Morgen schrijf ik het rapport. Zoals je weet, heeft de opdrachtgever er belang bij om snel te weten wie hij aan kan nemen. Daarom wil hij het rapport direct morgen ontvangen. Je weet nu wat er in het rapport komt, dus dan ga je er waarschijnlijk ook akkoord mee dat ik het direct naar hem toestuur? Natuurlijk mail ik het dan ook naar jou, zodat je kunt lezen wat de opdrachtgever ontvangen heeft.'
Wat doet deze psycholoog goed en welke fout maakt ze?

Lotte de Wild zegt dat ze de rapportage eerst zelf wil zien. Ze verwijst naar de uitnodigingsbrief waarin staat dat ze daar recht op heeft. Christine Snellen bevestigt dat dit in de brief staat, maar ze voegt eraan toe dat de opdrachtgever graag snel wil weten wie hij aan kan stellen. Ze zegt tegen Lotte: 'Na wat ik je verteld heb over de inhoud van de rapportage kun je daar toch geen bezwaar tegen maken? Je wilt die baan toch?'

De psycholoog heeft zijn eigen professionele verantwoordelijkheid. Als de opdrachtgever aandringt op spoed, zoals in de casus van Lotte de Wild, moet de psycholoog duidelijk maken dat hij in staat moet zijn om de rechten van de cliënt te respecteren en om zijn werk zorgvuldig te doen.

Casus: Blokkering

'Mevrouw De Wild heeft de rapportage van haar assessment geblokkeerd, omdat ze het niet eens was met de conclusie dat zij emotioneel instabiel is.' Kan deze zin in een brief naar de opdrachtgever?

De informatie uit het psychologisch onderzoek is vertrouwelijk. Als een cliënt het niet eens is met de conclusies in het rapport, kan hij dus voorkomen dat dit rapport naar de opdrachtgever gaat (NIP-code artikel 94). De psycholoog moet dit dan melden, zonder verder in te gaan op de redenen van de cliënt. Het lijkt hiermee alsof de cliënt veel zeggenschap heeft, maar daar moet wel een kanttekening bij geplaatst worden. Een cliënt kan zich op deze manier namelijk in een moeilijke positie manoeuvreren. Als hij het rapport blokkeert, kan hij bij een selectie-assessment de baan wel vergeten. Ook al geeft de psycholoog geen informatie over de reden van weigering, dan zal de opdrachtgever toch de conclusie trekken dat er negatieve informatie over de cliënt naar voren is gekomen. In dit geval is 'geen bericht' dus een slecht bericht. Veel cliënten realiseren zich dit probleem en daarom kiezen ze er vaak voor om in overleg te gaan over correctie of verwijdering van de passages waar zij het niet mee eens zijn (NIP-code artikel 93). De psycholoog moet dan goed luisteren naar de bezwaren van de cliënt. De inhoud van de rapportage moet natuurlijk wel zo blijven dat de psycholoog deze kan verantwoorden, maar soms kan een kleine verandering in de woordkeus voor de cliënt al veel verschil maken. Als een cliënt de rapportage toch blokkeert, kan de psycholoog hem uitleggen wat de gevolgen daarvan zijn. Op die manier kan de cliënt zijn eigen afweging maken. Meningsverschillen over de rapportage van psychologisch onderzoek ontstaan steeds vaker bij vechtscheidingen (Van Ginneken, 2013). Daarbij moet de psycholoog er ook voor zorgen dat hij zich beperkt tot de informatie die hij zelf van de onderzochte persoon heeft gekregen (deontologische code artikel 22). Als een van de ouders zich negatief uitlaat over de andere ouder, moet de psycholoog zich goed realiseren dat hij dit niet kan gebruiken in een beoordeling van die andere ouder. Korevaar (2013a) beschrijft een situatie waarin de psycholoog een kind van gescheiden ouders onderzoekt en daarbij alleen contact heeft met een vader. Die vertelt dat het kind veel problemen heeft door de nieuwe vriend van de moeder. Volgens de vader is deze agressief. Vervolgens vraagt de vader een attest waarin de psycholoog een verband legt tussen de problemen van het kind en de onveilige situatie bij moeder en haar nieuwe vriend. Het belangrijkste wat de psycholoog zich volgens Korevaar moet afvragen, is of hij in dit geval een objectieve, neutrale inschatting van de moeder kan maken, als hij die niet kent. Bovendien moet hij zich afvragen wat die vader met het attest wil. Het risico is dat zijn verklaring door de vader gebruikt wordt in de strijd met zijn ex. De psycholoog komt dan meer in de rol van advocaat dan in de rol van gedragsbeoordelaar.

Casus: Correctie door de cliënt

Mirella van Berkel heeft een ontwikkelassessment gedaan. De psycholoog, Jim Aalberts, stuurt haar het rapport per mail. Mirella is zeer ontstemd over dit rapport. Ze verandert het op vijf punten en mailt het vervolgens naar Jim terug. Jim gaat met twee wijzigingen akkoord. Op de andere drie punten houdt hij zijn oorspronkelijke tekst aan. Hij vindt dat op deze punten de uitspraken duidelijk volgen uit de testuitslagen. Jim stuurt deze versie naar de opdrachtgever en tegelijkertijd naar Mirella. Zij is het niet eens met de gang van zaken. Ze is niet akkoord gegaan met deze versie en ze verwacht dat dit rapport haar zal schaden in haar loopbaan. Heeft Jim correct gehandeld?

Het College van Toezicht van het NIP stelt dat een cliënt inzage moet krijgen in de definitieve tekst van de rapportage, voordat deze verzonden wordt (Koene, 2008). Een uitzondering op het blokkeringsrecht zijn situaties waarin een psychologisch rapport wordt opgesteld in opdracht van de rechter. De cliënt moet hierover aan het begin van het onderzoek geïnformeerd worden (NIP-code artikel 95 en deontologische code artikel 23).

d. Gegevensbeheer

Casus: Jasper de Groot maakt kans op een promotie

Een jaar na het assessment van Jasper de Groot wordt HSV weer benaderd door het transportbedrijf Transalp. Jasper werkt daar inmiddels en het bevalt van beide kanten uitstekend. HSV heeft Jasper indertijd gewezen op de vacature bij Transalp. Nu wil Transalp Jasper een promotie aanbieden. Maar ze willen dat Jasper eerst een ontwikkelassessment doet. HSV neemt de opdracht aan. De psycholoog ziet dat er nog een uitgebreid dossier bestaat van het assessment voor FISK. Dat scheelt hem een hoop werk. Hij gebruikt de testuitslagen van een jaar eerder en voegt alleen een paar assessments toe die zijn afgestemd op de nieuwe functie.

Dossier

De informatie over een cliënt moet zorgvuldig opgeslagen worden, zodat de psycholoog kan laten zien hoe hij het onderzoek aangepakt heeft en hoe hij tot zijn conclusies is gekomen. Alle informatie over de cliënt wordt bewaard in een dossier. Werkaantekeningen van de psycholoog en ruwe testscores komen niet in het dossier. Het zorgvuldig documenteren heeft te maken met de morele plicht van de psycholoog om zich te verantwoorden voor wat hij doet. Het wordt door leden van het Tuchtcollege ook als informatiebron gebruikt bij een eventuele klachtenprocedure. Daarnaast gaat het hier om vertrouwelijke informatie over de cliënt en daarom geldt er een geheimhoudingsplicht. Het dossier is alleen toegankelijk voor de cliënt, de psycholoog en de bij het assesssment betrokken medewerkers. De psycholoog moet ervoor zorgen dat anderen deze informatie niet onder ogen krijgen (NIP-code artikel 80, NBTP-code: Aspecten met betrekking tot het beheer, artikel 4 en deontologische code artikel 19). Het feit dat de psycholoog zich controleerbaar opstelt en daarom gegevens documenteert, pleit voor het bewaren van dossiers. Aan de andere kant heeft de cliënt natuurlijk recht op privacy en dat pleit ervoor om zijn dossier niet onnodig lang te bewaren.

Casus: Opgeruimd staat netjes

Mevrouw Helder is een keurige psychologe. Ze houdt van nette kasten en ruimt regelmatig op. Zodra de rapportages de deur uit zijn, gooit ze de dossiers in een papierveritiger, die elke maand door een betrouwbaar dossiervernietigingsbedrijf geleegd wordt. Hanneke van der Klok heeft bij mevrouw Helder een selectie-assessment gedaan. Hanneke heeft de baan niet gekregen en volgens haar ligt dat aan het assessment. Daarbij zijn volgens Hanneke verkeerde tests gebruikt en bovendien heeft ze te weinig tijd gekregen. Hanneke dient, anderhalve maand na het assessment, een klacht bij het NIP in tegen mevrouw Helder. De tuchtcommissie vraagt mevrouw Helder om inzage van het dossier, om uit te kunnen zoeken of Hanneke van der Klok gelijk heeft. Helaas heeft mevrouw Helder het dossier al door de shredder gehaald.

In de Wet bescherming persoonsgegevens staat dat het dossier wordt bewaard gedurende de geldigheidsduur van het psychologisch rapport. Wettelijk is vastgesteld dat gegevens over een sollicitant uiterlijk tot vier weken na de beëindiging van de sollicitatieprocedure bewaard worden, met uitzondering van de gegevens van de persoon die in dienst wordt genomen. Een sollicitant kan echter toestemming geven om zijn gegevens langer te bewaren, voor het geval er een andere baan komt waarbij ze gebruikt kunnen worden. Een redelijke maximumtermijn is dan een jaar (College bescherming persoonsgegevens). De NIP-code schrijft voor dat de psycholoog het dossier een jaar bewaart. Het mag langer bewaard worden als dat nodig is in verband met het doel van het dossier of als dat wettelijk is voorgeschreven (NIP-code artikel 36). In de gezondheidszorg geldt wettelijk een bewaartermijn van vijftien jaar.

7.2 Zorgvuldig testgebruik

Tests en auteursrechten

> **Casus: Een ambitieuze vriendin**
>
> Je beste vriendin is net afgestudeerd als jurist en ze solliciteert bij een juridisch adviesbureau. Er is een vacature en het is al jaren haar droom om zo'n baan te krijgen. Ze komt door de eerste ronde. Een assessment maakt deel uit van de tweede ronde. Ze krijgt een uitnodiging van het assessmentbureau. Daarin staat hoe de procedure eruitziet en welke tests gebruikt worden. Ze komt met de brief naar jou toe en vraagt of jij als psychologiestudent die tests kunt krijgen. Ze wil er graag mee oefenen, zodat ze het assessment beter kan doen. Jij bent net bezig met een practicum 'Test en advies'. Daar oefen je met de tests die in de brief genoemd worden.

Als iemand een selectie-assessment gaat doen waar zijn toekomst van afhangt, is het erg verleidelijk om van tevoren flink te oefenen. Als je een tentamen moet doen of als je meedoet aan een sportwedstrijd is het ook verstandig om goed te trainen, dus waarom niet bij een assessment? Er zijn zelfs bureaus die assessmenttraining aanbieden.
Als psycholoog moet je misbruik van tests zien te voorkomen. Er zijn drie redenen om tests niet openbaar te maken. In de eerste plaats kunnen er alleen correcte resultaten uit een test gehaald worden als ze worden afgenomen en geïnterpreteerd door iemand die daar deskundig in is. In de tweede plaats werken ze niet meer als mensen voorkennis hebben. Als iemand geoefend heeft met de intelligentietest, zal hij waarschijnlijk hoger scoren. Als hij dan wordt vergeleken met een normgroep die niet geoefend heeft, wordt hij te positief beoordeeld. Hij krijgt dan een onjuist advies. Deze argumenten gaan over de effectiviteit van tests. In de derde plaats is er een juridisch argument: tests mogen niet publiek worden omdat er auteursrecht op rust. Dit hangt samen met een economisch argument: het kost veel tijd en geld om een goede test te ontwikkelen. Net als het illegaal kopiëren van boeken en downloaden van films en muziek, is het ongeoorloofd verspreiden van tests verboden.
De genoemde argumenten zijn niet ethisch, maar ethische vragen spelen hierbij wel mee. Hoe belangrijk vinden we de kwaliteit van testafnames? Mag je iets stelen wat het intellectueel eigendom is van een ander? En waar liggen onze prioriteiten: hoe belangrijk vinden we intellectueel eigendom, openbaarheid, geld of juist vrije beschikbaarheid?

Lastige situaties kunnen ontstaan als het zorgvuldig omgaan met testmateriaal botst met de belangen van een cliënt. Als bijvoorbeeld een cliënt inzage wil in zijn testresultaten en hij maakt daarbij aantekeningen, kan er al een copyrightprobleem ontstaan. Naar aanleiding van de laatste herziening van de NIP-code is er een discussie gevoerd over het inzagerecht. In de code was dit recht zo geformuleerd dat de cliënt niet alleen inzage kreeg in de scores maar ook in de vragen. Deze discussie heeft ertoe geleid dat het inzagerecht weer werd beperkt tot de scores.

De vertrouwelijkheid van testmateriaal kan ook op gespannen voet staan met de behoefte aan openheid over de manier waarop psychologen werken. Als een journalist van *Psychologie Magazine* de psycholoog vraagt hoe die tests nu eigenlijk werken, is het moeilijk om dat uit te leggen zonder mooie voorbeelden van het type vragen in de test te geven.

Online tests

Casus: Test uw drankgebruik!

Thijmen is psychologiestudent. Hij is bezig met het programmaonderdeel 'Inleiding psychopathologie'. Als hij informatie zoekt voor een opdracht komt hij een test tegen. Thijmen is altijd in voor een test. Hij vult de vragenlijst in. Als de conclusie komt, schrikt hij wel een beetje. Volgens deze test heeft hij een acuut drankprobleem en moet hij contact zoeken met de verslavingszorg. Wat moet hij nu met die informatie? Hij denkt er een poosje over na en besluit dan om nog niet te bellen naar het op de website vermelde nummer van de hulplijn, maar naar zijn beste vriend Alex. Ze spreken af om samen naar de studentenvereniging te gaan en daar de schrik weg te drinken met een paar biertjes.

Er staan steeds meer tests op internet. Als psychologiestudent heb je vast wel eens geoefend met zo'n test. Je kunt op die manier je persoonlijkheidseigenschappen, je intelligentie of je motivatie testen. Je kunt ook tests doen om te kijken of je professionele hulp van de GGZ nodig hebt.

Waarschijnlijk kun je ook wel een aantal bezwaren tegen het online testen bedenken. Hieronder noemen we er een aantal.

- *Vertrouwelijkheid:* op internet is het moeilijk om informatie vertrouwelijk te houden. De persoon die de test invult, weet niet wie de informatie krijgt.
- *Testcondities:* de condities waaronder de test wordt afgelegd, zijn niet uniform. Mensen kunnen meer tijd nemen voor een opgave, ze kunnen anderen om hulp vragen, of hun concentratie kan verstoord worden door omgevingsgeluiden.
- *Normering:* het is de vraag of degene die de test maakt met de juiste normgroep wordt vergeleken. Bij de interpretatie kan geen rekening worden gehouden met persoonlijke omstandigheden of met andere testuitslagen.
- *Ontbreken van begeleiding:* degene die de test invult, kan niet direct om informatie vragen over bijvoorbeeld de aard, het doel en de grenzen van de test. Als uit een test komt dat de persoon die deze ingevuld heeft dringend hulp moet zoeken bij de GGZ, is er niet direct iemand om dit mee te bespreken.
- *Kwaliteit:* eerder is al opgemerkt dat een test moet worden afgenomen door iemand die daarvoor getraind is. Bij een online test is er geen directe begeleiding en het is de vraag of dit gecompenseerd kan worden door een goede opzet. Bovendien is de kwaliteit van online tests erg wisselend.

Natuurlijk heeft de computer ook voordelen. Hij is snel, objectief en kan beter rekenen dan de gemiddelde psycholoog. Veel psychologen gebruiken daarom ook digitale tests. Ze houden daarbij wel zelf de volle verantwoordelijkheid om persoonlijke interpretaties van de resultaten te geven, die passen binnen het totaalbeeld van de cliënt.

7.3 Advies

Casus: Ziekteverzuim bij Ikea

De manager van een filiaal van Ikea heeft jou gevraagd om een adviesrapport te schrijven. Je bent net een adviesbureau gestart en je wilt een goed netwerk opbouwen en referenties krijgen. Je bent erg tevreden dat je deze opdracht hebt gekregen, want de manager (opdrachtgever) heeft aangegeven dat hij je na een bruikbaar rapport graag wil aanbevelen in zijn netwerk. Hier zitten voor jou belangrijke contacten in en grote bedrijven. De manager heeft het volgende probleem aan je voorgelegd: Sinds een jaar is hij manager van dit filiaal, maar hij merkt dat het ziekteverzuim onder zijn medewerkers erg hoog is: medewerkers melden zich vaak ziek en blijven lang thuiszitten. Ook hebben enkele medewerkers aangegeven last te hebben van burn-outverschijnselen. De leidinggevende wil graag weten hoe dit komt en welke interventies hij moet inzetten. Hij is van mening dat de medewerkers ongemotiveerd zijn en motivatietraining nodig hebben. Hij wil dat jij in het adviesrapport aangeeft wat de oorzaak van het hoge ziekteverzuim is en dat je aanbevelingen geeft voor passende interventies om het ziekteverzuim terug te dringen. Gedurende het traject ontdek je dat het probleem niet bij de medewerkers, maar bij de manager ligt. Hij verwacht zo veel van zijn medewerkers dat de werkdruk te hoog is.

(Bewerking van: S. Baaijens, E. Bakker, A. van Dorpen, A. Duric, J. van Lubek, D. Mulder (2011). Advies voor Ikea)

Als je als psycholoog voor een bedrijf werkt, is het de vraag of je in de eerste plaats werkt voor de werkgever of voor de werknemer. De opdrachten krijg je meestal van de werkgever of van leidinggevenden binnen het bedrijf. Maar, zoals je al eerder hebt gezien, kunnen bij assessments de belangen van de sollicitant of werknemer verschillen van de werkgeversbelangen. De werknemer heeft er belang bij dat hij gezond blijft en met plezier naar zijn werk gaat. De werkgever heeft belang bij goede prestaties en een goede reputatie van het bedrijf. Daarbij is wel de duurzame inzetbaarheid van de werknemers van belang. Als die ziek worden door de hoge werkdruk, kost het de werkgever ook veel geld. Vooral sinds de wet- en regelgeving is veranderd, waardoor werkgevers hun zieke werknemers langer moeten doorbetalen en zich moeten inzetten om passend werk te zoeken voor werknemers die bepaalde taken niet meer kunnen uitvoeren.

7.4 Samenvatting

In dit hoofdstuk heb je kunnen lezen dat het afnemen van een assessment veel kan betekenen in het leven van mensen. Daarom moet een psycholoog hier zorgvuldig mee omgaan. De uitgangspunten zijn dan ook dat hij mensen gelijk behandelt en alleen onderscheid maakt op basis van relevante kenmerken, dat hij transparant werkt en dat hij bereid is om zijn keuzes te verantwoorden. De psycholoog informeert de cliënt zorgvuldig en vraagt hem om informed consent. De psycholoog gaat vertrouwelijk om met de informatie van de cliënt. Hij vermengt zijn rol als assessor niet met andere professionele rollen of met een persoonlijke relatie met de cliënt. De psycholoog gebruikt alleen methoden waarvoor hij gekwalificeerd is. Deze uitgangspunten komen steeds terug als we het verloop van een assessmentprocedure volgen.

Met testmateriaal moet zorgvuldig worden omgesprongen, onder andere omdat er auteursrecht op berust. Aan online tests zitten verschillende haken en ogen.

7.4 Opdrachten

Individuele opdrachten

1. **Casus: Relatiechecklist**

   Een psycholoog heeft veel ervaring in het werken met paren. Op basis van zijn ervaring heeft hij een relatiechecklist ontwikkeld. Hij heeft de veelvoorkomende thema's in de relatiegesprekken in deze lijst verwerkt. Hij wil de lijst op zijn website zetten, met een scoringssysteem waarin hij enigszins willekeurig de kwalificaties 'problematisch', 'potentieel problematisch' en 'veilige relatie' toekent.

   (Knapp en VandeCreek, 2006)

   Deze psycholoog vraagt jou als collega om een advies. Is het een goed idee om deze lijst te plaatsen of niet? Beargumenteer je antwoord en onderbouw het met artikelen uit de beroepscode.

2. **Casus: Arrogant type**

   Tijdens een assessment blijkt dat een kandidaat in het verleden heeft samengewerkt met de testassistente. In de koffiepauze vertelt zij dit aan de psycholoog. Ze vindt de kandidaat een arrogant type dat volgens haar niet geschikt is voor de functie waar hij nu naar solliciteert.

   a. Kan de kandidaat onder deze omstandigheden een verantwoord assessment doen?
   b. Onderbouw je antwoord met argumenten uit de beroepscode.

Groepsopdrachten

3. **Casus: ADHD**

   Leo is op verzoek van zijn onderwijzer onderzocht door de schoolpsycholoog. De onderwijzer kan niet goed omgaan met Leo, die erg druk is en snel afgeleid wordt van zijn werk. Daarom wil hij graag een deskundig advies. De ouders van Leo hebben hiermee ingestemd. Na het onderzoek, dat bestaat uit een gesprek met Leo, observatie in de klas en een aantal psychologische tests, heeft de psycholoog een gesprek met de ouders van Leo. Hij brengt in dit gesprek naar voren dat hij vermoedt dat er wellicht sprake is van ADHD bij Leo en dat hij adviseert om Leo hierop verder te laten onderzoeken bij de GGZ. De ouders van Leo lijken, zelfs na een duidelijke uitleg, niet zo goed te begrijpen wat de psycholoog bedoelt en ze zien het nut van verder onderzoek niet echt in. De schoolpsycholoog denkt dat het voor de verdere ontwikkeling van Leo belangrijk is dat duidelijk wordt gediagnosticeerd wat er aan de hand is, zodat Leo een passende behandeling kan krijgen.

   a. Hoe kan de schoolpsycholoog op een verantwoorde manier met deze situatie omgaan?
   b. Werk deze vraag in een groepje uit met behulp van het stappenplan.

4. Organiseer een debat over de stelling: 'Het gebruik van traditionele intelligentietests voor cliënten uit een culturele minderheid is een vorm van discriminatie.'
   - De docent schrijft de stelling op het bord.
   - Splits de groep in twee subgroepen. De ene groep zoekt argumenten voor de stelling. De andere groep zoekt argumenten tegen de stelling. Beide groepen moeten bij hun argumenten gebruikmaken van de beroepscode. Elke groep wijst een woordvoerder aan.
   - Terwijl de groepen overleggen, richt de docent het lokaal zo in dat er een debat gevoerd kan worden.
   - Eerste ronde (vijf minuten per groep): de woordvoerders van beide groepen krijgen elk vijf minuten de kans om hun argumenten voor of tegen de stelling te presenteren.
   - Tweede ronde (vijf minuten per groep): de woordvoerders van beide groepen krijgen de kans om op elkaar te reageren.
   - Derde ronde (twintig minuten): alle groepsleden krijgen de gelegenheid om te reageren op de stelling en de aangevoerde argumenten.
   Hierbij gelden de volgende spelregels:
   - De docent is gespreksleider en bepaalt wie het woord krijgt.
   - Iemand die iets wil inbrengen steekt zijn hand op. Hij wacht tot hij het woord krijgt van de gespreksleider.

- Eén persoon praat tegelijk.
  - De debaters luisteren naar elkaar en geven een inhoudelijke reactie op elkaar.
  - Vermijd drogredenen (zie hoofdstuk 3).
- Vierde ronde: alle groepsleden stemmen voor of tegen de stelling. Nabespreking.
- Variant: Aan het begin van het debat worden twee studenten uitgekozen die de drogredenpolitie vormen. Zij mogen het debat te allen tijde onderbreken als ze een drogreden signaleren. Als hulpmiddel kunnen ze een bel, een fluitje of een rode kaart krijgen om duidelijk aan te geven wanneer de spelregels overtreden worden.

(Met dank aan Dennis van der Honing.)

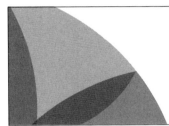

MyLab | Nederlandstalig

Op www.pearsonmylab.nl vind je studiemateriaal en de eText om je begrip en kennis van dit hoofdstuk uit te breiden en te oefenen.

Hoofdstuk 8
Diagnostiek en therapie

Casus: Een vriend in nood

Hugo Vanderstukken is relatietherapeut. Walter Tanghe is een van zijn beste vrienden. In de weekends fietsen ze vaak samen en drinken na afloop een paar pintjes. Na een van hun fietstochten vertelt Walter dat zijn relatie met Eveline niet goed meer loopt. Hij heeft het daar erg moeilijk mee. Hugo wil zijn vriend graag helpen. Hij gebruikt zijn deskundigheid om Walter de juiste vragen te stellen en hem te ondersteunen in het oplossen van de relatieproblemen. Walter en Eveline komen ook samen bij hem op bezoek en mede door de goede gesprekken met Hugo bloeit hun liefde weer op.

Een gesprek met een klinisch psycholoog lijkt soms op een goed gesprek met een vriend. Toch is het fundamenteel anders. Dat komt door de deskundigheid van de psycholoog en door de context waarin het gesprek plaatsvindt. Om een duidelijk onderscheid te maken tussen persoonlijke en professionele relaties zijn er allerlei regels. Maar soms loopt het anders, zoals in de casus van Hugo en Walter. Hugo vermengt zijn professionele rol als therapeut en zijn privérol als vriend. Vanuit zijn persoonlijke norm dat je een vriend in nood probeert te helpen, doet hij wat hij kan. Waarschijnlijk is het in dit geval geen probleem dat hij de professionele regels niet naar de letter heeft gevolgd. In de meeste gevallen is dat echter wel de beste manier om de belangen van de cliënt en van de therapeut te behartigen.

Een psycholoog die in de geestelijke gezondheidszorg werkt moet zich, meer nog dan zijn collega's die in een andere sector werken, bewust zijn van de morele aspecten van zijn beroep. De mensen met wie hij werkt, zijn kwetsbaar. Ze komen bij een psycholoog omdat ze psychische problemen hebben. Het gevolg hiervan kan zijn dat ze minder weerbaar en mondig zijn dan anderen. De psycholoog in de GGZ kan bovendien soms genoodzaakt zijn om beslissingen nemen die diep ingrijpen in hun leven.

Daarom zijn ook de rechten van cliënten in de GGZ duidelijk vastgelegd. Naast de beroepscodes, zijn er ook verschillende (andere) wetten waarin de rechten van GGZ-cliënten geregeld zijn.[23] Psychotherapeuten hebben daarnaast een eigen code: de Beroepscode voor Psychotherapeuten van de Nederlandse Vereniging voor Psychotherapie.[24] Deze code wordt hier verder niet behandeld, omdat dit in het kader van dit boek te ver zou voeren. De Vlaamse Vereniging voor Klinisch Psychologen[25] verwijst naar de deontologische code van de Psychologencommissie.

De registratie van beroepen in de gezondheidszorg is wettelijk geregeld. In België is de titel 'psycholoog' wettelijk beschermd. Voor Nederlandse psychologen gaat het om de GZ-psycholoog en de psychotherapeut, die BIG (Beroepen In de Gezondheidszorg)-geregistreerd zijn. Dat betekent dat zij onder het wettelijk tuchtrecht vallen.

De BIG kent twee wettelijke tuchtnormen:
1. Het handelen of nalaten van handelen mag niet in strijd zijn met de zorg die de geregistreerde zorgverlener behoort te betrachten ten opzichte van de patiënt en de naast betrokkenen van de patiënt.
2. Enig ander handelen of nalaten van handelen als geregistreerde zorgverlener mag niet in strijd zijn met het belang van een goede uitoefening van individuele gezondheidszorg.

Deze tuchtnormen zijn erg ruim. Daarom worden ze aangevuld met de bij het beroep behorende codes, protocollen en richtlijnen.

Aan de ene kant gaat het in dit hoofdstuk dus over een specifiek gebied van de beroepsuitoefening, aan de andere kant zul je zien dat er morele vragen terugkomen die ook spelen bij selectie, coaching en training. Daarom wordt hier soms verwezen naar eerdere hoofdstukken.

---

23 In Nederland de Wet geneeskundige behandelovereenkomst (WGBO), de Wet bijzondere opneming psychiatrische ziekenhuizen (BOPZ), de Wet op het mentorschap ten behoeve van meerderjarigen, de Wet medisch-wetenschappelijk onderzoek met mensen (WMO) en de Wet bescherming persoonsgegevens (WBP). Het Belgische Strafwetboek legt het Beroepsgeheim vast (artikel 458).
24 Zie www.psychotherapie.nl; geraadpleegd op 8 april 2015.
25 Zie www.vvkp.be; geraadpleegd op 8 april 2015.

Hoofdstuk 8 Diagnostiek en therapie

Casus: Verregaand onprofessioneel handelen[26]

Het Tuchtcollege voor de Gezondheidszorg in Den Haag besliste, op 5 augustus 2014, dat een GZ-psycholoog met onmiddellijke ingang uit het BIG-register geschrapt moest worden. Dat betekent dat hij moet stoppen met zijn beroepspraktijk. Hoe is het Tuchtcollege tot deze uitspraak gekomen?

Een patiënte werd begin 2011 door haar huisarts verwezen naar een psycholoog omdat ze een burn-out had, met zware depressieve klachten. De psychologen op de voorkeurslijst van de huisarts hadden allen een wachtlijst. Daarom ging de patiënte naar een andere psycholoog, die al direct de volgende dag tijd voor haar had. Deze psycholoog begon aan een intensief traject: binnen een periode van nog geen twee weken voerde hij met deze patiënte acht gesprekken van elk 2,5 uur. Soms waren er zelfs twee gesprekken op een dag. Bij twee gesprekken was ook de moeder van de patiënte aanwezig. Naast deze gesprekken vulde de patiënte vijf vragenlijsten in. Op advies van de huisarts beëindigde de patiënte na deze acht gesprekken het contact met de psycholoog. Ze werd verwezen naar een psychotherapeute. Die vond de klachten zo ernstig dat ze patiënte direct doorverwees naar een psychiater voor verdere diagnostiek en behandeling met antidepressiva.

De patiënte diende een klacht in bij het Tuchtcollege. Volgens het Tuchtcollege heeft de psycholoog zich op vijf aspecten niet als een goede hulpverlener gedragen:

- Diagnostiek en indicatiestelling: Hij gebruikte geen duidelijke systematische methode van indicatiestelling. De vragenlijsten die hij gebruikte waren verouderd en sloten niet aan bij de klachten van de patiënte. Het was niet duidelijk met welk doel hij deze vragenlijsten gebruikte.

- Dossiervoering: In het dossier ontbraken onder meer een behandelplan, diagnose, toestemmingsverklaring en berichtgeving aan de huisarts (de verwijzer). Het bevatte alleen de ingevulde vragenlijsten met daarop enkele aantekeningen van de psycholoog. Bovendien heeft de psycholoog het originele dossier aan de moeder van patiënte meegegeven (wel met toestemming van de patiënte), terwijl hij alleen, op verzoek van een cliënt, een kopie van het dossier mee mag geven en hijzelf wettelijk, op grond van de WGBO, verplicht is om het originele dossier vijftien jaar te bewaren.

- Behandelinterventies: De behandeling sloot niet aan bij de vraag van de patiënte. Hij sloot niet aan bij de 'Multidisciplinaire richtlijn overspanning en burn-out voor eerstelijns professionals'. In de richtlijn staat bijvoorbeeld dat de behandelaar een sterk beroep moet doen op de gezonde kant van de patiënt, maar de psycholoog riep juist extra emoties op – onder meer door empathische interventies – die de angst verhoogden. De psycholoog heeft wel gezien dat de problematiek van de patiënte ernstig was; hij stelde na twee gesprekken zelfs de voorlopige diagnose

---

26 http://tuchtrecht.overheid.nl/nieuw/gezondheidszorg/uitspraak/2014/ECLI_NL_TGZRSGR_2014_83, geraadpleegd op 8 april 2015.

PTSS, maar hij heeft niets gedaan om haar te verwijzen naar de specialistische GGZ. Hij heeft ook geen informatie aan de huisarts verstrekt, waarmee die een juiste doorverwijzing kon doen.

Belasting van de patiënte: Er waren zoveel zeer lange gesprekken binnen een korte periode dat dit voor de patiënte zeer belastend was.

Onnodig ver doordringen in het privéleven van patiënte: De psycholoog heeft de moeder van de patiënte bij de behandeling betrokken en in haar bijzijn zelfs gevraagd naar een vroege seksuele ervaring van de patiënte. De patiënte vond dit erg gênant. De psycholoog heeft ook voorgesteld om vrienden van de patiënte bij de sessies uit te nodigen en om jeugdfoto's te laten zien. Bovendien heeft hij de patiënte omhelsd en haar buik aangeraakt.

De psycholoog betwistte de aanklacht op de meeste punten. Hij stelde dat hij wel werkte aan een 'doorverwijsplan' naar de specialistische GGZ, maar dat de patiënte veel weerstand had tegen een dergelijke doorverwijzing, omdat ze bang was dat die stigmatiserend voor haar zou zijn. Dit laatste werd echter door de patiënte ontkend en het was ook nergens terug te vinden in de stukken. Bovendien had de psycholoog, volgens het Tuchtcollege, direct voorbereidende stappen moeten nemen voor de doorverwijzing en hij had hier een duidelijk plan voor moeten opstellen. Wat betreft de aanrakingen stelde de psycholoog dat die gedaan waren in het kader van ontspanningsoefeningen en om uitdrukking te geven aan zijn betrokkenheid.

Achteraf kon hij zich wel voorstellen dat een patiënte hier juist angstiger van wordt. Het Tuchtcollege is van mening dat deze psycholoog heeft gehandeld in strijd met artikel 7:453 en 7:454 van het Burgerlijk Wetboek, artikel 40 van de Wet BIG en en de NIP Beroepscode. Daarnaast was zijn handelen in strijd met de norm(en) zoals genoemd in artikel 47, eerste lid van de Wet BIG. Het Tuchtcollege legde een zware maatregel op vanwege de ernst van het disfunctioneren en het gebrek aan zelfreflectie en inzicht in de gemaakte fouten bij de psycholoog. Bovendien bleek dat hij al eerder vergelijkbare fouten had gemaakt. Daarom was hij door het College van Toezicht van het NIP al uit het NIP gezet. Ook de Landelijke Vereniging van Eerstelijnspsychologen (LVE) had deze psycholoog laten weten dat zij zijn lidmaatschap wilde opzeggen, omdat hij ten onrechte niet had doorverwezen naar psychiaters. Hij had dit voorkomen door zelf zijn lidmaatschap op te zeggen.

8.1 Algemene uitgangspunten

In de klinische psychologie gelden de volgende fundamentele ethische uitgangspunten (Berghmans, in Smeets *et al.*, 1999):
- Autonomie
- Dossiervorming en inzagerecht
- Vertrouwelijkheid
- Zorg van een goede psycholoog

Daarnaast worden de volgende richtlijnen gegeven om grenzen aan te geven:
- Geen grensoverschrijdend gedrag
- Meldingsplicht bij normoverschrijding

Autonomie

De psycholoog respecteert de autonomie en zelfbeschikking van de cliënt (basisprincipe NIP-code en deontologische code). Hij respecteert bij zijn cliënten het vermogen om zelf na te denken en zelf te bepalen wat ze willen met hun leven. Ze hebben recht op zelfbeschikking. Juist in de GGZ kan autonomie een probleem zijn. Een cliënt die depressief of verward is, kan niet altijd weloverwogen keuzes maken. Toch moet de psycholoog zo veel mogelijk samenwerken op basis van de eigen keuzes van cliënten en moet hij zo veel mogelijk de autonomie van zijn cliënten bevorderen. De psycholoog is wettelijk verplicht om zijn cliënt duidelijk te informeren over de aard en het doel van het onderzoek en de behandeling, over de mogelijke gevolgen, de risico's, over andere methoden die overwogen kunnen worden en over de vooruitzichten wat betreft de gezondheid van de cliënt (artikel 7:448 BW). Op die manier kan de cliënt informed consent geven. Als het geven van deze informatie ernstig nadeel oplevert voor de cliënt, bijvoorbeeld omdat hij erg in de war is en deze informatie hem nog meer zou verwarren, moet de psycholoog een ander informeren. Bij een minderjarige is dat de ouder of voogd en bij een meerderjarige een zelfbenoemde of feitelijke vertegenwoordiger. Deze kan plaatsvervangende toestemming geven. Als de cliënt later wel weer in staat is om de informatie op te nemen, moet hij alsnog ingelicht worden. In deze gevallen moet een psycholoog altijd een collega consulteren, zodat hij feedback kan krijgen op zijn keuze om informatie achter te houden. De cliënt heeft recht op informatie, maar mag deze weigeren. Als hij duidelijk laat weten dat hij niet geïnformeerd wil worden, geeft de psycholoog de informatie niet (artikel 7:449 BW). Dit moet tijdens de therapie wel een punt van aandacht blijven, waar regelmatig op terug wordt gekomen. De Belgische wet betreffende de rechten van de patiënt (artikel 7 en 8) komt op deze punten overeen met de Nederlandse wet.

Dossiervorming en inzagerecht

Tijdens de behandeling houdt de psycholoog een dossier bij. De WGBO en de beroepscodes verplichten de psycholoog om een dossier te vormen en de cliënt daar inzage in te geven (NIP-code artikel 20 en artikel 67, NBTP-code: Aspecten met betrekking tot het beheer van gegevens, rapporten en dossiers, artikel 3). In de casus 'Verregaand onprofessioneel handelen' wordt het belang van een dossier duidelijk. Het bevat belangrijke documenten, zoals de diagnose, het behandelplan, de toestemmingsverklaring en de correspondentie met verwijzers. Het dossier dient als geheugensteun voor de psycholoog zelf, maar ook om de continuïteit van de behandeling te garanderen (NIP-code artikel 20 en deontologische code artikel 29). Als de psycholoog onverwacht de behandeling moet afbreken, bijvoorbeeld door ziekte, of als de cliënt in het weekend in een crisis raakt, kan een collega de hulpverlening met behulp van het dossier overnemen. Op die manier loopt de cliënt niet het risico dat hij er plotseling alleen voor komt te staan. Daarnaast dient het dossier als basis voor de verantwoording van de psycholoog. Hij kan hiermee legitimeren hoe hij de diagnose en de behandeling aanpakt, bijvoorbeeld als er een klacht wordt ingediend (NIP-code artikel 35). In de casus 'Verregaand onprofessioneel handelen' komt de psycholoog in de problemen omdat hij onder meer het 'doorverwijsplan' waar hij naar eigen zeggen aan werkte, niet vanuit het dossier kon onderbouwen.

In het dossier komt vertrouwelijke informatie over de cliënt te staan. De vertrouwelijkheid en het recht op privacy van de cliënt staan op gespannen voet met het belang van overdraagbaarheid en continuïteit. Als de behandelaar informatie strikt geheim zou houden, is het voor anderen onmogelijk om de behandeling over te nemen. Dit dilemma speelde een grote rol in de discussie over de invoering van een elektronisch patiëntendossier. De behandelaar moet een evenwicht zoeken tussen vertrouwelijkheid en openheid. Dat betekent dat er zeer zorgvuldig met de dossiers moet worden omgegaan. De cliënt heeft het recht om zijn dossier in te zien als hij ten minste twaalf jaar is (Decreet Rechten Minderjarige Persoon (DRPM): leeftijd vanaf twaalf jaar of in staat voldoende maturiteit te bewijzen, http://wvg.vlaanderen.be/rechtspositie/). Hij mag een afschrift mee naar huis nemen, zodat hij het rustig in zijn eigen omgeving kan nalezen. Als de cliënt het niet eens is met zijn dossier, mag hij dat aanvullen met zijn eigen visie of mag hij een second opinion van een andere hulpverlener toevoegen. Als er informatie in het dossier staat die van derden afkomstig is, heeft de cliënt volgens de NIP-code niet het recht om deze informatie te zien, tenzij die informatie over hemzelf gaat. Als de moeder van de cliënt bijvoorbeeld vertelt dat zij tijdens de zwangerschap depressief was, heeft de cliënt geen inzage in deze informatie. Deze informatie gaat namelijk over de moeder, ook al kan het belangrijk zijn voor de diagnostiek van de cliënt. Als zijn ouders vertellen dat de cliënt als kind al vaak ruziemaakte met andere kinderen, is die informatie wel voor hem toegankelijk, omdat dit over hemzelf gaat. De psycholoog moet er dus bij voorbaat voor zorgen dat informatie over derden gemakkelijk te scheiden is van de andere informatie. Vooral bij conflictueuze echtscheidingen moet de psycholoog goed opletten dat hij alleen verslag uitbrengt over een kind aan degenen die het ouderlijk gezag uitoefenen (deontologische code artikel 16).

Vertrouwelijkheid

De psycholoog heeft een beroepsgeheim. De informatie die hij over personen krijgt tijdens de uitoefening van zijn beroep, vertelt hij niet door aan anderen. Deze geheimhouding is niet absoluut. Hij kan doorbroken worden in het belang van de cliënt of in het belang van anderen. Als er ernstig en direct gevaar dreigt voor anderen en de enige manier waarop dit voorkomen kan worden, is het doorbreken van de geheimhouding, dan moet de psycholoog dit doen. Daarnaast kan de psycholoog door de rechter of door wettelijke voorschriften verplicht worden om informatie door te geven. In paragraaf 8.4 komen we hier uitgebreid op terug.

Zorg van een goede psycholoog

De psycholoog moet in de uitoefening van zijn beroep er niet alleen voor zorgen dat zijn cliënt tevreden is. Hij moet ook handelen in overeenstemming met de kennis, ervaring en de normen van zijn beroepsgroep. Dit is ook een juridische norm (artikel 7:453 WGBO). Het gaat erom dat een psycholoog zijn deskundigheid gebruikt en dat hij zich bewust is van de ethische aspecten van zijn werk. In de casus 'Verregaand onprofessioneel handelen' biedt de psycholoog geen goede zorg. Hij houdt zich niet aan de richtlijnen voor dit type patiënten, hij geeft ook geen duidelijke motivatie om van deze richtlijnen af te wijken, hij gebruikt interventies die schadelijk zijn voor de patiënte, hij maakt de behandeling veel te intensief en hij verwijst haar niet door, terwijl de ernst van haar problemen dat wel noodzakelijk maakt.

Geen grensoverschrijdend gedrag

Een cliënt moet zich veilig kunnen voelen bij de psycholoog. Daarom is grensoverschrijdend gedrag niet toelaatbaar. In een therapeutische relatie komt de psycholoog dicht bij de cliënt. Die vertelt over zeer persoonlijke ervaringen, die hij misschien nauwelijks met anderen deelt. Dat kan alleen als de cliënt zich veilig voelt. De psycholoog moet daarom professionele afstand bewaren tegenover zijn cliënt. Hij moet fysiek en psychisch voldoende op afstand blijven. Dat betekent natuurlijk dat hij de cliënt niet zoent en dat hij niet bij zijn cliënt langsgaat om een biertje te drinken. Het kan soms echter lastig zijn om hierin het juiste evenwicht te vinden. Wat doe je als de cliënt een stevige huilbui krijgt? Kun je hem dan een schouderklopje geven of gaat dat te ver? Mag je als therapeut in bepaalde gevallen iets vertellen over je eigen problemen? Het zal altijd van de persoon en de situatie afhangen waar de grens precies getrokken wordt. Een cliënt kan het gedrag van de therapeut soms anders interpreteren dan bedoeld. Dit is een extra reden om terughoudend te zijn. De NIP (artikel 53 en 54) en de deontologische code (artikel 44) zijn duidelijk over de ontoelaatbaarheid van seksuele gedragingen van de therapeut tegenover de cliënt. In de casus 'Verregaand onprofessioneel handelen' gaat de psycholoog duidelijk over de grenzen van zijn patiënte, door haar aan te raken op een manier die zij niet prettig vindt en door in het bijzijn van haar moeder zaken te bespreken die de patiënte voor zichzelf wilde houden.

Meldingsplicht bij normoverschrijding

Een psycholoog kan erachter komen dat een collega zich grensoverschrijdend gedraagt. Dat brengt hem in een lastig parket. Vaak weet hij in eerste instantie niet zeker of de verdenking terecht is. Als de informatie van een cliënt komt, is het de vraag of die cliënt ermee akkoord gaat dat de psycholoog hierover met de betrokkene praat. Het is ook niet gemakkelijk om een collega hierop aan te spreken en het wordt vaak niet gewaardeerd door de betrokkene en andere collega's. Toch schrijven de beroepscodes voor dat een psycholoog actief optreedt ten opzichte van een collega als hij weet dat er sprake is van normoverschrijdend gedrag (NBTP-code: Aspecten met betrekking tot het NBTP-lidmaatschap, artikel 2). Daarbij moet hij wel zorgvuldig te werk gaan. Eerst moet hij de collega aanspreken (NIP-code artikel 34, NBTP-code: Aspecten in relatie tot collegae en andere hulpverleners, artikel 6, deontologische code artikel 48) en pas als dit niet helpt, moet hij een klacht indienen. In paragraaf 8.5 komen we hier uitgebreider op terug.

8.2 Signaleren en doorverwijzen

Elke psycholoog moet zijn eigen grenzen kennen (NIP-code artikel 102 en 103, NBTP-code: Aspecten met betrekking tot de beroepsuitoefening, artikel 6 en deontologische code artikel 32). Als een psycholoog therapeutisch geschoold is, maar niet gespecialiseerd is in de problematiek van de cliënt, moet hij de cliënt doorverwijzen. De psycholoog in de casus 'Verregaand onprofessioneel handelen' is nalatig op dit punt. Hij stelt de diagnose posttraumatische stressstoornis en zou bij een dergelijke diagnose moeten doorverwijzen naar een gespecialiseerde hulpverlener. Als een patiënte medicijnen nodig heeft, wat in deze casus het geval lijkt te zijn, moet er een doorverwijzing plaatsvinden naar een psychiater. Ook als een psycholoog om persoonlijke redenen niet in staat is om bepaalde cliënten te helpen, moet hij dit op tijd onderkennen en de cliënt doorverwijzen.

8.3 Diagnostiek

Casus: Klinische blik

Bas is opgenomen in een observatiecentrum voor jongens met gedragsproblematiek. In de cliëntbespreking over Bas vertelt de psychiater dat Bas een ernstige beperking heeft in de sociale contacten. Hij maakt nauwelijks oogcontact en is niet in staat tot het voeren van een normaal gesprek. Bas keek gedurende het hele gesprek alleen maar naar de punten van zijn schoenen. De conclusie van de psychiater is dat Bas verder behandeld moet worden in een jeugdpsychiatrische kliniek. De psycholoog heeft Bas uitgebreid onderzocht en komt met een heel andere conclusie. De ouders van Bas kunnen hem geen goed pedagogisch klimaat bieden, maar toch komt uit de tests een positief beeld naar voren van de mogelijkheden van Bas. De psycholoog adviseert om voor Bas een pleeggezin te zoeken. Verdere behandeling lijkt hem niet nodig. De psycholoog verbaast zich erover dat de psychiater zo'n ander beeld heeft van deze jongen. Na de bespreking hoort hij dat de psychiater Bas gesproken heeft op de ochtend na het Sinterklaasfeest. De jongens hadden tot diep in de nacht feestgevierd en daarbij ook (stiekem) gedronken. Het gesprek met de psychiater was grotendeels aan Bas voorbijgegaan.

De morele vragen bij diagnostiek komen voor een groot deel overeen met de vragen die in hoofdstuk 7, over assessments besproken zijn. Omdat een psychiatrische diagnose grote gevolgen kan hebben voor de cliënt, moet de psycholoog zorgvuldig werken. Eigenlijk mag hij geen fouten maken. Net als bij assessments baseert hij zijn handelen op de volgende principes: gelijke behandeling, verantwoordelijkheid, vertrouwelijkheid, rolintegriteit en kwaliteit.

Als het gaat om de kwaliteit van de diagnostiek, kunnen we ons afvragen welke criteria hierbij gelden. Voor tests is het duidelijk dat ze betrouwbaar en valide moeten zijn. De psycholoog moet ook weten welke tests bij welke hulpvraag passen, wat in de casus 'Verregaand onprofessioneel handelen' niet het geval is. Maar wat is de waarde van een klinische blik? Kan een ervaren psycholoog zijn ervaringsdeskundigheid inzetten bij diagnostiek? In de casus van Bas zien we dat dit riskant kan zijn. Aan de andere kant kan de eerste indruk van een ervaren psycholoog ook waardevolle informatie opleveren. Door zijn ervaring kan hij een intuïtie ontwikkeld hebben waarmee hij subtiele signalen oppikt, die niet direct uit evidence based psychologische tests naar voren komen. Ook hier is het belangrijk om open-minded te blijven en deze intuïtie te vergelijken met andere informatie.

De psycholoog moet zich baseren op theorieën en methoden die binnen de hedendaagse psychologie als wetenschappelijk erkend worden (deontologische code artikel 32). Hij moet de ontwikkelingen in zijn vakgebied goed volgen. Hij moet zich ook realiseren dat diagnostiek altijd plaatsvindt binnen een maatschappelijke context. Dehue (2008 en 2014) laat zien hoe een diagnose als depressie in de loop van de tijd verandert en hoe diagnoses als ADHD steeds verder worden opgerekt. In de psychopathologie verwijzen diagnoses niet naar een eenduidige onderliggende oorzaak. Het zijn constructies die ontstaan doordat er wordt afgesproken om een bepaalde verzameling symptomen een bepaald label te geven. Daarbij spelen ook economische motieven, van onder meer de farmaceutische industrie, een rol. Ook de verzekeraar, die zijn vergoeding koppelt aan DBC's (diagnosebehandelcombinaties) speelt hierbij een grote rol. Dit heeft soms vreemde effecten. Het aantal mensen met de diagnose 'aanpassingsstoornis' is bijvoorbeeld in korte tijd spectaculair gedaald, toen deze diagnose in 2012 uit het verzekeringspakket verdween: van ongeveer 13.000 in 2010 tot bijna 0 in 2012. In dezelfde periode steeg het aantal mensen met de diagnose angst- en stemmingsstoornissen van 11.000 in 2010 naar 27.000 in 2012. De psychotherapeut Holdert geeft als verklaring dat diagnoses worden aangepast. De lichtere diagnose aanpassingsstoornis wordt niet meer vergoed, maar als de patiënt de zwaardere diagnose angst- of stemmingsstoornis krijgt, komt hij wel in aanmerking voor een vergoeding, een verschijnsel dat 'upcoding' wordt genoemd (Reijn, 2014). Een diagnosticus ziet zich hier dus voor het dilemma geplaatst: of hij laat de cliënt opdraaien voor hoge behandelkosten, of hij stelt de diagnose bij.

In de volgende casus kun je zien hoe zwaar de gevolgen kunnen zijn van een verkeerde diagnose. Degene die dit diagnostisch onderzoek uitvoerde, was kennelijk niet voldoende op de hoogte van de invloed van cultuurverschillen op de persoonlijkheid.

Casus: De gevolgen van een verkeerde diagnose

Bensaïd N. werd in 2009 vrijgelaten uit de tbs-kliniek waar hij vijftien jaar vastgezeten had. Bensaïd N. had zijn vrouw in 1994 met de platte kant van een bijltje op haar hoofd geslagen. Ze liep hierbij geen blijvende gezondheidsschade op. Het Pieter Baan Centrum deed een diagnostisch onderzoek. De conclusie was dat Bensaïd een persoonlijkheidsstoornis zou hebben. Hij kreeg een jaar celstraf wegens poging tot doodslag en, op basis van de diagnose, tbs. N. stelde dat hij niets mankeerde en daarom wilde hij niet meewerken aan de behandeling. Omdat hij niet meewerkte aan de behandeling werd zijn tbs steeds verlengd. Zijn advocaat drong aan op een nieuw diagnostisch onderzoek. Daaruit blijkt dat N. geen persoonlijkheidsstoornis heeft. Omdat persoonlijkheidsstoornissen niet vanzelf, zonder therapie, verdwijnen, moet daaruit geconcludeerd worden dat hij ook in 1994 geen persoonlijkheidsstoornis had. Joop de Jong, hoogleraar culturele en internationale psychiatrie, zegt dat de Marokkaanse Nederlander N. verkeerd gediagnosticeerd is, omdat hij destijds naar westerse maatstaven beoordeeld is. In 2003 gaf De Jong een contra-expertise. Hij zegt dat N. naar westerse maatstaven narcistisch en paranoïde lijkt. Dat is hij echter niet. Zijn trotse en wantrouwende houding is vanuit zijn culturele achtergrond niet abnormaal.

(Van Dongen, 2009)

8.4 Therapie

We volgen nu stap voor stap de fasen van het therapeutisch contact en de beroepsethische vragen die daarbij een rol spelen. Daarbij komen achtereenvolgens aan de orde:
a. Start van het therapeutisch contact
b. Informatievoorziening
c. De relatie therapeut-cliënt
d. Het beëindigen van de professionele relatie

8.4.1 Start van het therapeutisch contact

Casus: Dubbelrol

Marie-Claire de Graaf meldt zich aan bij 'Het psychologencollectief'. Ze heeft de diagnose PDD-NOS. Charlotte heeft nog ruimte in haar caseload, omdat er net een aantal contacten afgerond zijn. Daarom wordt Charlotte gevraagd om een intakegesprek met Marie-Claire te voeren. Charlotte is zeer deskundig in hulpverlening aan cliënten met PDD-NOS. Ze heeft echter bedenkingen. Kort daarvoor heeft ze Wouter de Graaf in therapie gehad. Wouter is de vader van Marie-Claire. In de therapie van Wouter werd duidelijk dat zijn woede-uitbarstingen veel effect hebben gehad op de ontwikkeling van zijn kinderen. Als Charlotte de behandeling van Marie-Claire op zich neemt, heeft ze een dubbelrol als therapeut van zowel vader als dochter. Als ze dat niet doet, komt

Marie-Claire op de wachtlijst en wordt ze vervolgens behandeld door een collega die minder deskundig is in het werken met PDD-NOS.

Als een cliënt zich aanmeldt bij een therapeut, moet deze zich afvragen of hij over de juiste deskundigheid beschikt om deze cliënt te helpen, voor zover hij dat op dat moment beoordelen kan. Vaak zal de instelling waar de psycholoog werkt proberen de juiste match te vinden. De psycholoog moet er daarnaast op letten dat hij dubbele rollen vermijdt (NIP-code artikel 51 en 52 en deontologische code artikel 45).

8.4.2 Informatievoorziening

Casus: Dure gesprekken

Ton komt bij zijn psycholoog Irma van de Laar voor een tweede gesprek. Het eerste gesprek, dat een week eerder plaatsvond, was goed bevallen. Hij zat toen in een flinke dip. De relatie met zijn vriendin was net uitgegaan en Ton zag het allemaal niet meer zitten. Het gesprek met Irma gaf hem de hoop dat het misschien weer goed kon komen met een paar gesprekken. Irma begint het gesprek met een paar zakelijke mededelingen waar ze in het eerste gesprek niet aan toe waren gekomen. Zij vertelt hem wat de kosten van de gesprekken zijn. Dat valt Ton zwaar tegen. De gesprekken worden slechts gedeeltelijk door de verzekering vergoed en hij zit toch al krap.

Een cliënt die begint aan een therapie moet weten waar hij aan toe is. Hij moet informed consent kunnen geven en dat betekent dat de psycholoog transparant is (NIP-code artikel 62, NBTP-code: Aspecten met betrekking tot de houding tegenover de patiënt/cliënt, artikel 5 en 6 en deontologische code artikel 21). Hij informeert de cliënt over de voorwaarden, zoals de kosten, de vergoeding door verzekeraars, het aantal gesprekken, de frequentie van de gesprekken en de consequenties van een 'no show', het zonder afzegging niet verschijnen op een afspraak (NIP-code artikel 63 en deontologische code artikel 37). Daarnaast informeert hij de cliënt eerlijk over de verwachtingen voor zijn concrete situatie. Kan de cliënt verwachten dat zijn klachten door de therapie verdwijnen of leert hij alleen om er beter mee om te gaan? De therapeut mag geen irreële verwachtingen wekken (NIP-code artikel 45). Hij vertelt de cliënt wat zijn deskundigheid is en hoe hij te werk gaat. Daarbij geeft hij informatie over de manier waarop gegevens over de cliënt bewaard worden en over de geheimhouding. Als informatie wordt gedeeld met anderen, zoals andere behandelaars of ouders, vertelt de psycholoog dat aan het begin van de therapie en vraagt hij hier toestemming voor (NBTP-code: Aspecten met betrekking tot de houding tegenover de patiënt/cliënt, artikel 12, deontologische code, artikel 19). Daarnaast moet hij de cliënt informeren over alternatieve mogelijkheden (NIP-code artikel 63). De cliënt moet ook weten dat de psycholoog zich aan de beroepscode houdt en wat hij kan doen als hij niet tevreden is met de behandeling (NBTP-code: Aspecten met betrekking tot de houding tegenover de patiënt/cliënt, artikel 16). Bij voorkeur wordt deze informatie niet alleen mondeling gegeven maar ook schriftelijk, bijvoorbeeld in de vorm van een brochure. De cliënt kan dan alles thuis nog eens rustig nalezen en als er later vragen over komen, kan de therapeut laten zien welke informatie hij verstrekt heeft (NIP-code artikel 63).

In bovenstaande casus is de therapeut dus nogal laat met haar informatie. Een verzachtende omstandigheid is daarbij dat Ton er tijdens het eerste gesprek slecht aan toe was. In de beschikbare tijd moest ze kiezen tussen het verstrekken van informatie of het bespreken van Tons problemen, zodat hij de tijd tot het volgende gesprek weer door kon komen. Als er sprake is van een crisissituatie kan de therapeut voorrang geven aan het bieden van eerste hulp en de zakelijke aspecten wat minder uitgebreid bespreken. Ze had er echter goed aan gedaan Ton direct al een folder met informatie over de gang van zaken te verstrekken.

8.4.3 De relatie therapeut-cliënt

Als de therapeut en de cliënt tot overeenstemming zijn gekomen, kunnen ze samen aan het werk. Daarbij spelen onder meer de volgende morele aspecten: vertrouwelijkheid, integriteit en deskundigheid.

Vertrouwelijkheid

Casus: Shoppen op zaterdag

Het is zaterdagmiddag. Ilse Vermeulen heeft een drukke baan als psychotherapeut, maar nu heeft ze tijd om met haar gezin te gaan winkelen. Op zoek naar nieuwe kleren voor de kinderen, ziet ze opeens Bob de Jong lopen, een van haar cliënten, met wie ze gisteren nog een bijzonder goed gesprek heeft gevoerd. Bob loopt vrolijk te praten met een aantrekkelijke blonde vrouw. Zou dat de nieuwe vriendin zijn over wie hij gisteren zo enthousiast verteld heeft? Bob komt haar kant op. Hij heeft haar nog niet gezien, maar het ziet ernaar uit dat ze elkaar rakelings zullen passeren. Wat doet Ilse?

Een belangrijke voorwaarde voor therapie is het vertrouwen van de cliënt dat zijn informatie niet naar buiten komt. Op die manier kan hij vrij vertellen over zijn problemen (NIP-code, artikel 71 en 72, NBTP-code: Aspecten met betrekking tot de beroepsuitoefening: 9 en Aspecten met betrekking tot de houding tegenover de patiënt/cliënt: 12, deontologische code artikel 5). De psycholoog kan daarom niet aan anderen vertellen dat een persoon bij hem in behandeling is (deontologische code artikel 7). Bij toevallige ontmoetingen, zoals in bovenstaande casus, kan dat een ongemakkelijke situatie opleveren. Een oplossing kan zijn om hier het initiatief bij de cliënt te laten.

Het belang van de cliënt rechtvaardigt het doorbreken van de vertrouwelijkheid

In sommige gevallen is het in het belang van de cliënt dat informatie gedeeld wordt met anderen. Het bevorderen van het welzijn van de cliënt heeft dan voorrang op zijn privacy. Dit kan bijvoorbeeld het geval zijn als de psycholoog met medebehandelaars van de cliënt informatie uitwisselt. Als team kunnen zij de cliënt beter helpen als ze elkaar informeren. Het kan ook in het belang van de cliënt zijn als een andere instantie weet dat hij in behandeling is voor psychische problemen. Dit kan bijvoorbeeld een keuringsarts zijn, die op die manier ervan overtuigd raakt dat de cliënt niet kan werken of een IND-medewerker, die daardoor weet dat de cliënt getraumatiseerd is en niet terug kan naar zijn land van herkomst. Ook de verzekering moet weten dat een cliënt in behandeling is, omdat zij anders de behandeling niet vergoedt.

Het is belangrijk dat een cliënt goed weet welke informatie door zijn psycholoog met wie gedeeld wordt. Hij kan daar dan rekening mee houden. De cliënt moet toestemming geven voor het delen van informatie. Ook als die toestemming er is, moet de psycholoog spaarzaam zijn met de informatie die hij deelt. Dat betekent dat hij alleen de informatie geeft die relevant is voor het doel waarvoor hij de informatie deelt.

Het belang van anderen rechtvaardigt het doorbreken van de vertrouwelijkheid

Casus: Meneer Pieterse

De heer Pieterse is in behandeling bij een psycholoog. De psycholoog weet dat meneer Pieterse zeer impulsief en soms ook agressief kan handelen. Hij heeft veel conflicten met anderen. Meneer Pieterse vertelt dat hij vreselijk kwaad is op de gemeente. Ze hebben besloten dat zijn huis moet verdwijnen in verband met een ambitieus nieuwbouwplan. Allerlei bezwaarschriften hebben hem niet verder geholpen in zijn strijd tegen de gemeente. Hij is nu zo kwaad dat hij erheen wil in zijn terreinwagen om dwars door de glazen gevel van het stadhuis te rijden. Dan zullen ze wel begrijpen dat ze geen spelletjes met hem kunnen spelen. De psycholoog probeert meneer Pieterse met behulp van interventies vanuit de cognitieve gedragstherapie tot rationelere oplossingen van zijn probleem te brengen, maar aan het eind van het gesprek is dit nog niet echt gelukt. Wat nu?

Als een psycholoog gegronde redenen heeft om te denken dat er ernstig en direct gevaar dreigt voor anderen en de enige manier waarop hij dit kan voorkomen het doorbreken van de geheimhouding is, mag hij informatie naar buiten brengen. Dit is ook toegestaan als wettelijke bepalingen of een rechterlijke beslissing hem dwingen om zijn geheimhouding te verbreken (NIP-code artikel 74, NBTP-code: Aspecten met betrekking tot de beroepsuitoefening, artikel 9 en deontologische code artikel 12). Het gaat hierbij om zaken die geen uitstel kunnen velen, die niet op een andere manier aan het licht kunnen komen en waarbij het doorbreken van de geheimhouding het laatste middel is om direct gevaar voor personen te voorkomen. Als iemand zijn psycholoog vertelt dat hij de wet heeft overtreden, mag die dit niet bij de politie melden, tenzij hij denkt dat er kans op herhaling is. Dit lijkt strijdig met de aangifteplicht die hij als burger heeft. Een psycholoog heeft echter verschoningsrecht. De wet kent het verschoningsrecht toe aan hen 'die uit hoofde van hun stand, hun beroep of hun ambt met betrekking tot tot geheimhouding verplicht zijn', maar noemt geen specifieke beroepen. De rechter bepaalt of deze omschrijving in een concrete situatie van toepassing is als een beroepsbeoefenaar een beroep doet op het verschoningsrecht (zie artikel 458 Belgisch Strafwetboek: beroepsgeheim; artikel 458bis: mogelijkheid tot uitzondering bij bijvoorbeeld kindermisbruik). Als een psycholoog door een rechter gehoord wordt als getuige is hij verplicht om een beroep te doen op het verschoningsrecht. Alleen als de rechter dit niet toekent, moet de psycholoog getuigen. Het verschoningsrecht is bedoeld om te garanderen dat iedereen vrijuit kan praten bij een hulpverlener. Door de geheimhoudingsplicht kan een psycholoog soms in een bijzonder moeilijke situatie komen. Hij weet dat er dingen gebeuren die hij veroordeelt, maar kan daar niets aan doen. De psycholoog moet zelf beoordelen of de dreiging zwaar genoeg is om de geheimhouding te doorbreken.

De psycholoog moet eerst al het mogelijke proberen om toestemming te krijgen van de cliënt. Het moet ook vrijwel zeker zijn dat de schade kan worden voorkomen of beperkt. De psycholoog moet er ook voor zorgen dat hij het geheim zo min mogelijk schaadt. Dat wil zeggen dat hij het alleen doorvertelt aan de mensen die het moeten weten en dat hij alleen die informatie geeft die nodig is om in te grijpen (Leenen, 1994a). Als hij besluit om het beroepsgeheim te doorbreken, moet hij de betrokkene hierover informeren, tenzij dit hemzelf of anderen in gevaar brengt (NIP-code artikel 75).

Het al dan niet doorbreken van het beroepsgeheim is de verantwoordelijkheid van de psycholoog. Uiteraard is de psycholoog verantwoordelijk voor wat hij in het professionele contact doet. Is hij ook verantwoordelijk voor wat hij nalaat? Stel dat de psycholoog in bovenstaande casus zijn beroepsgeheim zwaarder laat wegen dan de noodzaak om anderen te waarschuwen voor dreigend gevaar. Stel dat de cliënt vervolgens zijn plan ten uitvoer brengt, het stadhuis binnenrijdt en daarbij een aantal mensen zwaar lichamelijk letsel toebrengt. Zou de psycholoog dan mede aansprakelijk gesteld kunnen worden voor deze schade? De cliënt blijft zelf verantwoordelijk voor zijn daden, maar als de psycholoog redelijkerwijs kan voorzien dat anderen ernstig en direct gevaar lopen en als hij dit niet op een andere manier kan voorkomen, is hij verantwoordelijk voor zijn eigen keuze om al dan niet in te grijpen (zie Belgisch strafwetboek: 'schuldig verzuim'. Artikel 422bis SW). Het komt voor dat een psycholoog aangeklaagd wordt omdat hij volgens de nabestaanden van een slachtoffer niet voldoende gedaan heeft om een misdrijf dat door zijn cliënt gepleegd is, te voorkomen.

Als je cliënt vertelt dat hij de overlast in de buurt zo zat is dat hij vandaag een van de lastposten in elkaar gaat slaan, en je schat in dat hij dat meent, dan moet je natuurlijk proberen om dat te voorkomen. In de eerste plaats moet je kijken of je de persoon zelf op andere gedachten kunt brengen. Pas als dat niet lukt, kun je de politie waarschuwen.

Natuurlijk is het verstandig om daar eerst met een vakgenoot over te praten. Het blijft dan nog steeds een moeilijke afweging hoe moordlustig een cliënt moet zijn voordat de politie ingeschakeld mag worden.

Casus: De balpenmoord

Een beruchte zaak waarbij een therapeut zonder medeweten en instemming van de cliënt informatie naar buiten bracht, was de balpenmoord. Een vrouw overleed in 1991. De politie ontdekte dat er een 14 centimeter lange Bic-pen achter haar oog zat. Hij was door de pupil helemaal naar binnen gegaan en van buitenaf niet meer zichtbaar. De politie wist niet of er sprake was van een ongeval of van moord. De ex-echtgenoot van de vrouw was enige tijd verdacht en werd toen weer vrijgelaten. De zoon, Jim, was in psychotherapie en vertelde daar dat hij zijn moeder had vermoord, door met een kruisboog een pen in haar oog te schieten. De therapeute meldde dit bij de politie. Ze meldde niet alleen wat Jim had verteld, maar ook dat ze uit de manier waarop hij dat deed concludeerde dat hij de waarheid sprak. Ze deed pas aangifte toen ze in de krant had gelezen dat de politie het onderzoek stopzette. Ze verwachtte dat Jim zich hierdoor onkwetsbaar zou voelen en dat dit de kans op een volgende moord vergrootte. Vervolgens is de jongen opgepakt en mede op basis van de verklaring van zijn therapeute veroordeeld. Uit verschillende schietproeven bleek het echter onwaarschijnlijk dat de moord op deze manier was gepleegd. De pen zou dan zijn vervormd. In hoger beroep werd Jim daarom vrijgesproken.

Vanuit de beroepsethiek is het de vraag of de psychotherapeute correct handelde door naar de politie te gaan. Het College van Toezicht van het NIP was van mening dat dit niet het geval was. Volgens het college had de psychotherapeut onvoldoende forensische deskundigheid om te kunnen voorspellen of er een reëel gevaar was dat deze cliënt een ander misdrijf zou begaan. Bovendien was het College van mening dat iemand alleen aangifte mag doen als hij zeker weet dat het misdrijf gepleegd is. In dit geval was het niet zeker dat er sprake was van een misdrijf. Het had ook een ongeluk kunnen zijn. Er waren daarom geen zwaarwegende redenen om de geheimhoudingsplicht te doorbreken. Ze werd daarom ontzet uit het NIP-lidmaatschap. Nadat de psychotherapeute in beroep was gegaan, werd de straf door het College van Beroep omgezet in een voorwaardelijke schorsing van een jaar. Dit College twijfelde niet aan de deskundigheid van de psychotherapeute. Het oordeelde wel dat de psychotherapeute twee mogelijke verklaringen van de 'bekentenis' van haar cliënt niet voldoende had kunnen uitsluiten: de mogelijkheid dat de cliënt een ander in bescherming nam en de mogelijkheid dat hij om andere redenen ten onrechte bekende. Omdat ze dit niet met zekerheid kon uitsluiten, moest de geheimhoudingsplicht zwaarder wegen dan het belang van een aangifte, volgens het College van Beroep.

Er zijn dus verschillende vragen in het geding. De eerste vraag is of de verhalen die iemand aan zijn therapeut vertelt gezien moeten worden als 'harde' feiten. Beide Colleges zijn van mening dat dat hier niet het geval is. De tweede vraag is of deze psycholoog kan voorspellen dat er recidivegevaar bestaat. Dat zou een reden zijn om de geheimhouding te doorbreken. Op dit punt verschillen beide Colleges van mening. De derde vraag is of de psycholoog de bescherming van persoonlijke informatie van de cliënt zwaarder moet laten wegen dan het maatschappelijke belang van opsporing van mensen die een delict hebben gepleegd. Wettelijk heeft de psycholoog nu verschoningsrecht als er geen direct gevaar voor anderen dreigt, maar met betrekking tot misdrijven is hierover een discussie gaande.

Argumenten voor geheimhouding zijn:
- De cliënt moet zijn verhaal kunnen doen, zonder angst dat dit wordt doorverteld aan anderen. Dit geldt ook voor misdadigers. Dit vertrouwen is de basis van de vertrouwensrelatie tussen psycholoog en cliënt.
- De psycholoog kan de geheimhouding doorbreken als de cliënt daar toestemming voor geeft. Jim geeft echter geen toestemming.
- De beroepscodes stellen dat als de psycholoog door informatie door te geven, kan voorkomen dat de levensbelangen van een ander persoon bedreigd worden, de geheimhoudingsplicht vervalt. In dit geval is de moord al gepleegd. Het is hier de vraag of er aanwijzingen zijn dat Jim nog een moord zal gaan plegen. De psychotherapeute meent van wel.
- Het is de vraag of een dergelijk verhaal voor waar moet worden aangenomen. Cliënten vertellen soms fantasieverhalen. Er zijn ook andere situaties waarin een psycholoog iets vermoedt, maar geen zekerheid heeft. Daarbij is het de vraag of de vermoedens juist zijn.
- Ten slotte is opsporing een taak voor de politie en niet voor de psycholoog. Als de politie zelf in staat is om de dader te vinden, hoeft de psycholoog die taak niet over te nemen. In dit geval heeft de therapeute daarom gewacht tot de politie het onderzoek stopzette.

Argumenten tegen geheimhouding zijn:
- Vanuit de waarde 'rechtvaardigheid' moeten mensen die een misdaad hebben begaan daarvoor worden gestraft. Daarom moet de psycholoog alle informatie die hiertoe kan bijdragen aan de politie doorgeven. Op die manier kan hij mogelijk voorkomen dat een ander ten onrechte voor de misdaad veroordeeld wordt.
- Voor de veiligheid in de samenleving is het van belang dat mensen die een misdaad begaan, worden opgepakt. Als de psycholoog denkt dat de cliënt mogelijk nog eens een misdaad zal begaan, is dat voldoende reden om zijn geheimhouding te doorbreken. Het is echter moeilijk voor de psycholoog om dit goed in te schatten.

De laatste tijd lijken de opvattingen over het doorbreken van het beroepsgeheim wat te verschuiven, vooral in de grote steden. De GGZ werkt steeds meer samen met andere hulp- en dienstverleningsinstellingen, zoals het maatschappelijk werk, de sociale diensten en de politie. Dit is een gevolg van de vermaatschappelijking van de zorg, waardoor steeds meer cliënten met complexe problematiek aan het 'normale' leven deelnemen. Deze cliënten hebben vaak een groot aantal professionals die hen ondersteunen. Daarbij is samenwerking noodzakelijk en wordt het soms noodzakelijk om iets minder strikt met de geheimhouding om te gaan (Struijs, 2005). Daarnaast is de maatschappelijke aandacht voor 'veiligheid' toegenomen en dat kan ook gevolgen hebben voor de grenzen van het beroepsgeheim. Als de psycholoog weet dat er sprake is van kindermishandeling, is dat een reden om de geheimhouding te doorbreken. Over huiselijk geweld en andere misdrijven is een discussie gaande. In twijfelgevallen is het belangrijk om goed met collega's te overleggen.

Een andere situatie waarin het belang van vertrouwelijkheid botste met het belang om een misdadiger op te sporen, is de moord op Els Borst. Hier werd op een ongebruikelijke manier het beroepsgeheim omzeild.

Casus: De gouden tip

Na de gewelddadige dood van oud-minister Els Borst op 8 februari 2014, deed de politie intensief onderzoek. Na tien maanden was er echter nog steeds geen bruikbaar spoor naar de dader gevonden. Ook oproepen via *Opsporing verzocht* leverden niets op. In december 2014 vertelde Peter R. de Vries in een uitzending van *Nieuwsuur* dat hij was getipt door een geheimhouder. Dat is iemand die vanuit zijn beroep geheimhoudingsplicht heeft, zoals een psycholoog of arts, en die dus niet met informatie over cliënten naar de politie mag gaan. Deze geheimhouder had Peter R. de Vries een tip gegeven over een psychiatrische patiënt die mogelijk bij deze moord betrokken was. Op 12 januari 2015 werd een verdachte opgepakt die vlak voor de moord op Els Borst was weggelopen uit een psychiatrische instelling, waar hij gedwongen was opgenomen. Er bleek een volledige DNA-match te zijn met materiaal dat bij het slachtoffer gevonden was. De man wordt ook verdacht van de moord op zijn zus op 10 januari 2015.

E-therapie en vertrouwelijkheid

Casus: Computerproblemen

Ilse Vermeulen begint naast haar reguliere psychotherapiepraktijk behandeling via e-therapie. Dat heeft grote voordelen. Het is laagdrempelig, de cliënt kan zelf bepalen wanneer hij eraan werkt en hij hoeft er niet voor te reizen. Ilse heeft een speciale training gevolgd. Het instituut waar ze voor werkt, baseert zich op uitgebreid onderzoek door de Universiteit van Amsterdam. Aan het begin van een nieuwe werkdag zet ze haar computer aan en merkt ze tot haar schrik dat er een hacker in haar bestanden heeft gekeken.

E-therapie is in opmars. Er komt steeds meer onderzoek naar, zodat het ook steeds beter onderbouwd wordt. Het lijkt goed te werken voor kortdurende behandelingen met cognitieve gedragstherapie. Bij een nieuwe manier van werken horen echter ook nieuwe morele vragen. Vaak worden die pas later duidelijk. Bij e-therapie is de vertrouwelijkheid in ieder geval een aandachtspunt. Als de therapeut en de cliënt elkaar niet zien, moeten ze er toch op kunnen vertrouwen dat ze werkelijk met de juiste persoon communiceren en niet met iemand die zich voordoet als die persoon. De communicatie moet goed afgeschermd worden voor meelezende gezinsleden die dezelfde computer gebruiken, collega's en hackers. Dat vraagt meer beveiliging dan bij een gesprek in een behandelkamer. Een goede e-therapeut zoekt hier oplossingen voor en blijft alert op nieuwe morele vragen.

Vertrouwelijkheid na werktijd

Een psycholoog die in de GGZ werkt, krijgt dagelijks te maken met cliënten die grote problemen hebben. Als hij zijn werk goed wil blijven doen, kan het belangrijk zijn om soms zijn hart te luchten bij een vertrouwd persoon. Het kan erg prettig zijn om bij thuiskomst even aan een partner, vriend of vriendin te vertellen wat je tijdens de werkdag hebt meegemaakt. Een psycholoog komt in een vreemde positie als hij thuis niets zou kunnen delen over zijn werk. Het is de vraag hoe dit zich verhoudt tot het beroepsgeheim. In ieder geval moet je terughoudend zijn. Houd thuis geen uitgebreide werkbesprekingen. Daar zijn collega's en intervisiegroepen voor. Ook is het belangrijk om ervoor te zorgen dat personen niet herkenbaar zijn. Houd de informatie ook binnen een beperkte kring van mensen die begrijpen dat ze het niet aan anderen door moeten vertellen. Met de nodige voorzorgsmaatregelen kun je dan als psycholoog wel iets kwijt over de dagelijkse werkervaringen.

Integriteit

Psychologen zijn in hun beroepsuitoefening eerlijk en open (NBTP-code: Aspecten met betrekking tot professionalisering, artikel 1). Ze maken geen misbruik van hun positie als deskundige en ze zijn helder over de rollen die ze vervullen (NIP-code basisprincipe Integriteit, deontologische code artikel 43 en 45).

Een psycholoog mag zijn werk niet gebruiken om zijn persoonlijke belangen oneigenlijk te bevorderen (NIP-code artikel 48, deontologische code artikel 35). Hij moet een duidelijke scheiding aanbrengen tussen professionele en niet-professionele rollen (NIP-code artikel 52 en deontologische code artikel 43). Het is de vraag hoe ver de psycholoog hierin moet gaan. Stel dat een cliënt zich aanmeldt bij de voetbalclub waar de psycholoog al jaren met veel plezier voetbalt. Moet de psycholoog dan zijn lidmaatschap opzeggen? Daarbij speelt ook de vraag hoe hij zoiets zou kunnen uitleggen aan de voetbalclub. Hij heeft immers geheimhoudingsplicht en kan daarom niet vertellen dat de nieuwe voetballer een cliënt van hem is.

Liefde en seksualiteit

In een therapeutische relatie ontstaat een hoge mate van vertrouwelijkheid. De therapeut heeft alle aandacht voor de cliënt en toont begrip. Dat kan bij de cliënt warme gevoelens oproepen en soms overgaan in verliefdheid.

Casus: The Soprano's 1

De televisieserie *The Soprano's* gaat over Tony Soprano, een maffiabaas, die keihard kan optreden in zijn werk, maar die ook last heeft van angstaanvallen en onzekerheid. Hij besluit om hiermee naar dr. Jennifer Melfi, een psychiater, te gaan. In zijn milieu is dat ongebruikelijk. Angst en onzekerheid zijn taboe. Tony praat in verhullende termen over zijn dagelijks werk, maar openlijker over zijn gevoelens. De psychiater is een vrouw en ze is de enige met wie hij zo kan praten. Hij voelt zich tot haar aangetrokken.

Een therapeut moet professionele afstand bewaren. Als de therapeut hiertoe niet in staat is, bijvoorbeeld vanwege zijn eigen gevoelens voor de cliënt of omdat hij de gevoelens van de cliënt niet kan hanteren, moet hij deskundig advies en ondersteuning inroepen en zo nodig de cliënt doorverwijzen (NIP-code artikel 102). Seksuele gedragingen ten opzichte van de cliënt zijn absoluut verboden (NIP-code artikel 53 en 54 en deontologische code artikel 44). De NIP-code verbiedt het aangaan van een seksuele relatie direct na afronding van de professionele relatie en adviseert om ook later terughoudend te zijn hierin (NIP-code artikel 54). Als de psycholoog een persoonlijke relatie aangaat met een cliënt na afloop van de professionele relatie, moet hij er zeker van zijn dat de professionele relatie niet meer bepalend is (NIP-code artikel 55).

Deskundigheid

Casus: De kracht van magnetische stenen

Raymond de Wolf heeft een bloeiende praktijk als eerstelijnspsycholoog. Hij heeft een brede belangstelling. Naast de psychologische methoden die hij gebruikt, experimenteert hij ook met alternatieve behandelingen. Hij merkt dat sommige cliënten erg veel baat hebben bij magnetische stenen. De cliënten die hiervoor in aanmerking komen, biedt hij dergelijke stenen te koop aan.

Een psycholoog maakt gebruik van methoden die onder psychologen erkend zijn en die wetenschappelijk worden onderbouwd (NIP-code artikel 106 en deontologische code artikel 32). Als een psycholoog naast zijn psychotherapiepraktijk ook alternatieve behandelmethoden aanbiedt, moet hij die twee duidelijk van elkaar scheiden. Iemand kan zich dan aanbieden als psycholoog in een praktijk waarin hij gebruikmaakt van wetenschappelijk onderbouwde methoden, terwijl hij daarnaast een aanbod heeft in alternatieve geneeswijzen. Het moet daarbij duidelijk zijn voor de cliënt wanneer hij behandeld wordt met erkende methoden en wanneer niet.

8.4.4 Beëindigen professionele relatie

Casus: The Soprano's 2

In de televisieserie *The Soprano's* leest de psychiater/psychotherapeut, Jennifer Melfi, op een gegeven moment een artikel waarin staat dat patiënten met een antisociale persoonlijkheidsstoornis (zoals Tony Soprano) niet behandelbaar zijn. Door behandeling leren ze alleen maar beter anderen te manipuleren. Jennifer Melfi heeft al langere tijd twijfels over de therapie van Tony Soprano. Daardoor komt ze in gewetensnood. Ze begrijpt, ondanks zijn mystificaties, wat voor werk hij doet. Ze bespreekt dit met haar supervisor en die zegt dat ze onmiddellijk met de therapie moet stoppen. In de volgende sessie verbreekt zij abrupt het contact.
Deze aflevering heeft tot veel protesten uit de therapiewereld geleid. Er waren twee ernstige bezwaren: ten eerste noemde Melfi de naam van haar cliënt, terwijl zijn informatie bij haar vertrouwelijk zou moeten blijven. Ten tweede dumpte ze haar cliënt na jaren therapie als een hete aardappel, net in een periode waarin hij het erg moeilijk had. Zelfs met een crimineel hoor je zo niet om te gaan, volgens de therapeuten die hierop reageerden. Een probleem was ook dat na deze aflevering veel cliënten zich afvroegen of hun therapeut ook op die manier over hen zou praten. De goede naam van het beroep psychotherapeut kwam hierdoor in gevaar.

Een psycholoog kan de professionele relatie beëindigen omdat de therapie is afgerond. Daarnaast zijn er ook andere redenen om te stoppen. In de bovenstaande casus beëindigt Melfi de therapie in de eerste plaats omdat ze erachter komt dat de problematiek van haar cliënt te complex is. Dit is een goede reden om te stoppen (NIP-code artikel 40). De tweede reden om de therapie af te breken is dat haar cliënt bij de maffia blijkt te zitten. Zijn persoonlijke moraal staat zo ver af van de morele overtuigingen van Melfi dat zij vindt dat ze niet in staat is om verder met hem te werken. Een therapeut moet de keuzes van zijn cliënt respecteren, maar in dit geval is Melfi daar niet meer toe in staat. De Wet geneeskundige behandelovereenkomsten (artikel 460) zegt dat een hulpverlener de behandelovereenkomst alleen mag opzeggen als daar zeer zware redenen voor zijn. De NIP-code (artikel 102) en de deontologische code (artikel 34) geven aan dat een psycholoog zijn professionele en persoonlijke beperkingen moet onderkennen en dat hij waar nodig deskundig advies en ondersteuning vraagt. Dit laatste doet Melfi ook, door met haar supervisor te praten. Een therapeut moet er in supervisie of andere vormen van deskundigheidsbevordering voor zorgen dat de identiteit van zijn cliënt niet herkenbaar is (NIP-code artikel 86, NBTP-code: Aspecten met betrekking tot de houding tegenover de patiënt/cliënt, artikel 14 en deontologische code artikel 18). Hier houdt zij zich niet aan. Een therapeut kan een behandeling beëindigen als zijn persoonlijke overtuigingen het onmogelijk maken om met de cliënt te werken. In deze casus gaat het om een man die meerdere moorden op zijn geweten heeft en die zijn geld verdient met afpersing en illegale handel. Een therapeut kan ook onoverkomelijke bezwaren hebben tegen het werken met bijvoorbeeld pedofielen, incestplegers of mensen met zeer uitgesproken radicale politieke opvattingen. Een therapeut zou zich er wel voor moeten inzetten om een behandeling af te maken, maar als zijn weerzin de therapie onmogelijk maakt, is het beter om ermee te stoppen. Dit moet dan wel zorgvuldig gebeuren. Ten eerste moet hij de cliënt goed uitleggen waarom het contact beëindigd wordt en ten tweede moet hij de cliënt doorverwijzen naar een andere therapeut, die hem wel kan helpen.

Andere redenen om een behandeling voortijdig te stoppen, kunnen zijn dat het niet klikt tussen de therapeut en de cliënt. Ook al is de therapeut methodisch goed in staat om de cliënt te helpen, als ze elkaar niet liggen wordt de therapie geen succes.

Afscheidscadeaus

Na een geslaagde therapie hebben dankbare cliënten soms de neiging om een afscheidscadeau te geven. Een psycholoog mag zijn beroep niet gebruiken om zich oneigenlijk te verrijken (NIP-code artikel 48, deontologische code artikel 35), maar het is de vraag waar de grens ligt. Tijdens de professionele relatie kan het accepteren van een cadeau verwachtingen wekken bij de cliënt. Misschien verwacht hij dat de psycholoog meer voor hem doet. Het kan er ook toe leiden dat de psycholoog minder goed in staat is om objectief naar de cliënt te kijken. Maar wat doet een psycholoog die aan het eind van de behandeling een doosje Merci-chocolaatjes krijgt? Of een zeer persoonlijk cadeau?

> **Casus: Parkeergarage**
>
> Je hebt Jan de Jonge goed geholpen. Bij het laatste gesprek komt hij met een groot pak binnen. Het is een cadeau voor jou, of eigenlijk voor je zoontje. Jan heeft een prachtige parkeergarage voor speelgoedauto's gemaakt, met liftje en afrit, geschilderd in vrolijke kleuren. Dat is uit dankbaarheid voor de goede hulp. Het cadeau is voor je zoontje. Dat is symbolisch bedoeld, omdat jij het kind in hem zo goed hebt geholpen. Hij moet er heel wat uren aan hebben gewerkt en het heeft ook heel wat gekost aan materiaal. Accepteer je het geschenk?

Sommige psychologen weigeren consequent elk geschenk en leggen de cliënt uit waarom zij het niet kunnen aannemen. Andere psychologen accepteren alleen kleine geschenken. Het kan dan soms moeilijk zijn om te bepalen waar de grens ligt. Soms blijkt ook dat een cliënt later terugkomt bij de psycholoog, zodat er alsnog sprake kan zijn van onjuiste verwachtingen.

8.5 Samenwerking

Psychologen werken op allerlei manieren samen met anderen in de behandeling van hun cliënten. Hierbij geldt altijd dat de cliënt veel controle houdt over de mate waarin een psycholoog gegevens uit mag wisselen met anderen. We zullen achtereenvolgens vier samenwerkingssituaties bespreken:
- Werken binnen een organisatie
- Samenwerking in een team
- Samenwerking in supervisie, intervisie en onderwijs
- Samenwerking met andere instanties

8.5.1 Werken binnen een organisatie

In veel gevallen is de psycholoog ook werknemer binnen een instelling of organisatie. Deze organisatie zal vaak gericht zijn op de GGZ en dus in de eerste plaats op het bevorderen van de psychische gezondheid van haar cliënten, maar er zijn ook andere belangen, zoals het voortbestaan van de organisatie. Een psycholoog handelt vanuit zijn eigen professionaliteit en moet van daaruit kunnen verantwoorden wat hij doet. Maar in zijn functie als werknemer kan hij in een spanningsveld komen tussen zijn eigen professionaliteit, de belangen van de cliënten en de belangen van de organisatie. Vaak krijgt hij minder tijd voor behandelingen dan hij eigenlijk verantwoord vindt en moet hij steeds meer tijd besteden aan administratie. Hij krijgt ook niet altijd de autonomie om zelf te bepalen wat de beste behandeling voor een specifieke patiënt is.

Casus: Het kwik-fitmodel

Masja Schakenbos was psycholoog en psychotherapeut in de Jeugd GGZ. Het marktdenken van de instelling waar zij werkte was voor haar een reden om te vertrekken. Ze begon voor zichzelf, zonder contract met de verzekeraars. In de instelling waar zij werkte werden kinderen en jongeren met zeer gecompliceerde problemen behandeld. Schakenbos had het gevoel dat ze gedwongen werd om halfbakken zorg te bieden. Er werd alleen gekeken hoeveel cliënten ze behandelde en niet of ze een goede behandeling bood. Ervaren collega's die supervisie gaven werden boventallig verklaard. Toen de financiering werd gekoppeld aan de DBC (diagnosebehandelcombinatie), moesten alle psychologen en psychiaters binnen één uur een diagnose stellen. Het was mogelijk om die diagnose later bij te stellen, maar intussen had het kind wel een label in zijn dossier. Schakenbos vertelde een keer bij zo'n eerste gesprek aan ouders dat hun dochter mogelijk PDD-NOS had. Ze wilde dit nog verder onderzoeken, maar moest het al wel in het dossier vermelden. De vader antwoordde: "Nou, dan zie ik ervan af, als het niet zo is, dan wil ik niet dat het in het dossier staat, want zoiets blijft je altijd achtervolgen." De maat was vol toen een man van een adviesbureau kwam uitleggen hoe ze het faillissement van de instelling gingen voorkomen: "Weet je wat we gaan doen? We voeren een kwik-fitmodel in. We richten een ADHD-poli op en dan doen we met elk kind een soort apk-keuring. Tjak, tjak, tjak. Een snelle screening en daar rolt dan de diagnose uit: ADHD of niet."

(Effting, 2015).

8.5.2 Samenwerking in een team

In een multidisciplinair team wordt informatie uitgewisseld door behandelaars die betrokken zijn bij de behandeling van een cliënt. Dit is een voorwaarde om goed samen te werken en de cliënt optimaal te helpen. Een team heeft een gezamenlijk beroepsgeheim (zie ook paragraaf 4.2.3 onder gegevensverstrekking). Een psycholoog hoeft in dit geval niet iedere keer toestemming van de cliënt te vragen om informatie door te geven. Hij moet de cliënt wel aan het begin van de behandeling hierover informeren en zijn toestemming vragen. Dit geldt alleen voor de samenwerking met die teamleden die betrokken zijn bij de behandeling van dezelfde cliënt in verband met dezelfde behandelvraag en alleen als het in het belang van de cliënt is om de informatie te delen (NIP-code artikel 82, artikel 7:457 BW, NBTP-code: Aspecten met betrekking tot de houding tegenover de patiënt/cliënt, artikel 12 en deontologische code artikel 14).

Het signaleren van misstanden in de samenwerking met collega's

Casus: Seksuele avances

'Een cliënte vertelt dat zij nog steeds woedend is dat haar vorige psychotherapeut, onder andere, seksuele avances maakte'. Dit is de derde keer dat u dergelijke verhalen hoort over de betreffende collega. Wat zou u doen:
- De cliënt uitleggen dat ze een klacht kan indienen bij het College van Toezicht of bij de Inspecteur van de Volksgezondheid.
- Contact opnemen met die collega en uitleggen dat zijn gedrag in strijd is met de code.
- Zelf een klacht indienen.

(Koene, 1993)

Koene (1993) nam onder psychotherapeuten een enquête af over beroepsethische dilemma's. In de enquête kwam bovenstaande vraag voor. De geënquêteerden konden meer dan één antwoord aankruisen. Het bleek dat 93 procent voor antwoord a koos, 10 procent voor antwoord b en 5 procent voor antwoord c. Dat betekent dat psychotherapeuten de verantwoordelijkheid snel bij de cliënte leggen. Dat kan natuurlijk positieve effecten hebben: het kan haar autonomie bevorderen. Aan de andere kant maakt een psycholoog zich er op deze manier gemakkelijk van af. Het is meestal moeilijk om iemand aan te spreken op ongewenst gedrag en deze cliënt heeft dat kennelijk nog niet gedaan. Het indienen van een klacht is veel werk en kan de cliënt weer confronteren met pijnlijke gevoelens uit een periode die ze achter zich heeft gelaten. De beroepscodes verplichten de psycholoog dan ook om zelf het handelen van collega's kritisch te volgen en ter discussie te stellen als daar aanleiding toe is (NIP-code artikel 34, NBTP-code: Aspecten in relatie tot collegae en andere hulpverleners, artikel 6 en deontologische code artikel 47 en 48). De eerste stap is om het ongewenste gedrag direct met de betrokkene te bespreken. Er kan natuurlijk sprake zijn van een misverstand of de betrokkene kan iets doen waarvan hij zich niet realiseert dat het onjuist is. Soudijn (2007) geeft een voorbeeld waaruit duidelijk blijkt dat het belangrijk is om eerst met de betrokkene te praten: een aantal studenten bespreekt in de bus uitgebreid met naam en toenaam testuitslagen van personen. Een psycholoog die dit hoort, is verontwaardigd en spreekt hen erop aan. Hij hoort dan dat het om gefingeerde namen en uitslagen gaat, die de studenten in een opdracht van hun docent gekregen hebben. Gerustgesteld vervolgt hij zijn reis.

De psycholoog kan een klacht indienen als blijkt dat er wel onjuist gehandeld wordt en de betrokkene weigert om zich te verantwoorden of als hij door blijft gaan met het ethisch onjuiste gedrag.

8.5.3 Samenwerking in supervisie, intervisie en onderwijs

Een psycholoog moet zijn deskundigheid continu blijven ontwikkelen en een van de methoden daarbij is intervisie of supervisie. In supervisie en intervisie reflecteert de psycholoog op de manier waarop hij zijn werk doet. In supervisie doet hij dat onder begeleiding van een supervisor en in intervisie met een groep collega's. Dat betekent dat de cliënt ook ter sprake kan komen. Bij de casus over Tony Soprano en dokter Melfi hebben we al vastgesteld dat de psycholoog ervoor moet zorgen dat hij de gegevens over de cliënt anonimiseert. Dat kan soms lastig zijn. Bijvoorbeeld als de psycholoog in een klein psychologencollectief werkt en intervisie heeft met zijn collega's, die zijn cliënten op de gang tegenkomen. Als de gegevens geanonimiseerd zijn, is het bij schriftelijke inbrengen niet nodig dat de cliënt specifiek toestemming geeft. Het gaat dan namelijk niet over de persoon, maar over de werkwijze van de psycholoog.

Als er gebruik wordt gemaakt van video-opnames is het onmogelijk om de cliënt anoniem te maken. De psycholoog die videomateriaal inbrengt moet erop letten dat de waardigheid van de cliënt niet geschaad wordt en zo mogelijk moet hij het gezicht van de cliënt onherkenbaar maken. Als de opnames niet meer gebruikt worden, moeten ze zo snel mogelijk vernietigd worden. De personen die op de video te zien zijn, moeten toestemming geven voor het gebruik van dit materiaal. In intervisie en supervisie worden altijd afspraken gemaakt over de geheimhouding van alles wat daar besproken wordt.

Op conferenties en in het onderwijs kunnen cases uit de praktijk gebruikt worden om daarvan te leren. De psycholoog moet hier ook de cliënt zorgvuldig anonimiseren. Het is dan niet altijd voldoende om de naam te verwijderen. Ook andere gegevens die een cliënt herkenbaar kunnen maken dienen verwijderd te worden. Dit geldt natuurlijk ook voor psychologiestudenten die binnen hun opleiding werken met informatie vanuit hun stage.

8.5.4 Samenwerking met andere instanties

In de samenwerking met anderen, die geen deel uitmaken van het multidisciplinair team, gaat de psycholoog vertrouwelijk om met de gegevens van de cliënt. Hij geeft alleen informatie door als de cliënt daar expliciet toestemming voor geeft. Met andere hulpverleners die ook geheimhoudingsplicht hebben, heeft de psycholoog een gedeeld beroepsgeheim (zie ook paragraaf 4.2.3 onder gegevensverstrekking). Dat betekent dat de psycholoog alleen informatie deelt die noodzakelijk is om de cliënt te kunnen helpen.

De cliënt kan er belang bij hebben dat een andere instantie, zoals de IND of de keuringsarts, informatie krijgt over zijn ziektebeeld en zijn behandeling, maar zoals we al in paragraaf 4.2.3 zagen, kunnen er bij het delen van informatie ook allerlei ethische problemen ontstaan. Ook hebben we al gezien dat de verzekeraar informatie vraagt om de vergoedingen op te baseren, maar daarbij ook inbreuk maakt op de privacy van de patiënt.

Casus: Verblijfsstatus

De IND (Immigratie- en Naturalisatiedienst) stuurt een brief naar de GGZ-instelling, waar een asielzoeker die in een asielprocedure zit, therapie krijgt. De IND vraagt aan de GGZ-instelling of deze asielzoeker getraumatiseerd is. Dit is een belangrijk gegeven voor de procedure. De behandelaar heeft informatie waaruit blijkt dat deze asielzoeker inderdaad getraumatiseerd is. Deze informatie kan ertoe leiden dat zijn cliënt in Nederland een verblijfsstatus krijgt. De behandelaar vraagt zich af wat hij zal doen. Zijn geheimhoudingsplicht zegt hem dat hij dit niet mag doorgeven. Hij kan alleen cliënten behandelen als ze vrij zijn om hem alles te vertellen, in het vertrouwen dat de informatie binnen de vier muren van de behandelkamer blijft. Aan de andere kant heeft deze cliënt er veel belang bij dat zijn vluchtverhaal bij de IND bevestigd wordt door een deskundige.

In bovenstaande casus gebiedt de geheimhoudingsplicht de therapeut om geen gegevens te verstrekken. Vertrouwelijkheid is een belangrijke voorwaarde voor therapie. Daarbij gaat het niet alleen om deze specifieke cliënt. Ook anderen moeten erop kunnen vertrouwen dat hun verhaal veilig is. De waarde 'vertrouwelijkheid' botst in deze casus met de waarde 'welzijn' van de cliënt. Het kan van levensbelang voor hem zijn dat hij in Nederland mag blijven. De therapeut moet hierbij een afweging maken. Als hij de cliënt om toestemming vraagt, zal die er waarschijnlijk geen enkel bezwaar tegen hebben als de psycholoog informatie verstrekt die ertoe kan bijdragen dat hij het land niet wordt uitgezet. Door de cliënt toestemming te vragen, legt de psycholoog de verantwoordelijkheid bij hem. Dit kan echter nadelige gevolgen hebben voor andere cliënten. Als de informatie van de psycholoog de belangen van de cliënt niet ondersteunt, zal de cliënt waarschijnlijk geen toestemming geven. Het risico daarbij is dat de instantie die de vraag stelt allerlei conclusies gaat verbinden aan een weigering om informatie te geven. Op die manier wordt een weigering eigenlijk ook een antwoord. Dit probleem speelt ook in andere situaties. Zo kan een cliënt kan er belang bij hebben dat een keuringsarts weet hoe hij eraan toe is en of hij op dat moment in staat is om te werken, terwijl het voor een andere cliënt nadelig is als de keuringsarts en de psycholoog hierover spreken.

Het signaleren van misstanden in de samenwerking met andere instanties

In de samenwerking met andere instanties kunnen ook problemen aan het licht komen. Als er meerdere partijen betrokken zijn bij de behandeling van een cliënt, kunnen er meningsverschillen ontstaan.

Casus: Jeugdzorg

Chantal van Beirendonck is psychotherapeut. Een van haar cliënten is Nieske Klein. Nieske komt in behandeling vanwege depressieklachten. Ze heeft een zware periode achter de rug, waarin ze emotioneel instabiel was. Dit heeft ertoe geleid dat ze steeds meer schulden kreeg. Ze werd samen met haar dochter Ricky uit huis gezet, omdat ze lange tijd de huur niet betaald had. Nieske werd dakloos. Gelukkig kon ze terecht in een opvangtehuis, waar ook voorzieningen zijn voor kinderen. De Kinderbescherming vond dit echter een ongewenste situatie voor Ricky. Ricky werd in een pleeggezin geplaatst. In de tussentijd is Nieske hard aan het werk gegaan om haar leven weer op de rails te krijgen. Dat lukt erg goed. Ze heeft weer een huis, haar schulden zijn afbetaald en ze voelt zich weer veel beter. Een belangrijke motivatie voor haar was het vooruitzicht dat Ricky weer bij haar terug kon komen als haar problemen opgelost zouden zijn. Ze heeft een goede band met haar dochter. Chantal heeft er het volste vertrouwen in dat Nieske haar leven weer aankan en dat ze ook de zorg voor Ricky weer op zich kan nemen.

De voogd van Jeugdzorg denkt hier echter anders over.

In het pleeggezin is de zaak inmiddels ernstig uit de hand gelopen. De pleegvader bleek zeer agressief te zijn en Ricky werd door hem geestelijk en lichamelijk mishandeld. Ricky liep weg uit het pleeggezin en klopte aan bij haar moeder. Daar logeerde zij een paar dagen. Jeugdzorg werd hierover direct geïnformeerd. De voogd was woedend. Zij vond dat Nieske haar de deur had moeten wijzen. Jeugdzorg zoekt een nieuwe plek voor Ricky. Omdat er overal wachtlijsten zijn, plaatsen ze haar in een jeugdgevangenis. De politie haalt Ricky op van school en brengt haar naar de gevangenis. Chantal belt, op verzoek van Nieske, met de voogd, om te overleggen onder welke voorwaarden Ricky weer naar haar moeder kan. De voogd zegt dat uit het dossier blijkt dat Nieske niet in staat is om voor haar dochter te zorgen, omdat ze de diagnose borderline heeft gekregen. Daarbij beroept ze zich op het verslag dat een collega van Chantal vijf jaar eerder gemaakt heeft. Chantal heeft dit verslag ook. Ze weet dat de voogd het onjuist interpreteert en dat uit het verslag niet geconcludeerd kan worden dat Nieske nu niet in staat is om voor Ricky te zorgen. Nieske heeft praktische ondersteuning nodig bij het organiseren van haar leven. Die ondersteuning krijgt ze nu en daarmee zou ze goed voor haar dochter kunnen zorgen. Chantal probeert dit duidelijk te maken aan de voogd, maar die weigert ieder overleg. In overleg met Nieske schrijft Chantal een brief aan de rechter die beslist over de voogdij. In deze brief zet ze uiteen hoe ze de geschiktheid van Nieske om voor haar dochter te zorgen inschat.

In deze casus is de psychotherapeut vanuit haar functie vooral gericht op het welzijn van haar cliënt. Jeugdzorg bekommert zich vooral om de ontwikkeling van de dochter. Voor een goede samenwerking is het belangrijk dat zij elkaar respecteren in hun deskundigheid. Als de hulpverleners met elkaar in conflict komen, zal dat vaak ten koste gaan van de cliënt. Aan de andere kant heeft de psycholoog de verantwoordelijkheid om aan de bel te trekken als hij ziet dat er fouten gemaakt worden (NIP-code artikel 34). Hij moet ervoor zorgen dat de belangen van zijn cliënt hierdoor niet worden geschaad. Hier geldt ook, evenals bij de samenwerking met collega's, dat het goed is om eerst met de betrokkenen te praten over de situatie. Als dit niet tot een oplossing leidt, kan de psycholoog naar andere wegen zoeken. Hij moet daarbij zo veel mogelijk handelen op basis van instemming van de cliënt en diens autonomie respecteren.

8.6 Samenvatting

Klinisch psychologen moeten zeer zorgvuldig te werk gaan, omdat ze werken met mensen die extra kwetsbaar zijn. De belangrijkste uitgangspunten in de klinische psychologie zijn: autonomie, dossiervorming en inzagerecht, vertrouwelijkheid en de zorg van een goede psycholoog. Een psycholoog heeft een meldingsplicht als hij grensoverschrijdend gedrag signaleert bij een collega.

Iedere psycholoog moet zich bewust zijn van zijn grenzen en cliënten doorverwijzen als de problematiek te gecompliceerd wordt voor hemzelf als professional of voor de context waarin hij werkt. De psycholoog moet zorgvuldig diagnosticeren en zijn diagnoses vanuit zijn deskundigheid kunnen onderbouwen.

Bij therapie moet de psycholoog goed afwegen of hij een professionele relatie met de cliënt aan kan gaan. Als hij hieraan begint moet hij de cliënt zorgvuldig informeren, zodat die informed consent kan geven. In de werkrelatie is vertrouwelijkheid een belangrijke waarde. Er zijn echter situaties waarin de vertrouwelijkheid doorbroken moet worden om grote ongelukken te voorkomen. De psycholoog moet integer en deskundig zijn. De afronding van de behandeling moet op een respectvolle manier gedaan worden en als de behandeling voortijdig beëindigd moet worden, zorgt de therapeut voor een goede doorverwijzing.

In de samenwerking met anderen moet de vertrouwelijkheid gewaarborgd worden, maar als er misstanden gesignaleerd worden, moet de psycholoog dit naar voren brengen.

8.7 Opdrachten

Individuele opdrachten

1. Lees de casus 'Dubbelrol' over Marie-Claire de Graaf in paragraaf 8.4.1. Stel dat je in de schoenen van psycholoog Charlotte stond. Wat zou je dan doen? Beargumenteer je antwoord met behulp van de beroepscode.

2. **Casus: De familie Stankovic**

   Het gezin Stankovic bestaat uit een vader, een moeder en twee dochters van acht en elf jaar. De familie is gevlucht en heeft een verblijfsstatus in Nederland. Ze leven van een uitkering. De heer Stankovic is ambulant in behandeling bij een GGZ-instelling. Het gezin heeft contacten met een maatschappelijk werker. Daarnaast hebben ze contact met de gemeentelijke dienst Sociale zaken en werk, omdat ze van deze dienst een uitkering krijgen. De maatschappelijk werker maakt zich ernstig zorgen over het gezin. Mevrouw Stankovic heeft verteld dat haar man ernstige psychische problemen heeft. Hierdoor kan hij plotseling zeer agressief worden. Hij bedreigt zijn vrouw en dochters regelmatig en het is al een aantal keren voorgekomen dat hij ze slaat. Onlangs moest mevrouw wegens haar verwondingen in het ziekenhuis worden opgenomen. Ze maakte zich toen veel zorgen over de veiligheid van haar dochters. De sfeer in huis wordt steeds dreigender. Mevrouw Stankovic wil weg bij haar man, maar die ziet het als gezichtsverlies wanneer zij hem verlaat. Nu hij weet dat zijn vrouw en dochters weg willen, loopt de spanning nog verder op. Mevrouw heeft geen geld voor een ander huis en ze heeft in Nederland geen goede vrienden of familie. De maatschappelijk werker zoekt contact met de gemeente, vanwege de financiële problemen van het gezin. De sociale dienst vindt de situatie ook onhoudbaar en wil graag overleg met de maatschappelijk werker en met de psychotherapeut van meneer Stankovic om samen te praten over een oplossing. De therapeut weigert echter om aan dit overleg deel te nemen. Hij beroept zich op zijn geheimhoudingsplicht.

a. Geef argumenten waarom de therapeut zich in deze situatie moet houden aan zijn geheimhoudingsplicht. Gebruik hierbij de beroepscode.
b. Geef argumenten waarom de therapeut in deze situatie de geheimhouding zou moeten doorbreken. Gebruik hierbij de beroepscode.
c. Geef een oordeel vanuit de plichtethiek, de gevolgenethiek en de deugdenethiek.
d. Weeg de argumenten tegen elkaar af en maak een keuze.

3. Een nieuwe ontwikkeling is e-therapie, therapie via de mail, chat of webcam. Een voorbeeld hiervan is de site www.interapy.nl. Welke ethische problemen kunnen bij deze vorm van therapie optreden? Hoe zou je deze problemen kunnen beperken? Heeft e-therapie ook ethische voordelen boven face-to-face-therapie?

4. Je bent stagiaire in de jeugdpsychiatrie en je loopt mee bij de gezinsbehandelingen. Je komt bij een gezin thuis waar ook jonge kinderen zijn. Die vinden jou wel leuk en interessant. Ze vragen je allerlei dingen, zoals waar je woont, waar je in het weekend gaat stappen en of je een vriend hebt. Aan de ene kant wil je professioneel blijven en er niet op ingaan, maar aan de andere kant denk je dat het wel goed is om een band op te bouwen. Welke waarden en normen uit de beroepscode kunnen je helpen om hier een goed onderbouwde keus te maken?

Groepsopdrachten

5. **Casus: Een gewelddadige cliënt**

   Een psychotherapeut treedt op als begeleider van een 'ter beschikking gestelde'. De behandeling van de betrokkene was onder voorwaarden beëindigd. Nadat de betrokkene een moord heeft gepleegd, wordt door de nabestaanden schadevergoeding gevorderd. De psychotherapeut had de moord kunnen en moeten voorkomen door zijn beroepsgeheim te doorbreken, is het argument van de nabestaanden. Hij had tijdig moeten melden aan de reclasseringsafdeling van het CAD respectievelijk OM dat zijn cliënt weer harddrugs gebruikte, gewelddadig gedrag vertoonde en gedreigd had een ander (dan het uiteindelijke slachtoffer) te vermoorden. De rechtbank van Assen stelt dat de psychotherapeut in dit geval een maatschappelijke plicht had om te waarschuwen en dat ook had kunnen doen door zich op basis van zijn beroepscode op een conflict van plichten te beroepen. De zaak krijgt een vervolg. In hoger beroep wordt het vonnis door de rechtbank van Leeuwarden (december 2004) verworpen. De psychotherapeut had juist gehandeld door methadon te verstrekken. Hij wist uit eerdere ervaring dat de cliënt daar rustig van zou worden en dat was ook het geval. De dreiging van het (specifieke) gevaar leek daarom afdoende afgenomen. Dat de cliënt alsnog iemand anders heeft vermoord, is de psychotherapeut niet aan te rekenen. Volgens het hof heeft de psychotherapeut zich terecht beroepen op zijn geheimhoudingsplicht.

(Struijs, 2005, blz. 103)

In deze casus gaat het om de vraag of de psychotherapeut zich aan zijn geheimhoudingsplicht moet houden om het contact met de hulpverlening open te houden voor de cliënt of dat het zijn plicht is om risico's te melden bij de politie en hiermee een mogelijk slachtoffer te beschermen. De rechtbank van Assen neemt hierin een ander standpunt in dan de rechtbank in Leeuwarden. Analyseer deze casus aan de hand van het stappenplan dat te vinden is in hoofdstuk 4.

6. Als een psycholoog gelooft in de heilzame effecten van chakratherapie, astrologie of aurahealing, mag hij dit dan aanbieden naast een regulier psychologisch therapieaanbod? Zoek de relevante artikelen uit de beroepscode die hier iets over zeggen. Zou hij maatregelen moeten nemen om het reguliere en het alternatieve aanbod van elkaar te scheiden? Zo ja, hoe zou hij dat kunnen doen? Of vind je dat hij zich strikt moet beperken tot evidence based-methoden?

MyLab | Nederlandstalig

Op www.pearsonmylab.nl vind je studiemateriaal en de eText om je begrip en kennis van dit hoofdstuk uit te breiden en te oefenen.

Hoofdstuk 9
Onderzoek

Casus: Geweld in partnerrelaties

Tussen 1985 en 1989 deed Römkens (1989) onderzoek naar het voorkomen van geweld tegen vrouwen in heteroseksuele partnerrelaties. Uit het adressenbestand van gemeentes werd een willekeurige steekproef getrokken van drieduizend vrouwen. Speciaal geselecteerde en getrainde interviewsters namen bij de vrouwen die bereid waren om mee te doen aan het onderzoek een interview af. Het interview vond plaats bij de vrouwen thuis, met de vrouw alleen, dus zonder haar partner. In het interview werd gevraagd naar ervaringen met lichamelijk geweld en gedwongen seks in de relatie met de partner. De vragenlijst begon en eindigde met minder beladen vragen, zodat het gesprek zo rustig mogelijk afgesloten kon worden. Elke geïnterviewde kreeg een brochure met adressen en telefoonnummers van instellingen die zo nodig hulp konden bieden. Uit het onderzoek bleek dat veel vrouwen ervaringen hebben met geweld door een mannelijke partner. Het gangbare beeld van slachtoffers bleek niet te kloppen. Geweld tegen vrouwen bleek in alle sociaaleconomische klassen voor te komen en het betrof niet voor het overgrote deel vrouwen die als kind al slachtoffer van huiselijk geweld waren. Dit onderzoek was belangrijk voor het inzicht in het probleem huiselijk geweld. Huiselijk geweld zat toen nog in de taboesfeer. Door te laten zien hoe vaak vrouwen hieronder lijden werd het beter bespreekbaar en werd de noodzaak van beleid en hulpverlening duidelijk. Voor de geïnterviewden was het onderzoek indringend en riep het in bepaalde gevallen zeer pijnlijke herinneringen op. Veel vrouwen vonden het moeilijk om met een onbekende over seks, en zeker over gewelddadige seks, te praten. Sommige vrouwen wilden niet alle vragen beantwoorden. Soms kon een vrouw de vragen niet meer beantwoorden, omdat ze alleen nog maar kon huilen. Soms was een vrouw bang voor de reactie van haar man of werd het interview onderbroken door de man, die binnenkwam om te zeggen dat hij het wel 'genoeg vond'.

Het onderzoek van Römkens laat aan de ene kant zien dat psychologisch onderzoek een belangrijke bijdrage kan leveren aan de manier waarop mensen met elkaar omgaan. Het laat aan de andere kant ook zien dat onderzoek onaangename gevolgen kan hebben voor de proefpersonen. In dit onderzoek zijn dan ook maatregelen genomen om deze onaangename gevolgen zo veel mogelijk te beperken. Om te beoordelen of het ethisch juist is om een dergelijk onderzoek te doen kun je, vanuit een utilitaristisch perspectief, kijken of het nut van het onderzoek opweegt tegen de negatieve effecten voor de proefpersonen. Vanuit een deontologisch perspectief kun je vragen naar de rechten en plichten die onderzoekers en proefpersonen hebben en naar de intenties waarop zij gebaseerd zijn.

Wetenschappelijk psychologisch onderzoek is belangrijk omdat het ons helpt om te begrijpen hoe mensen zich gedragen en hoe hun gedrag beïnvloed kan worden. Dankzij de wetenschap hoeven mensen zich niet te baseren op overgeleverde kennis en vooroordelen. Er wordt vaak een onderscheid gemaakt tussen toegepast en fundamenteel onderzoek. Fundamenteel onderzoek is gericht op de ontwikkeling van de wetenschap. Wetenschappelijke theorieën worden getoetst aan de werkelijkheid en hiermee verder ontwikkeld. In toegepast onderzoek worden wetenschappelijke kennis en onderzoeksmethoden gebruikt om praktische vragen te beantwoorden. Het gaat hier vooral om de bruikbaarheid van de resultaten. De grens tussen deze vormen van onderzoek is echter niet zo scherp te trekken en er zijn veel raakvlakken. Daarom is er in dit hoofdstuk voor gekozen om ze niet los van elkaar te behandelen.

Kennissamenleving en kenniseconomie

Nederland en België zijn kennissamenlevingen. Kennis, wetenschap en technologie zijn overal aanwezig en spelen een belangrijke rol in de manier waarop mensen denken en met elkaar omgaan. Dat betekent dat er een groeiende vraag is naar onderzoek, onder meer door psychologen. Professionals werken steeds meer op basis van 'evidence based practice'. Veel mensen lezen (populair)wetenschappelijke publicaties of kijken naar tv-programma's waarin wetenschap aan de man gebracht wordt. Psychologie is daarbij een van de populairste wetenschappen. *Psychologie Magazine* en allerlei boeken over het geheugen, het functioneren van de hersenen, hanteren van stress en dergelijke worden goed verkocht.

Nederland en België zijn ook economieën die op het leveren van diensten drijven. Kennis is hierbij de belangrijkste productiefactor. Dat betekent dat een groot deel van het inkomen wordt verdiend dankzij kennis en daaruit voortkomende innovatieve ideeën. Het begrip kenniseconomie wordt vaak gekoppeld aan de exacte wetenschappen, maar ook psychologie speelt hierin een grote rol. Psychologen bedenken hoe je een bepaalde doelgroep, zoals gezinnen, op zo'n manier kunt beïnvloeden dat die naar een bepaalde supermarkt gaat, door bijvoorbeeld voetbalplaatjes te geven. Ze adviseren hoe de supermarkt moet worden ingericht als het de bedoeling is dat de klanten vooral het huismerk kopen. In het bedrijfsleven testen en trainen ze expats, zodat deze voor het bedrijf succesvol zaken kunnen doen in het buitenland. Als psychologen veel mensen diagnosticeren als depressief, vaart de farmaceutische industrie daar wel bij. Ongetwijfeld kun je zelf nog veel meer voorbeelden bedenken van psychologisch onderzoek dat de motor van de economie draaiende houdt.

Al die kennis is het resultaat van onderzoek. Hoe kan een wetenschapper ethisch verantwoord onderzoek doen? Een van de belangrijkste ethische vragen bij onderzoek met mensen is hoe de proefpersonen op een verantwoorde manier behandeld kunnen worden. Als in het onderzoek met dieren gewerkt wordt, is het ook de vraag hoe dit zorgvuldig kan gebeuren.
Een ander ethisch thema in onderzoek is de objectiviteit van het onderzoek. Als de resultaten van wetenschappelijk onderzoek gepresenteerd worden, moeten mensen erop kunnen vertrouwen dat die volgens de wetenschappelijk spelregels tot stand zijn gekomen. Het onderzoek moet voldoen aan kwalitatieve eisen. Als er slordig gewerkt wordt of als er buitenwetenschappelijke belangen zijn die de uitkomsten bepalen, wordt dit vertrouwen geschaad. Dat heeft negatieve gevolgen voor het vertrouwen in de psychologie als wetenschap.

Op verschillende manieren is geregeld dat wetenschappelijk onderzoek zo verantwoord mogelijk plaatsvindt. In de NIP-code staat een aantal artikelen dat met onderzoek te maken heeft. Daarnaast zijn er op universiteiten ethische commissies die onderzoeksplannen beoordelen.

De Wet bescherming persoonsgegevens regelt de privacy van burgers. Volgens deze wet mag een onderzoeker niet meer gegevens verzamelen dan voor het onderzoek noodzakelijk is, moet hij erop letten dat de gegevens juist en nauwkeurig zijn, moet hij de gegevens zo veel mogelijk anonimiseren en mag hij zijn gegevens uitsluitend gebruiken voor onderzoek.
Sommige vormen van psychologisch onderzoek vallen onder de Wet medisch onderzoek met mensen (WMO). Deze wet is in de eerste plaats bedoeld voor medisch-wetenschappelijk onderzoek dat bedoeld is om bij te dragen aan medische kennis. Psychologisch onderzoek kan hieronder vallen. Omdat het niet duidelijk is welk psychologisch onderzoek precies onder de WMO valt, zijn er ethische commissies voor psychologisch onderzoek. Deze commissies spelen sommige onderzoeken door naar de toetsingscommissie van de WMO.
De KNAW/VSNU heeft een gedragscode voor wetenschappelijk onderzoek en onderwijs ontwikkeld (Van der Heijden *et al.*, 2004). Deze code geldt voor universitaire onderzoekers, dus niet specifiek voor psychologen. De kernbegrippen in deze code zijn: zorgvuldigheid, betrouwbaarheid, controleerbaarheid, onpartijdigheid en onafhankelijkheid. Daarnaast heeft de KNAW/VSNU een Gedragscode gebruik persoonsgegevens wetenschappelijk onderzoek opgesteld. Deze code regelt de privacy van proefpersonen binnen wetenschappelijk onderzoek. Omdat de code dit zorgvuldig regelt,

kunnen wetenschappelijke onderzoekers juist meer toegang tot dit soort gegevens krijgen, omdat duidelijk is dat ze hier verantwoord mee omgaan.

9.1 Basisprincipes bij psychologisch onderzoek

Bij wetenschappelijk onderzoek gaat de KNAW/VSNU (Van der Heijden *et al.*, 2004) uit van de volgende ethische basisprincipes:

- **Zorgvuldigheid**. Een wetenschapper moet nauwkeurig werken. Ook als hij onder druk staat om veel te publiceren, mag dit niet ten koste gaan van de precisie en de nuance in zijn onderzoek. Hij moet respectvol omgaan met proefpersonen. Die moeten op basis van juiste informatie akkoord gaan met hun deelname aan het onderzoek. De onderzoeker moet zijn bronnen zorgvuldig vermelden. Een onderzoeker moet zijn deskundigheid op peil houden. Hij moet niet solistisch werken, maar zich richten naar de doelen van zijn onderzoeksgroep. Hedendaags onderzoek is geen eenzame onderneming, maar het wordt uitgevoerd in nauwe samenwerking met andere onderzoekers, die elkaar kritisch volgen.
Zorgvuldigheid kan ook te ver gaan. Een dilemma waarbij zorgvuldigheid in het geding is, ontstaat als een onderzoeker zo perfectionistisch is dat dit ten koste gaat van de prestaties van zijn onderwijsgroep. Ook in een projectgroep kun je hiermee te maken krijgen. Een student die steeds maar blijft verbeteren, haalt zijn deadlines niet.

- **Betrouwbaarheid**. Wetenschappelijke resultaten moeten betrouwbaar zijn. Hierbij gaat het zowel om de uitvoering van het onderzoek als om de publicatie en presentatie van de resultaten. De data moeten werkelijk verzameld zijn. Als het noodzakelijk is om bepaalde gegevens weg te laten, moet de onderzoeker dit vermelden en beargumenteren. Statistische procedures moeten correct gebruikt worden. Een onderzoeker kan in zijn conclusies soms zijn eigen visie verwerken, maar hij moet altijd een duidelijk onderscheid maken tussen gegevens die op onderzoek gebaseerd zijn en speculaties. Als een wetenschapper een peer review schrijft, dat wil zeggen feedback op en een beoordeling van het artikel van een andere onderzoeker, moet hij dit respectvol doen. Bij presentaties kan een dilemma ontstaan tussen degelijkheid en betrouwbaarheid aan de ene kant en aantrekkelijkheid voor het publiek aan de andere kant. Een ander dilemma speelt vaak bij toegepast onderzoek, als met wat kleine veranderingen onderzoeksresultaten acceptabeler worden voor de opdrachtgever. De onderzoeker wil graag nieuwe opdrachten en hij wil graag dat er iets gebeurt met zijn onderzoek. Welke keuze maakt hij dan?

- **Controleerbaarheid**. Onderzoek moet openbaar en toegankelijk zijn. Op die manier kan iedereen nagaan welke methoden gebruikt zijn om tot resultaten te komen. De onderzoeker moet ook zorgvuldig zijn bronnen vermelden. Het is dan voor andere onderzoekers mogelijk om kritiek te geven en om onderzoek te repliceren. De onderzoeker moet zijn ruwe gegevens vijf jaar bewaren en ze ter beschikking stellen aan medeonderzoekers.

Ook hier kan een probleem ontstaan bij contractonderzoek. Dit is onderzoek dat wordt gedaan voor een opdrachtgever. Die betaalt veel geld voor het onderzoek en hij wil soms niet dat iedereen gratis mee kan profiteren van de resultaten. Hij kan dan afspreken met de onderzoeker dat de ruwe data en de resultaten gedurende een bepaalde periode geheim blijven. Vanuit de opdrachtgever is dit begrijpelijk, maar het onderzoek is dan niet controleerbaar. Daarmee voldoet het niet aan de eisen die aan wetenschappelijk onderzoek gesteld worden.

Een ander probleem is het dilemma tussen leesbaarheid en controleerbaarheid. Als een onderzoeker voor een breed publiek schrijft, bijvoorbeeld in een blad als *Psychologie Magazine*, of voor eerstejaarsstudenten, haken de lezers af als de tekst vol verwijzingen staat. Toch maakt hij gebruik van bronnen. Hoever gaat hij dan in zijn bronvermeldingen?

- **Onpartijdigheid**. Wetenschap moet in de eerste plaats gericht zijn op waarheidsvinding en niet op politieke of commerciële doelen. Een docent moet studenten de ruimte bieden om hun eigen visie te ontwikkelen. Dat betekent ook dat er niet alleen door de docent zelf geschreven boeken in het curriculum mogen worden voorgeschreven. Wetenschappers moeten elkaar beoordelen op inhoudelijke argumenten.

  Toegepast onderzoek is niet in de eerste plaats gericht op waarheidsvinding. Het gaat hier meestal om het zoeken van praktische oplossingen en verbeteringen. Maar die moeten natuurlijk wel goed onderbouwd kunnen worden, gebaseerd op wetenschappelijke bronnen en onderzoeksmethoden.

- **Onafhankelijkheid**. In de wetenschap staat het ideaal van de academische vrijheid hoog aangeschreven. Nu steeds meer onderzoek gefinancierd wordt door overheid, bedrijven en subsidiegevers is het moeilijk om dit te realiseren. Een onderzoeker moet de beperkingen in zijn onderzoeksvrijheid zichtbaar maken. Het moet duidelijk zijn wie zijn opdrachtgever is en wie het onderzoek financiert. Dilemma's op het gebied van onafhankelijkheid hebben vaak te maken met de belangen van opdrachtgevers. Ze willen graag invloed uitoefenen op de probleemstelling en ze hebben belang bij bepaalde resultaten, die aansluiten bij hun politieke lijn of hun zakelijke belangen. Het wordt vooral een probleem als de resultaten gemanipuleerd worden om bijvoorbeeld aan te tonen dat een bepaald merk yoghurt goed is voor de gezondheid, of dat de criminaliteit toeneemt, of als bepaalde vragen niet meer onderzocht kunnen worden, omdat niemand er geld voor overheeft. De onderzoeker kan ook in de verleiding komen om zijn voorstel bij voorbaat aan te passen aan de wensen van de opdrachtgever. Dat is bijvoorbeeld het geval als er een open inschrijving is voor een onderzoek en de onderzoeker de keuze heeft tussen methode A, die erg betrouwbaar is maar erg duur, en methode B, die minder betrouwbaar is en een stuk goedkoper. Wat zet hij dan op zijn offerte?

Of stel dat een onderzoeker een subsidieaanvraag doet bij een subsidieverstrekker, zoals het NWO. Dan is vaak uit de beschrijving van een onderzoeksprogramma af te leiden welk type onderzoek veel kans heeft om goedgekeurd te worden. Als de onderzoeker zijn plannen hierop afstemt, vergroot hij zijn kans om het onderzoek daadwerkelijk uit te voeren. Het is natuurlijk de vraag hoe erg het is als een onderzoeker niet vrij is om te kiezen welk onderzoek hij doet. Een vraag is ook wat de relevantie van onderzoek is. We kunnen hierbij onderscheid maken tussen theoretische, maatschappelijke en praktische relevantie. Fundamenteel wetenschappelijk onderzoek moet in ieder geval theoretische relevantie hebben, maar is vaak ook maatschappelijk en praktisch relevant. Toegepast onderzoek is meer gericht op de maatschappelijke en praktische relevantie.

Bij psychologisch onderzoek gelden daarbij nog enkele andere basisprincipes, die te maken hebben met het feit dat een psycholoog onderzoek doet met mensen en soms met dieren. In de eerdergenoemde principes vallen ze onder zorgvuldigheid, maar omdat ze voor psychologen zo belangrijk zijn worden ze hier apart genoemd:

- **Autonomie**. De proefpersoon moet goed geïnformeerd worden en zelf kunnen beslissen of hij mee wil doen aan het onderzoek. Hij moet op ieder moment tijdens het onderzoek zijn medewerking kunnen stoppen. In psychologisch onderzoek is er echter vaak sprake van misleiding. Als dit het geval is, moet de cliënt achteraf geïnformeerd worden over de ware doelen van het onderzoek.
- **Niet schaden**. De onderzoeker mag proefpersonen en proefdieren niet schaden. Als hij zich hier strikt aan houdt wordt bepaald onderzoek, zoals onderzoek naar angst, echter onmogelijk. Daarom is onderzoek dat onaangenaam is voor de proefpersoon of het proefdier wel toegestaan als er geen andere methoden zijn en als de schade binnen de perken blijft. De schade moet in verhouding staan tot het belang van de resultaten.
- **Privacy**. Het beroepsgeheim van de psycholoog geldt ook in onderzoekssituaties. Hij moet vertrouwelijk omgaan met informatie die terug te voeren is op personen en hij moet de gegevens anonimiseren.

We zullen nu bespreken hoe deze principes terugkomen in de verschillende fases van het onderzoek. In dit hoofdstuk zullen we achtereenvolgens aandacht besteden aan de volgende thema's:
- Opzet van het onderzoek: omgaan met opdrachtgevers en subsidieverstrekkers
- Uitvoering van het onderzoek:
  – Onderzoek met proefpersonen
  – Onderzoek met proefdieren
  – Sociaal gevoelig onderzoek
  – Samenwerken in onderzoekssituaties
- Publiceren over het onderzoek en optreden in de media

9.2 Opzet van het onderzoek: omgaan met opdrachtgevers en subsidieverstrekkers

Tot de jaren tachtig van de vorige eeuw werd onderzoek aan de universiteit bijna volledig gefinancierd door de overheid. De universiteiten waren zelf verantwoordelijk voor de verdeling van dit geld, ook wel de eerste geldstroom genoemd. De onderzoekers hadden daardoor een grote vrijheid om zelf te bepalen wat ze onderzochten en daarbij moesten ze alleen rekening houden met academische normen. De academische vrijheid was daarbij de hoogste waarde. De onderzoeker hoefde zijn 'waarheid' niet meer aan te passen aan de kerkelijke voorschriften, zoals in de tijd van Galileï, de 17[e] eeuw. Deze sterrenkundige toonde aan dat de zon het middelpunt van het zonnestelsel was en niet de aarde. De katholieke kerk dwong Galileï om afstand te nemen van deze beweringen, omdat ze strijdig waren met de katholieke leer.

Onafhankelijkheid van onderzoek is nog steeds een belangrijke waarde. Universitair onderzoek wordt echter steeds meer gefinancierd vanuit andere bronnen. Deels komt dit geld uit de tweede geldstroom. Deze wordt beheerd door het NWO. Onderzoekers kunnen hier onderzoeksprojecten indienen en het NWO kent de meest veelbelovende aanvragers een budget toe. Daarnaast komt een groeiend deel van het budget uit de derde geldstroom, die uit alle andere bronnen bestaat, zoals specifieke onderzoeksbeurzen, adviesraden, subsidies, het bedrijfsleven, werkgevers- en werknemersorganisaties, en non-profitinstellingen. Dat betekent dat universitair onderzoek meer te maken krijgt met subsidieverstrekkers en opdrachtgevers. Bij toegepast onderzoek is per definitie sprake van een opdrachtgever en bij allerlei onderzoeksbureaus ook. Als onderzoeksresultaten direct worden gebruikt heeft dat voordelen voor de wetenschapper, die niet alleen onderzoek doet voor een klein exclusief groepje medespecialisten, maar ziet dat zijn onderzoek iets betekent voor een breder publiek. Het heeft ook voordelen voor allerlei maatschappelijke instellingen en bedrijven, die hun werk zo kunnen baseren op onderzoek. De belangen van opdrachtgevers kunnen echter op gespannen voet staan met het doel van 'objectieve' wetenschap.

Frits van Oostrom, de voormalige president van de Koninklijke Nederlandse Akademie van Wetenschappen, zegt hierover: 'Zorgelijk vind ik dat de resultaten van commercieel gesponsord medisch onderzoek significant fermer en positiever worden geformuleerd dan vergelijkbaar onafhankelijk onderzoek. En dat wetenschappelijke studies in opdracht van farmaceutische bedrijven aantoonbaar gunstiger uitpakken voor deze financiers dan hetzelfde onderzoek betaald uit minder belanghebbende bron' (Van Oostrom, 2007).

> **Casus: Minderheden aan het werk**
>
> De gemeente heeft veel geïnvesteerd in een project om meer allochtonen aan het werk te krijgen. De verantwoordelijke wethouder wil scoren met dit project. De verkiezingen staan voor de deur. Het 'politieke overleven' van de wethouder hangt sterk

af van het succesvol aan het werk helpen van allochtonen. De psychologen bij het bureau Onderzoek van de gemeente krijgen de opdracht om dit project te evalueren. Er zijn verschillende manieren om dit onderzoek op te zetten. Afhankelijk van de manier waarop de steekproef wordt getrokken en van de keuze van meetmomenten, zal de uitkomst gunstig of minder gunstig zijn. Mogen ze rekening houden met de wensen van hun politieke baas, de wethouder?

Köbben en Tromp (1999) geven diverse voorbeelden van onderzoek waarbij de resultaten worden aangepast aan de wensen van de opdrachtgever. Soms heeft de opdrachtgever invloed op de resultaten doordat onderzoekers niet onafhankelijk zijn. Sommige onderzoekers zijn in dienst van het bedrijf dat de opdracht geeft. Bij farmaceutisch onderzoek komt het voor dat onderzoekers niet als auteur bij een onderzoek vermeld worden, om te verhullen dat er medewerkers van het bedrijf bij de research betrokken waren (Dehue, 2008). Soms blokkeert een opdrachtgever publicatie van de resultaten of verbiedt hij de wetenschapper om erover te spreken. Soms vraagt hij om aanpassing van de resultaten, zodat ze bijvoorbeeld beter in het voorgenomen beleid passen.

Het komt ook voor dat het onderzoek niet voldoet aan de eisen van goed wetenschappelijk onderzoek, omdat er bijvoorbeeld met te kleine steekproeven wordt gewerkt of omdat de steekproef niet representatief is.

Er zijn allerlei redenen waarom onderzoekers soms meewerken aan dit soort eisen. Een reden kan zijn dat ze hun inkomsten veilig willen stellen. Een opdrachtgever kan laten merken dat er geen nieuwe opdrachten zullen komen als de resultaten niet gewijzigd worden. De onderzoeker kan ook het risico lopen dat hij zijn baan kwijtraakt, omdat hij met een onwelkome boodschap komt. Als de opdrachtgever ruime middelen heeft, kan hij in rechtszaken zijn gelijk proberen te halen en dat kan de onderzoeker handenvol geld kosten.

Naast deze vormen van externe dwang kunnen er ook normen zijn die de onderzoeker ervan weerhouden de resultaten objectief weer te geven. Een daarvan is onderlinge solidariteit. Onderzoekers willen hun instituut en hun collega's niet laten vallen door met een afwijkende mening te komen. Een andere norm is 'de klant is koning'. Als de klant betaalt, probeer je het hem naar de zin te maken. Ten slotte kan een onderzoeker in overheidsdienst ervan overtuigd zijn dat democratisch gekozen politici de doelen bepalen en dat hij daarbij een dienende functie heeft.

Waarschijnlijk is het slechts een relatief klein deel van het toegepast onderzoek waarbij de resultaten gemanipuleerd worden. Een opdrachtgever die geld uittrekt voor een onderzoek zal er vaak ook belang bij hebben om echt te weten wat het antwoord op zijn vraag is. Als de resultaten van onderzoek worden gemanipuleerd, wordt de waarde van wetenschappelijk onderzoek ondermijnd. Daarom is het belangrijk om op een eerlijke manier onderzoek te doen. Hiervan geven Köbben en Tromp (1999) een mooi voorbeeld, dat wordt beschreven in de casus Vakbond.

Casus: Vakbond

In 1982 deden Köbben en Tromp onderzoek voor de vakbond FNV. Het onderzoek ging over de rol van de vakbeweging met betrekking tot buitenlandse werknemers. Er werd onderzocht wat de leden hiervan vonden. Die vonden in meerderheid dat de FNV iets moest doen voor deze groep, maar dan moesten de buitenlandse werknemers zich wel aanpassen. Het waren andere tijden en dit standpunt paste niet in de visie van de vakbondstop. Een van de leden van de begeleidingscommissie van dit onderzoek zegt: 'Als die erin blijven staan... sodemieter ik het hele zaakje in de prullenmand.' Een andere FNV'er probeert op een vriendelijke manier de onderzoekers ervan te overtuigen dat het beter is om een aantal uitspraken te schrappen. Uiteindelijk mag het onderzoek ongecensureerd gepubliceerd worden, omdat de toenmalige voorzitter van de FNV, Arie Groenevelt, aan het bestuur vraagt 'waarom de FNV wel een lang lastig en kostbaar onderzoek had gewenst maar vervolgens het resultaat daarvan niet eerlijk bekend had willen maken'.

(Köbben en Tromp, 1999, blz. 102)

Als je een onderzoeksopdracht aanneemt, is het belangrijk om goed na te denken over wat de werkelijke vraag is en wat de belangen van de opdrachtgever zijn. Als onderzoeker kun je problemen soms voor zijn door een duidelijk contract met de opdrachtgever te sluiten, waarin ook geregeld is of hij een vetorecht heeft over publicatie van de resultaten.

9.3 Uitvoering van het onderzoek: onderzoek met proefpersonen

Casus: Tuskegee

In 1932 begon de US Public Health Service een onderzoek naar de langetermijneffecten van onbehandelde syfilis. In Alabama werden vierhonderd proefpersonen gezocht die leden aan syfilis. Alle proefpersonen waren zwart en arm. Als beloning voor hun deelname kregen ze gratis lichamelijk onderzoek, vervoer naar de kliniek, behandeling voor kleine klachten en de garantie dat hun familie $ 50 zou krijgen als ze overleden. Het experiment liep veertig jaar. De journalist Jean Heller ontdekte in 1972 dat het in dit onderzoek nooit de bedoeling was geweest om de mannen te behandelen. De medicijnen die ze kregen, waren middelen tegen verkoudheid die geen invloed hadden op de syfilis. Het doel van het onderzoek was om het natuurlijk verloop van de ziekte te bestuderen. Naar schatting 28-100 proefpersonen overleden ten gevolge van syfilis. Waarschijnlijk hebben veel proefpersonen de ziekte overgebracht op hun partners en kinderen. In 1972, toen deze informatie gepubliceerd werd, klaagden de proefpersonen en hun nabestaanden de Amerikaanse overheid aan. President Clinton gaf in 1997 een officiële verontschuldiging. Dit resulteerde in striktere ethische standaards voor onderzoek.

(Banyard en Flanagan, 2005)

Dit is een van de schrijnendste voorbeelden van onethisch onderzoek. Het doel, de kennis over het verloop van een ziekte vergroten, is op zich juist, maar de manier waarop dat gedaan wordt, deugt niet. De proefpersonen werden respectloos behandeld. Ze wisten niet wat de bedoeling van het onderzoek was. Ze leefden in de veronderstelling dat ze medische hulp kregen, terwijl dit niet het geval was. Bovendien was er een grote kans dat, door het niet behandelen van de ziekte, gezonde mensen besmet werden. Daar komt nog bij dat de proefpersonen allemaal tot de meest kansarme Amerikanen behoorden, die juist extra bescherming nodig hadden. Een gevolg van dit soort onderzoeken is dat etnische minderheden wantrouwend staan tegenover onderzoek. Ze hebben het idee dat de onderzoeker het onderzoeksdoel boven het welzijn van zijn 'proefkonijnen' stelt (Corbie-Smith, Thomas & St. George, 2002) en gezien de ervaringen in Tuskegee is dit zeer begrijpelijk.

Als we dit onderzoek beoordelen vanuit de ethiek van Kant (zie paragraaf 2.2), zijn er twee redenen waarom het moreel onjuist is. In de eerste plaats worden de proefpersonen hier gebruikt als middel en niet als doel op zichzelf. In de tweede plaats zou geen enkel redelijk denkend mens kunnen willen dat het een algemene wet wordt dat mensen op deze manier behandeld worden.

In dit voorbeeld gaat het over een medisch onderzoek, maar ook psychologen hebben onderzoek uitgevoerd waarbij ze veronderstelden dat het doel de middelen heiligde. In hoofdstuk 3 werd het onderzoek van Milgram (1963) al besproken. Een ander voorbeeld is het beruchte Stanford Prison-experiment (Zimbardo, 1973). In dit experiment speelden 24 mannelijke deelnemers een gevangenissituatie na. Zij werden willekeurig verdeeld in een groep bewakers en een groep gevangenen. De bewakers gingen zich steeds agressiever gedragen en de gevangenen werden door verdeel-en-heerstactieken tegen elkaar uitgespeeld. Zelfs de onderzoeker, Zimbardo, leefde zich zo in de situatie in, dat hij ging denken als een gevangenisdirecteur. Het onderzoek zou twee weken duren, maar na vijf dagen was het al zo uit de hand gelopen dat Zimbardo het experiment voortijdig beëindigde.

Beide onderzoeken hebben ons aan de ene kant veel inzicht gegeven in het effect van groepsdruk in extreme omstandigheden, al is de externe validiteit van Milgrams onderzoek omstreden. Sommige onderzoekers twijfelen eraan of de resultaten van dit onderzoek gegeneraliseerd kunnen worden. Als het onderzoek generaliseerbaar is, kunnen we het gedrag van nazi's in de Tweede Wereldoorlog en Amerikaanse gevangenbewaarders in Abu Ghraib beter begrijpen. We kunnen eruit leren dat wreedheid niet alleen voortkomt uit de persoonlijkheidsstructuur van bepaalde mensen, maar dat het ook kan ontstaan als mensen door toeval een bepaalde rol krijgen. Aan de andere kant gaan de onderzoeken, volgens veel psychologen, over de grenzen heen van wat je als onderzoeker met proefpersonen mag doen. Voor zover bekend is er geen ernstige blijvende schade aangericht, maar de risico's waren groot. De eerste ethische regel waar een onderzoeker zich ten aanzien van proefpersonen aan moet houden, is het principe van 'niet schaden', een utilistisch principe waarbij aan de hand van de gevolgen wordt beoordeeld wat een juiste handelwijze is.

9.3.1 Niet schaden

Door psychologisch onderzoek kunnen mensen fysieke en psychische schade oplopen. In de NIP-code staat dat 'psychologen betrokkenen niet blootstellen aan negatieve ervaringen, tenzij dat *noodzakelijk* is voor het bereiken van het doel van hun beroepsmatig handelen en het de *enige manier* is waarop dat doel kan worden bereikt. In dat geval trachten zij zoveel mogelijk de gevolgen van de negatieve ervaringen voor de betrokkenen te beperken of te neutraliseren' (artikel 23). De deontologische code stelt dat de psycholoog de persoon moet eerbiedigen en daarom zijn eer en reputatie niet mag schaden (artikel 21).

> **Casus: Het BBC-gevangenisexperiment (2002)**
>
> In 2002 werd het Stanford Prison-experiment gerepliceerd. Een documentaire over dit onderzoek werd uitgezonden door de BBC. De onderzoekers hadden geleerd van de problemen in Stanford en probeerden die te vermijden. De proefpersonen werden van tevoren goed geïnformeerd over mogelijke stress tijdens het onderzoek. Ook werden de proefpersonen van tevoren getest op emotionele stabiliteit. Tijdens het onderzoek observeerde een team van psychologen en medici continu wat er gebeurde. Dit team was bevoegd om het experiment te allen tijde te stoppen als het dat noodzakelijk vond. De opzet werd door een ethische commissie beoordeeld. De 'bewakers' in het experiment kregen van tevoren enige training en ze hadden duidelijke richtlijnen welk gedrag toelaatbaar was in hun rol. De onderzoekers in dit experiment deden niet alleen onderzoek naar onderdrukking, maar ook naar verzet. Het onderzoek verliep spectaculair. De 'gevangenen' kwamen in opstand tegen de 'bewakers' en vormden een nieuwe maatschappelijke ordening, een zelfsturende commune. Toen een deel van de proefpersonen plannen smeedde om weer een systeem van bewakers en gevangenen te introduceren, met een veel strakker regime dan aan het begin van het experiment, beëindigden de onderzoekers het experiment.

(Haslam en Reicher, 2005)

9.3.2 Proportionaliteit en subsidiariteit

De beroepscodes geven dus geen absoluut verbod op onderzoek dat vervelend is voor de proefpersoon. De psycholoog moet wel goed opletten of er een redelijke verhouding is tussen de kosten, de bezwaren en risico's voor de proefpersonen, en de baten, de bijdrage die het onderzoek aan de wetenschap kan leveren. Dit principe noemt men **proportionaliteit**. Bij onderzoek dat vervelende gevolgen voor proefpersonen kan hebben, moet de onderzoeker zich ook afvragen of hij de gegevens niet op een andere, minder vergaande manier kan verkrijgen. Dit noemt men het principe van de **subsidiariteit**.

Zoals we eerder zagen bij het utilisme, is het vaak moeilijk om kosten en baten te bepalen. Het is ook de vraag wie deze afweging maakt: alleen de onderzoeker of ook de proefpersonen? De onderzoeker weet niet van tevoren hoe proefpersonen zullen reageren. Bij eenzelfde onderzoek ervaart de ene proefpersoon zware stress, terwijl de ander zegt dat hij er veel van leert. De vraag is ook hoe zwaar de onderzoeker effecten als stress of het verlies van zelfrespect bij de proefpersonen laat wegen.

We kunnen in het voorbeeld van het onderzoek naar geweld in partnerrelaties vaststellen dat er een goede afweging is gemaakt tussen het belang van het onderzoek en de mogelijke negatieve gevolgen voor de geïnterviewde vrouwen. Die negatieve gevolgen zijn ook zo veel mogelijk beperkt. Bovendien is er geen andere manier om aan de gegevens te komen. Bij het gehoorzaamheidsonderzoek van Milgram en het Stanford Prison-experiment is het doel belangrijk voor de wetenschap en maatschappelijk relevant. Het is hier echter wel de vraag of er geen minder belastende manier was om aan deze informatie te komen. In een 'remake' van het gehoorzaamheidsonderzoek van Milgram werd bijvoorbeeld gewerkt met proefpersonen die in een sollicitatieprocedure de opdracht kregen om steeds negatieve feedback te geven aan de 'sollicitant', die in werkelijkheid een medeplichtige van de onderzoeker was. Ook in dit onderzoek deden de meeste proefpersonen wat hun opgedragen werd. We kunnen ervan uitgaan dat dit onderzoek minder belastend was dan Milgrams experiment, waarin de proefpersonen dachten dat ze misschien een dodelijke schok hadden toegediend. Het BBC-experiment laat zien dat het ook mogelijk is om het Stanford Prison-experiment op een verantwoordere manier uit te voeren.

Bij het Tuskegee-onderzoek naar de gevolgen van syfilis is het helemaal duidelijk dat er geen sprake kan zijn van proportionaliteit. In dit onderzoek is sprake van zeer zware schade aan proefpersonen, die niet door het onderzoeksdoel te rechtvaardigen is.

9.3.3 Informed consent

Een proefpersoon moet vrij kunnen beslissen of hij mee wil doen aan een onderzoek. Dat kan hij alleen als hij goed geïnformeerd wordt over het doel, de duur, de aard, de risico's en bezwaren van het onderzoek. Dit noemen we **informed consent**. De informatie moet bij voorkeur schriftelijk gegeven worden, zodat het altijd duidelijk is welke informatie de proefpersoon precies gekregen heeft. De proefpersoon moet bedenktijd krijgen en vervolgens beslissen of hij mee wil doen. 'Informed consent' betekent ook dat een proefpersoon altijd de mogelijkheid moet krijgen om zich terug te trekken uit het onderzoek (NIP-code artikel 59 en 63, deontologische code artikel 23).

Dit lijkt helder, maar er is een aantal problemen rond informed consent, namelijk:
- Misleiding: het is bij psychologisch onderzoek niet altijd mogelijk om de proefpersoon goed te informeren. Misleiding kan onvermijdelijk zijn.
- Autonomie: niet iedere proefpersoon is in staat om zelfstandig een afgewogen keuze te maken.

9.3.4 Informed consent en misleiding

Casus: Wilt u mijn laptop even vasthouden?

Een psycholoog wil onderzoeken hoe eerlijk mensen zijn. Hij gaat naar het station met een laptop en spreekt willekeurige proefpersonen aan. Hij vertelt ze dat hij de trein moet halen voor een belangrijke afspraak, maar dat hij ook een laptop aan zijn vriend moet geven. De vriend is echter een beetje laat en daarom vraagt hij de proefpersoon of hij misschien even de tas met de laptop wil vasthouden, tot zijn vriend er is. Dan kan hij zelf de trein halen en krijgt zijn vriend zijn laptop. Als de proefpersoon hiermee instemt, stapt de onderzoeker in de trein en even later komt zijn vriend, die eigenlijk een medewerker aan het onderzoek is, en vraagt om de laptop. De proefpersonen weten in dit onderzoek niet dat ze proefpersoon zijn, ze worden niet geïnformeerd en ze geven geen toestemming. Bovendien worden ze misleid. Vind je dit acceptabel? Wat zijn je argumenten voor of tegen deze manier van onderzoek doen?

Het eerste probleem heeft te maken met de validiteit van onderzoek. In de psychologie is het vaak zo dat de proefpersoon van tevoren niet volledig geïnformeerd kan worden over de aard van het onderzoek, omdat mensen zich dan anders zouden gaan gedragen dan in de werkelijkheid. De proefpersoon wordt dan misleid. Dat kan betekenen dat hij niet de hele waarheid over het onderzoek hoort. Het kan ook betekenen dat de onderzoeker liegt over de werkelijke aard van het onderzoek. Misleiding moet zo veel mogelijk beperkt worden, want in de eerste plaats is het in strijd met de norm dat je niet mag liegen. In de tweede plaats bevordert het bij proefpersonen het wantrouwen in onderzoekers, waardoor ze misschien niet meer mee willen doen. Als ze wel nog mee willen doen, gaan ze er bij voorbaat misschien al van uit dat ze misleid worden en geloven ze de uitleg bij het onderzoek niet meer. Ze gaan dan zelf een aannemelijke interpretatie geven aan het onderzoek. Hierdoor kunnen de uitkomsten van het onderzoek vertekend worden.

Casus: Waar gaat dit onderzoek over?

Serena moet als eerstejaarsstudent verplicht als proefpersoon meedoen aan onderzoeken. Bij een onderzoek wordt ze naar een kamer gebracht. De proefleider vraagt haar om even te wachten. Serena ziet op een tafeltje een blikje staan. Een rood draadje steekt onder het blikje uit. Serena denkt: 'De proefleider vraagt mij om hier te wachten, maar waarschijnlijk is de situatie in deze wachtkamer het eigenlijke onderzoek. De proefleider wil vast weten wat ik met dat rode draadje doe, maar hij bekijkt het maar. Ik doe er niets mee!'

Als er sprake is van misleiding moet de onderzoeker zorgen voor een **debriefing**. Dat betekent dat hij mensen achteraf uitlegt wat de bedoeling was. Een debriefing kan de onderzoeker ook nuttige informatie opleveren, omdat de proefpersonen kunnen vertellen wat hun beweegredenen waren. Dat kan de onderzoeker helpen om de data te interpreteren. De proefpersoon moet ook de gelegenheid krijgen om zijn gegevens uit het onderzoek terug te trekken zodra hij geïnformeerd is over de werkelijke vraagstelling. De NIP-code zegt hierover: 'Psychologen voorkomen misleiding in hun beroepsmatig handelen. Als tijdelijke misleiding onvermijdelijk is, zorgen psychologen ervoor dat de daaruit ontstane misverstanden zo spoedig mogelijk worden weggenomen' (artikel 42). Daarnaast is debriefing bedoeld om hulp te bieden bij de emotionele schade die mogelijk bij proefpersonen veroorzaakt is.

In het gehoorzaamheidsexperiment van Milgram en in het sollicitatie-experiment, werd de proefpersonen achteraf uitgelegd wat de onderzoeksvraag was. Ze hoorden toen ook dat hun 'slachtoffer', de persoon die de schokken kreeg of de negatieve feedback, in werkelijkheid een medeplichtige van de onderzoeker was, die niet werkelijk schade had geleden. Deze proefpersonen reageerden opgelucht. Soms kan het ook een tegenvaller zijn om de waarheid te horen. Bijvoorbeeld als iemand na een onderzoek hoort dat die leuke vrouw die met hem flirtte eigenlijk alleen maar een door de onderzoeker bedachte rol speelde.

Casus: Het barmhartige-samaritaan-veldonderzoek

Het barmhartige-samaritaan-onderzoek (Piliavin *et al.*, 1969) was erop gericht om te onderzoeken hoe behulpzaam mensen zijn als een medemens in nood is. In dit onderzoek stapten medewerkers van het onderzoek in de metro van New York. Daar simuleerden ze dat ze midden in de metro in elkaar zakten. In de eerste onderzoeksconditie werd de indruk gewekt dat 'het slachtoffer' dronken was. Hij had een fles drank bij zich en hij rook naar drank. In de tweede onderzoeksconditie leek 'het slachtoffer' nuchter en had hij een zwarte wandelstok. Uit het onderzoek kwam dat de metroreizigers over het algemeen behulpzaam waren. Bij het nuchtere slachtoffer iets meer dan bij de dronken persoon.

Misleiding speelt niet alleen een rol in experimenteel onderzoek, maar ook in natuurlijke observaties. Soms kan de onderzoeker open kaart spelen door te vertellen wat hij gaat observeren. Dit was bijvoorbeeld het geval bij het bekende onderzoek naar hechting door Ainsworth. De kinderen in dit onderzoek waren nog te jong om te begrijpen wat er aan de hand was, maar de ouders wisten van tevoren dat de onderzoeker ging observeren hoe hun kind zou reageren als de vertrouwde ouder de ruimte verliet. Er zijn ook natuurlijke observaties waarbij de onderzoeker niet vertelt dat hij observeert, omdat mensen zich anders gaan gedragen als ze bekeken worden. In zo'n geval weten mensen niet dat ze proefpersoon zijn. Ze worden dan niet misleid met betrekking tot het doel van het onderzoek, maar wel met betrekking tot hun eigen rol. Informed consent is dan niet mogelijk. In het barmhartige-samaritaan-onderzoek wisten de proefpersonen niet dat ze deelnamen aan een onderzoek. Waarschijnlijk waren mensen nog veel behulpzamer geweest als ze hiervan op de hoogte waren. Er is veel kritiek gekomen op het feit dat deze mensen ook niet achteraf geïnformeerd werden. Ze waren al weer verdwenen in de drukte van de ondergrondse voordat iemand ze kon uitleggen wat er werkelijk gebeurd was en kon vragen of dit misschien stress had opgeleverd.

Bij participerende observatie, onderzoek waarbij de onderzoeker deelneemt aan de activiteiten van zijn doelgroep in hun natuurlijke omgeving, kan het noodzakelijk zijn dat de onderzoeker zich anders voordoet om ongestoord zijn onderzoek te kunnen doen. Als hij direct open kaart speelt, kan zijn aanwezigheid als onderzoeker het gedrag van de proefpersonen beïnvloeden. Er is dan geen sprake meer van natuurlijk gedrag.

Als het onmogelijk is om vooraf open kaart te spelen over het onderzoek, is het daarnaast ook mogelijk om proefpersonen te vragen om **prior general consent**. Dat wil zeggen dat ze aan de hand van een lijst met onderzoeksdoelen aangeven met welke doelen ze instemmen. Je kunt ook een groep mensen die vergelijkbaar is met de proefpersonen, vragen of ze zouden instemmen met de opzet van het onderzoek of zelf bedenken hoe de proefpersonen erover denken. Dit heet **presumptive consent**. Bij het barmhartige-samaritaan-onderzoek zou je bijvoorbeeld een willekeurige andere groep metroreizigers van tevoren kunnen vragen of ze een dergelijk onderzoek acceptabel vinden of je zou jezelf kunnen inleven in de personen die in de metro met een dergelijk onderzoek geconfronteerd worden.

In veel onderzoeken is misleiding niet nadelig voor de proefpersonen. Mensen die meedoen aan psychologisch onderzoek hebben vaak wel een vermoeden dat de proefleider niet helemaal de waarheid spreekt. Een 'onschuldige' vorm van misleiding werd bijvoorbeeld gebruikt in het onderzoek naar conformisme door Asch, waarbij de proefpersonen dachten dat ze deelnamen aan een onderzoek naar visuele perceptie. Ze schatten de lengte van een lijn in, maar eigenlijk was de vraag of ze hun inschatting zouden bijstellen op basis van de (foutieve) antwoorden van anderen. Bij een dergelijk onderzoek ligt het niet voor de hand dat proefpersonen ernstige schade ondervinden van de misleiding en het valt niet mee om een dergelijk onderzoek te doen zonder misleidende informatie. Toch kan ook dit onderzoek vervelende gevolgen hebben. De proefpersoon die achteraf hoort dat hij zich aanpast aan het groepsoordeel, zelfs als dat oordeel duidelijk onjuist is, zal zich waarschijnlijk een beetje dom voelen.

Het is wel belangrijk dat je in de onderzoeksopzet goed nadenkt over het nut en de noodzaak van misleiding en dat je vooraf of achteraf zo veel mogelijk open kaart speelt.

9.3.5 Informed consent en autonomie

> **Casus: Werktevredenheid**
>
> Alle werknemers van een bedrijf krijgen een mail van hun directeur waarin ze opgeroepen worden om een vragenlijst over hun werkomstandigheden in te vullen, in het kader van een onderzoek naar werktevredenheid. De directeur vraagt iedereen dringend om mee te werken. De onderzoeker heeft een toelichting geschreven op het doel van het onderzoek. De lijst kan anoniem ingevuld worden. Sommige werknemers zijn er toch niet helemaal gerust op. Het is een klein bedrijf en als iemand de antwoorden op verschillende vragen naast elkaar legt is soms eenvoudig te zien wie wat ingevuld heeft. Niet invullen kan ook een probleem opleveren. Als nog een paar collega's nalaten om de lijst in te vullen kan de directeur zien welke teams niet meegewerkt hebben aan het onderzoek. Daar maak je het team niet populair mee. Wordt hier volgens jou voldaan aan de eis van informed consent?

In sommige onderzoeken zijn de proefpersonen niet vrij om zelf te beslissen of ze meedoen. Dit is in bovenstaande casus het geval: de baas is de opdrachtgever van het onderzoek en wil dat alle werknemers meedoen. Ook studenten worden soms verplicht of ervaren groepsdruk om mee te doen aan een onderzoek.

Als we het hebben over informed consent, gaan we er ook van uit dat de proefpersoon begrijpt waar hij aan begint. Dat betekent dat de informatie aangepast moet zijn aan de doelgroep. De uitleg moet begrijpelijk zijn voor mensen die geen psychologie gestudeerd hebben. Bij een onderzoek waarin kinderen proefpersoon zijn, moet de informatie zo veel mogelijk op hun niveau gegeven worden. Ook bij mensen die verward zijn, die de taal niet perfect beheersen, die een andere culturele achtergrond hebben of die verstandelijk beperkt zijn, moet de onderzoeker proberen om begrijpelijke taal te gebruiken.

Als je voor je afstudeeronderzoek kinderen wilt gaan enquêteren op een basisschool, is het dan voldoende om toetsemming te krijgen van de school en de onderwijzer van de groep die je gaat onderzoeken? Het antwoord is nee. Als het gaat om minderjarigen, moet je toestemming vragen van de ouders. Bij kinderen en soms ook bij andere proefpersonen die niet in staat zijn om zelf te beslissen, geeft een familielid, zoals de ouder, toestemming. Dit noemt men **proxy consent**. De onderzoeker moet daarbij alert zijn en opletten of de familieleden werkelijk de belangen van de proefpersoon dienen.

Kwetsbare doelgroepen zijn bijvoorbeeld mensen die in instituties zoals een gevangenis of een GGZ-instelling verblijven, mensen die gestigmatiseerd zijn, zoals overlastgevende groepen jongeren of etnische minderheden, arme mensen en mensen met verstandelijke of psychische beperkingen. Bij deze groepen moet een onderzoeker bijzonder zorgvuldig te werk gaan. Het gaat hier om mensen die relatief weinig macht hebben. Daarom kan het voor hen moeilijker zijn om voor hun eigen belangen op te komen en kunnen zij eerder schade ondervinden door onderzoek dan andere proefpersonen. Voor mensen die binnen een institutie verblijven, kan het moeilijk zijn om deelname aan een onderzoek te weigeren. Daarnaast kunnen de resultaten van onderzoek onder gestigmatiseerde groepen dit stigma versterken.

Casus: Recht om zich te allen tijde terug te trekken

In het Stanford Prison-experiment konden alle proefpersonen zich te allen tijde terugtrekken. Ook de proefpersonen die de rol van gevangene speelden. Toch deden ze dat niet. Ze wachtten tot het experiment werd afgebroken. Waarom denk je dat ze vrijwillig in deze onaangename situatie bleven?

Een proefpersoon heeft het recht om op te stappen als hij zijn deelname aan het experiment wil beëindigen. Toch kunnen er allerlei redenen zijn waarom hij dat niet doet. Soms zijn mensen loyaal aan de onderzoeker en vinden ze het vervelend om zijn onderzoek te verstoren. Het komt ook voor dat mensen betaald worden voor deelname aan het onderzoek en doorgaan omdat ze het geld nodig hebben. Als onderzoeker moet je er goed over nadenken hoe je proefpersonen beloont. Een excessieve beloning maakt het voor een proefpersoon moeilijk om zich terug te trekken. Beloningen kunnen ook ongepast zijn. Mag je een verslaafde proefpersoon geld geven als je denkt dat hij dat direct gaat besteden aan zijn dagelijkse dosis drugs? Als je een jongere interviewt in een café, mag je hem dan een biertje aanbieden? Als die jongere nog geen achttien is in ieder geval niet, maar kan het wel als iemand net achttien is geworden?

Casus: Proefpersoon als medeonderzoeker

Sommige onderzoekers gaan ervan uit dat research een samenwerkingsproject zou moeten zijn tussen de onderzoeker en de doelgroep. Op die manier wordt de proefpersoon actief betrokken bij het onderzoek. Hij weet precies waar hij aan meewerkt en kan daar zelfs over meebeslissen. Zijn autonomie wordt optimaal gerespecteerd. De uitgangspunten van dit type onderzoek lijken op de uitgangspunten bij sommige ontwikkelassessments, die in hoofdstuk 7 zijn genoemd, waar de cliënt vanaf het begin actief wordt betrokken bij het formuleren van vragen en de vormgeving van het assessmentproces.
Vooral bij toegepast onderzoek dat gericht is op maatschappelijke veranderingen is dit een interessante invalshoek. De onderzoeker en de doelgroep kunnen op die manier samen doelen van het onderzoek bepalen. Bij dit soort onderzoek moet de onderzoeker zich goed bewust zijn van de machtsbalans. De onderzoeker heeft een voorsprong omdat zijn deskundigheid groter is en omdat hij meer weet over het verloop van het onderzoek.

9.3.6 Privacy

Privacy is een afweerrecht dat de persoonlijke levenssfeer beschermt. Het gaat zowel om het recht om met rust gelaten te worden als om het recht om zelf te bepalen wie welke informatie over ons krijgt. Het betekent dat iemand dingen kan doen zonder dat de buitenwereld daar ongewenst inbreuk op kan maken. Mensen hebben het recht om zelf te beslissen wat anderen over hen te weten komen. Dit recht is zowel in Nederland als in België vastgelegd in de grondwet. We weten echter ook dat de privacy steeds mer onder druk komt te staan. Het recht op privacy staat steeds meer onder druk: bedrijven die precies weten wat een specifieke klant koopt, reality-tv, videocamera's op straat, informatie die gegoogled kan worden, mobiele telefoons die getraceerd kunnen worden, veiligheidsmaatregelen die de overheid gebruikt als argument om informatie over burgers op te slaan, verzekeraars die weten welke ziekte je hebt Het lijkt alsof er niet veel privacy meer overblijft. Toch moet een onderzoeker zorgvuldig omgaan met de persoonlijke gegevens van zijn proefpersonen. Dat is niet alleen een ethisch belang. Het is ook een voorwaarde om onderzoek te kunnen doen. Door de privacy te waarborgen, zal de proefpersoon namelijk eerder geneigd zijn open en eerlijk te antwoorden op vragen.

De NIP-code schrijft voor dat de psycholoog 'voor wetenschappelijke publicaties... uitsluitend gegevens van en oordelen over een cliënt mag gebruiken waaruit diens identiteit niet te herleiden is. De combinatie van gegevens en beschreven omstandigheden mag er niet toe kunnen leiden dat derden daaruit de cliënt herkennen, tenzij de cliënt toestemming heeft gegeven voor een dergelijke gegevensverstrekking' (artikel 86). In deze context mogen we voor 'cliënt' ook 'proefpersoon' invullen. De Sociaal-Wetenschappelijke Raad heeft een gedragscode opgesteld voor het gebruik van persoonsgegevens. Dat zijn gegevens waarmee men zonder grote inspanning gegevens kan herleiden tot personen (KNAW, 2003). Ook de deontologische code benadrukt het beroepsgeheim bij onderzoek (artikel 6).

> **Casus: Herkenbaarheid**
>
> Een groepje studenten doet een afstudeeronderzoek naar groepsprocessen bij jongeren in een Rotterdamse wijk. Deze jongeren ontmoeten elkaar op een pleintje. Tijdens het onderzoek zijn de studenten soms getuige van crimineel gedrag. Dit gedrag speelt een belangrijke rol in de interacties tussen de jongeren. In sommige gevallen is de politie op de hoogte van deze activiteiten, maar ze observeren ook activiteiten waar de politie niets van afweet. Wat kunnen ze opnemen in hun onderzoeksverslag?

Informatie over personen moet zorgvuldig geanonimiseerd worden in onderzoeksverslagen. Dat betekent dat ook op een indirecte manier niet te zien is wie het betreft. Mensen kunnen indirect genoemd worden door bijvoorbeeld een zeldzaam beroep te vermelden, zoals de minister-president, of door een specifieke combinatie van beroep en plaats, zoals een gitaarbouwer in Domburg, te vermelden. In toegepast onderzoek wordt vaak met kleine groepen gewerkt. Daarbij zijn mensen soms snel te herkennen, ook zonder dat er namen genoemd worden. Als er bijvoorbeeld onderzoek gedaan wordt binnen een team en als uit dat onderzoek komt dat de werknemers in de leeftijdsgroep 45-50 jaar veel kritiek hebben op het management, dan zal de manager in veel gevallen weten wie dit zijn. Als het dan ook nog gaat om informatie die negatieve gevolgen kan hebben voor die proefpersonen, bijvoorbeeld wat betreft de kans op werk of promotie, aansprakelijkheid, of bij crimineel gedrag, moet de onderzoeker de privacy extra zorgvuldig bewaken.

Bij kwalitatief onderzoek is het moeilijker om gegevens te anonimiseren dan bij kwantitatief onderzoek. Daarom moet een onderzoeker spaarzaam zijn in het verzamelen van gegevens. Dat wil zeggen dat hij alleen de informatie verzamelt die hij nodig heeft om zijn hypotheses te kunnen toetsen. Als het onmogelijk is om de gegevens te anonimiseren, moet de betrokkene uitdrukkelijk toestemming geven om de gegevens te gebruiken.

Naarmate er steeds meer gegevens over personen in computersystemen worden opgeslagen en het ook steeds gemakkelijker wordt om systemen te koppelen, wordt het moeilijker om informatie voor jezelf te houden. Aan de andere kant wordt het echter ook steeds beter mogelijk om gegevensbestanden te beveiligen en te anonimiseren, terwijl de informatie wel bruikbaar blijft voor onderzoek.

Bij natuurlijke observaties is de privacy ook een gevoelig punt. De onderzoeker moet zich bij voorkeur richten op situaties waarin mensen kunnen verwachten dat ze geobserveerd worden, dus situaties in de openbare ruimte, zoals op straat of in een trein of metro. Dit was bijvoorbeeld het geval bij het barmhartige-samaritaan-onderzoek. Op die manier voorkomt hij het 'candid camera'-effect, waarbij mensen stiekem geobserveerd worden, terwijl ze denken dat niemand ze ziet. Als een onderzoeker van plan is om persoonsgegevens te verzamelen en vast te leggen zonder de betrokkenen daarvan op de hoogte te stellen, moet hij voor het onderzoek zijn plannen ter goedkeuring voorleggen aan het College bescherming persoonsgegevens. (KNAW, 2003).

Een onderzoek waarbij de privacy van de proefpersonen in het geding kwam zonder dat zij hiervan op de hoogte waren, is het 'Tearoom sex'-onderzoek.

Casus: Het 'Tearoom sex'-onderzoek

In 1970 promoveerde Laud Humphreys op een onderzoek naar homoseksuelen die seksuele contacten hadden in openbare toiletten, ook wel 'tearoom sex' genoemd. Humphreys wilde weten welk type mannen op deze snelle en onpersoonlijke manier seks bedreef en wat hun motieven waren. Het onderzoek bestond deels uit participerende observatie. Humphreys deed zich voor als 'watchqueen', iemand die op de uitkijk staat en een seintje geeft als er politie in aantocht is. Van sommige mannen wist hij het vertrouwen te winnen. Hij vertelde hen dat hij onderzoeker was en interviewde hen. Daarnaast noteerde hij, tijdens het op wacht staan, kentekens van auto's en gebruikte die om andere mannen op te sporen. Die bezocht hij thuis, nadat hij zichzelf onherkenbaar had gemaakt. Hij deed zich voor als een interviewer voor een gezondheidsonderzoek en stelde vragen over hun huwelijk, hun baan, et cetera. Uit het onderzoek bleek dat het merendeel van deze mannen niet voldeed aan het stereotype beeld van homo's zoals dat in die tijd in Amerika gangbaar was. De meeste mannen waren getrouwd en maatschappelijk geslaagd. Veel mannen waren zelfs niet homo- of biseksueel. Ze waren katholiek en hadden kinderen. Omdat ze vonden dat hun gezin compleet was en omdat de kerk tegen het gebruik van voorbehoedsmiddelen was, hadden ze geen seksueel contact meer met hun echtgenote en zochten ze in het openbare toilet een alternatieve manier om hun behoeften snel en goedkoop te bevredigen. Het werd duidelijk dat homoseksuelen geen marginale bevolkingsgroep zijn. Bovendien bleek het onderscheid tussen homo- en heteroseksuelen niet zo duidelijk te zijn als men voorheen dacht. Deze informatie leidde tot een meer ontspannen benadering van deze groep door de politie. Het onderzoek leidde echter tot heftige conflicten op de universiteit.

9.3.7 Vermenging van rollen

Een onderzoeker moet vermijden dat er rolverwarring optreedt. Als hij onderzoek doet bij proefpersonen waar hij, professioneel of privé, ook op een andere manier mee te maken heeft, kan dat vervelende gevolgen hebben voor de objectiviteit van het onderzoek, maar ook voor de privacy van de onderzochte. Als een proefpersoon een ondergeschikte positie ten opzichte van de onderzoeker heeft, is dat zeker een reden om van het onderzoek af te zien.

De NIP-code stelt dat de psycholoog zijn professionele en niet-professionele rollen niet zodanig mag vermengen dat hij niet meer in staat mag worden geacht professionele afstand tot de betrokkene te bewaren (artikel 52). De deontologische code stelt dat de psycholoog alleen professionele betrekkingen onderhoudt met de proefpersonen (artikel 43) en dat hij zich beperkt tot één type activiteit met eenzelfde persoon (artikel 45).

9.4 Uitvoering van het onderzoek: onderzoek met proefdieren

Binnen de psychologie wordt soms onderzoek gedaan met proefdieren. Er is veel discussie over de vraag of dierenonderzoek generaliseerbaar is naar het gedrag van mensen. Als we ervan uitgaan dat dit in bepaalde situaties mogelijk is, moeten we ons vervolgens afvragen hoe een onderzoeker zorgvuldig met dieren om kan gaan.

9.4.1 Niet schaden

Ook bij dieren geldt het principe 'niet schaden'. De NIP-code vermeldt dat een psycholoog die in zijn research met proefdieren werkt, dierenleed moet voorkomen en beperken (artikel 26). Omdat dieren geen informed consent kunnen geven, zich niet kunnen terugtrekken uit het onderzoek en niet kunnen vertellen wat ze niet bevalt, moet de onderzoeker zelf bedenken hoe hij het dierenleed beperkt.

Er zijn verschillende opvattingen over de vraag welk dierenonderzoek toelaatbaar is. De voorstanders van dierenonderzoek geven de volgende argumenten:
- Mensen profiteren van het onderzoek dat op dieren uitgevoerd is.
- Dieren hebben niet dezelfde rechten als mensen. Coen Simon (2009) stelt dat mensen alleen 'in Fabeltjesland' gelijk zijn aan dieren. Volgens Simon zijn mensenrechten het resultaat van een politieke afweging van menselijke belangen. Hij stelt dat mensen in een compleet andere gemeenschap leven dan dieren en daarom bij een andere rechtsgemeenschap horen dan dieren.
- Dieren ervaren ongemakken en beperkingen anders dan mensen.

Tegenstanders wijzen echter op de volgende argumenten:
- Dierenonderzoek is beperkt bruikbaar voor psychologisch onderzoek, omdat je niet kunt generaliseren van dieren- naar mensengedrag.
- Dieren kunnen ook lijden.
- Mensen hebben plichten ten opzichte van dieren en dieren hebben ook rechten. Nussbaum (zie hoofdstuk 1.2) stelt bijvoorbeeld dat dieren ook recht hebben op een 'menswaardig' bestaan en dat er mensen moeten zijn die hun rechten vertegenwoordigen, omdat dieren hier zelf niet toe in staat zijn.
- De filosoof Singer (1975) stelt dat mensen dieren discrimineren omdat ze bij een andere soort horen. Dit noemt hij speciëcisme. Hij vergelijkt dit met racisme, discriminatie op basis van ras. Singer pleit voor inherente dierenrechten. Hij stelt dat we dieren niet mogen discrimineren omdat ze minder redelijk zijn dan mensen, terwijl we bijvoorbeeld kleine kinderen, die evenmin redelijk zijn, bevoordelen omdat ze bij de menselijke soort horen. Hij ziet wel verschil tussen dierenrechten en mensenrechten, maar het minimaliseren van lijden is een belangrijk recht van dieren.

De mate waarin onderzoekers en het publiek zich in kunnen leven in proefdieren heeft veel te maken met de herkenbaarheid en de aaibaarheid van de soort. De meeste onderzoeken (90 procent) worden gedaan met kleine dieren, zoals ratten, muizen en vogels (vooral duiven). Slechts 5 procent van de proefdieren zijn primaten.

Casus: Het leed van enkele beroemde proefdieren

De duiven van Skinner vertoonden allerlei soortvreemde gedragingen, zoals het pikken op bepaalde woorden of pingpongen, omdat ze zo ondervoed waren dat ze tot alles bereid waren als ze er maar graantjes voor kregen. Op die manier hielpen ze Skinner om de theorie over operante conditionering te ontwikkelen.

De aapjes van Harlow werden wreed gescheiden van hun moeder en moesten zich behelpen met een imitatiemoeder van gaas of met een imitatiemoeder die bekleed was met badstof. Hiermee droegen ze bij aan de kennis over hechtingsprocessen. Het principe van de aangeleerde hulpeloosheid werd onderzocht door Seligman. Hij diende honden elektrische schokken toe en zorgde ervoor dat ze daarbij niet konden ontsnappen. De honden raakten langdurig getraumatiseerd en deden later zelfs geen ontsnappingspoging als ze daar wel de kans toe kregen. Jankend lagen ze te lijden, terwijl ze elektrische schokken kregen toegediend.

Onderzoekers kunnen dierenleed beperken als ze goed voor de proefdieren zorgen, met aandacht voor de individuele behoeftes van die dieren. Daarbij kunnen ze onaangenaam of schadelijk onderzoek zo veel mogelijk beperken en het aantal dieren dat ze hiervoor gebruiken zo klein mogelijk houden. Ook kunnen ze alternatieven zoeken die minder belastend zijn.

9.5 Uitvoering van het onderzoek: sociaal gevoelig onderzoek

Casus: The Bell Curve

In 1994 ontstond een heftige discussie over intelligentieverschillen tussen zwarte en blanke Amerikanen, naar aanleiding van de publicatie van het boek *The Bell Curve. Intelligence and Class Structure in American Life* door Herrnstein en Murray. In dit boek beweren de auteurs dat het gegeven dat zwarte Amerikanen gemiddeld lager scoren op IQ-tests dan blanke Amerikanen het resultaat is van genetische verschillen. Volgens Herrnstein en Murray zijn die verschillen dus niet terug te voeren op omgevingsfactoren zoals scholing. Daarom pleiten ze ervoor om stimuleringsprogramma's voor zwarte kinderen stop te zetten, omdat die toch zinloos zijn, en bijstandsuitkeringen te verlagen, zodat mensen met een laag IQ en dus, volgens hen, minder maatschappelijk succes, minder kinderen zullen krijgen.

Onderzoek naar kwetsbare doelgroepen die vaak gestigmatiseerd worden, zoals zwarte Amerikanen of Marokkaanse Nederlanders, dient zorgvuldig te gebeuren. Aan de ene kant kunnen onderzoeksresultaten soms schadelijk zijn voor een groep die toch al een zwakke positie in de samenleving heeft. Aan de andere kant kan een onderzoeker die te veel zijn best doet om 'politiek correct' te blijven de werkelijkheid geweld aandoen. In *The Bell Curve* kan onderscheid gemaakt worden tussen onderzoeksresultaten wat betreft IQ-scores, de interpretatie die de onderzoekers hieraan geven en de maatschappelijke/politieke aanbevelingen die ze hierop baseren. De resultaten zijn vooral objectief, al worden die ook beïnvloed door de keuze van tests. De interpretatie van deze resultaten is subjectiever. Met de aanbevelingen die Herrnstein en Murray hierop baseren kiezen ze, als deskundigen, een positie in een politiek vraagstuk. Een onderzoeker moet dan goed stilstaan bij de vraag of deze aanbevelingen noodzakelijkerwijs uit zijn onderzoek volgen en wat de consequenties zijn voor de doelgroep. Het is de vraag of een wetenschapper zich op basis van psychologisch onderzoek kan opwerpen als deskundige met betrekking tot stimuleringsprogramma's en bijstandsuitkeringen. Hij komt dan op een gebied waarop hij mogelijk niet deskundig is en waarover democratisch gekozen volksvertegenwoordigers moeten beslissen.

De beroepscodes schrijven voor dat een psycholoog de grenzen van zijn eigen deskundigheid in acht neemt (NIP-code artikel 103, NBTP-code: Aspecten met betrekking tot de beroepsuitoefening, artikel 6 en deontologische code artikel 32). Bij het formuleren van conclusies en aanbevelingen van een onderzoek dient hij zich daarom te beperken tot uitspraken die gebaseerd zijn op de onderzoeksresultaten.

Er wordt onderzoek gedaan naar allerlei gevoelige onderwerpen. Het is persoonlijk en ook gedeeltelijk cultureel bepaald wat mensen als gevoelig ervaren. In het onderzoek naar seksueel geweld in partnerrelaties bleken niet alleen vragen over seks en geweld gevoelig te liggen, maar ook vragen over geld. Het 'Tearoom sex'-onderzoek van Humphreys leidde tot heftige confrontaties omdat veel medeonderzoekers het onderwerp en de methode zeer discutabel vonden. De Wet bescherming persoonsgegevens schrijft voor dat de onderzoeker bijzonder zorgvuldig om moet gaan met persoonsgegevens over godsdienst of levensovertuiging, ras, politieke gezindheid, gezondheid, het seksuele leven en het lidmaatschap van een vakvereniging. Dit soort gegevens mag alleen verwerkt worden als het onderzoek een algemeen belang dient en als het voor het onderzoek noodzakelijk is om deze gegevens te gebruiken. De onderzoeker moet uitdrukkelijk toestemming krijgen van de betrokkene om de gegevens te gebruiken.

Als onderzoeker moet je er ook bij de rapportage van resultaten op bedacht zijn dat je niet bepaalde groepen stigmatiseert en zeker niet als het om kwetsbare groepen gaat. Aan de andere kant moeten de resultaten van onderzoek waarheidsgetrouw gerapporteerd worden.

De beroepscodes verbieden discriminatie wegens 'ras, etniciteit, geslacht, levensovertuiging, godsdienst, politieke gezindheid, seksuele geaardheid of op welke grond dan ook' (NIP-code artikel 58) of 'inzake etnische afkomst, cultuur, geslacht, taal, vermogen of geboorte' of 'gebaseerd op religieuze, politieke of welke overtuiging ook, of op nationale of sociale afkomst' (deontologische code artikel 21) en ook de NBTP-code stelt dat de psycholoog werkt 'zonder daarbij onderscheid te maken in geslacht, geloof, levensovertuiging, ras, geaardheid, et cetera'(Aspecten met betrekking tot de beroepsuitoefening, artikel 2). De NIP-code schrijft bovendien voor dat 'de psycholoog zich realiseert dat zijn beroepsmatig handelen niet alleen directe gevolgen kan hebben, maar ook ingrijpende indirecte effecten' (artikel 25). Dat betekent dat hij erbij stil moet staan wat de maatschappelijke impact van een onderzoek kan zijn.

Een onderzoeker kan maatregelen nemen om behoedzaam om te gaan met kwetsbare groepen:
- Hij kan ervoor zorgen dat proefpersonen makkelijk kunnen weigeren om mee te doen aan het onderzoek, bijvoorbeeld door sneeuwbalsampling. Dit is een methode om een steekproef te trekken, waarbij de proefpersonen in hun sociale netwerk op zoek gaan naar andere proefpersonen. Deze methode heeft wel grote methodologische bezwaren, bijvoorbeeld met betrekking tot de representativiteit.
- Voorafgaand aan een interview kan hij er aandacht aan besteden dat proefpersonen soms meer vertellen dan ze eigenlijk kwijt willen en proberen hen daarvoor te behoeden, bijvoorbeeld door te benadrukken dat iemand zijn eigen grenzen van openheid moet en mag aangeven.
- Hij kan ervoor zorgen dat hij zo goed mogelijk geïnformeerd is over de doelgroep.
- Hij kan een panel uit de doelgroep vragen om feedback te geven op de onderzoeksopzet.

9.6 Uitvoering van het onderzoek: samenwerking

Onderzoek is doorgaans een activiteit waar meerdere personen bij betrokken zijn. Vaak is daarbij ook sprake van een hiërarchie.

9.6.1 Auteurs

Bij publicaties over onderzoek is een belangrijke vraag wie als auteur vermeld wordt. Wetenschappelijk onderzoek moet transparant zijn. Het moet duidelijk zijn hoe en door wie het onderzoek uitgevoerd is. Dit wordt niet altijd correct gedaan. In de academische wereld hangt veel af van het aantal publicaties en het aantal malen dat een artikel geciteerd wordt. Soms worden daarom auteurs vermeld die niet of nauwelijks bij het onderzoek betrokken zijn, maar die er wel belang bij hebben om te 'scoren' met een artikel. Dit verschijnsel heet 'namedropping'. De deontologische code vermeldt dat de psycholoog alleen studies of onderzoek onder zijn naam mag publiceren als hij die persoonlijk heeft geleid of als hij er actief aan heeft bijgedragen (artikel 40). Het komt ook voor dat verschillende auteurs elkaar niet mogen en dat daarom de naam van een van hen niet vermeld wordt. Zoals al in paragraaf 9.2 beschreven werd, kunnen er echter ook belangen zijn om de naam van bepaalde onderzoekers niet te vermelden. Dit wordt 'ghostwriting' genoemd. Dit gebeurt soms als men wil verhullen dat een bepaalde onderzoeker verbonden is aan een bedrijf dat belang heeft bij bepaalde uitkomsten, bijvoorbeeld een farmaceutisch bedrijf. Het onderzoek is daardoor niet onafhankelijk. Om dit te verhullen worden dan de namen van onafhankelijke onderzoekers boven het artikel gezet (Dehue, 2008).

9.6.2 Peer reviews

Bij wetenschappelijke artikelen en vaak ook bij andere publicaties zijn er peer reviews, beoordelingen door collega-wetenschappers. Ook bij het schrijven van dit boek wordt bijvoorbeeld feedback gegeven door een aantal meelezers. Zij geven aan waar een tekst niet duidelijk is of te lang en ze wijzen op fouten. Ze geven suggesties om de tekst te verbeteren. Met deze feedback wordt het boek beter dan het ooit zonder meelezers zou worden. Een goede peer review:
- houdt rekening met feedbackregels;
- richt zich op de inhoud van het artikel en niet op de persoon en is dus niet gebaseerd op argumenten ad hominem;
- geeft suggesties voor verbeteringen.

Kortom: een goede peer review is respectvol naar de auteur.

Het komt echter ook voor dat er peer reviews gegeven worden die weinig respectvol zijn. Dit kan onnodig kwetsend zijn voor de auteur en het kan ertoe leiden dat goed onderzoek niet gepubliceerd wordt. Bij peer reviews is het ook de vraag wie beoordeelt. De wetenschap is er het meest mee gediend als dit iemand is die open en kritisch naar het artikel kijkt. Omdat een wetenschapper belang heeft bij publicaties kan hij soms ook kiezen voor beoordelingen door mensen die in dezelfde richting werken en denken. Dit leidt tot minder kritiek en een grotere kans op publicatie.

9.6.3 Samenwerking tussen studenten en begeleiders

Een student doet in de eerste plaats onderzoek om ervan te leren. Het onderzoek moet daarbij wel aan de wetenschappelijke kwaliteitseisen voldoen. Dat betekent dat de begeleider verantwoordelijk is. In het Stanford Prison-experiment liep de situatie uit de hand, mede doordat de begeleider van het onderzoek een aantal dagen afwezig was in verband met een congresbezoek. Een goede begeleider zorgt ervoor dat hij voldoende tijd investeert in de begeleiding en komt zijn afspraken na. Hij gaat respectvol met studenten om. De NIP-code verplicht de psycholoog om hulp en steun te bieden aan studenten en zich te onthouden van gedragingen die studenten kunnen schaden in het professioneel en ethisch uitoefenen van hun beroep (artikel 33). Er is een duidelijk machtsverschil tussen begeleider en student. De begeleider mag daar geen misbruik van maken. Een begeleider zou ook geen intieme relatie met een student moeten aanknopen. Door het machtsverschil kan zo'n relatie niet gelijkwaardig zijn.

9.6.4 Samenwerking tussen onderzoekers en andere psychologen

Een onderzoeker kan in zijn onderzoek gebruikmaken van gegevens uit de beroepspraktijk. Mag een psycholoog informatie over zijn cliënten uit handen geven ten behoeve van onderzoek of valt deze informatie onder zijn geheimhoudingsplicht? De cliënt moet erop kunnen vertrouwen dat zijn informatie veilig is bij de psycholoog. Aan de andere kant kunnen gegevens uit de dagelijkse praktijk een waardevolle input zijn voor de wetenschap en kunnen mensen in de toekomst wellicht beter behandeld en beoordeeld worden als hier onderzoek naar wordt gedaan. Dat betekent dat deze informatie onder voorwaarden gebruikt mag worden. De NIP-code stelt: 'Ten behoeve van wetenschappelijk onderzoek kan de psycholoog desgevraagd aan derden gegevens verstrekken. Deze gegevens dienen zo te worden aangeleverd, dat de herleidbaarheid tot de persoon van de cliënt daarbij wordt uitgesloten, tenzij dat gezien het doel van het onderzoek niet mogelijk is. In dat geval kunnen die gegevens alleen met toestemming van de cliënt worden verstrekt' (artikel 85, zie ook NBTP-code: Aspecten met betrekking tot de houding tegenover de patiënt/cliënt: 14). De deontologische code noemt alleen dat proefpersonen vrij en geïnformeerd toestemming moeten geven voor registratie en overdracht van gegevens die op hen betrekking hebben (artikel 19).

9.7 Publiceren over onderzoek en optreden in de media

Als een psycholoog zich tot een publiek richt, in een publicatie of een tv-optreden, moet hij dat zorgvuldig doen. Hij mag hier alleen in algemene termen adviezen geven (deontologische code artikel 42) en hij moet voorkomen dat hij er mensen mee schaadt (NIP-code artikel 24).
In publicaties over onderzoek is zorgvuldigheid belangrijk: de onderzoeksresultaten moeten op een juiste manier worden weergegeven en de psycholoog moet zich beperken tot onderwerpen waar hij vanuit zijn deskundigheid over kan schrijven. Ook respect voor proefpersonen en collega's is belangrijk. In de wetenschap kunnen meningsverschillen van grote waarde zijn, als ze op een constructieve manier besproken worden. Dat betekent onder meer dat een wetenschapper meningsverschillen met collega's op de inhoud richt en niet op de man. Respect voor proefpersonen houdt in dat hij in publicaties de privacy van proefpersonen bewaart. Privacy van betrokkenen kan echter botsen met de academische vrijheid, zoals uit de volgende casus blijkt.

> **Casus: Het (on)betrouwbare geheugen van een slachtoffer**
>
> In een strafrechtelijke procedure wordt onderzoek gedaan naar een moord op een vrouw en een poging tot moord op haar dochter. De dochter ligt zwaargewond op de intensive care. Daar wordt ze verhoord door de politie. Ze verklaart dat haar vader op haar geschoten heeft. De rechter-commissaris vraagt een neuroloog om als getuige-deskundige op te treden. Hem wordt gevraagd om een oordeel over de betrouwbaarheid van de verklaringen te geven, gezien het letsel dat zij heeft opgelopen. De rechter-commissaris wil weten of haar waarneming en haar geheugen nog goed functioneren op het moment dat zij de verklaring aflegt. De rechtbank concludeert uit het verslag van de neuroloog dat de verklaring betrouwbaar is en vader wordt veroordeeld tot achttien jaar gevangenisstraf. De advocaat van de vader vraagt een professor psychologie om naar de verklaringen van het slachtoffer en de neuroloog te kijken. Die verklaart dat de neuroloog te weinig rekening heeft gehouden met de toestand van het slachtoffer en dat de rechter niet in staat is om voldoende rekening te houden met specifieke kenmerken van de waarneming en het geheugen van slachtoffers en getuigen. De professor publiceert hierover een artikel (Merckelbach, Jelicic & Van Oorsouw, 2003). In dit artikel betoogt hij dat een psycholoog de aangewezen deskundige is om over het geheugen van slachtoffers te oordelen. De neuroloog dient een klacht in tegen de professor.

(Koene, 2008)

In bovenstaande casus is het de vraag of de auteur van het artikel zijn kritiek op het onderzoek door een andere deskundige, de neuroloog, openbaar mag maken. Wat is belangrijker: privacy of academische vrijheid? Privacy betekent hier dat de goede naam van de neuroloog beschermd wordt en dat hij niet openlijk aan de schandpaal genageld wordt. Academische vrijheid houdt hier in dat er openlijk besproken mag worden wie in dergelijke gevallen de aangewezen deskundige is om over het geheugen van slachtoffers te oordelen. De auteur beschermt de privacy door in het artikel de naam van de neuroloog niet te noemen. Omdat er weinig neurologen zijn die dit soort onderzoek doen, is het voor insiders echter wel duidelijk om wie het gaat. Het College van Toezicht van het NIP oordeelde, naar aanleiding van de klacht van de neuroloog, dat de professor voldoende zorgvuldig is geweest. Er is, volgens het College, een duidelijk verschil tussen een vakgenoot en een cliënt. Bij een vakgenoot is een auteur niet verplicht om toestemming te vragen en hoeft hij de informatie niet te anonimiseren. Bovendien is het hierbij de vraag of in het artikel vertrouwelijke informatie wordt gebruikt. In dit geval gaat het over een rechtszaak, die openbaar is. De informatie is daarom toch al beschikbaar.

9.7.1 Waarheidsgetrouw weergeven van onderzoeksresultaten

Casus: De hufterigheid van vleeseters

De meeste wetenschappers werken zorgvuldig, ook al staan ze vaak onder tijdsdruk om veel en snel te publiceren. Maar soms gaat het mis. In september 2011 werd bekend dat de Tilburgse hoogleraar psychologie Stapel bij onderzoek gebruik had gemaakt van gefingeerde data. Stapel was zeer productief en had een uitstekende reputatie als onderzoeker. Het betrof onder meer onderzoek naar het gedrag van vleeseters. Tegen zijn collega-onderzoekers vertelde hij dat zijn assistent onderzoek had gedaan door proefpersonen te laten kiezen tussen afbeeldingen van vlees, vis of een vegetarisch gerecht. Mensen die kozen voor een plaatje van een vleesgerecht zouden zich vaker hufterig gedragen: ze drongen voor, waren minder behulpzaam en dachten vooral aan zichzelf. Er ging een persbericht over dit onderzoek naar de media, al voordat het was gepubliceerd in een wetenschappelijk tijdschrift, en het kwam uitgebreid in de publiciteit. Stapel noemde nooit de naam van zijn assistent. Uiteindelijk bleek dat deze niet bestond. Vervolgens bleek al snel dat Stapel jarenlang onderzoeksverslagen had geschreven die gebaseerd waren op door hemzelf verzonnen data. Hij vertelde vaak dat hij voor onderzoek naar scholen ging, waar hij waardevolle persoonlijke contacten had, terwijl hij in werkelijkheid zelf de onderzoeksresultaten bedacht. Die construeerde hij zo dat er mooie significante uitkomsten waren, die vaak tot publicaties in vooraanstaande wetenschappelijke tijdschriften leidden. Toen dit bekend werd, is Stapel ontslagen en de artikelen die hij had geschreven, werden herroepen. Er werd uitgebreid onderzoek gedaan naar de omvang van deze fraude. Een belangrijke vraag was ook hoe het mogelijk was dat Stapel zo lang zijn gang had kunnen gaan. Waarom hadden collega's en de redacties van wetenschappelijke tijdschriften niet gezien dat er iets mis was?

Publicaties over onderzoek moeten natuurlijk gebaseerd zijn op echte data. De onderzoeken van Stapel waren extreem omdat ze volledig uit de duim gezogen waren. Het komt echter ook voor dat er wel een onderzoek gedaan is, maar dat bepaalde data die de voorspelling tegenspreken worden weggelaten. Ook worden er soms data gefabriceerd. Het sjoemelen met onderzoeksdata kan diverse redenen hebben. Soms zijn er zakelijke belangen en soms gaat het de onderzoeker om de roem die hij met een opzienbarend onderzoek hoopt te bereiken. Wetenschappelijke tijdschriften publiceren alleen onderzoek waarbij significante resultaten gevonden zijn. Wetenschappers willen veel publiceren en dan kan het verleidelijk zijn om de data een beetje te masseren. Het zal voor iedereen duidelijk zijn dat het onjuist weergeven van onderzoeksresultaten een wetenschappelijke doodzonde is. Het vertrouwen in de wetenschap wordt er ernstig door ondermijnd. Bovendien is de kans om door de mand te vallen aanzienlijk, al heeft dat bij Stapel wel lang geduurd. Interessant onderzoek wordt vaak gerepliceerd en daarbij wordt het snel duidelijk als de gevonden verbanden elders niet optreden. De NIP-code schrijft voor dat 'de psycholoog zorgvuldig is in het verkrijgen en het statistisch bewerken van gegevens en in het weergeven en verklaren van de resultaten' (artikel 47).

9.7.2 Grenzen van de deskundigheid

Casus: De nachtmerrie van iedere ouder en kind

Op 11 maart 2009 liep een Duitse jongen gewapend de Albertville Realschule in Winnenden binnen en begon daar om zich heen te schieten. Vijftien scholieren werden gedood en een groot aantal anderen raakte gewond. De dader pleegde zelfmoord. Na de eerste schok die zo'n dramatische gebeurtenis veroorzaakt, vroegen mensen zich af hoe iemand tot een dergelijke daad komt en hoe herhaling voorkomen kan worden. Psychologen hebben hierover nagedacht: 'Van het psychologisch profiel van dergelijke daders is inmiddels meer bekend. Deze "amokdaders" hebben hun acties meestal maandenlang voorbereid. Ze worden gedreven door diepe frustratie en woede, waarvoor in hun vrienden- of familiekring geen gehoor was. Het lijken vooral geïsoleerd levende, in zichzelf gekeerde jongens, die een grote teleurstelling moesten incasseren. Ze zijn gefascineerd door extreem geweld en wapens. Die zijn in hun omgeving makkelijk beschikbaar. Ze willen sterven in gevecht met de politie. Ze gaan in hun eigen actiefilm ten onder. Ze kunnen tot hun daad komen in een dissociatieve staat – een ontkoppeling onder extreme druk van gedrag en geest.
Toerekeningsvatbaarheid bij dergelijke daders is een open vraag. Vroegere traumatisering zou een rol kunnen spelen.'

(*NRC Handelsblad*, 12 maart 2009, 'Schieten op school', weblogs.nrc.nl/commentaar/2009/03/12/schieten-op-school; geraadpleegd op 8 april 2015)

Bij schokkende gebeurtenissen zoeken mensen naar een verklaring. Als het gaat om gebeurtenissen die door mensen veroorzaakt zijn, komen ze dan al snel terecht bij een psycholoog. Die heeft ervoor geleerd om gedrag van mensen te verklaren, ook als dat gedrag extreem is. In bovenstaand commentaar uit *NRC Handelsblad* onthoudt de auteur zich van specifieke uitspraken over deze specifieke dader. Hij deelt hem wel direct in bij de 'amokdaders' en verbindt daar allerlei kenmerken aan. Het komt voor dat psychologen, gebaseerd op informatie uit de media, een uitgebreide diagnose van de dader geven. Dit was bijvoorbeeld het geval bij Volkert van der G., de moordenaar van Pim Fortuyn. Een dergelijke 'afstandsdiagnose' kan natuurlijk nooit gegeven worden. Het kan verleidelijk zijn om op de brandende vragen van de media in te gaan, maar het is op deze manier ook onzorgvuldig en daarmee niet alleen schadelijk voor de dader, maar ook slecht voor de goede naam van het beroep. De deontologische code schrijft voor dat psychologen die psychologische adviezen geven in de media dit alleen in algemene termen mogen verwoorden (artikel 42).

9.7.3 Bronvermelding

Casus: Plagiaat?

René Diekstra is de auteur van een groot aantal publicaties op het gebied van de psychologie. In 1996 werd hij beschuldigd van plagiaat, omdat hij op verschillende plaatsen teksten van soms wel twintig bladzijden lang letterlijk had overgenomen uit Amerikaanse boeken, zonder correcte bronvermelding. Sommige auteurs van wie hij teksten had overgenomen, gaven aan dat zij wisten dat hun teksten door Diekstra gebruikt zouden worden. Hij had hun namen echter niet vermeld bij de publicaties. Diekstra verdedigde zich onder meer door erop te wijzen dat hij populairwetenschappelijke boeken schreef. Een commissie die de beschuldiging onderzocht, concludeerde dat Diekstra 'onzorgvuldig' gehandeld had. Plagiaat werd niet bewezen geacht, omdat de definitie voor plagiaat onvoldoende duidelijk was (Hofstee en Drupsteen, 1996). Diekstra legde zijn werk als hoogleraar psychologie in Leiden neer. Inmiddels is hij weer actief als lector aan een hogeschool en als hoogleraar. Hij publiceert nog regelmatig.

Ook voor studenten is het erg gemakkelijk om plagiaat te plegen, bijvoorbeeld door te knippen en te plakken van internet. Docenten proberen dit onder meer in te dammen door afbreken als: plagiaatscanners in te zetten. De beroepscode keurt plagiaat uitdrukkelijk af: 'Bij het presenteren van bevindingen van beroepsmatig handelen vermeldt de psycholoog op passende wijze de bronnen waaruit hij heeft geput, voor zover de resultaten of het gedachtegoed niet voortkomen uit eigen professionele werkzaamheden' (NIP-code artikel 46).
Een psycholoog hoort zijn werk goed en zorgvuldig uit te voeren. Hij zet zich ervoor in dat het vertrouwen in de goede naam van het beroep en van de psychologie als wetenschap gehandhaafd blijft. Als een psycholoog plagiaat pleegt, zullen mensen minder vertrouwen hebben in psychologisch onderzoek en in de beroepsgroep. Als hij zijn werk zorgvuldig doet, zal het vertrouwen juist toenemen.

9.8 Samenvatting

We hebben gezien dat fundamenteel en toegepast onderzoek belangrijk zijn om de kennissamenleving in stand te houden. Daarbij is het belangrijk dat onderzoek zorgvuldig gedaan wordt. In de omgang met proefpersonen betekent dat dat zij zo weinig mogelijk schade oplopen door het onderzoek. Als schade niet te voorkomen is, moet die in ieder geval in een redelijke verhouding staan tot de positieve gevolgen van het onderzoek en moet de onderzoeker bedenken of er andere, minder schadelijke manieren zijn om het onderzoek te doen. In het contact met de proefpersoon moet de onderzoeker transparant zijn. De proefpersoon moet goed geïnformeerd worden, zo mogelijk voor het onderzoek, en toestemming geven voor het onderzoek waarin hij participeert en voor het gebruik van zijn gegevens. Misleiding is onvermijdelijk in veel soorten psychologisch onderzoek, maar de onderzoeker dient zo veel mogelijk de negatieve gevolgen hiervan te beperken.

De onderzoeker moet de privacy van zijn proefpersonen bewaken. In het contact met de proefpersoon mag hij zijn rol als onderzoeker niet combineren met andere rollen.

In onderzoek met proefdieren moet de onderzoeker proberen het welzijn van die dieren te bevorderen en de schade voor die dieren te minimaliseren.

Bij sociaal gevoelig onderzoek moet de onderzoeker extra zorgvuldig zijn wat betreft het beperken van de schade voor proefpersonen en het bewaken van hun privacy. Bij het rapporteren over dergelijk onderzoek moet hij de grenzen van zijn deskundigheid goed in de gaten houden.

De psycholoog moet respectvol en zorgvuldig zijn in de samenwerking met anderen. Publicaties over onderzoek moeten zorgvuldig zijn en de bronnen moeten duidelijk weergegeven worden.

9.9 Opdrachten

Individuele opdrachten

1. In paragraaf 9.4.1 staan enkele voorbeelden van beroemde proefdieren uit de geschiedenis van het psychologisch onderzoek. Misschien kun je zelf nog andere proefdieren vinden in je studieboeken. Kies een van deze proefdieren uit.
    a. Maak een afweging van de positieve gevolgen van dit onderzoek, zoals het nut voor de wetenschap, en negatieve gevolgen, zoals dierenleed.
    b. Formuleer bij dit voorbeeld de rechten van het proefdier en de plichten van de onderzoeker.
    c. Welke deugden zou een onderzoeker moeten hebben als hij met dieren werkt?
    d. Kun je een alternatieve onderzoeksopzet bedenken, waarbij je met dezelfde onderzoeksvraag minder dierenleed veroorzaakt?

2. **Casus: Buikhuisen**

   In de zeventiger jaren van de vorige eeuw deed Wouter Buikhuisen onderzoek naar biologische factoren bij criminaliteit. Dat was in die tijd taboe. De gangbare opvatting was in die tijd dat criminaliteit ontstond door maatschappelijke factoren (nurture) en niet door biologische (nature). Buikhuisen werd het wetenschappelijk leven zo moeilijk gemaakt dat hij stopte met onderzoek en verderging als antiekhandelaar. Volgens sommige andere onderzoekers stopte Buikhuisen eigenlijk omdat hij een slechte onderzoeker was. De waarheid over de motieven van Buikhuisen kunnen we niet achterhalen, maar het is wel duidelijk dat de wetenschap inmiddels zo van richting is veranderd dat dit onderzoek geen problemen meer zou opleveren.

    a. Welk onderzoek zou in onze tijd taboe kunnen zijn?
    b. Zou jij een dergelijk onderzoek toch uit willen voeren?

3. Je loopt stage bij een onderzoeks- en adviesbureau. Het bureau doet onderzoek naar kwetsbare groepen in de samenleving. Op dit moment doet het bureau een landelijk onderzoek naar daklozen. Jij gaat daklozen interviewen. In het verleden deed het bureau dit soort interviews in tweetallen, maar vanwege bezuinigingen moet jij het nu alleen doen. Je voelt je eigenlijk niet erg op je gemak bij daklozen. Sommigen zijn verslaafd of in de war. Een andere stagiaire doet horeca-observaties, waarvoor ze 's avonds laat in haar eentje langs allerlei kroegen moet gaan. Zij vindt dat ook niet prettig. Als het onderzoeks- en adviesbureau jou vraagt of je het verantwoord vindt om op deze manier onderzoek te doen, wat zou je hen dan antwoorden? Beargumenteer jouw mening en gebruik daarbij zo mogelijk artikelen uit de beroepscode.

Groepsopdrachten

4. Kies een onderzoeksopdracht die je zelf in je studie uitgevoerd hebt. Beoordeel dit onderzoek op de in dit hoofdstuk genoemde aspecten, voor zover die van toepassing zijn. Zou je nog iets veranderen aan de opzet, de uitvoering en de rapportage van dit onderzoek nu je er nog eens op terugkijkt?

5. Zoek in de vakliteratuur een voorbeeld van onderzoek waar je een ethische vraag bij kunt stellen. Neem een beschrijving van dat onderzoek en jouw ethische vraag daarbij, mee naar de les. Maak groepjes van vier studenten. Kies een van de ethische vragen en gebruik het stappenplan uit hoofdstuk 4 om deze vraag te analyseren en te bepalen welke keuze verantwoord is.

6. Je doet onderzoek naar eetgedrag bij jonge meisjes. Tijdens het onderzoek kom je erachter dat een van de meisjes mogelijk in het beginstadium van anorexia zit. Je kunt dit aan de orde stellen, maar dat betekent dat je onderzoek verstoord wordt. Wat doe je? Vertel je het meisje en/of haar ouders dat jij je zorgen maakt of ga je verder met het onderzoek zoals je dat hebt opgezet? Geef je argumenten voor beide opties. Bedenk ook welke waarden en normen pleiten voor een gesprek en welke waarden en normen pleiten voor doorgaan met het onderzoek. Bespreek jouw standpunt met je medestudenten.

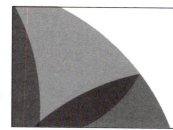

MyLab | Nederlandstalig

Op www.pearsonmylab.nl vind je studiemateriaal en de eText om je begrip en kennis van dit hoofdstuk uit te breiden en te oefenen.

Bijlagen

Bijlage I

Beroepscode voor psychologen van het Nederlands Instituut van Psychologen (NIP) 2015

www.psynip.nl
www.spsnip.nl

I. Algemeen deel

1.1 Algemeen

Artikel 1 Begrippen
In de beroepscode worden de volgende begrippen gehanteerd:

1.1 Het beroepsmatig handelen
Alle handelingen die de psycholoog verricht wanneer hij optreedt in de hoedanigheid of functie van psycholoog of gebruik maakt van de aanduiding psycholoog; hieronder valt de professionele relatie, het optreden als wetenschappelijk onderzoeker, docent, supervisor, in de media et cetera.

1.2 De betrokkene
Elke persoon die direct of indirect is betrokken bij het beroepsmatig handelen van de psycholoog of die daardoor in zijn belangen wordt geraakt; zoals de cliënt, de partner en naaste verwanten van de cliënt, de opdrachtgever, collega, student, proefpersoon, et cetera.

1.3 De professionele relatie
De relatie die de psycholoog aangaat met een of meer personen, gericht op behandeling, begeleiding, advisering of psychologisch onderzoek.

1.4 De cliënt
De persoon met wie de psycholoog een professionele relatie aangaat, onderhouden, of onderhouden heeft; zoals de patiënt, de onderzochte, et cetera.

1.5 Het cliëntsysteem
Een aantal personen in hun onderling functioneren, met wie de psycholoog een professionele relatie aangaat, onderhoudt, of onderhouden heeft.

1.6 Derden
Alle anderen dan de cliënt of het cliëntsysteem.

1.7 De opdracht
Omvat zowel de vraagstelling die aan het beroepsmatig handelen ten grondslag ligt, als de afspraken over voortgang, procedurele aspecten en rapportage en de financiële afwikkeling van de opdracht.

1.8 De opdrachtgever
De cliënt of het cliëntsysteem, dan wel de externe opdrachtgever door wie de opdracht wordt gegeven.

1.9 De externe opdrachtgever
De persoon of rechtspersoon die opdracht heeft gegeven tot enige vorm van beroepsmatig handelen, maar die niet zelf de cliënt of het cliëntsysteem is, noch de verwijzer.

1.10 De verwijzer
De persoon op wiens advies de cliënt een professionele relatie met de psycholoog aangaat.

1.11 Wettelijk vertegenwoordiger(s):
- de ouder(s) van de minderjarige cliënt, die het ouderlijk gezag uitoefent of uitoefenen, dan wel diens voogd;
- de door de rechter benoemde curator of mentor van de meerderjarige cliënt.

1.12 Gerichte toestemming
De toestemming tot enig handelen, die een betrokkene geeft aan de psycholoog nadat deze de aard, de bedoeling, de mogelijke consequenties en de reikwijdte van dat handelen expliciet heeft duidelijk gemaakt.

1.13 Gegevens
Alle op een persoon herleidbare data die in welke vorm dan ook bewaard worden, waaronder begrepen audiovisuele middelen en geautomatiseerde databestanden.

1.14 Dossier
De op een cliënt of cliëntsysteem betrekking hebbende verzameling van alle gegevens, die de psycholoog in zijn beroepsmatig handelen heeft verkregen en die deze bewaart

vanwege hun relevantie voor kwaliteit en continuïteit van de professionele relatie. Persoonlijke werkaantekeningen van de psycholoog behoren niet tot het dossier.

1.15 Gegevensverstrekking
Het aan derden ter beschikking stellen van gegevens zoals die in het dossier aanwezig zijn, anders dan in de vorm van een rapportage.

1.16 Rapportage
Alle tot één of meer personen herleidbare bevindingen, beoordelingen of adviezen, die mondeling of schriftelijk worden uitgebracht.

1.2 Algemene bepaling

Artikel 2 Zorgvuldigheid
Psychologen nemen in de uitoefening van hun beroep de zorgvuldigheid in acht door te handelen naar de beroepscode.

1.3 Bijzondere omstandigheden

Artikel 3 Onverenigbaarheid van codeartikelen
Als psychologen in een bepaalde situatie van oordeel zijn dat het volgen van een bepaling van de beroepscode ertoe leidt dat een andere bepaling van de beroepscode niet gevolgd kan worden, wegen zij de gevolgen van de keuze voor één van de bepalingen zorgvuldig af en overwegen hun beroepsvereniging en/of ervaren vakgenoten te consulteren.

Artikel 4 Afwijken van de beroepscode
Als de uitzonderlijke situatie zich voordoet dat psychologen redenen hebben om af te wijken van de door de beroepscode voorgeschreven handelwijze, zonder dat er sprake is van tegenstrijdige codeartikelen zoals bedoeld in het vorige artikel, dan dienen zij de beroepsvereniging te raadplegen of een vakgenoot die niet rechtstreeks bij de professionele relatie is betrokken. Dit doen zij voordat zij beslissen over hun handelwijze.
Als de genomen beslissing afwijkt van de beroepscode, moet deze grondig worden gemotiveerd. Uit de motivering moet blijken dat de handelwijze die strijdig is met bepaalde bepalingen van de beroepscode, wel in overeenstemming is met de overige bepalingen van de beroepscode en het resultaat is van een zorgvuldige belangen-afweging.

Artikel 5 Afwijken van de beroepscode vanwege specifieke wettelijke regels
Als specifieke wettelijke regels psychologen verplichten af te wijken van enige bepaling van de beroepscode, dan streven psychologen ernaar zoveel mogelijk de overige bepalingen van de beroepscode te volgen.

Artikel 6 Wettelijk vereiste nakoming van de opdracht
Als de professionele relatie tot stand komt als gevolg van een opdracht door een externe opdrachtgever die een door de wet toegekende bevoegdheid heeft nakoming van de opdracht te eisen, dan blijven de rechten van de cliënt gehandhaafd voor zover dit niet strijdig is met de regels die op deze opdrachtrelatie van toepassing zijn.

1.4 Vertegenwoordiging van de cliënt

Artikel 7 Minderjarige cliënt
Als de cliënt minderjarig is en de leeftijd van 12 jaar nog niet heeft bereikt worden de in de beroepscode aan hem toegekende rechten uitgeoefend door zijn wettelijk vertegenwoordiger(s), tenzij de psycholoog gegronde redenen heeft om aan te nemen dat de belangen van de cliënt ernstig zouden worden geschaad door de betrokkenheid van de wettelijk vertegenwoordiger(s) bij de professionele relatie.
Heeft een cliënt de leeftijd van 12 jaar maar nog niet die van 16 jaar bereikt dan komt de psycholoog de uit de beroepscode voortvloeiende verplichtingen na jegens de cliënt, alsmede jegens diens/de wettelijk vertegenwoordigers.
Heeft de cliënt de leeftijd van 16 jaar bereikt, dan komt de psycholoog de uit de beroepscode voortvloeiende verplichtingen na jegens de cliënt, tenzij deze niet in staat kan worden geacht tot een redelijke waardering van zijn belangen ter zake.

Artikel 8 Informatie aan de ouder zonder gezag
Als slechts één der ouders het ouderlijk gezag heeft over de minderjarige cliënt, dan verschaft de psycholoog de ouder zonder gezag desgevraagd informatie op hoofdlijnen, tenzij de psycholoog de informatie ook niet zou verschaffen aan de ouder met gezag of dit in strijd zou zijn met de belangen van de minderjarige cliënt.

Artikel 9 Meerderjarige wilsonbekwame cliënt
Als de cliënt meerderjarig is, maar niet in staat tot een redelijke waardering van zijn belangen terzake, worden de in de code aan hem toegekende rechten uitgeoefend door zijn wettelijk vertegenwoordiger. Als er geen wettelijk vertegenwoordiger is benoemd, worden de rechten uitgeoefend door een vertegenwoordiger die door de cliënt is aangewezen. Heeft de cliënt dit niet kunnen doen, dan laat de psycholoog de rechten van de cliënt uitoefenen door respectievelijk de echtgenoot of levensgezel, ouder, kind, broer of zuster van de cliënt, tenzij de cliënt dat niet wenst of de psycholoog dat niet in het belang van de cliënt acht. Ook als er sprake is van een vertegenwoordiging zoals boven vermeld, dan nog betrekken psychologen de meerderjarige wilsonbekwame cliënt waar mogelijk bij de uitoefening van zijn rechten. Beslissingen van de genoemde vertegenwoordigers worden door psychologen niet gevolgd als zij in de gegeven omstandigheden van oordeel zijn dat dit zou strijden met de belangen van de cliënt.

2. De basisprincipes

Artikel 10 Verantwoordelijkheid
Psychologen onderkennen hun professionele en wetenschappelijke verantwoordelijkheid ten opzichte van de betrokkenen, hun omgeving en de maatschappij. Psychologen zijn verantwoordelijk voor hun beroepsmatig handelen. Voor zover dat in hun vermogen ligt zorgen zij ervoor dat hun diensten en de resultaten van hun handelen niet worden misbruikt.

Artikel 11 Integriteit
Psychologen streven naar integriteit in de wetenschapsbeoefening, het onderwijs en de toepassing van de psychologie. In hun handelen betonen psychologen eerlijkheid, gelijkwaardige behandeling en openheid tegenover betrokkenen. Zij scheppen tegenover alle betrokkenen duidelijkheid over de rollen die zij vervullen en handelen in overeenstemming daarmee.

Artikel 12 Respect
Psychologen tonen respect voor de fundamentele rechten en waardigheid van betrokkenen. Zij respecteren het recht van betrokkenen op privacy en vertrouwelijkheid.
Zij respecteren en bevorderen diens zelfbeschikking en autonomie, voor zover dat te verenigen is met de andere professionele verplichtingen van de psychologen en met de wet.

Artikel 13 Deskundigheid
Psychologen streven naar het verwerven en handhaven van een hoog niveau van deskundigheid in hun beroepsuitoefening. Zij nemen de grenzen van hun deskundigheid in acht en de beperkingen van hun ervaring. Zij bieden alleen diensten aan waarvoor zij door opleiding, training en ervaring zijn gekwalificeerd. Datzelfde geldt ook voor de methoden en technieken die zij gebruiken.

3. Richtlijnen ter uitwerking van de basisprincipes

3.1 Verantwoordelijkheid

3.1a De kwaliteit van het beroepsmatig handelen

Artikel 14 Zorg voor kwaliteit
Psychologen zorgen voor een goede kwaliteit van hun beroepsmatig handelen.

Artikel 15 Zorgvuldig handelen
In hun handelen en nalaten zijn psychologen zorgvuldig jegens cliënten en andere betrokkenen.

Artikel 16 Professionele standaard
Psychologen handelen in hun beroepsuitoefening volgens de professionele standaard. Zij dragen naar vermogen bij aan het ontwikkelen van normen en standaarden in hun vakgebied.

Artikel 17 Zorgvuldigheid en voorzichtigheid bij nieuwe methoden
Bij het toepassen van nieuwe methoden of het betreden van nieuwe toepassingsgebieden gaan psychologen zorgvuldig en voorzichtig te werk.

Artikel 18 Vertrouwen in de psychologie en psychologiebeoefening
Psychologen onthouden zich van gedragingen waarvan zij weten of redelijkerwijs kunnen voorzien dat deze het vertrouwen in de wetenschap van de psychologie, de psychologiebeoefening of in collega's kunnen schaden.

3.1b Continuïteit van het beroepsmatig handelen

Artikel 19 Continuïteit van de professionele relatie
Psychologen zijn verantwoordelijk voor de continuïteit van de professionele relatie. Als dat nodig is schakelen zij daarbij andere deskundigen in. Zij treffen maatregelen om zich er van te verzekeren dat een of meer vakgenoten hun professionele werkzaamheden overnemen dan wel afronden, als zij om welke reden dan ook genoodzaakt zijn de professionele relatie ontijdig te onderbreken of voortijdig af te breken. Psychologen zijn verantwoordelijk voor een adequate overdracht.

Artikel 20 Volledigheid, noodzakelijkheid en actualiteit van het dossier
Psychologen bewaren alle gegevens die noodzakelijk zijn in het kader van de professionele relatie in het dossier. Zij zorgen er voor dat het dossier altijd zodanig bijgewerkt is dat bij een onvoorziene absentie van hun kant, een deskundige vakgenoot de professionele relatie kan voortzetten.

Artikel 21 Verantwoordelijkheid na beëindiging van de professionele relatie
Psychologen geven zich er rekenschap van dat na de formele beëindiging van de professionele relatie de professionele verantwoordelijkheid ten opzichte van de betrokkenen niet zonder meer ophoudt te bestaan. Na de beëindiging daarvan kan er nog steeds sprake zijn van belangentegenstellingen of een ongelijke machtsverhouding tussen de psycholoog en betrokkenen. Evenzeer blijft hun professionele verantwoordelijkheid ten opzichte van betrokkenen bestaan waar deze rechtstreeks voortvloeit uit de voorafgaande professionele relatie.

3.1c   Voorkómen en beperken van schade

Artikel 22 Verplichtingen jegens de externe opdrachtgever
Onverlet het bepaalde in de artikelen 70 en 94 verstrekt de psycholoog aan de externe opdrachtgever de gegevens die noodzakelijk zijn om zijn declaraties te specificeren.

Artikel 23 Negatieve ervaringen
Psychologen stellen betrokkenen niet aan negatieve ervaringen bloot tenzij dat noodzakelijk is voor het bereiken van het doel van hun beroepsmatig handelen en het de enige manier is waarop dat doel kan worden bereikt. In dat geval trachten zij zoveel mogelijk de gevolgen van de negatieve ervaringen voor de betrokkenen te beperken of te neutraliseren.

Artikel 24 Uitspraken over personen
Wanneer psychologen professionele uitspraken doen in de media over personen, al dan niet met hun toestemming, betrachten zij daarbij terughoudendheid. Zij geven zich rekenschap van hun verantwoordelijkheid om schade te voorkomen.

Artikel 25 Ingrijpende indirecte effecten van het beroepsmatig handelen
Psychologen geven zich rekenschap van het feit dat hun beroepsmatig handelen niet alleen directe gevolgen kan hebben maar ook ingrijpende indirecte effecten. Als dat het geval is dan spannen zij zich in om, voor zover dat in hun vermogen ligt, schade te voorkomen.

Artikel 26 Voorkómen en beperken van dierenleed
Als psychologen in hun wetenschappelijk onderzoek werken met proefdieren, dan geldt de voorgaande bepaling met betrekking tot de zorg en de behandeling van deze dieren.

3.1d   Voorkómen van misbruik

Artikel 27 Voorkómen van misbruik van resultaten
Psychologen zorgen ervoor, voor zover dat in hun macht ligt, dat geen misbruik wordt gemaakt van de resultaten van hun beroepsmatig handelen.

Artikel 28 Voorkómen van onbedoeld gebruik en misbruik van rapportage
Psychologen treffen maatregelen om te voorkómen dat een rapportage wordt gebruikt voor een ander doel dan waarvoor deze is opgesteld. Daartoe dient in de rapportage te worden vermeld dat deze van vertrouwelijke aard is. Bovendien wordt vermeld dat de conclusies alleen betrekking hebben op de aan de rapportage ten grondslag liggende doel- of vraagstelling en niet zonder meer kunnen dienen voor de beantwoording van

andere vragen. Ook wordt in de rapportage vermeld na verloop van welke termijn de conclusies redelijkerwijs hun geldigheid verloren kunnen hebben.

Artikel 29 Inspanningen van de psycholoog om misbruik van rapportage tegen te gaan

Wanneer het de psycholoog bekend is dat een externe opdrachtgever niet handelt in overeenstemming met het voorgaande artikel wijst hij deze op diens onjuiste handelwijze.

3.1e De psycholoog en zijn werkomgeving

Artikel 30 Vrijheid om te kunnen handelen conform de beroepscode
Psychologen zijn volledig verantwoordelijk voor hun beroepsmatig handelen, ongeacht hun verplichtingen jegens eventuele leidinggevenden.
Voor zover van betekenis, zorgen psychologen er voor dat een ieder in hun werkomgeving op de hoogte is van de eisen die de beroepscode aan hen stelt en zij verzekeren zich van de nodige vrijheid om te kunnen handelen naar die eisen.

Artikel 31 Medeverantwoordelijkheid voor de kwaliteit van het team
Onverminderd de verantwoordelijkheid voor het eigen professioneel handelen dragen psychologen medeverantwoordelijkheid voor de kwaliteit van het handelen van het team waarvan zij deel uitmaken.

Artikel 32 Verantwoordelijkheid voor de kwaliteit van medewerkers
Psychologen zijn verantwoordelijk voor de kwaliteit van het werk van degenen die onder hun directe leiding meewerken aan de uitvoering van opdrachten, waarvoor zij zelf de professionele verantwoordelijkheid dragen.
Als deze medewerkers niet vanuit hun beroep of functie aan eigen beroepsethische regels zijn onderworpen, wijzen zij hen op de afgeleide verplichtingen uit deze beroepscode, in het bijzonder op de geheimhoudingsverplichting. Zij vergewissen zich van de kwaliteit van degenen die zij bij hun beroepsmatig handelen anderszins inschakelen.

Artikel 33 Hulp en steun aan collega's, studenten en supervisanten
Op grond van hun deskundigheid en ervaring verlenen psychologen hulp en steun aan collega's, studenten en supervisanten om ertoe bij te dragen dat zij het beroep professioneel en ethisch verantwoord kunnen uitoefenen. Zij onthouden zich van gedragingen die hen daarin kunnen schaden.

Artikel 34 Collegiaal appèl
Psychologen volgen het beroepsmatig handelen van collega-psychologen kritisch en stellen dat handelen ter discussie als daartoe aanleiding is. Zij spreken deze erop aan

als zij menen dat zij in strijd met de beroepscode handelen of hebben gehandeld. Zij zorgen er voor dat de belangen van cliënten door dit aanspreken niet worden geschaad. Psychologen dienen geen klacht in tegen een collega voordat hen is gebleken dat deze collega weigert zijn handelen te verantwoorden in een collegiaal dispuut of volhardt in het veronderstelde ethisch onjuiste handelen.

3.1f   Verantwoording

Artikel 35 Afleggen van verantwoording
Psychologen houden van hun professionele activiteiten op zodanige wijze aantekening in het dossier, dat zij in staat zijn van hun handelwijze verantwoording af te leggen.

Artikel 36 Bewaartermijn van het dossier
Na beëindiging van de professionele relatie bewaart de psycholoog het dossier een jaar of zoveel langer als noodzakelijk is voor het doel waarvoor het dossier is aangelegd. Indien van toepassing houdt de psycholoog zich aan een wettelijk voorgeschreven bewaartermijn. Het dossier wordt niet langer bewaard dan de van tevoren vastgestelde of voorgeschreven termijn. Bij het verstrijken van de bewaartermijn vernietigt de psycholoog het dossier, tenzij er een klacht tegen hem is ingediend en de klachtbehandeling nog niet is afgerond.

Artikel 37 Verweer met behulp van het dossier
Als er een klacht tegen de psycholoog wordt ingediend kan de psycholoog zich verweren met behulp van het dossier, voor zover het gegevens betreft die voor de beoordeling van de klacht van betekenis zijn.

Artikel 38 Medewerking aan behandeling van een klacht
Psychologen verlenen hun medewerking aan de behandeling van een klacht, als die tegen hen wordt ingesteld. Zij zullen naar beste weten de vragen van de tuchtcolleges of klachtencommissies beantwoorden en aan hun verzoeken voldoen.

3.2   Integriteit

3.2a   Betrouwbaarheid

Artikel 39 Voorwaarden voor aanvang en voortzetting van de professionele relatie
Psychologen dienen een professionele relatie alleen aan te vangen of voort te zetten als dit professioneel en ethisch verantwoord is.

Artikel 40 Reden tot beëindiging van de professionele relatie
Psychologen zetten de professionele relatie niet voort als daar professioneel geen grond meer voor bestaat of als dat niet langer op een professioneel verantwoorde manier mogelijk is. Zij zorgen ervoor dat de professionele relatie in overleg met de cliënt wordt afgerond en dat daarover geen misverstanden blijven bestaan.

Artikel 41 Onafhankelijkheid en objectiviteit in het beroepsmatig handelen
Psychologen zorgen ervoor dat zij in zijn beroepsmatig handelen onafhankelijk en objectief kunnen optreden. Zij laten hun beroepsmatig handelen niet zodanig beïnvloeden, dat zij hun werkwijze en de resultaten daarvan professioneel niet kunnen verantwoorden.

3.2b Eerlijkheid

Artikel 42 Voorkómen van misleiding
Psychologen voorkomen misleiding in hun beroepsmatig handelen. Als tijdelijke misleiding onvermijdelijk is, zorgen psychologen ervoor dat de daaruit ontstane misverstanden zo spoedig mogelijk worden weggenomen.

Artikel 43 Geen misbruik van kennis, vaardigheden of overwicht
Psychologen maken geen misbruik van hun psychologische kennis en vaardigheden of van het overwicht dat voortvloeit uit hun deskundigheid of positie.

Artikel 44 Vermelden van opleiding, kwalificaties, ervaring, deskundigheid en titels
Psychologen zijn nauwgezet bij het vermelden van hun opleiding en kwalificaties, ervaring, deskundigheid en titels.

Artikel 45 Geen irreële verwachtingen wekken
Psychologen zorgen ervoor dat met betrekking tot de aard, de effecten en de gevolgen van hun dienstverlening geen verwachtingen worden gewekt die niet op de realiteit gestoeld zijn.

Artikel 46 Bronvermelding
Bij het presenteren of publiceren van bevindingen vermelden psychologen op passende wijze de bronnen waaruit zij hebben geput, voor zover deze bevindingen niet voortkomen uit eigen professionele werkzaamheden. Dit geldt zowel voor schriftelijke als voor mondelinge presentaties of publicaties.

Artikel 47 Zorgvuldigheid in het verkrijgen en weergeven van gegevens
Psychologen zijn zorgvuldig in het verkrijgen en het statistisch bewerken van gegevens en in het weergeven en het verklaren van de resultaten.

3.2c Rolintegriteit

Artikel 48 Niet oneigenlijk bevorderen van persoonlijke belangen
Psychologen laten na in hun beroepsmatig handelen hun zakelijke, persoonlijke, religieuze, politieke of ideologische belangen oneigenlijk te bevorderen.

Artikel 49 Onderkennen van onverenigbare belangen
Psychologen onderkennen de moeilijkheden die kunnen ontstaan doordat cliënt, opdrachtgever en personen die deel uitmaken van een cliëntsysteem onverenigbare belangen kunnen hebben. In een zo vroeg mogelijk stadium expliciteert hij zijn positiekeuze daarbij aan alle betrokkenen.

Artikel 50 Niet aanvaarden van onverenigbare opdrachten
Psychologen aanvaarden geen nieuwe opdracht die niet goed te verenigen is met een reeds eerder aanvaarde opdracht, ook als er geen sprake is van dezelfde cliënt. Bij motivering van zo'n weigering nemen psychologen de vertrouwelijkheid in acht.

Artikel 51 Vermijden van het vermengen van professionele rollen
Psychologen onderkennen de moeilijkheden die kunnen ontstaan uit het gelijktijdig of opeenvolgend vervullen van verschillende professionele rollen ten opzichte van een of meer betrokkenen. Bij voorkeur begeven zij zich niet in een dergelijke positie. Als psychologen onder omstandigheden het vervullen van meer dan een rol na of naast elkaar ten opzichte van betrokkene(n) niettemin verantwoord vinden, dan scheppen zij daarover duidelijkheid tegenover deze(n).

Artikel 52 Vermijden van het vermengen van professionele en niet-professionele rollen
Psychologen vermengen geen professionele en niet-professionele rollen die elkaar zodanig kunnen beïnvloeden, dat zij niet meer in staat kunnen worden geacht een professionele afstand tot de betrokkene(n) te bewaren of waardoor de belangen van de betrokkene(n) worden geschaad.

Artikel 53 Geen seksuele gedragingen ten opzichte van de cliënt
Psychologen onthouden zich van seksuele toenadering ten opzichte van de cliënt en gaan niet in op dergelijke toenaderingen van diens kant. Zij onthouden zich van gedragingen die seksueel getint zijn of in het algemeen als zodanig kunnen worden opgevat.

Artikel 54 Geen seksuele relatie met de cliënt
Psychologen gaan met de cliënt geen seksuele relatie aan tijdens de professionele relatie, of direct aansluitend daaraan. Ook nadien zijn zij daarin terughoudend. Hetzelfde geldt voor de relaties met andere betrokkenen, waarbij sprake is van een aanzienlijk machtsverschil of grote afhankelijkheid, zoals studenten of supervisanten.

Artikel 55 Persoonlijke relatie na het beëindigen van de professionele relatie
Bij het aangaan van een persoonlijke relatie na het beëindigen van de professionele relatie, vergewissen psychologen zich ervan dat de voorgaande professionele relatie geen onevenredige betekenis meer heeft.
Als het hierbij gaat om een seksuele relatie zijn psychologen er verantwoordelijk voor dat zij desgevraagd kunnen aantonen dat zij bij het aangaan van deze relatie alle zorgvuldigheid in acht genomen heeft, die van hen als professioneel psycholoog verwacht mag worden.

3.3 Respect

3.3a Algemeen

Artikel 56 Respect voor kennis, inzicht en ervaring
Psychologen geven zich rekenschap van en respecteren de kennis, het inzicht en de ervaring van de betrokkene.

Artikel 57 Respect voor psychische en lichamelijke integriteit
Psychologen respecteren de psychische en lichamelijke integriteit van de betrokkene en tasten hem niet in zijn waardigheid aan. Zij dringen niet verder door in het privéleven van de betrokkene dan voor het doel van hun beroepsmatig handelen noodzakelijk is.

Artikel 58 Respect voor eigenheid en diversiteit
Psychologen houden rekening met de individuele eigenschappen en omstandigheden van elke cliënt. Zij onderkennen dat hun eigen waarden en normen en identiteit hun professioneel handelen kunnen beïnvloeden. Psychologen spannen zich ervoor in cultuur en diversiteit te verdisconteren in de professionele activiteiten.
Zij maken geen ongerechtvaardigd onderscheid wegens ras, etniciteit, geslacht, leeftijd, levensovertuiging, godsdienst, politieke gezindheid, seksuele geaardheid of op welke grond dan ook.

3.3b Autonomie en zelfbeschikking

Artikel 59 Respect voor autonomie en zelfbeschikking
In hun beroepsmatig handelen respecteren psychologen de autonomie en zelfbeschikking van de betrokkene, en bevordert deze. In het bijzonder komt die zelfbeschikking van de betrokkene tot uiting in het recht om de professionele relatie met de psycholoog al dan niet aan te gaan, voort te zetten, dan wel te beëindigen.

Artikel 60 Respectvol handelen bij beperkte zelfbeschikking
De zelfbeschikking van de cliënt kan worden beperkt door zijn leeftijd, aanleg en ontwikkeling, geestelijke gezondheid, door wettelijke bepalingen of door de beslissingsbevoegdheid van een externe opdrachtgever, die deze ontleent aan een hem opgedragen wettelijke taak of rechterlijke beslissing. In dat geval laten psychologen binnen deze beperkingen de zelfbeschikking van de cliënt zoveel mogelijk tot zijn recht komen.

Artikel 61 Toestemming bij aangaan of voortzetten van de professionele relatie
De psycholoog kan uitsluitend een professionele relatie met de cliënt aangaan of voortzetten met diens toestemming. Die toestemming is echter niet nodig als de professionele relatie tot stand komt als gevolg van een opdracht door een externe opdrachtgever, die daartoe een door de wet toegekende bevoegdheid heeft.

Artikel 62 Aangaan en voortzetten van de professionele relatie
Voorafgaande aan en tijdens de duur van de professionele relatie verstrekken psychologen zodanige informatie aan de cliënt, dat deze vrijelijk in staat is welingelicht in te stemmen met het aangaan en voortzetten van de professionele relatie.

Artikel 63 Informatie bij het aangaan en voortzetten van de professionele relatie
De informatie bij het aangaan en voortzetten van de professionele relatie wordt bij voorkeur schriftelijk gegeven, waar nodig mondeling toegelicht en in het dossier vastgelegd. De informatie bevat voor zover van toepassing:
- het doel van de professionele relatie, de werkwijze, de evaluatie, de context waarin die plaatsvindt en de plaats van de cliënt en de psycholoog hierin;
- de methoden van onderzoek of behandeling die in aanmerking komen en wat daarvan wel en niet te verwachten is en eventuele neveneffecten of alternatieven;
- de financiële en andere voorwaarden waaronder psychologen hun opdracht aanvaarden, voor zover deze informatie voor betrokkenen van belang is voor het verlenen van hun toestemming en medewerking aan de uitvoering van de opdracht;
- de personen met wie de psycholoog in de professionele relatie samenwerkt, al dan niet in multidisciplinair verband;
- de soort gegevens die over de cliënt worden verzameld, de wijze waarop en hoe lang deze worden bewaard ;
- de geheimhoudingsplicht, wijze van eventuele gegevensverstrekking en aan wie wordt gerapporteerd;
- de regels in de beroepscode met betrekking tot inzage en afschrift, correctie en blokkering van de rapportage;
- de gebondenheid van de psycholoog aan de beroepscode en klacht- en tuchtrecht.

Artikel 64 Dezelfde informatie voor externe opdrachtgever en cliënt
Vóór de aanvang van de professionele relatie dient de psycholoog zich ervan te vergewissen dat zowel de externe opdrachtgever als de cliënt of het cliëntsysteem over de-

zelfde informatie beschikt over het doel en de opzet van de professionele relatie en over de voorgenomen werkwijze. De opdracht kan slechts doorgang vinden als over doel en opzet tussen hen overeenstemming bestaat. Bij wijziging van de situatie of van de opdracht dient de psycholoog tot hernieuwde afspraken te komen.

Artikel 65   Overleg over invulling van de professionele relatie
De psycholoog biedt de cliënt de gelegenheid voor overleg over diens wensen en meningen betreffende de invulling van de professionele relatie, tenzij dat een goede voortgang van de professionele relatie in de weg staat.

Artikel 66   Informatie en instemming bij professionele activiteiten in ruimere zin
Als er sprake is van professionele werkzaamheden van de psycholoog, die niet aangemerkt kunnen worden als een professionele relatie in de zin van deze code, dan gelden de bepalingen in deze paragraaf, voor zover zij van toepassing zijn op betrokkene(n) bij die professionele werkzaamheden.

Artikel 67   Inzage in en afschrift van het dossier
De psycholoog geeft de cliënt desgevraagd inzage in en afschrift van het dossier. Hij biedt daarbij aan tekst en uitleg te verschaffen. Alvorens de cliënt inzage te geven verwijdert de psycholoog de gegevens die betrekking hebben op anderen, voor zover die niet door de cliënt zelf zijn verstrekt. Als er sprake is van een professionele relatie met een cliëntsysteem, worden daarbij van de afzonderlijke personen alle gegevens, die niet tegelijkertijd betrekking hebben op andere personen in dat systeem op zodanige wijze bewaard, dat aan ieder afzonderlijk gelegenheid tot inzage gegeven kan worden zonder de vertrouwelijkheid van de gegevens van de anderen te schenden.

Artikel 68   Toegankelijkheid van het dossier
Psychologen richten het dossier naar vorm en inhoud zo in dat het voor de cliënt redelijkerwijs toegankelijk is.

Artikel 69   Verbetering van, aanvulling op of verwijdering van gegevens in het dossier
Psychologen corrigeren die gegevens in het dossier, waarvan de cliënt aannemelijk maakt dat ze onjuist zijn, onvolledig, of niet ter zake doen, gezien de doelstelling van het dossier en voor zover deze op hem betrekking hebben. Dit geldt niet voor de bevindingen en conclusies, deze behoren tot de professionele verantwoordelijkheid van psychologen.
Op verzoek van de cliënt worden door hem opgestelde notities met zijn opvattingen m.b.t. de gegevens in het dossier en de professionele relatie in het dossier opgenomen.

Artikel 70   Recht op vernietiging van het dossier
Op schriftelijk verzoek van de cliënt wordt het dossier door de psycholoog binnen een redelijke termijn vernietigd. De psycholoog bewaart het schriftelijke verzoek gedurende de bewaartermijn.

Het verzoek van de cliënt om vernietiging wordt niet ingewilligd als het dossier betrekking heeft op een professionele relatie in opdracht van een externe opdrachtgever die een door de wet toegekende bevoegdheid heeft om nakoming van de opdracht te eisen, en deze opdrachtgever niet met vernietiging instemt. De psycholoog voldoet ook niet aan dit verzoek wanneer de cliënt een klacht tegen de psycholoog heeft ingediend of dit overweegt.

3.3c   Vertrouwelijkheid

Artikel 71 Geheimhouding
In het directe contact met de betrokkene(n) gaan psychologen een vertrouwensrelatie aan. Daarom zijn psychologen verplicht tot geheimhouding van hetgeen hen uit hoofde van de uitoefening van hun beroep ter kennis komt, voor zover die gegevens van vertrouwelijke aard zijn. Onder deze verplichting valt ook het professionele oordeel van psychologen over de betrokkene. De geheimhoudingsverplichting blijft na beëindiging van de professionele relatie bestaan.

Artikel 72 Zorgvuldigheid in de communicatie
Psychologen nemen in redelijkheid alle voorzorgen dat er in de schriftelijke, telefonische of elektronische communicatie met de cliënt of met andere betrokkenen geen vertrouwelijke gegevens over de cliënt, zonder diens instemming, ter kennis komen van derden. In een vroeg stadium overleggen psychologen daartoe met de cliënt of met betrokken derden hoe de communicatie het best kan verlopen en hoe deze moet worden vormgegeven om de vertrouwelijkheid met betrekking tot de cliënt te bewaren.

Artikel 73 Geheimhouding bij rapportage en gegevensverstrekking
Als er met toestemming van de cliënt bepaalde gegevens worden verstrekt of wordt gerapporteerd aan derden, dan geldt er geen geheimhoudingsplicht jegens de ontvanger van die gegevens of van het oordeel dat in de verklaring of rapportage is vervat. Voor het overige dat hen ter kennis mocht komen hebben psychologen een geheimhoudingsplicht.

Artikel 74 Doorbreken van de geheimhouding
Psychologen zijn niet gehouden geheimhouding in acht te nemen als zij gegronde redenen hebben om te menen dat het doorbreken van de geheimhouding het enige en laatste middel is om direct gevaar voor personen te voorkomen, dan wel wanneer zij door wettelijke bepalingen of een rechterlijke beslissing daartoe worden verplicht.

Artikel 75 Informatie over het doorbreken van de geheimhouding
Als te voorzien is dat een dergelijke situatie zich kan voordoen, stelt de psycholoog de betrokkene ervan op de hoogte dat hij in dat geval genoodzaakt kan zijn de geheimhou-

ding te doorbreken, tenzij door een dergelijke mededeling acuut gevaar voor hemzelf of derden kan ontstaan.

Artikel 76 Reikwijdte van het doorbreken van de geheimhouding
Als de psycholoog besluit tot het doorbreken van de geheimhouding dan mag die doorbreking zich niet verder uitstrekken dan in de gegeven omstandigheden is vereist en dient hij de betrokkene van zijn besluit op de hoogte te stellen, tenzij door een dergelijke mededeling acuut gevaar voor hem zelf of derden kan ontstaan.

Artikel 77 Beroep op verschoning
Psychologen zijn verplicht zich tegenover de rechter te beroepen op verschoning, als het afleggen van een getuigenis of het beantwoorden van vragen hen in strijd brengt met hun geheimhoudingsplicht.

Artikel 78 Vertrouwelijkheid jegens andere personen dan cliënt
Als het noodzakelijk is om gegevens in het dossier op te nemen, die betrekking hebben op andere personen dan de cliënt en die gegevens niet door de cliënt zelf zijn verstrekt, dan worden deze in zodanige vorm opgenomen, dat ze tijdelijk te verwijderen zijn, zodat bij inzage door de cliënt de vertrouwelijkheid van die gegevens gewaarborgd kan worden.

Artikel 79 Vertrouwelijkheid jegens personen in een cliëntsysteem
Voor zover gegevens noodzakelijkerwijs op meerdere personen tegelijk betrekking hebben, legt de psycholoog deze vast in een dossier over het betreffende cliëntsysteem. Voorafgaand aan het opnemen van gegevens in zo'n dossier deelt de psycholoog dat aan elk van de betrokkenen mee, en wijst hen erop dat daaruit een beperking kan voortvloeien van het recht op inzage en afschrift, voor zover dat noodzakelijk is om de vertrouwelijkheid van elkaars gegevens te waarborgen.

Artikel 80 Beveiliging van het dossier
Psychologen zorgen er voor dat het dossier op zodanige wijze wordt bewaard dat zonder hun toestemming niemand toegang daartoe heeft, zodat de vertrouwelijkheid van de gegevens bewaard blijft.

3.3d Gegevensverstrekking

Artikel 81 Gegevensverstrekking aan derden
De psycholoog verstrekt uitsluitend die gegevens uit het dossier aan derden die relevant en noodzakelijk zijn voor de specifieke vraagstelling en waarvoor de cliënt vooraf gerichte toestemming heeft verleend. Onder gegevens wordt ook het professionele oor-

deel van psychologen verstaan. Om de toestemming van de cliënt te verkrijgen stelt de psycholoog de cliënt in de gelegenheid om de gegevens vooraf in te zien.

Artikel 82 Verstrekking van gegevens zonder toestemming
Voor het verstrekken van gegevens aan andere beroepsbeoefenaren is geen toestemming van de cliënt noodzakelijk als die andere beroepsbeoefenaren rechtstreeks betrokken zijn bij de professionele relatie van de psycholoog. De cliënt wordt hiervan van tevoren op de hoogte gesteld. De psycholoog beperkt de gegevensverstrekking tot die gegevens en beoordelingen die noodzakelijk zijn voor de werkzaamheden van die andere beroepsbeoefenaren.

Artikel 83 Wettelijk verplichte verstrekking van gegevens
Voor het verstrekken van gegevens aan derden is geen toestemming van de cliënt noodzakelijk wanneer de psycholoog op grond van een wettelijke bepaling verplicht is deze te verstrekken. De cliënt wordt hiervan van tevoren op de hoogte gesteld.

Artikel 84 Gegevensverstrekking aan medewerkers
Er is geen toestemming van de cliënt noodzakelijk voor het verstrekken van gegevens aan personen die onder directe leiding van de psycholoog meewerken aan de uitvoering van de professionele relatie. De psycholoog beperkt de gegevensverstrekking tot de voor de werkzaamheden van die medewerkers noodzakelijke gegevens.

Artikel 85 Informatieverstrekking voor wetenschappelijk onderzoek
Ten behoeve van wetenschappelijk onderzoek kan de psycholoog desgevraagd aan derden gegevens verstrekken. Deze gegevens dienen zo te worden aangeleverd, dat de herleidbaarheid tot de persoon van de cliënt daarbij wordt uitgesloten, tenzij dat gezien het doel van het onderzoek niet mogelijk is. In dat geval kunnen die gegevens alleen met toestemming van de cliënt worden verstrekt.

Artikel 86 Gegevens voor publicaties, onderwijs, kwaliteitszorg, supervisie en intervisie
Voor wetenschappelijke publicaties, onderwijs, kwaliteitszorg, supervisie en intervisie mag de psycholoog uitsluitend gegevens van en oordelen over een cliënt gebruiken en verstrekken waaruit diens identiteit niet te herleiden is. De combinatie van gegevens en beschreven omstandigheden mag er niet toe kunnen leiden dat derden daaruit de cliënt herkennen, tenzij de cliënt toestemming heeft gegeven voor een dergelijke gegevensverstrekking.

Artikel 87 Verstrekking van gegevens over een ander dan de cliënt
Wanneer er in het dossier gegevens aanwezig zijn over een ander dan de cliënt, en deze gegevens niet door de cliënt zelf zijn verstrekt, dan verstrekt de psycholoog deze niet aan derden, dan met gerichte toestemming van die ander en alleen voor zover zij relevant en noodzakelijk zijn voor de specifieke vraagstelling. De toestemming wordt schriftelijk vastgelegd.

3.3e Rapportage

Artikel 88 Rapportage in opdracht van de cliënt
Rapportage in opdracht van de cliënt wordt uitsluitend aan de cliënt uitgebracht en bij voorkeur schriftelijk.

Artikel 89 Toestemmingsvereiste voor rapportage aan derden
Voor rapportage aan derden is vooraf de gerichte toestemming van de cliënt noodzakelijk. Om de toestemming van de cliënt te verkrijgen stelt de psycholoog de cliënt in de gelegenheid de rapportage vooraf in te zien

Artikel 90 Rapportage aan derden
De rapportage aan een derde wordt als regel schriftelijk uitgebracht. Als gemotiveerd kan worden dat schriftelijke rapportage niet in overeenstemming kan worden gebracht met het doel van de opdracht, wordt vooraf afgesproken dat de rapportage mondeling wordt uitgebracht.

Artikel 91 Gelegenheid tot inzage voorafgaand aan de rapportage
Als de psycholoog rapporteert aan een derde, biedt deze de cliënt de gelegenheid tot inzage voordat de rapportage wordt uitgebracht. Het recht op inzage geldt niet voor delen in het rapport die betrekking hebben op anderen. Wanneer de rapportage feitelijk wordt uitgebracht verschaft de psycholoog de cliënt desgevraagd een afschrift, voor zover de rapportage op de cliënt betrekking heeft.

Artikel 92 Mondelinge rapportage aan een derde
Wanneer de psycholoog de rapportage mondeling wil uitbrengen met in achtneming van artikel 90 dan bespreekt de psycholoog de inhoud daarvan van tevoren met de cliënt.

Artikel 93 Correctie, aanvulling of verwijdering van gegevens in de rapportage
De gegevens in de rapportage, waarvan de cliënt aannemelijk maakt dat ze feitelijk onjuist, onvolledig of niet ter zake doen gezien de doelstelling van de rapportage, worden door de psycholoog gecorrigeerd, aangevuld of verwijderd. Dit geldt niet voor de bevindingen en conclusies, deze behoren tot de professionele verantwoordelijkheid van de psycholoog.

Artikel 94 Blokkeren van de rapportage aan de externe opdrachtgever
De cliënt heeft het recht om de rapportage aan de externe opdrachtgever te blokkeren. Dat recht is er echter niet als het blokkeringsrecht op grond van een wettelijke regeling niet van toepassing is verklaard of wordt uitgesloten. De psycholoog kan, in geval er geen wettelijke regeling van toepassing is, tot het oordeel komen dat er een zwaarwegend belang bestaat, dat zich tegen het blokkeringsrecht verzet. In beide gevallen stelt de psycholoog de cliënt in de gelegenheid eventuele bezwaren tegen de rapportage op

schrift te stellen en deze gelijktijdig met de rapportage naar de externe opdrachtgever te sturen. Als de cliënt geen recht heeft om de rapportage te blokkeren, dient de psycholoog de cliënt daarop voorafgaande aan de professionele relatie schriftelijk te wijzen.

Artikel 95 Inzage- en blokkeringsrecht bij rapportage over een cliëntsysteem
Cliënten kunnen niet zonder meer een beroep doen op bovenstaande bepalingen met betrekking tot inzage en blokkering van de rapportage als zij deel uitmaken van een cliëntsysteem. Het doel van de rapportage en of de vertrouwelijkheid ten opzichte van de anderen kunnen zich tegen inzage en blokkering verzetten. Voor zover dat het geval is dienen de cliënten voorafgaand aan de professionele relatie daarover te worden ingelicht.

Artikel 96 Rapporteren over anderen dan de cliënt
Bij het uitbrengen van rapportages beperkt de psycholoog zich bij het geven van oordelen en adviezen tot die aangaande de cliënt, en geeft hij geen oordelen of adviezen met betrekking tot een ander dan de cliënt. Indien het voor het doel van de rapportage noodzakelijk is over een ander dan de cliënt gegevens te verstrekken, dan beperkt de psycholoog zich zo mogelijk tot die gegevens die hij uit eigen waarneming of onderzoek heeft verkregen. Voor het verstrekken van dergelijke gegevens is gerichte toestemming van betrokkene noodzakelijk. Indien de psycholoog het noodzakelijk acht in een rapportage gegevens over een ander dan de cliënt te vermelden, die hij niet uit eigen waarneming of onderzoek heeft verkregen, dan is hij daarin uiterst terughoudend en geeft steeds de bron en relevantie van de gegevens aan.

Artikel 97 Rapportage beperken tot noodzakelijke gegevens
De psycholoog beperkt zich in rapportages tot het vermelden van die gegevens en beoordelingen die voor het doel van de rapportage noodzakelijk zijn. Het rapport dient minimaal aan de volgende eisen te voldoen:
- Het rapport vermeldt de feiten, omstandigheden en bevindingen waarop het berust;
- Het rapport geeft blijk van een geschikte methode van onderzoek om de voorgelegde vraagstelling te beantwoorden;
- Uit de rapportage moet duidelijk blijken op welke gronden de bevindingen en conclusies berusten en wat de beperkingen daarvan zijn;
- Het rapport vermeldt de bronnen waarop het berust, daaronder begrepen de gebruikte literatuur en de geconsulteerde personen;
- In de rapportage wordt melding gemaakt van de vertrouwelijke aard en na verloop van welke termijn de conclusies redelijkerwijs hun geldigheid hebben verloren;

3.4 Deskundigheid

3.4a   Ethische reflectie

Artikel 98   Noodzaak van kritische bezinning
Psychologen denken kritisch na over hun beroepsmatig handelen en over de persoonlijke waarden en motieven die bij dat handelen een rol spelen. Zij stellen hun beroepsmatig handelen met enige regelmaat aan de orde in (inter)collegiaal overleg, zoals bijvoorbeeld intervisie. Zij volgen de ethische discussie binnen hun beroepsgroep.

Artikel 99   Kennis van wettelijke bepalingen
Psychologen stellen zich op de hoogte van de wettelijke bepalingen die in hun werkveld van toepassing zijn en handelen ernaar.

3.4b   Vakbekwaamheid

Artikel 100   In stand houden en ontwikkelen professionele deskundigheid
Psychologen houden hun professionele deskundigheid in stand en ontwikkelen deze in overeenstemming met de recente ontwikkelingen in de psychologie. Zij volgen de voor hen relevante vakliteratuur en bij- en nascholing.

Artikel 101   Gebruik van doeltreffende en doelmatige methoden
Psychologen kiezen methoden die doeltreffend en doelmatig zijn en geven zich rekenschap van de beperkingen van die methoden.

3.4c   De grenzen van het beroepsmatig handelen

Artikel 102   Professionele en persoonlijke beperkingen
Psychologen onderkennen hun professionele en persoonlijke beperkingen en zijn daar open over. Waar nodig roepen zij deskundig advies en ondersteuning in en verwijzen de cliënt zo nodig door.

Artikel 103   Grenzen van de eigen deskundigheid
Psychologen nemen in hun beroepsmatig handelen de grenzen van hun deskundigheid in acht en aanvaarden geen opdrachten waarvoor zij de deskundigheid missen.

Artikel 104   Grenzen van het domein van de psychologiebeoefening
Aan elke opdracht dient een duidelijk omschreven doel- of vraagstelling ten grondslag te liggen. Psychologen nemen geen opdracht aan, waarvan de doel- of vraagstelling niet valt binnen het domein van de psychologiebeoefening. Evenmin doen zij dat als de

beschikbare methoden en technieken ontoereikend zijn voor een behoorlijke interventie of beantwoording van de vraagstelling.
Als psychologen een dergelijke opdracht krijgen, treden zij met de opdrachtgever in overleg om de doel- of vraagstelling te herformuleren voordat zij de opdracht kunnen aannemen.

Artikel 105 Kwalificatie
Psychologen hanteren alleen methoden, waarvoor zij door opleiding, training en/of ervaring zijn gekwalificeerd.

Artikel 106 Professionele verantwoording van het beroepsmatig handelen
Psychologen moeten hun beroepsmatig handelen kunnen verantwoorden in het licht van de stand der wetenschap ten tijde van dat handelen, zoals deze uit de vakliteratuur blijkt.

Artikel 107 Voorkómen van verminderd vermogen tot verantwoorde beroepsuitoefening
Voor zover mogelijk onderkennen psychologen in een vroeg stadium tekenen die wijzen op zodanige persoonlijke, psychische of fysieke problemen, dat hun beroepsmatig handelen negatief beïnvloed dreigt te worden. Zij roepen tijdig deskundig advies en ondersteuning in om de problemen te voorkomen of te verminderen.

Artikel 108 Staken van het beroepsmatig handelen bij verminderd vermogen
Als hun psychische, lichamelijke of oordeelkundige vermogens zodanig zijn aangetast of verminderd, dat dit een verantwoorde beroepsuitoefening in de weg staat, staken psychologen hun beroepsmatig handelen zolang als deze toestand duurt.

Bijlage II
Deontologische code voor Belgische psychologen (2014)

KONINKLIJK BESLUIT TOT VASTSTELLING VAN DE VOORSCHRIFTEN INZAKE DE PLICHTENLEER VAN DE PSYCHOLOOG

GEPUBLICEERD IN HET STAATSBLAD OP 16 MEI 2014
VAN KRACHT VANAF 26 MEI 2014

Hoofdstuk I. – Algemene bepalingen

Art. 1. Deze deontologische code is van toepassing voor elk individu dat de titel van psycholoog krachtens de wet van 8 november 1993 tot bescherming van de titel van psycholoog draagt, ongeacht zijn werkterrein, zijn functies en zijn methodes.

Art. 2. De bepalingen van deze code hebben een verklarend en geen beperkend karakter. Ze kunnen bij analogie worden toegepast. Er kan niet contractueel van afgeweken worden.
Ze hebben tot doel het publiek te beschermen, de waardigheid en de integriteit van het beroep te bewaren en de kwaliteit van de door de houders van de titel van psycholoog gepresteerde diensten te waarborgen.

Hoofdstuk II. – Definities

Art. 3. Met het oog op de toepassing van deze deontologische code, wordt verstaan onder:
- De wet: de wet van 8 november 1993 tot bescherming van de titel van psycholoog;
- Psycholoog: elke persoon die de titel van psycholoog draagt in de zin van de wet van 8 november 1993 tot bescherming van de titel van psycholoog;
- Cliënt: elke persoon, elke groep of elke organisatie die een beroep doet op de professionele diensten of begeleiding van een psycholoog;

- Proefpersoon: elke persoon die deel uitmaakt van een psychologisch onderzoekstaal of die onderwerp is van een door een rechtbank of een administratieve overheid besteld psychologische onderzoek.
- Gemachtigde derde: elke natuurlijke persoon, rechtspersoon of instelling die wettelijk of contractueel het recht heeft een psychologisch advies of een psychologische expertise te vragen, namelijk onder andere de ouders, de voogd, de tijdelijke beheerder, de magistraat en de werkgever.

Art. 4. De hoedanigheid van cliënt of proefpersoon wordt op elk moment van de relatie tussen de psycholoog en de persoon of de groep van personen die het onderwerp is van zijn behandeling, beoordeeld. De toegekende beschermingsgraad is onomkeerbaar.

Hoofdstuk III. – Het beroepsgeheim

Afdeling I. – Openbare orde karakter van het beroepsgeheim

Art. 5. Uit zorg om de privacy van de personen en bewust van de noodzaak van de toegankelijkheid van het beroep voor allen, legt de psycholoog zichzelf een discretie op over alles wat hij door en tijdens de uitoefening van het beroep verneemt. Dit houdt minstens de naleving in van het verplichte beroepsgeheim zoals bepaald in de strafwetgeving.
Het beroepsgeheim is van openbare orde: de psycholoog die een cliënt of proefpersoon onder zijn hoede heeft is in alle omstandigheden door het beroepsgeheim gebonden.

Art. 6. Zodra een psycholoog begint aan een onderzoekswerk, een onderzoek, een begeleiding of een behandeling, treedt hij in een vertrouwensrelatie met zijn cliënt of proefpersoon, en is hij gebonden door de discretieplicht en het beroepsgeheim.

Art. 7. Door de geheimhouding die de psycholoog aan zijn cliënt of proefpersoon verschuldigd is, is het hem verboden bekend te maken dat een persoon zijn diensten heeft ingeroepen. Op verzoek van de cliënt of proefpersoon kan hij hem echter een bewijs van consultatie afgeven.

Art. 8. Indien hij verslag uitbrengt bij een gemachtigde derde, beperkt de psycholoog zich tot de informatie die rechtstreeks betrekking heeft op de gestelde vraag.

Art. 9. Noch het einde van de professionele relatie, noch het overlijden van de cliënt of proefpersoon, noch de tussenkomst van één van de erfgenamen heft de discretieplicht van de psycholoog op.

De toestemming van de cliënt, van de proefpersoon of de gemachtigde derde bevrijdt de psycholoog niet van zijn discretieplicht.
De psycholoog die het voorwerp uitmaakt van een tuchtonderzoek kan in dit kader de gehele waarheid bekendmaken. Hij is echter gerechtigd de vertrouwelijke mededelingen van de cliënt of proefpersoon te verzwijgen.

Afdeling II. – Wettelijke uitzonderingen op de verplichting van het beroepsgeheim

Onderafdeling I. – Gevallen en situaties waarin de wetgeving een uitzondering op het beroepsgeheim toestaat zonder de psycholoog te verplichten het te doorbreken.

Art. 10. Indien een wetgeving toestaat bepaalde informatie in afwijking van het beroepsgeheim bekend te maken zonder evenwel de bekendmaking van deze informatie te verplichten, blijft de psycholoog die over dergelijke informatie beschikt onderworpen aan de discretieplicht.

Art. 11. De psycholoog bedoeld in artikel 10 mag enkel informatie meedelen of vertrouwelijke mededelingen doen die hij persoonlijk heeft ontvangen of vastgesteld nadat hij in eer en geweten de situatie heeft geëvalueerd, en doet zo nodig een beroep op de hulp van zijn vakgenoten.

Onderafdeling II. – Gevallen en situaties waarin de wetgeving de psycholoog verplicht het beroepsgeheim te doorbreken.

Art. 12. De psycholoog is bevrijd van zijn discretieplicht en kan deze niet inroepen in de gevallen en situaties waarin een wetgeving hem verplicht informatie bekend te maken zoals bijvoorbeeld de gevallen van aangifteplicht bedoeld in de artikelen 422bis en 458bis van het strafwetboek of de situatie bedoeld in artikel 458 van het strafwetboek waarin de psycholoog geroepen wordt om in rechte of voor een parlementaire onderzoekscommissie getuigenis af te leggen.

Art. 13. De psycholoog houdt zich op de hoogte van de ontwikkeling van alle wetgevingen die hem ertoe verplichten om geheimen die hij draagt bekend te maken.

Afdeling III. – Beroepsgeheim en beroepspraktijk

Art. 14. Het gedeelde beroepsgeheim: De psycholoog kan op eigen verantwoordelijkheid vertrouwelijke gegevens waarover hij beschikt delen om de doeltreffendheid van zijn werk te optimaliseren. Hiertoe past hij de gebruikelijke cumulatieve regels betreffende het gedeelde geheim: Voorafgaande inlichting en akkoord van de bewaarder van het geheim, uitsluitend in het belang van deze laatste, beperkt tot wat strikt noodzakelijk is, uitsluitend met personen die aan het beroepsgeheim onderworpen zijn en die in het kader van eenzelfde opdracht handelen.

Art. 15. De psycholoog informeert zich over de eventuele conflictueuze context waarin hem om advies wordt gevraagd.
In situaties van conflictueuze echtscheidingen respecteert de psycholoog de wet betreffende de gezamenlijke uitoefening van het ouderlijk gezag.

Art. 16. Bij een aanvraag tot onderzoek van een kind door diegenen die het ouderlijk gezag uitoefenen, mogen de conclusies van het onderzoek alleen overgemaakt worden aan diegenen die het ouderlijk gezag uitoefenen.

Art. 17. In het kader van gerechtelijk deskundigen onderzoek weigert de psycholoog elke expertise (of officiële opdracht) betreffende cliënten of proefpersonen die hij heeft ontmoet in het kader van andere professionele relaties, ongeacht of deze al dan niet beëindigd zijn.
De psycholoog-gerechtsdeskundige brengt alle personen die hij/zij bevraagt vooraf op de hoogte van het kader waarbinnen hij zijn opdracht vervult en wijst hen erop dat hij alle ingewonnen relevante informatie dient door te spelen aan zijn opdrachtgever.

Art. 18. De psycholoog belast met een onderwijs- of vormingsopdracht moet de discretieplicht en het beroepsgeheim naleven. De presentatie in persoon van een cliënt, proefpersoon of gemachtigde derde voor louter onderwijsdoeleinden is formeel verboden. Audiovisuele illustraties en directe observaties in het kader van een vorming zijn toegestaan voor zover de deelnemers verwittigd zijn over de deontologische normen en regels ter zake. De anonimiteit van de cliënt, proefpersoon of gemachtigde derde dient in elk geval gevrijwaard te worden.

Art. 19. De vrije en geïnformeerde toestemming van de cliënt, proefpersoon of van zijn wettelijke vertegenwoordiger is vereist voorafgaand aan elke handgeschreven, audiovisuele, informatica- of andere vorm van registratie van de gegevens die op hem betrekking hebben. Dit geldt eveneens voor de overdracht van gegevens ongeacht voor welk doeleinde deze overdracht gebeurt. De houders van het ouderlijk gezag geven hun toestemming als vertegenwoordigers van een minderjarige, maar iedereen die dit geregistreerde klinisch materiaal voor opleidingsdoeleinden wil gebruiken moet rekening houden met de leeftijd die het kind op dat ogenblik heeft bereikt. Als het kind in tussentijd meerderjarig is geworden, moet men de toestemming vragen van de persoon die meerderjarig is geworden. Elke persoon behoudt het toegangsrecht tot de geregistreerde gegevens die hem aangaan, en alleen tot die gegevens. De psycholoog zorgt ervoor dat documenten die zijn opgesteld in het kader van zijn werk altijd op dusdanige wijze worden opgemaakt en bewaard dat zij het beroepsgeheim vrijwaren.

Art. 20. De psycholoog brengt deelnemers aan een groepssessie ervan op de hoogte dat een willekeurig aspect van het privéleven van één onder hen bekend kan worden gemaakt. Hij wijst op de plicht om de vertrouwelijke aard van de gegevens waarvan zij tijdens de sessie kennis kunnen krijgen, te respecteren.

Hoofdstuk IV. – Algemene principes: Eerbieding van de waardigheid en de rechten van de persoon, de aansprakelijkheid, de deskundigheid en integriteit

Afdeling I. – Eerbiediging van de waardigheid en de rechten van de persoon

Art. 21.

§1. De psycholoog eerbiedigt en verdedigt, zonder enige vorm van discriminatie, de fundamentele rechten van de persoon en van groepen van personen, namelijk hun vrijheid, waardigheid, privacy, autonomie en integriteit.
Hij vrijwaart het privéleven van elke persoon door de vertrouwelijkheid van zijn tussenkomst te verzekeren, ook wanneer hij verplicht is elementen hiervan door te geven. De strikte naleving van het beroepsgeheim is een basis onderdeel van deze verplichting.

§2. De uitoefening van het beroep van psycholoog vereist eerbied voor de menselijke persoon in zijn psychologische en fysieke heelheid, in gelijk welke situatie.

Dit betekent:

a) Eerbied zonder enige vorm van discriminatie op grond van verschillen inzake etnische afkomst, cultuur, geslacht, taal, vermogen of geboorte. Zo ook mag er geen enkele discriminatie zijn gebaseerd op religieuze, politieke of welke overtuiging ook, of op nationale of sociale afkomst. Dit houdt ook de erkenning in van het recht op gezondheid en welzijn voor elke persoon, als ieder ander, en los van deze verschillen;

b) Eerbied voor de morele waarden van de persoon. De psycholoog respecteert dus de persoonlijke wil van zijn cliënt of proefpersoon om volgens zijn eigen overtuigingen te leven. Het principe van de eerbied voor de menselijke persoon impliceert ook het respect voor de vrijheid (zelfbeschikking) van de cliënt of proefpersoon;

c) Het verbod om voornoemde verschillen of waarden aan te wenden om zich op willekeurige wijze te mengen in het privéleven of om de eer en de reputatie van de persoon te schaden, zowel tijdens als na zijn beroepsuitoefening als psycholoog.

Alles wat eerbied voor de menselijke persoon inhoudt is van toepassing van zodra de professionele relatie een aanvang neemt, tijdens die relatie en na de beëindiging ervan.

§3. De psycholoog geeft aan de cliënt of proefpersoon een begrijpelijke en waarheidsgetrouwe beschrijving van zijn methode. Hij heeft de plicht de cliënt of proefpersoon wanneer deze daarom vraagt, op de hoogte stellen van de resultaten van de onderzoeken die hem aangaan, en dit op een zodanige wijze dat hij er baat bij heeft. De psycholoog antwoordt eveneens op de vragen die hem worden gesteld naar wat er met de ingewonnen gegevens zal gebeuren.

Art. 22. Evaluaties door een psycholoog (diagnose of expertise) mogen alleen personen of situaties betreffen die hij zelf heeft kunnen onderzoeken. Rekening houdend met het beroepsgeheim mogen zijn adviezen of toelichtingen algemene problematieken of maatschappelijke gebeurtenissen betreffen waarover aan hem verslag is uitgebracht.

Art. 23.

§1. De psycholoog neemt niemand tegen zijn wil in onderzoek, begeleiding of behandeling. Hij erkent het recht van de cliënt of proefpersoon om in alle onafhankelijkheid al of niet voor hem te kiezen, en op om het even welk ogenblik zijn deelname te onderbreken.

§2. Er is geen instemming van de persoon nodig wanneer de psycholoog zijn opdracht heeft gekregen van een overheid die hiervoor wettelijk bevoegd is. In dit geval moet de psycholoog echter voor de aanvang of bij de verandering van de aard van de professionele relatie nagaan of zowel de derde als de betrokken persoon beschikken over dezelfde informatie inzake het doel, de middelen en de overdracht van de gegevens.

§3. Indien de professionele relatie is opgelegd door een gemachtigde derde moet de proefpersoon of cliënt op de hoogte worden gesteld van alle mogelijke gevolgen van deze relatie. De psycholoog informeert deze derde en de proefpersoon of cliënt over de verschillende modaliteiten en plichten waaraan zij zich tegenover mekaar moeten houden. De proefpersoon of cliënt heeft het recht, indien hij dit wenst, kennis te nemen van de elementen die in het verslag zijn gebruikt (zoals resultaten van tests of van andere evaluatie-instrumenten), evenals van de conclusies die zijn persoon aangaan. Dit recht betekent niet dat de proefpersoon of cliënt het recht heeft de mededeling van het voor de gemachtigde derde bestemde verslag te eisen.

§4. De tussenkomst van de psycholoog bij een minderjarige gebeurt rekening houdende met zijn onderscheidingsvermogen, zijn capaciteiten, zijn situatie, zijn rechtspositie, zijn therapeutische behoeften en de geldende wettelijke bepalingen.

§5. Wanneer een wettelijke vertegenwoordiger verzoekt om een raadpleging voor een minderjarige of voor een wettelijk beschermde meerderjarige die onder zijn gezag staat, probeert de psycholoog hun instemming te verkrijgen in de mate van hun mogelijkheden en vergewist zich van de inlichting en de toestemming van hun wettelijke vertegenwoordiger(s).

Art. 24. De vrije en geïnformeerde toestemming van de cliënt of proefpersoon berust op zijn vermogen om vrij te handelen en om verantwoordelijkheid op te nemen voor zijn handelingen. Ingeval de cliënt of proefpersoon niet meer als dusdanig kan handelen, hetzij om medische hetzij om psychologische redenen, zal de psycholoog die een professionele relatie heeft met deze persoon, zich in eerste instantie beroepen op de wensen die deze persoon zelf eventueel heeft geformuleerd voordat hij in zijn huidige toestand is terechtgekomen, en vervolgens, op de wensen van een wettelijk gemachtigde derde.

Afdeling II. – Verantwoordelijkheid van de psycholoog

Art. 25. Een psycholoog neemt in het kader van zijn competenties persoonlijk verantwoordelijkheid op voor de keuze, de toepassing en de gevolgen van de methoden en technieken die hij toepast.
Hij neemt tevens persoonlijk de verantwoordelijkheid op voor de professionele adviezen die hij geeft ten aanzien van personen, van groepen en van de maatschappij.
Hij neemt een middelenverbintenis op en geen resultaatsverbintenis.

Art. 26. De psycholoog eist van zijn medewerkers niet-psychologen de naleving van deze deontologische regels in de taken die ze uitvoeren. Hij neemt de verantwoordelijkheid op voor hun eventuele niet-naleving.

Art. 27. De psycholoog is gedekt door een verzekering die geschikt is voor de vergoeding van alle schade die hij, rekening houdend met de sector waarin hij actief is, kan veroorzaken.

Art. 28. Wanneer een psycholoog bij de uitoefening van zijn beroep contractueel of statutair verbonden is aan een privéonderneming of een openbare instelling, houdt dit geen wijziging in van zijn professionele plichten en in het bijzonder van de verplichtingen betreffende het beroepsgeheim en van de onafhankelijkheid in de keuze van methodes en in zijn beslissingen. Bij het opmaken van contracten maakt hij melding van de Deontologische Code en hij verwijst ernaar in zijn professionele verbintenissen.

Art. 29. De psycholoog moet de continuïteit verzekeren van de professionele diensten die hij aan de cliënt of proefpersoon verstrekt, met inbegrip van de medewerking met andere beroepen.

Hij neemt de nodige maatregelen wanneer hij zijn verbintenis moet opschorten of beëindigen.

Afdeling III. – De competentie van de psycholoog

Art. 30. In de uitoefening van zijn beroep moet de psycholoog zijn professionele competentie en beroepskwalificatie op een hoog niveau houden door deze verder te ontwikkelen door een permanente en weloverwogen interdisciplinaire bijscholing die rekening houdt met de meest recente ontwikkelingen in de psychologie, alsook door het nadenken over zijn persoonlijke betrokkenheid in het begrijpen van andermans gedrag.

Art. 31. De psycholoog moet zijn activiteiten door middel van geëigende methodes evalueren.
Hij zal de nodige maatregelen treffen die hem moeten toelaten tijdig de eventueel nadelige en voorzienbare gevolgen van zijn werk te onderkennen.

Art. 32. De psycholoog beoefent het beroep binnen de grenzen van zijn competenties en doet geen onderzoeken waarvoor hij geen specifieke kwalificatie heeft. Hij doet dit binnen het kader van de theorieën en de methodes die erkend worden door de wetenschappelijke gemeenschap der psychologen, en houdt daarbij rekening met de kritieken op en de evolutie van deze theorieën en methodes.

Art. 33. De psycholoog is zich bewust van de beperkingen van de door hem aangewende procedures en methodes. Hij houdt rekening met deze beperkingen en voor hij besluiten trekt, verwijst hij zijn cliënt of proefpersoon in voorkomend geval door naar andere beroepsbeoefenaars. Hij legt een maximum aan objectiviteit aan de dag in al zijn activiteiten (therapie, onderzoek, verslag).
Art. 34. In geval van ziekte, belangenconflicten of moreel onvermogen die een gebrek aan objectiviteit of een beperking van zijn beroepscompetenties met zich brengen verzoekt de psycholoog zijn cliënt of proefpersoon zich tot een vakgenoot te wenden.

Afdeling IV. – Integriteit, eerlijkheid van de psycholoog

Art. 35. De psycholoog vermijdt het oneigenlijk of winst beogend gebruik maken van zijn psychologische kennis.
Hij zal geen methodes aanwenden die de betrokken personen schade kunnen toebrengen, die hen raken in hun waardigheid of die verder gaan in hun privéleven dan dit voor het nagestreefde doel vereist is.

Art. 36. Als er een ethische vraag in het kader van zijn beroepsuitoefening wordt opgeworpen probeert de psycholoog een geschikte oplossing aan te brengen.

Indien nodig raadpleegt hij zijn vakgenoten die hem, met naleving van het beroepsgeheim, hulp zullen verlenen.

Art. 37. De psycholoog is verplicht eerlijk en correct te zijn wat de financiële gevolgen van zijn beroepsactiviteiten betreft. Die gevolgen maken het voorwerp uit van een overeenkomst die wordt afgesloten voor de aanvang van de tussenkomst.

Art. 38. De psycholoog mag geen ongerechtvaardigde beroepshandelingen stellen die niet in verhouding staan tot de aangepakte problematiek.

Art. 39. De psycholoog mag zijn diensten bekendmaken op voorwaarde dat hij ze objectief en op waardige wijze voorstelt zonder de reputatie van zijn vakgenoten te schenden. Hij onthoudt zich van elke colportage. Hij heeft de plicht, indien hij zijn titels en kwalificaties, zijn opleiding, zijn ervaring, zijn competentie, evenals zijn aansluiting bij een beroepsgroepering vermeldt, dit op een correcte wijze te doen.

Art. 40. De psycholoog mag onder zijn naam alleen studies of onderzoek publiceren dat hij persoonlijk heeft geleid of waartoe hij actief heeft bijgedragen. Hij ziet erop toe dat de mogelijkheden en beperkingen van de toepassing van de psychologie op correcte en duidelijke wijze worden voorgesteld in zijn publicaties en in zijn verklaringen.

Art. 41. De psycholoog moet alle nodige informatie op een klare en duidelijke wijze voorstellen en is verantwoordelijk voor de mededeling ervan op een begrijpelijke wijze. Hij mag alternatieve hypotheses niet verhullen of negeren.

Art. 42. Psychologen die deelnemen aan het opstellen van psychologische adviezen in de media, mogen deze adviezen slechts in algemene termen verwoorden.

Art. 43. De psycholoog mag met zijn cliënten of proefpersonen enkel professionele betrekkingen onderhouden. Hij gebruikt zijn positie niet voor proselitisme of vervreemding van de ander. Hij gaat niet in op een verzoek van een derde die een ongeoorloofd of immoreel voordeel nastreeft of die zijn gezag misbruikt bij het inschakelen van zijn diensten.

Art. 44. Toenaderingen met seksuele connotatie of seksueel karakter en seksuele betrekkingen tussen de psycholoog en zijn cliënt of proefpersoon zijn ten strengste verboden.

Art. 45. Wanneer een psycholoog verschillende activiteiten uitoefent (bijvoorbeeld expertise, diagnose op verzoek van derden, therapie, administratieve functies, …) moet hij erop toezien dat de cliënt of proefpersoon op de hoogte is van die verschillende soorten activiteiten. Hij moet zijn cliënt of proefpersoon altijd van bij de aanvang duidelijk vermelden in welk kader hij hem ontmoet. Hij beperkt zich tot een enkele activiteit bij dezelfde persoon.

Art. 46. De psycholoog aanvaardt noch biedt enige commissie wanneer hij een cliënt in psychologische problemen doorverwijst naar of doorverwezen krijgt van een andere beroepsbeoefenaar.

Art. 47. De psycholoog eerbiedigt de opvattingen en de praktijk van zijn vakgenoten in zoverre deze in overeenstemming zijn met deze Code. Dit sluit echter de mogelijkheid van gegronde kritiek niet uit. Hij onthoudt er zich van zijn vakgenoten in het openbaar te denigreren. Bij het uitoefenen van zijn professionele activiteiten neemt de psycholoog een collegiale houding aan tegenover alle vakgenoten.

Art. 48. Wanneer een psycholoog van oordeel is dat een vakgenoot zich niet gedraagt in overeenstemming met deze Code, zal hij hem erop wijzen.

Art. 49. De psycholoog mag geen enkele druk dulden bij de uitoefening van zijn functies. Bij moeilijkheden brengt hij zijn vakgenoten hiervan op de hoogte.

Art. 50. Bij samenwerking met andere beroepen zal de psycholoog zijn professionele identiteit en onafhankelijkheid doen eerbiedigen en eerbiedigt hij die van de anderen.

Art. 51. De minister bevoegd voor Middenstand is belast met de uitvoering van dit besluit.

Bijlage III

Beroepscode Nederlandse Beroepsvereniging voor Toegepaste Psychologie – NBTP (2013)

Omschrijvingen

Toegepast Psycholoog WO of HBO opgeleid.

N.B.: Waar in deze beroepscode sprake is van hij, dient ook zij gelezen te worden.

Algemeen

Elk lid van de NBTP dat toegepaste psychologie uitoefent, doet dit op basis van zijn opleiding tot dit beroep aan een door de NBTP erkend instituut. Zie voor de erkende instituten onze website.

Aspecten met betrekking tot de beroepsuitoefening

1. De beroepsbeoefenaar zal elke cliënt de meest adequate behandeling geven.
2. De beroepsbeoefenaar zal de cliënt behandelen zonder daarbij onderscheid te maken in geslacht, geloof, levensovertuiging, ras, geaardheid, et cetera.
3. De beroepsbeoefenaar is persoonlijk verantwoordelijk voor de uitoefening van zijn beroep.
4. De beroepsbeoefenaar zal kennis en vaardigheden op peil houden
5. De beroepsbeoefenaar zal nieuwe kennis of behandelingsmethodes niet voor zichzelf houden.
6. De beroepsbeoefenaar onthoudt zich van handelingen die gelegen zijn buiten het terrein van eigen kennen en kunnen.
7. De beroepsbeoefenaar zal geen opdrachten aanvaarden die in strijd zijn met de beroepsethiek.
8. De beroepsbeoefenaar behoort zijn beroep niet in diskrediet te brengen.
9. De beroepsbeoefenaar heeft geheimhoudingsplicht, tenzij ernstige misstanden en/of wettelijke bepalingen zoals in het Wetboek van Strafrecht staan vermeld, hem tot spreken verplichten.
10. Het NBTP-lid draagt er zorg voor dat opdrachtgevers en cliënten adequaat geïnformeerd worden over de gedragsregels waaraan het NBTP-lid zich gebonden acht.
11. Het NBTP-lid dient zijn professioneel handelen primair aan deze code te toetsen en zich in twijfelgevallen te wenden tot het bestuur van de NBTP.

Aspecten met betrekking tot de houding tegenover de patiënt/cliënt

1. De belangen van de cliënt staan op de eerste plaats.
2. De beroepsbeoefenaar respecteert de eigen verantwoordelijkheid van de cliënt.
3. De beroepsbeoefenaar houdt rekening met de levensbeschouwelijke opvattingen van de cliënt.
4. De beroepsbeoefenaar eerbiedigt de vrije hulpverleners keuze van de cliënt.
5. De beroepsbeoefenaar informeert de cliënt of diens vertegenwoordiger op begrijpelijke wijze.
6. De beroepsbeoefenaar gaat pas tot hulpverlening over wanneer toestemming van de cliënt is verkregen.
7. De beroepsbeoefenaar beschaamt niet het vertrouwen van de cliënt.
8. De cliënt heeft het recht een andere hulpverlener te consulteren.
9. De cliënt kan de behandeling op elk tijdstip stopzetten.
10. De beroepsbeoefenaar zal een cliënt die een spoedeisende behandeling nodig heeft behandelen.
11. De beroepsbeoefenaar verzamelt slechts die gegevens die voor de behandeling noodzakelijk zijn. Verkregen data dienen geanonimiseerd te worden en met inachtneming van ethische regels te worden gebruikt.
12. De beroepsbeoefenaar heeft ten opzichte van ieder ander dan de cliënt geheimhoudingsplicht over alles wat hem uit hoofde van zijn functie bekend wordt/is geworden. Uitwisseling van relevante gegevens van diverse (mede)behandelaren vindt alleen plaats na schriftelijke toestemming van de cliënt.
13. Rapportering aan derden vindt slechts plaats na schriftelijke toestemming van de cliënt.
14. De gegevens omtrent een cliënt mogen zonder diens toestemming slechts aan anderen worden verstrekt ten behoeve van research of opleidingsdoeleinden. In deze gevallen dient aan strikte voorwaarden te worden voldaan om de anonimiteit van de cliënt te waarborgen.
15. De beroepsbeoefenaar zal bij afwezigheid zorg dragen voor waarneming c.q. een bereikbaarheidsregeling.
16. De cliënt kan een klacht indienen bij een daartoe bevoegde instantie.
17. De cliënt, of diens wettelijk vertegenwoordiger in geval van minderjarigheid, dient (zoals overal in het zorgcircuit) het recht te hebben om op zijn verzoek inzage in zijn dossiers te krijgen. Voor afschriften/kopieën mag een kleine bijdrage worden gevraagd.
18. De beroepsbeoefenaar stelt zich onafhankelijk/neutraal op tegenover commerciële instellingen of personen.
19. Indien het NBTP-lid wettelijk wordt opgeroepen als getuige, zal het NBTP-lid zich maximaal inspannen om binnen het kader van de mogelijkheden die de Nederlandse wet biedt, gebruik te maken van zijn zwijgplicht ten aanzien van hetgeen hem in het kader van zijn beroepsuitoefening ter kennis is gekomen.

Aspecten in relatie tot collegae en andere hulpverleners

1. De beroepsbeoefenaar zal streven naar het in stand houden van een goede samenwerking met andere werkers op het terrein van de gezondheidszorg en de maatschappelijke dienstverlening en met ander beroepsbeoefenaren.
2. De beroepsbeoefenaar biedt collegae alle hulp die hij krachtens zijn deskundigheid en ervaring kan bieden, mits in het belang van de cliënt.
3. De beroepsbeoefenaar toont bereidheid tot samenwerking en tot het verstrekken van goede informatie op basis van wederkerigheid.
4. De beroepsbeoefenaar bekritiseert geen collegae in het openbaar of ten overstaan van de patiënt/cliënt.
5. De beroepsbeoefenaar behoort voor zover mogelijk bereid te zijn gedurende bepaalde tijd voor een collega waar te nemen.
6. Indien collega in strijd met de "beroepscode" of "gedragsregels" handelt, zal de beroepsbeoefenaar dit aan de betrokken collega kenbaar maken.
7. De beroepsbeoefenaar zal bij doorverwijzing van de patiënt/cliënt geen relevante informatie achterhouden.
8. De beroepsbeoefenaar zal bij doorverwijzing van de patiënt/cliënt naar hem overleg plegen met de doorverwijzer.
9. Bij het laten uitvoeren van handelingen door andere hulpverleners blijft de verantwoordelijkheid voor het geven en de inhoud van de opdracht bij de beroepsbeoefenaar.

Aspecten met betrekking tot het beheer van gegevens, rapporten en dossiers

1. Rapporten moeten duidelijk en zakelijk zijn en mogen alleen worden gebruikt voor het doel waarvoor ze zijn opgesteld met medeweten van de cliënt of diens wettelijk vertegenwoordiger.
2. Bij rapporteren aan derden verstrekt het NBTP-lid slechts die informatie die voor de beantwoording van de vraagstelling van direct belang is, duidelijk en met indicatie van de reikwijdte van het advies.
3. Op verzoek van de cliënt of diens wettelijk vertegenwoordiger geeft het NBTP-lid deze inzage in zijn dossier en rapportage, na toestemming van de rapporteur(s). Dit alles binnen de bevoegdheden waartoe hij is opgeleid en binnen de kaders van zijn taakstelling. Daarbij voorschriften in acht nemend die van toepassing zijn; zoals het schriftelijk aanvragen van kopieën van dossierstukken door de cliënt. Daarbij dient men bewust te zijn van het feit dat alle materialen die gebruikt zijn bij het onderzoek deel uitmaken van het dossier.
4. Het NBTP-lid is mede verantwoordelijk voor het zorgvuldig opslaan en beheren van de gegevens van een cliënt. Indien het NBTP-lid de gegevens van een cliënt wil gebruiken anders dan in het kader van research of opleidingsdoeleinden, dient hij de cliënt of diens wettige vertegenwoordiger om toestemming te vragen en dit op schrift vast te leggen voorzien van ondertekening door de cliënt.

5. Het NBTP-lid dient zich ervan te verzekeren dat de cliënt op de hoogte is i.c. wordt gebracht dat de geldigheid van de in het rapport vastgelegde gegevens en bevindingen van beperkte duur zijn, met name indien zich belangrijke wijzigingen in de situatie en/of de vraagstelling van de cliënt voordoen.

Aspecten met betrekking tot professionalisering

1. Het NBTP-lid streeft ernaar het aanzien van zijn vak te bevorderen door op integere wijze zijn beroep uit te oefenen.
2. Het NBTP-lid zal ernaar streven de ontwikkeling van zijn vak te bevorderen en hij zal zich steeds op de hoogte stellen van nieuwe ontwikkelingen op zijn vakgebied.

Aspecten mbt het NBTP-lidmaatschap

1. Het NBTP-lid aanvaardt op grond van zijn lidmaatschap van de NBTP de verplichtingen die hieruit voortvloeien. Het aanvaarden van het lidmaatschap van de NBTP houdt in het aanvaarden van de beroepscode.
2. Indien er twijfel is of een lid van de NBTP zich al dan niet houdt aan de verplichtingen van deze beroepscode, richt de bezwaarde zich tot het bestuur van de vereniging (eventueel tot een daartoe ingestelde commissie). Het bestuur (de commissie) onderzoekt de klacht. Acht het bestuur deze gegrond, dan kunnen de volgende maatregelen worden genomen:
Een schrijven wordt gericht aan het lid waartegen de klacht is gericht en waarin wordt gewezen op het ongewenste (onjuiste) van de handeling waarop de klacht betrekking heeft. De klager ontvangt hiervan een afschrift.
3. Is betrokkene naar het oordeel van het bestuur (de commissie) ernstig in gebreke, dan is het artikel 5, lid 4 van toepassing.

Literatuur

Achterhuis, H. (1980). *De markt van welzijn en geluk*. Baarn: Ambo.

Achterhuis, H. (1988). *Het rijk van de schaarste*. Baarn: Ambo.

AST (2002). *Algemene Standaard Testgebruik*. Zie www.psynip.nl; geraadpleegd op 8 april 2015.

Baier, A. (1985). 'What do women want in a moral theory?' *Nous*, 19, 53-63.

Banyard, Philip en Cara Flanagan (2005). *Ethical issues and guidelines in psychology*. East Sussex: Routledge modular psychology series.

Beauchamp, T.L. (1991). *Philosophical ethics. An introduction to moral philosophy*. Londen: McGraw Hill.

Becker, M., B. van Stokkom, P. van Tongeren en J.P. Wils (2007). *Lexicon van de ethiek*. Assen: Van Gorcum.

Berlin, I. (1969). *Four essays on liberty*. Oxford: Oxford University Press.

Bersoff, D.N. (2003). *Ethical conflicts in psychology*. Washington: American Psychological Association.

Bolkestein, F. (2000). 'Niet marchanderen met de Verlichting'. *NRC Handelsblad*, 20 mei 2000. Geraadpleegd op 8 april 2015 via www.nrc.nl/W2/Lab/Multi-cultureel/000520a.html#bovenkant;

Bovens, M.A.P. (1990). *Verantwoordelijkheid en organisatie. Beschouwingen over aansprakelijkheid, institutioneel burgerschap en ambtelijke ongehoorzaamheid*. Zwolle: Tjeenk Willink.

Braas, C., E. van der Geest en A. de Schepper (2006). *Argumenteren*. Groningen: Wolters-Noordhoff.

Corbie-Smith, G., S. Thomas en D.M. St. George (2002). 'Distrust, race and research'. *Archives of Internal medicine*, 162, 2458-2463.

Dehue, T. (2008). *De depressie-epidemie*. Amsterdam: Augustus.

Dehue, T. (2014). *Betere mensen. Over gezondheid als keuze en koopwaar*. Amsterdam: Augustus.

Dijksterhuis, A. (2011). *Het slimme onbewuste. Denken met gevoel*. Amsterdam: Bert Bakker.

Dongen, M. van (2009). 'Man zat vijftien jaar in tbs zonder gek te zijn'. *de Volkskrant*, 12 maart 2009. www.volkskrant.nl/archief_gratis/article1162977.ece/Man_zat_vijftien_jaar_in_tbs_zonder_gek_te_zijn; geraadpleegd op 8 april 2015.

Draaisma, D. (2006). *Ontregelde geesten*. Groningen: Historische Uitgeverij.

Eemeren, F.H. van, en R. Grootendorst (1989). *Dat heeft u mij niet horen zeggen*. Amsterdam: Contact.

Effting, M. (2015). Het kwik-fitmodel: tjak, tjak, tjak volgende patiënt. *de Volkskrant*, 13 februari 2015, p.8 en p.9.

EFPA (2005). *Ethical Principles*. Zie www.efpa.eu/ethics/ethical-principles; geraadpleegd op 8 april 2015.

Eijck, J. van (1982). *Filosofie: een inleiding*. Meppel/Amsterdam: Boom.

Etzioni, A. (2005). *De nieuwe gulden regel: gemeenschap en moraal in een democratische samenleving*. Kampen: Ten Have.

Evers, A. en J. te Nijenhuis (1999). 'Liever speciale dan traditionele cognitieve capaciteitentests voor allochtonen? Een vergelijking'. *De Psycholoog*, 34, 250-255.

Eyde, L.D. en M.K. Quaintance (2003). 'Ethical Issues and Cases in the Practice of Personnel Psychology'. In: D.N. Bersoff (2003). *Ethical conflicts in psychology*. Washington: American Psychological Association.

Festinger, L. (1957). *A theory of cognitive dissonance*. Evanston, IL: Row, Peterson.

Fibbe, H. (2009). 'Schoenmaker, hou je bij je leest! Over de coach en zijn grenzen (deel 1)'. *Forum*, nummer 2, 15e jaargang 2009.

Fink, H. (1981). *Social Philosophy*. Londen: Methuen & Co. Ltd.

Foer, J.S. (2009). *Dieren eten*. Baarn: Ambo/Manteau.

Freire, P. (1972). *Pedagogiek van de onderdrukten*. Baarn: In den Toren/Anthos.

Freud, S.S. (1923). *Das Ich und das Es*. Leipzig, Wenen en Zürich: Internationaler Psycho-analytischer Verlag.

Gilligan, C. (1982). *In a different voice*. Cambridge, Mass.: Harvard University Press.

Ginneken, J. van (2013). *Van Big Brother tot hersenhype. De psycholoog in de praktijk*. Amsterdam: Boom.

Habermas/Kunneman (1983). *Habermas' theorie van het communicatieve handelen. Een samenvatting door H. Kunneman*. Meppel: Boom.

Hakkenes, E. (2008). 'Integriteit floreert bij vrijheid'. *Trouw*. 17 juli 2008, http://meer.trouw.nl/filosofie/integriteit-floreert-bij-vrijheid; geraadpleegd op 8 april 2015.

Hartog, M. (2006). 'Een gezonde relatie komt niet vanzelf'. *Algemeen Dagblad*, 3 juli 2006, www.ad.nl/diagnose/article445045.ece; geraadpleegd op 8 april 2015.

Haslam, S.A. en S.D. Reicher (2005). 'The psychology of tyranny'. *Scientific American Mind*, 16 (3), 44-51.

Heerden, J. van (2010). *Fascinaties. Een intellectuele autobiografie*. Amsterdam: Prometheus.

Hees, M. van (2014). Vrijheid en autonomie. In: Hees, M. van, T. Nys en I. Robeyns (red.) *Basisboek ethiek* (pp. 29-45). Amsterdam: Boom.

Heijden, P.F. van der, J. Fokkema, S.W.J. Lamberts, G.P.M.F. Mols, G.A. den Hartogh, M.E.A. Stouthart en A.A. Post (2004). *De Nederlandse Gedragscode Wetenschaps-*

beoefening, Principes van goed wetenschappelijk onderwijs en onderzoek. Amsterdam: VSNU.

Hofstede, G. (1991). *Culture and organizations. Software of the mind.* Londen: McGraw-Hill.

Hofstee, W.K.B. en Th.G. Drupsteen (1996). *Rapport van de onderzoekscommissie inzake beschuldigingen Diekstra.* Leiden.

Hoogervorst, D. (2013). 'Den Haag strijdt tegen overgewicht met campagne in jongerentaal': 'Gezond is vet!'. Geraadpleegd op 8 april 2015 via http://www.kidsenjongeren.nl/gezondheid/gezond-is-vet.

Houwen, T. (2007). 'De fluisteraar van Jan Peter Balkenende'. *Trouw*, 13 juni 2007. Geraadpleegd op 8 april 2015 via www.trouw.nl/achtergrond/deverdieping/article 1637324.ece.

Hume, D. (1739). *A treatise of human nature.* Londen: John Noon.

Illich, I. (1975). *Grenzen aan de geneeskunde: het medisch bedrijf, een bedreiging voor de gezondheid?* Bussum: Wereldvenster.

International Test Commission (ITC) (2000). *International Guidelines for Test Use.* Geraadpleegd op 8 april 2015 via www.intestcom.org/itc_projects.htm.

Kahnemann, D. (2011). *Thinking, Fast and Slow.* New York: Farrar Straus & Giroux.

Kant, I. (1785). *Grondslagen van de ethiek.* Meppel/Amsterdam: Boom, 1978.

Knapp, S.J. en L.D. VandeCreek (2006). *Practical ethics for psychologists. A positive approach.* Washington: American Psychological Association.

Köbben, A.J.F. en H. Tromp (1999). *De onwelkome boodschap of hoe de vrijheid van wetenschap bedreigd wordt.* Amsterdam: Mets.

Köbben, A.J.F. (2003). *Het gevecht met de engel. Over verheffende en minder verheffende aspecten van het wetenschapsbedrijf.* Amsterdam: Mets.

Koene, C. (2008). *Lotgevallen. Casuïstiek uit het tuchtrecht voor psychologen.* Amsterdam: Pearson Assessment and Information.

Kohlberg, L. (1981). *Essays on Moral Development, Vol.1: The philosophy of Moral Development.* San Francisco: Harper & Row.

Koninklijke Nederlandse Akademie van Wetenschappen (2003). *Gedragscode voor gebruik van persoonsgegevens in wetenschappelijk onderzoek. Advies van de Sociaal-Wetenschappelijke Raad.* Amsterdam: KNAW. Zie www.knaw.nl/publicaties/pdf/20031019.pdf, geraadpleegd op 8 april 2015.

Korevaar, K. (2013a). Van hulpverlener tot advocaat. Deontologische aspecten van echtscheidingssituaties. *Tijdschrift Klinische Psychologie*, 43, 96-108.

Korevaar, K. (2013b). Tuchtrecht voor psychologen in België. *Tijdschrift Klinische Psychologie*, 43, 156-163.

Korevaar, K. (in druk). 'Meldingsrecht of meldingsplicht? De nieuwe deontologische code en de grenzen van het beroepsgeheim'. *Tijdschrift Klinische Psychologie*.

Krog, A. (2006). *Ik spreek en verhef uw hart. Kosmopolitisme, vergiffenis en het voorbeeld van Afrika*. Amsterdam: Volkskrant Boekenfonds.

Kvale, S. (1996). *Interviews. An introduction to qualitative research interviewing*. Thousand Oaks, Londen, New Delhi: SAGE Publications.

Lauveng, A. (2007). *Morgen ben ik een leeuw. Hoe ik mijn schizofrenie overwon*. Amsterdam: Archipel.

Leenen, H. (1994). *Handboek gezondheidsrecht, Deel 1. Rechten van mensen in de gezondheidszorg*. Alphen aan den Rijn: Samsom Tjeenk Willink.

Liégeois, A. (2003). Waarden in conflict – waarden in dialoog. Een ethisch model voor de orthopedagogiek. *Vlaams tijdschrift voor orthopedagogiek*, 22 (2), 4-9.

Linden, N. ter (1996). *Het verhaal gaat... 1. De Thora*. Amsterdam: Balans.

Linnenbank, P. en I. Speelman-Tjoeng (2009). *Culturele diversiteit en assessment*. Assen: Van Gorcum.

Loftus, E.F. en K. Ketcham (1994). *The myth of repressed memory*. New York: St. Martin's Press.

MacIntyre, A. (1999). 'Toleration and the Goods of Conflict'. In: S. Mendus (red.). *The Politics of Toleration*. Edinburgh: Edinburgh University Press, 133-135.

Mak, G. (2002). *Hoe God verdween uit Jorwerd*. Groningen: Wolters-Noordhoff.

Mooij, A.W.M. (1989). *Op het grensvlak van psychiatrie en recht*. Oratie. Arnhem.

Naess, A. (1978). *Elementaire argumentatieleer*. Baarn: Ambo.

NBTP (2013). *Beroepscode*. https://www.nbtp.nl/wp-content/uploads/2013/07/Beroepscode_webversion10.pdf, geraadpleegd op 8 april 2015.

Nijenhuis, J. te (1997). *Comparability of test scores for immigrants and majority group members in the Netherlands*. Academisch proefschrift, Vrije Universiteit, Amsterdam.

NIP (2015). *Beroepscode voor psychologen 2015 van het Nederlands Instituut van Psychologen*. Amsterdam: NIP. Zie http://www.psynip.nl/beroepsethiek/de-beroepscode.html, geraadpleegd op 8 april 2015.

NRC Handelsblad, 'Schieten op school'. Geraadpleegd op 8 april 2015 via weblogs.nrc.nl/commentaar/2009/03/12/schieten-op-school.

Nussbaum, M. (2006). *Frontiers of justice*. Cambridge: The Belknap Press of Harvard University Press. (Vertaald als: *Grensgebieden van het recht. Over sociale rechtvaardigheid*. Amsterdam: Ambo.)

Onderlinden, O. (2009). 'Prachtige zinnen'. *Forum*, Nummer 1, 15^e jaargang, 2009.

Oostrom, F. van (2007). *Markt en ziel*. Amsterdam: KNAW. Geraadpleegd op 8 april 2015 via www.knaw.nl/publicaties/pdf/20071038

Oudenhoven, J.P. van, A. Blank, F. Leemhuis, M. Pomp en A.F. Sluis (2008). *Nederland deugt*. ISW, Rijksuniversiteit Groningen.

Peeters, R. en M. Schuilenburg (2014). *Nudging of manipulatie*. Geraadpleegd op 8 april 2015 via http://www.socialevraagstukken.nl/site/2014/09/17/nudging-of-manipulatie/.
Peperstraten, F. van (1999). *Samenleving ter discussie*. Bussum: Coutinho.
Piketty, T. (2014). *Kapitaal in de 21ᵉ eeuw*. Amsterdam: De Bezige Bij.
Piliavin, I.M., J. Rodin en J.A. Piliavin (1969). 'Good Samaritanism: An underground phenomenon?' *Journal of Personality and Social Psychology*, 23, 289-299.
Popper, K.R. (1945). *The open society and its enemies*. Routledge en Kegan Paul.
Popper, K.R. (1959/2002). *The Logic of Scientific Discovery*. Londen: Routledge.
Psychologencommissie (2014). *Koninklijk besluit tot vaststelling van de voorschriften inzake de plichtenleer van de psycholoog*. Brussel.

Rawls, J. (1971). *A theory of justice*. Cambridge, Mass.: Harvard University Press.
Reijn, G. (2015). 'Psychiaters boycotten verzekeraars'. *de Volkskrant*, 23 februari 2015, p.1 en p.7.
Römkens, R. (1989). *Onder ons gezegd en gezwegen. Geweld tegen vrouwen in man-vrouwrelaties*. Den Haag: Ministerie van Welzijn, Volksgezondheid en Cultuur.
Rothfusz, J.G., C. Logger en J. Martens (2007). *Samenwerken aan integratie. Handboek voor coaches van migranten*. Groningen: Wolters-Noordhoff.
Rowling, J.K. (2007). *Harry Potter en de relieken van de dood*. Amsterdam: De Harmonie.

Samkange, S. en T.M. Samkange (1980). *Hunhuism or Ubuntuism: A Zimbabwe indigenous political philosophy*. Salisbury: Graham Publishing.
Sandel, M.J. (2009). *Justice. What's the right thing to do?* Londen: Penguin Books.
Sandel, M.J. (2012). *Niet alles is te koop. De morele grenzen van marktwerking*. Utrecht: Ten Have.
Schaaf, J. (2002). *Dilemma's en keuzes. Sociale ethiek in de actuele praktijk van welzijn en hulpverlening*. Budel: Damon.
Schmid, A. von (2006). *Praktische ethiek. Van dilemma naar standpunt*. Meppel/Amsterdam: Boom.
Schmitt, D.P., J. Alli, R.R. McCrae en V. Benet-Martínez (2007). 'The Geographic Distribution of Big Five Personality Traits. Patterns and Profiles of Human Self-Description Across 56 Nations'. *Journal of Cross-Cultural Psychology*, 38, 173-212.
Schuyt, K. (2006). *Steunberen van de samenleving. Sociologische essays*. Amsterdam: Amsterdam University Press.
Sen, A. (1980). 'Equality of What?'. In: S.M. McMurrin (red.). *Tanner lectures on Human Values*. Salt Lake City: University of Utah Press.
Simon, C. (2009). 'Alleen in Fabeltjesland zijn dieren gelijk aan mensen'. *NRC Handelsblad*, 20 maart 2009. Geraadpleegd op 8 april 2015 via www.nrc.nl/opinie/article2187353.ece/Alleen_in_Fabeltjesland_zijn_dieren_gelijk_aan_mensen
Singer, P. (1975). *Animal liberation*. New York: Avon Books.

Singer, P. en Sagan, A. (2009). 'When robots have feelings'. *The Guardian*, 14 december 2009.
Skinner, B.F. (1962). *Walden Two*. Englewood Cliffs, NJ: Prentice Hall.
Smeets, G., S. Bögels, H.T. van der Molen en A. Arntz (1999). *Klinische psychologie. Diagnostiek en therapie*. Groningen: Wolters-Noordhoff.
Soon, C.S., M.Brass, H-J Heinze and J-D Haynes (2008). 'Unconscious determinants of free decisions in the human brain'. *Nature Neuroscience* 11(5), 543-545.
Soudijn, K. (2007). *Ethische codes voor psychologen*. Amsterdam: Nieuwezijds.
Stanford Encyclopedia of Philosophy, 'Positive and negative liberty'. Geraadpleegd op 8 april 2015 via http://plato.stanford.edu/entries/liberty-positive-negative
Steenhuijs, P.H. (2008). 'Respect gaat met pijn gepaard'. *Trouw*, 14 november 2008. Geraadpleegd op 8 april 2015 via http://meer.trouw.nl/filosofie/respect-gaat-met-pijn-gepaard
Struijs, A.J. (2005). 'Zorgverlener én opsporingsambtenaar?' In: *Signalering ethiek en gezondheid*. Den Haag/Zoetermeer: CEG/RVZ, 91-112.

Tellegen, P. (2000). 'Verantwoord testgebruik bij allochtonen. Een reactie'. *De psycholoog*, 231-235. Utrecht: NIP.
Tjong Tjin Tai, E.(2014). 'Zorgethiek'. In: Hees, M. van, T. Nys en I. Robeyns (red.) *Basisboek ethiek* (pp. 195-212). Amsterdam: Boom.
Tronto, J. (1993). *Moral Boundaries. A political argument for an ethic of care*. Londen/New York: Routledge.
Turiel, E. (1983). *The development of social knowledge: morality and convention*. Cambridge: Cambridge University Press.
Tutu, D. (1999). *No future without forgiveness*. New York: Image.
Tymchuk, A.J. et al. (1982). 'Ethical decision-making and psychologists attitudes toward training in ethics'. In: D.N. Bersoff (2003). *Ethical conflicts in psychology*. Washington: American Psychological Association.

Van Dale (1984). *Van Dale Groot Woordenboek der Nederlandse taal*. Utrecht/Antwerpen: Van Dale Lexicografie bv.
Verplaetse, J. (2008). *Het morele instinct. Over de natuurlijke oorsprong van onze moraal*. Amsterdam: Nieuwezijds.

Wanders, J. (2009). 'BNN doet te laconiek over gevaarlijke drug'. *de Volkskrant*, 6 juli 2009. Geraadpleegd op 8 april 2015 via www.volkskrant.nl/archief_gratis/article1263107.ece/BNN_doet_te_laconiek_over_gevaarlijke_drug.
Watson, J.B. (1928). *Psychological care of infant and child*. Londen: Allen & Unwin.
Watson, J.B. (1957). *Behaviorism*. Chicago: Phoenix Books.
Wirtz, R. (2006). 'Morele verantwoordelijkheid in organisaties'. In: R.J.M. Jeurissen, *Bedrijfsethiek een goede zaak*. Assen: Van Gorcum.

WRR (2006). *De verzorgingsstaat herwogen. Over verzorgen, verzekeren, verheffen en verbinden*. Amsterdam: Amsterdam University Press.
WRR (2007). *Identificatie met Nederland*. Amsterdam: Amsterdam University Press.
WRR (2014). Economische ongelijkheid in 8 figuren. In: M. Kremer, M. Bovens, E. Schrijvers en R. Went (red.).WRR-Verkenning 28. *Hoe ongelijk is Nederland? Een verkenning van de ontwikkeling en gevolgen van economische ongelijkheid.* Amsterdam: AUP, 2014.

Begrippenlijst

Algemeen belang: Belang voor de samenleving als geheel.

Algemene wil: De individuele burgers geven hun eigenbelang op en kiezen voor het belang van de gemeenschap waar ze bij horen (Rousseau).

Argumentatieve discussie: Discussie waarbij alle gespreksdeelnemers open en gelijkwaardig willen overleggen over wat de beste manier is om met een ethisch probleem om te gaan.

Autonomie: Het vermogen om zelf na te denken en zelf te bepalen wat je wilt met je leven. Volgens Kant: een situatie waarin de mens als redelijk wezen zelf zijn wetten stelt.

Beginselethiek: Deontologische ethiek. Normatieve ethiek waarin wordt beoordeeld welke handeling moreel juist is door te kijken of de handeling juist is, ongeacht de feitelijke gevolgen.

Belang van anderen: Belangen van personen, groepen mensen of dieren, buiten degene die het belang behartigt.

Beroep op autoriteit (argumentum ad verecundiam): Drogreden waarbij een onterecht beroep wordt gedaan op de autoriteit van een persoon, een instantie of vakliteratuur om te onderbouwen dat een standpunt juist is.

Beroepscode: Vastgelegde waarden en normen van een beroep die als leidraad dienen voor een goede beroepsuitoefening.

Beroepsethiek: Specifieke morele regels voor een bepaalde beroepsgroep.

Care giving (Tronto): Derde fase van zorg in de zorgethiek: zorg verlenen. De zorgverlener voert praktische zorg uit.

Care receiving (Tronto): Vierde fase van zorg in de zorgethiek: zorg ontvangen. De zorgontvanger moet aangeven welke hulp hij nodig heeft.

Caring about (Tronto): Eerste fase van zorg in de zorgethiek: aandachtige betrokkenheid. Je signaleert dat iemand zorg nodig heeft en dat er iets moet gebeuren.

Caring for (Tronto): Tweede fase van zorg in de zorgethiek: zorg op zich nemen. De zorgverlener neemt de verantwoordelijkheid om in te grijpen.

Categorische imperatief (Kant): Handel alsof de grondregel van je handeling door jouw wil tot een algemene natuurwet wordt.

Cirkelredenering: Drogreden waarbij het standpunt dat de spreker wil bewijzen gelijk is aan het argument dat dit standpunt moet onderbouwen.

Coaching: Werkwijze die gericht is op het verbeteren van prestaties in de uitvoering van het beroep of de functie. Het accent kan daarbij gelegd worden op persoonlijke of vakmatige doelen, of een combinatie van beide.

Communicatief handelen (Habermas): Handelen waarbij de gesprekspartners symmetrisch zijn en streven naar consensus op basis van argumenten.

Communicatief handelen met strategische middelen (Habermas): Handelen waarbij de actor strategische middelen gebruikt met de bedoeling om consensus te bereiken op basis van argumenten.

Communitarisme: Politieke stroming die kritiek uit op het liberalisme, omdat het te weinig oog heeft voor het belang van sociale relaties en tradities.

Consequentialisme: Een variant van het utilisme, waarin alle voorzienbare consequenties meegenomen worden in de afweging welke handeling tot het grootste geluk leidt.

Conventioneel niveau (Gilligan): Tweede niveau in de morele ontwikkeling, waarin zelfopoffering het doel is. De actor handelt vanuit altruïsme.

Conventioneel niveau (Kohlberg): Tweede niveau in de morele ontwikkeling waarin de morele actor rekening houdt met zijn omgeving. Hierbij zijn achtereenvolgens de volgende stadia te onderscheiden: 'brave jongen/braaf meisje' en 'wet en orde'.

Cultureel relativisme: Het standpunt dat wat moreel juist of onjuist is volledig bepaald wordt door de culturele context.

Debriefing: Proefpersonen wordt achteraf uitgelegd wat de bedoeling van het onderzoek was.

Deontologische ethiek: Beginselethiek. Normatieve ethiek waarin wordt beoordeeld welke handeling moreel juist is door te kijken of de handeling juist is, ongeacht de feitelijke gevolgen.

Descriptief relativisme: De feitelijke vaststelling dat er in verschillende culturen andere normen en waarden gelden.

Descriptieve ethiek: Beschrijvende ethiek.

Deskundigheid: De persoon is competent in wat hij doet.

Determinisme: De overtuiging dat wilsvrijheid niet bestaat en dat het gedrag van de mens wordt gestuurd door externe invloeden.

Deugd: Goede eigenschap die de handelwijze van de mens bepaalt.

Deugdenethiek: Normatieve ethiek waarin wordt beoordeeld welke handeling moreel juist is door naar de persoonlijkheid van de actor te kijken.

Difference principle: Het principe dat ongelijkheid is gerechtvaardigd als het ten goede komt aan de minst bedeelde (Rawls).

Drogredenen: Verkeerde zetten in de discussie.

Economisch-culturele gelijkheid: De mate waarin mensen gelijk zijn wat betreft inkomen en maatschappelijke mogelijkheden.

EFPA: European Federation of Psychologists Associations. Overkoepelende Europese federatie van beroepsverenigingen van psychologen.
Eigenbelang als egoïsme: Belang waarbij de betrokkene alleen kijkt wat goed voor hemzelf is. Hij houdt geen rekening met belangen van anderen.
Empirisch universalisme: De feitelijke vaststelling dat overal dezelfde waarden gelden.
Ethiek: Systematische reflectie op morele vragen, op basis van rationele argumenten.
Evolutionisme: De opvatting dat er een ontwikkeling te zien is in culturen en dat andere culturen niet alleen anders, maar ook inferieur zijn.

Fatsoensnormen: Omgangsregels, conventies, 'goede manieren', die vastleggen wat hoort en wat niet hoort. Dit noemt men ook wel 'kleine ethiek' of etiquette.

Gesloten maatschappij: Samenleving waarin informatie van buitenaf wordt tegengehouden (Popper).
Gevolgenethiek: Normatieve ethiek waarin wordt beoordeeld welke handeling moreel juist is door naar het doel of de gevolgen van die handeling te kijken.

Handelingsutilisme: Variant op het utilisme waarbij men zich bij iedere handeling op zichzelf afvraagt wat de gevolgen zijn.
Hellendvlakredenering (slippery slope): Drogreden waarbij wordt gesuggereerd dat iets altijd van kwaad tot erger leidt.
Herrschaftsfreie Diskussion (Habermas): Machtsvrije discussie.
Heteronomie: Een situatie waarin een ander de regels bepaalt (Kant).

Indeterminisme: De overtuiging dat in ieder geval een deel van het menselijk gedrag niet voorspelbaar is.
Informed consent: De proefpersoon of de cliënt geeft toestemming voor een onderzoek of behandeling, nadat hij goed geïnformeerd is over het doel, de duur, de aard, de risico's en de bezwaren van het onderzoek of de behandeling.
Integriteit: Middenweg tussen het rigide naleven van regels en omkoopbaarheid.

Juridische normen: Wettelijke regels.

Latent strategisch handelen (Habermas): Handelen waarbij de actor het doet voorkomen alsof hij communicatief handelt, maar waarbij hij in het verborgene probeert om gedragseffecten te bereiken.

Maatschappelijke vrijheid: Vrijheid van een individu binnen de samenleving.
Machtsvrije discussie: In een dergelijk gesprek zien de deelnemers af van hun (deskundigheids)macht en stellen ze de redenen waarom ze op een bepaalde manier handelen ter discussie. De discussie wordt gevoerd op basis van argumenten.

Mensenrechten: Rechten die ieder mens, waar ook ter wereld, toekomen. Tevens het op een na hoogste niveau van de morele ontwikkeling bij Kohlberg.
Meta-ethiek: Fundamentele morele vraagstukken.
Moraal: Zede of gewoonte. In moraal gaat het over waarden en normen. Dat zijn opvattingen over wat er waardevol is in het leven.
Morele opvattingen: Opvattingen die antwoord geven op de vraag hoe men zich goed en verantwoordelijk kan gedragen.

Natuurlijke gelijkheid: Het uitgangspunt dat mensen van nature gelijk zijn.
Natuurtoestand: Hypothetische oertoestand waarin geen juridische en politieke orde bestaat.
Negatieve vrijheid: Een situatie waarin iemand niet door anderen wordt gehinderd in wat hij wil doen. Vrij zijn van…
NBTP: Nederlandse Beroepsvereniging voor Toegepaste Psychologie.
NIP: Nederlands Instituut van Psychologen. Nederlandse beroepsvereniging van psychologen.
Normatief universalisme: Het streven dat bepaalde centrale waarden, zoals die in de Universele Verklaring van de Rechten van de Mens, mondiaal worden aanvaard.
Normen: Op waarden gebaseerde handelingsvoorschriften.
Nudging: Subtiele aanwijzingen of informatieverstrekking die gericht is op gedragsbeïnvloeding

Onjuiste oorzaak-gevolgrelatie (post hoc ergo propter hoc): Drogreden waarbij ten onrechte een causaal verband wordt gelegd tussen twee verschijnselen die na elkaar optreden.
Ontduiken van de bewijslast: Drogreden waarbij de spreker zijn verantwoordelijkheid om met argumenten te komen, ontkent.
Ontkenning van verantwoordelijkheid en invloed: Drogreden waarbij de spreker zijn eigen verantwoordelijkheid ontkent: 'Ik kon niet anders'.
Op de man spelen (ad hominem-argument): Drogreden waarbij de gesprekspartner wordt aangevallen in plaats van het argument.
Open maatschappij: Samenleving waarin ruimte is voor discussie en input van buitenaf (Popper).
Open-mindedness: Grondhouding in een discussie waarbij de gespreksdeelnemers een eigen visie hebben, maar actief op zoek gaan naar tegenargumenten.
Overhaaste generalisering: Drogreden waarbij de spreker op grond van een beperkt aantal feiten een algemene conclusie trekt.

Populistische drogreden (argumentum ad populum): Drogreden waarbij de spreker een beroep doet op het gevoel van de toehoorders, in plaats van op hun verstand.
Positieve vrijheid: Een situatie waarin iemand vrij is om bepaalde doelen te bereiken. Vrij zijn tot…

Postconventioneel niveau (Gilligan): Hoogste niveau in de morele ontwikkeling waarin de actor een evenwicht probeert te vinden tussen het belang van zichzelf en de ander. Ze handelt vanuit welbegrepen eigenbelang.
Postconventioneel niveau (Kohlberg): Hoogste niveau in de morele ontwikkeling, waarin de morele actor afstand kan nemen van de feitelijke situatie en zelfstandig kan bedenken wat juiste waarden en normen zijn. Hij gaat uit van universele morele principes. Hierbij zijn achtereenvolgens de volgende stadia te onderscheiden: 'mensenrechten' en 'universele waarden'.
Praktische rede (Kant): Het vermogen om redelijk te handelen en je niet te laten sturen door anderen, verlangens of nut.
Preconventioneel niveau (Gilligan): Eerste niveau in de morele ontwikkeling. Het doel is individuele overleving. De actor handelt vanuit egoïsme en laat zijn handelen bepalen door de vraag wat goed is voor hemzelf.
preconventioneel niveau (Kohlberg): Eerste niveau in de morele ontwikkeling, waarin de morele actor zich nog niet aanpast aan zijn omgeving. Hierbij zijn achtereenvolgens de volgende stadia te onderscheiden: 'gehoorzaamheid en straf' en 'voor wat hoort wat'.
Prescriptieve ethiek: Voorschrijvende ethiek.
Presumptive consent: Een groep mensen, vergelijkbaar met de proefpersonen, wordt gevraagd of ze zouden instemmen met de opzet van het onderzoek.
Preventie: Het voorkomen van problemen.
Primaire preventie: Preventie die erop gericht is om te voorkomen dat er problemen ontstaan.
Prior general consent: Aan de hand van een lijst met onderzoeksdoelen geven proefpersonen aan met welke doelen ze instemmen.
Privacy: Het recht om met rust gelaten te worden.
Proxy consent: Een familielid, zoals de ouder, geeft toestemming voor een behandeling of onderzoek, als de persoon daar zelf niet toe in staat is.
Psychologencommissie: Publieke instelling en bevoegde autoriteit voor psychologen in België.

Rechtsgelijkheid: De norm dat mensen gelijk zijn voor de wet.
Regelutilisme: Variant op het utilisme waarin men afweegt welke regels nuttig zijn om een goede situatie te bereiken.
Respect: Eerbied voor de fundamentele rechten en waardigheid van mensen.

Schaamte: Onaangenaam gevoel van een persoon die denkt dat anderen hem veroordelen omdat hij tekortschiet ten opzichte van de normen en waarden van zijn sociale omgeving.
Schuld: Onaangenaam gevoel van een persoon die zich realiseert dat hij tekortschiet ten opzichte van zijn geweten.

Secundaire preventie: Preventie die gericht is op mensen die extra kwetsbaar zijn of al problemen hebben.
Sociaal contract: Fundamentele afspraken die burgers met elkaar maken.
Strategisch handelen (Habermas): Handelen dat niet gericht is op overeenstemming, maar op gedragseffecten bij anderen.
Subjectivisme: De opvatting dat morele principes individueel zijn en dat een morele handeling juist is als de persoon deze zelf goedkeurt.

Tertiaire preventie: Preventie die gericht is op het voorkomen van terugval en het bevorderen van zelfredzaamheid.
Tolerantie: Verdraagzaamheid jegens andersdenkenden.

Ubuntu: Letterlijk: 'onderlinge verbondenheid'. Afrikaanse ethiek die is gebaseerd op verbondenheid met de eigen groep, maar ook met anderen, zelfs als die anderen tegenstanders zijn.
Universalisme: Het standpunt dat fundamentele morele principes universeel geldig zijn en toepasbaar op vergelijkbare mensen in vergelijkbare situaties, ongeacht de plaats en de tijd waarin ze leven.
Universele waarden: Waarden die een absolute standaard zijn, die voor iedereen gelden. Tevens hoogste stadium van de morele ontwikkeling bij Kohlberg.
Utilisme (ook wel utilitarisme): Teleologische normatieve theorie waarin die handelingen die het grootste geluk voor het grootste aantal mensen oplevert, als moreel juist worden beoordeeld (Bentham en Mill).
Utopie: Droombeeld van een ideale samenleving.

Valse analogie: Drogreden waarbij op een misleidende manier twee zaken met elkaar vergeleken worden die weinig met elkaar te maken hebben.
Verantwoordelijkheid: Het vermogen en de bereidheid om te antwoorden. In de beroepscodes voor psychologen: een psycholoog is bereid om zich te verantwoorden voor zijn beroepsmatig en wetenschappelijk handelen.
Verlichting: Manier van denken (ontstaan in de 18e eeuw) die ervan uitgaat dat men niet op gezag van religie, traditie, vooroordelen of onder druk van anderen iets als waar aanvaardt, maar dat men zelfstandig nadenkt. Het redelijk denken staat hier centraal.
Vermogen (capability): De capaciteit om bepaalde dingen te doen die belangrijk zijn voor de persoon (Sen en Nussbaum).

Waarden: Opvattingen of voorstellingen van het goede. Ze omschrijven wat mensen waardevol vinden en waarnaar zij streven. Het zijn idealen die wezenlijk zijn voor de kwaliteit van het leven.
Welbegrepen eigenbelang: Eigenbelang waarbij de betrokkene rekening houdt met anderen, met het doel om een win-winsituatie te creëren.

Wil van allen: De optelsom van alle individuele willen, zoals je die bijvoorbeeld in een referendum kunt bepalen (Rousseau).

Wilsvrijheid: Vrijheid van het individu om zijn eigen wil te bepalen. Het standpunt dat de menselijke wil niet uitsluitend wordt bepaald door invloeden zoals erfelijkheid, opvoeding en omgeving.

Zorgethiek: Normatieve theorie die is gebaseerd op verbondenheid tussen mensen en de verantwoordelijkheid en zorg voor elkaar die daaruit voortvloeien (Gilligan, Tronto en Baier).

Register

A
aangifteplicht 134, 214, 215
academische vrijheid 235, 237, 256, 257
advies 178, 183, 186, 187, 194, 197, 203, 221
afgeleid beroepsgeheim 121
afhankelijkheid 173, 233
algemeen belang 19, 119, 131, 132, 139, 253
algemene standaard testgebruik 178
algemene wil 28, 29
argumentatieve discussie 83, 84
argumentum ad-hominem 255
assessment 177, 178, 179
assessmentprocedure 178-180
auteur 254
auteursrechten 178, 194
autonomie 23, 160, 181, 205, 222, 236, 242, 246

B
Baier 65
beëindigen professionele relatie 220
beginselethiek 59, 60, 94, 95
belang van anderen 131-133, 139, 206, 213
Bentham 55
Berlin 25
beroep op autoriteit 88
beroepscode 14, 61
beroepsethiek 14
beroepsgeheim 206, 216
betrouwbaarheid 187, 234
BFP-FBP
BIG-register 103, 202
blokkering 188, 190, 277
blokkeringrecht 192
bronvermelding 114, 235, 260

C
cadeau 106, 221
care giving 69, 70
care receiving 69, 70
caring about 69
caring for 69
categorische imperatief 63, 65, 95
cirkelredenering 91
coach 14, 32, 114, 120, 141, 149, 155-171, 174, 181
coaching 13, 29, 92, 110, 144, 155, 174, 185, 202
    transparantie 166
coachingstraject 111, 161, 166, 168
communicatief handelen 86-88
communicatief handelen met strategische
    middelen 87
communitarisme 72, 73
consequentialisme 55
contractering 167, 170
controleerbaarheid 233-234
conventioneel niveau 45, 48
correctie 188, 190, 191, 277
COTAN 156, 178, 183, 184, 186
cultureel relativisme 16, 19, 49, 65, 75

D
debriefing 95, 244
deontologisch 54, 59-62, 66, 76, 95
Dehue 73, 209, 238, 255
descriptief 5, 12, 14, 16, 19, 47, 49
deskundigheid 84, 103-107, 113, 122, 124, 132,
    147, 156, 157, 160, 162, 164, 169 - 171,
    179, 201, 207, 211, 212, 215, 220, 227,
    228, 234, 253, 256, 259, 261
determinisme 23
deugd 4, 11, 12, 65-68, 73, 85, 96, 103, 105-107
deugdenethiek 54, 66-68, 94, 96, 102, 136, 137, 139
diagnostiek 73, 155, 201, 206, 208-210
diagnostische instrumenten 184
difference principle 36, 37
doorverwijzen 114, 115, 124, 208, 219, 221
dossier 7, 10, 103, 107, 110, 113, 122, 190, 193,
    204-206, 205
drogredenen 84, 88-93

E
economisch-culturele gelijkheid 33-35
EFPA 103, 104
eigenbelang als egoïsme 131, 133, 139
empirisch universalisme 19
e-therapie 217, 218
ethiek 12
ethisch dilemma 82, 86, 103, 130, 136
ethische basisprincipes 103, 139, 234
evidence based 156, 164, 171, 209, 232
evolutionisme 16

F
fatsoensnormen 9, 10
Foer 40, 60, 61
Freud 22, 42
fundamenteel onderzoek 232

G
gedeeld beroepsgeheim 121
gegevensbeheer 192
geheimhouding 14, 82, 113, 119, 120, 137, 165, 206, 211, 213, 214, 211216, 217, 225, 256
geheimhoudingsplicht 113, 119, 121, 193, 214-215, 216, 218, 225, 226
gelijke behandeling 179, 209
gelijke kansen 11, 35, 37, 178, 186, 187
gelijkwaardigheid 20, 102, 162, 163, 167, 170
gesloten maatschappij 31
gevolgenethiek 54, 55, 94, 95, 102, 110, 136, 139, 148
gezamenlijk beroepsgeheim 121
Gilligan 40, 47-50, 68
gevolgenethiek 148
grensoverschrijdend 204, 207

H
Habermas 86, 87, 104, 147, 167, 183
handelingsutilisme 58
Harlow 252
hellend vlakredenering 89
herrschafstfreie Diskussion 87
heteronomie 62
Hume 5, 55, 62

I
indeterminisme 24
informatievoorziening 211
informed consent 95, 180, 182, 188, 197, 205, 211, 228, 242, 243, 245, 246, 251
integriteit 11, 67, 103-106, 136, 147, 167, 168, 183, 218
integriteit 11, 106, 183, 218
intervisie 84, 121, 157, 164, 218, 222, 225
intuïtie 5, 12, 83-85, 127, 128, 209
inzage 10, 188, 190, 192, 194, 205, 206
inzagerecht 194, 204, 205

J
juridische normen 10

K
Kant 32, 60-65, 68, 70, 95, 106, 128, 160, 240
kenniseconomie 232
kennissamenleving 183, 232
KNAW/VSNU 233
Kohlberg 40, 44, 45, 47, 49
Krog 71, 72

L
latent strategisch handelen 86, 87, 147
liefde 219
Locke 25, 32, 68, 75
LVSC 13, 158-160

M
maatschappelijke vrijheid 22, 25, 32
macroniveau 7, 25, 132
Marx 27, 30, 31, 32
meldingsplicht 204, 207
mensenrechten 19, 20, 46, 57, 150, 251
meta-code 103
meta-ethiek 12-15, 49
microniveau 7, 25
Milgram 93-965, 240, 242, 244
Mill 55, 58
misleiding 115, 236, 242-, 245, 260
misstanden 35, 40, 224, 226
moraal 4-8, 12, 15-17, 24, 47, 65, 68
morele opvattingen 5, 7, 14
morele problemen 81, 83, 102, 104, 123, 127, 143, 157

N
natuurlijke gelijkheid 33, 35
natuurtoestand 28
NBTP 102, 103, 107, 108
Nederlandse Beroepsvereniging voor Toegepaste Psychologie Zie NBTP
Nederlands Instituut van Psychologen *Zie* NIP
negatieve vrijheid 25, 26, 30, 32, 75, 118
niet schaden 135, 136, 236, 240, 241, 251
NIP 10, 13, 102-104, 107
NOBCO 13, 159, 160
norm 8-11
normatief universalisme 19
normering 195
normoverschrijding 207
nudging 29, 146-148
Nussbaum 6, 38-40, 251

O

onafhankelijkheid 112, 233, 235, 237
onjuiste oorzaak-gevolgrelatie 92
online tests 178, 195
onpartijdigheid 233, 235
ontduiken van de bewijslast 90
ontkenning van verantwoordelijkheid
  en invloed 89
ontwikkelassessment 181
op de man spelen 88
open maatschappij 31
opdrachtgever 104, 106, 111-122, 144-147, 152,
  157, 159, 165-170, 179-191, 234-239,
  246
openheid 67, 172, 195, 206, 254
open-mindedness 84-86, 93, 130
overhaaste generalisering 91

P

peer review 234, 255
Popper 31, 85
populistische drogreden 89
positieve vrijheid 25-32, 38, 118
postconventioneel niveau 46, 48
praktische rede 39, 62
preconventioneel niveau 45, 48
prescriptief 54
presumptive consent 245
primaire preventie 144
prior general consent 245
privacy 6, 7, 14, 106, 107, 121, 148, 169, 179,
  193, 206, 213, 225, 233, 236, 248, 249,
  250, 256, 257, 261
proefdieren 110, 236, 250-252
proefpersonen 22, 47, 84, 93-96, 110, 122, 182,
  232-250239, 247, 248, 254, 256
professionaliteit 84, 88, 124, 163, 222
professionele verantwoordelijkheid 104, 186, 191
projectietest 185
proportionaliteit 241, 242
proxy consent 246
psychodiagnostisch onderzoek 180
psychologencommissie 13, 102-104, 107
psychologische test 87, 178, 183, 209
psychologisch rapport 3, 180, 190, 192, 193
publiceren 234, 236, 255-258

R

rapportage 56, 111, 116, 122, 125, 127, 129, 166,
  167, 169, 179, 180, 187, 188, 191, 192, 253

Rawls 35-40, 68
rechtvaardigheid 4, 7, 8,35-40, 66, 68, 71, 82, 216
rechtsgelijkheid 34, 35
reclame 29, 62, 105, 144-151
regelutilisme 58, 59, 61
relevantie 187
respect 106
respectvol 44, 68, 71, 117, 160, 168, 172, 234,
  255
rolintegriteit 113, 115, 116, 179, 209
rollen 106, 116, 155, 164, 179, 181, 182, 211,
  218, 250, 261
rolverwarring 181, 250
Rousseau 27-32

S

samenwerking 5, 121, 222-228, 254-256
Sandel 7, 57, 58, 78
schaamte 41, 42
schuld 41, 42
Schuyt 67, 73-75
second opinion 119, 206
secundaire preventie 144, 173
seksualiteit 219
selectie-assessment 180-, 1821, 184, 186, 191, 194
Seligman 252
Sen 38-40
signaleren 82, 92, 208, 224, 226
Singer 6, 251
Skinner 21-23, 31, 43, 149, 252
sociaal contract 28
Stanford Prison-experiment 240-242, 247, 255
strategisch handelen 86, 87, 147
subjectivisme 18
subsidiariteit 241
subsidieverstrekkers 237
supervisie 121, 158, 221, 222, 225

T

team 113, 121, 213, 223, 225
tertiaire preventie 144
testcondities 195
toegepast onderzoek 232
tolerantie 18, 20, 73-76
trainer 155-157, 164, 170-172
training 118, 144, 150, 155-157, 170-173
transparant 55, 88, 122, 147, 161, 170, 179, 183,
  211, 254
Tuskegee 96, 239, 242

U

ubuntu 71, 72
universalisme 19, 20
Universele Verklaring van de Rechten van de
 Mens 15, 19, 57
universele waarden 15, 16, 19, 46, 57, 62, 150
utilisme 55, 57-62, 241
utilitaristisch 61, 232
utopie 31

V

vakbekwaamheid 122, 123
validiteit 178, 187, 240, 243
valse analogie 91
veiligheid 3, 15, 73, 172, 216, 217
verantwoordelijkheid 21-32, 82, 83, 104, 108
verlichting 20, 160
vermogen 38-40
Verplaetse 5, 10, 64
verschoningsrecht 214, 216
vertrouwelijkheid 116, 119, 121, 165, 169, 170,
 172, 179, 190, 195, 204, 206, 209, 212,
 213, 217, 218, 226
verwijdering 190, 191
verzorgingsstaat 35, 37, 132
voor wat, hoort wat 148

W

waarden 8, 11, 15, 19
waardigheid 57, 70, 103-106, 116, 225
waarheidsgetrouw 253, 258
welbegrepen eigenbelang 48, 131, 132, 139
Wet bescherming persoonsgegevens 193, 233,
 253
wetenschappelijke onderbouwing 171, 185
Wet medisch onderzoek 233
wil van allen 28
wilsvrijheid 23-27, 32

Z

zelfbeschikking 19, 116-118, 160, 161, 180, 205
zelfsturend leren 160
Zimbardo 240
zorgethiek 12, 65, 68, 70, 71
zorgvuldigheid 122, 233, 234, 236, 256
zorgzaamheid 11, 12, 65-68